国际移民历史中的汉民族研究

Han Chinese in International Migration History

石 毅 ◎ 著

世界知识出版社

本书获外交学院中央高校基本科研业务费专项资金资助

目 录

第1章 绪 论 1
第一节 汉民族国际移民研究中的相关概念 2
一、华侨、华人与华人裔群 2
二、关于"新华侨华人"的界定 6
三、汉民族国际移民与少数民族国际移民 8
第二节 国际移民与汉民族国际移民 12
第三节 汉民族国际移民的特点和意义 15
第四节 相关重要文献资料 18
一、古代和近代的史料 19
二、现代时期的资料 23

第2章 亚洲的汉民族移民 25
第一节 东亚的汉民族移民 25
一、19世纪中叶之前的汉民族移民 27
二、19世纪中叶至二战结束时期的汉民族移民 29
三、二战后的汉民族移民 32
四、东亚汉民族移民的特点 34
第二节 东南亚的汉民族移民 36
一、汉民族移民东南亚的历史分期 37

1

二、东南亚汉民族移民及其后裔现状 50
第三节　印度尼西亚的汉民族移民 54
  一、印度尼西亚汉民族移民概况 54
  二、中国与印度尼西亚的早期交往 56
  三、汉民族移民印尼的历史分期 56
  四、汉民族移民与印尼的经济社会发展 67
  五、汉民族移民企业家中的杰出代表——林绍良 73
  六、印度尼西亚汉民族移民的主要特点 77
第四节　小结 78

第3章　北美的汉民族移民 80
第一节　北美汉民族移民概况 80
第二节　美国的汉民族移民 82
  一、美国汉民族移民概况 82
  二、汉民族移民美国的历史分期 87
  三、美国汉民族移民的杰出人物 116
  四、汉民族移民的主要贡献 120
第三节　加拿大的汉民族移民 128
  一、加拿大汉民族移民概况 128
  二、汉民族移民加拿大的开端 129
  三、汉民族移民加拿大的历史分期 130
  四、汉民族移民中的政治精英——加拿大首位华裔女总督伍冰枝 ... 147
  五、加拿大汉民族移民的贡献 150
  六、加拿大汉民族移民的特点 155
第四节　小结 157

第4章　大洋洲的汉民族移民 159
第一节　大洋洲汉民族移民概况 159

第二节　澳大利亚的汉民族移民 161
　一、澳大利亚汉民族移民概况 161
　二、汉民族移民澳大利亚的历史过程 163
　三、汉民族移民中的杰出人物——心脏移植技术先驱张任谦 ... 182
　四、汉民族移民与澳大利亚的发展和建设 184
第三节　小结 187

第5章　欧洲的汉民族移民 188
第一节　欧洲汉民族移民概况 188
第二节　俄罗斯的汉民族移民 194
　一、俄罗斯远东地区的汉民族移民：历史及现实 195
　二、俄罗斯汉民族移民的社会、文化融入：问题与前景 199
第三节　西欧的汉民族移民 209
　一、荷兰的汉民族移民 213
　二、英国的汉民族移民 218
　三、法国的汉民族移民 223
第四节　南欧的汉民族移民 231
　一、二战之前的南欧汉民族移民 233
　二、20世纪80年代中期以后的南欧汉民族移民 236

第6章　非洲的汉民族移民 244
第一节　非洲汉民族移民的基本情况 244
　一、古代汉民族与非洲的交往 244
　二、汉民族移民非洲的基本情况 248
　三、汉民族移民非洲的历史分期 249
　四、非洲汉民族的经济与职业变化 258
第二节　南非的汉民族移民 261
　一、南非汉民族移民概况 261

二、汉民族移民南非的历史分期 265

　　三、汉民族移民南非的杰出人物 274

　　四、汉民族移民对开发南非的贡献 278

　　五、南非汉民族移民的特点 279

第三节　毛里求斯的汉民族移民 280

　　一、毛里求斯汉民族移民概况 280

　　二、汉民族移民毛里求斯的历史分期 283

　　三、汉民族移民毛里求斯的杰出人物——朱梅麟 289

　　四、汉民族移民与毛里求斯的经济社会发展 290

　　五、汉民族移民毛里求斯的特点 292

第四节　小结 294

第7章　拉丁美洲的汉民族移民 296

第一节　拉丁美洲汉民族移民概况 296

第二节　墨西哥以及大安的列斯群岛的汉民族移民 298

　　一、墨西哥的汉民族移民 298

　　二、大安的列斯群岛的汉民族移民 304

第三节　南美洲的汉民族移民 309

　　一、巴西的汉民族移民 310

　　二、秘鲁的汉民族移民 313

第四节　小结 318

第8章　结　语 320

参考文献 323

第1章

绪　论

汉民族的国际移民发展已有上千年的历史，尤其是移居东南亚国家的历史更为久远。自秦汉开始直到唐宋，汉民族国际移民由行商发展成为住商，构成汉民族海外商业网络建设早期的主体，而元明时期汉民族国际移民的主要原因则由商业层面转变成为政治层面，移居海外的主体是为了逃避战祸的难民。[①] 上述两类构成了早期汉民族国际移民群体。

时至今日，因各种原因赴海外侨居的汉民族数量与日俱增。根据学者较为科学的估算，2007—2008年全球华侨华人总数约为4543万，[②] 根据国务院侨办2011年11月30日在上海举行的第二届中国侨务论坛上发布的数据，该数字约为5000万，[③] 这两个数字是迄今为止对全球华侨华人总数"最接近真实的统计"。[④] 而依据2010年全国第六次人口普

[①] 李安山：《中国华侨华人研究的历史与现状概述》，载周南京主编：《华侨华人百科全书·总论卷》，北京：中国华侨出版社，2002年版，第997—998页。

[②] 庄国土等：《华侨华人分布状况和发展研究》，《侨务工作研究》，2010年第4期。

[③] 华侨华人蓝皮书编委会，王志章执笔：《全球华侨华人：中国国家软实力建设中一支不可或缺的力量》，载丘进主编：《华侨华人研究报告（2012）》，北京：社会科学文献出版社，2012年版，第2页。

[④] 庄国土，曾主持国务院侨务办公室《华侨华人分布状况和发展趋势》课题研究，这是他在接受新华社记者采访时所说。

查数据汉族人口占全国总人口91.51%的比例,[①] 这5000万华侨华人中的绝大多数为汉民族移民。对于世界汉民族移民的研究也随着这一群体的增长及其影响力的扩大,成为海内外学术界研究的重要课题。

第一节 汉民族国际移民研究中的相关概念

一、华侨、华人与华人裔群

无论从何种角度对汉民族国际移民进行研究,学术界都不能绕开的一个问题就是如何称呼这一群体。在史籍中,对于海外的中国移民有不同的称谓,比如"唐人"。在清朝最后四十多年,又出现了"华人"、"华商"、"中国绅商"等称谓。晚清政府在1876年以后,在涉及该群体的官方和半官方文件中,更多地使用了"华民"、"中国人民"和"中国商民"这样的称谓。[②] 如今,我们通常将居住在国外的中国人泛称为海外华侨华人,在英文中也存在多种称谓,如Overseas Chinese, Chinese Overseas, Chinese Abroad等等。然而,虽则"华侨"和"华人"是两个密切关联的术语,华侨和华人也"具有共同的血缘、文化传统和千丝万缕的历史联系",[③] 但是两者在今天早已成为两个不同的概念,因此有必要对之及其他相关表述进行一下梳理和界定。

关于"华侨"这一称谓的起源及演变,许多学者曾对其进行考证。[④] 现有的研究成果表明,该称谓同样出现在晚清时期,但直到辛亥革命之后才开始广泛流传,并成为用来指称海外中国人的主要词汇。

[①] 中华人民共和国国家统计局:《2010年全国第六次人口普查主要数据公报(第1号)》,2011年4月28日。
[②] 刘世扬:《清末华侨政策转变初探》,《贵州师范大学学报》,1989年第3期,第42页。
[③] 《华侨华人百科全书》编辑委员会:《总序》,载周南京主编:《华侨华人百科全书·总论卷》,第3页。
[④] 比如郑民:《华侨概念、定义问题初探》,载郑民、梁初鸿主编:《华侨华人史研究集》(一),北京:海洋出版社,1989年版,第13—25页;庄国土:《"华侨"一词名称考》,载同上书,第39—48页;王赓武:《"华侨"一词起源诠释》,载王赓武主编:《东南亚与华人——王赓武教授论文选集》,北京:中国友谊出版公司,1987年版,第120—131页。

根据《辞海》的定义，"华侨"是指"侨居国外的具有中国国籍的人。不包括出国旅行访问人员，政府派在他国协助建设的工人和技术人员，国家派往外国的公务人员和在国外学习的留学生。已经加入或取得外国国籍的中国血统的人是外国公民（亦称中国血统外籍人），不是华侨。"根据1990年9月7日第七届全国人民代表大会常务委员会第十五次会议通过、自1991年1月1日起施行的《中华人民共和国归侨侨眷权益保护法》，"华侨是指定居在国外的中国公民"，但不包括非法居留者。

"华人"一词有两层含义，根据《辞海》的解释，广义上的"华人"是"中国人的简称"，泛指具有中国血统者。亦指"已加入或取得了所在国国籍的中国血统的外国公民"，但不包括无国籍者。

因此，长期居住在国外的中国人基本包括两类情况：一类仍然保留中国国籍，即华侨，另一类已经加入了所在国国籍，即华人。从上述定义可以看出，"华侨"和"华人"两种群体确实存在着千丝万缕的联系，"华侨是华人的前身，华人是从华侨转变过来的，二者具有历史继承关系。"[①] 这也是中国政府和国内学术界在表述中通常将两者连用的原因，尽管在政治和法律层面这两个称谓的界定十分明确。

因"华侨"和"华人"的界定涉及国籍问题，在此有必要对中国国籍法的相关规定做一简要介绍。中国现代史上颁布于1909年的第一部《国籍法》和国民政府颁布于1929年的第二部《国籍法》均以血统主义原则（$jus\ sanguinis$）作为判定公民国籍身份的基础，该原则在1949年中华人民共和国成立后也一直被沿用。直到1980年第五届全国人民代表大会第三次全体会议在讨论修订《中华人民共和国国籍法》时，才首次在血统原则之外引入了属地原则（$jus\ soli$），规定："父母双方或一方为中国公民，本人出生在中国，具有中国国籍"，"父母双方或一方为中国公民，本人出生在外国，具有中国国籍；但父母双方或一方为中国公民并定居在外国，本人出生时即具有外国国籍的，不具

[①]《华侨华人百科全书》编辑委员会：《总序》，载周南京主编：《华侨华人百科全书·总论卷》，第3页。

有中国国籍。"与此同时，该次修订也强调指出，双重国籍问题是旧中国遗留下的历史问题。修订后的《中华人民共和国国籍法》第三条明确规定，"中华人民共和国不承认中国公民具有双重国籍"；第八条指出，"申请加入中国国籍获得批准的，即取得中国国籍；被批准加入中国国籍的，不得再保留外国国籍。"因此，根据修订后的国籍法，所有华侨华人均不能拥有双重国籍。

另外一个常见的术语是"华裔"。《辞海》对于该词的解释是"在国外的中国人的后裔的简称。有的习惯于称华侨在侨居国所生的而又加入或取得了所在国国籍的子女有中国血统的外籍人为华裔。"《华侨华人百科全书·社区民俗卷》的解释略有不同，该书是这样解释"华裔"的：

> 泛指华侨在海外的后裔。华裔因血统纯度与所受教育或文化背景的歧异，而有不同类型。父母都是新客所生子女，为纯中华民族血统的华裔。此种华裔虽具有中华民族的气质，但因教育背景不同而呈现不同的类型：受过华文教育者，其生活方式中国化；受过西方教育者，则西方化；受过当地教育者，则当地化。华侨与当地妇女所生子女，为混血的华裔，如马来西亚、印度尼西亚的峇峇或土生华人，菲律宾的华菲混血种等。因血统混合比例不同，以及所受教育和宗教信仰相异而呈现不同的类型。在海外尚未创立华文学校之前，他们的教育多由母亲负责，故普遍当地化。20世纪初到50年代中叶，海外华文教育盛行，他们多重新中国化。50年代中叶后，海外华文教育逐渐式微，他们虽有中国血统，却逐渐缺乏中华民族气质，不懂华文，不解华语，不了解中华文化。在世界许多地区（尤其东南亚），入境新华侨锐减，华裔剧增，并在华侨社会中渐占多数。①

在论及海外华侨华人群体时，除上述三种称谓之外，随着近些年

---

① 沈立新主编：《华侨华人百科全书·社区民俗卷》，北京：中国华侨出版社，2000年版，第158页。

来全球化、国际移民和全球网络的发展，学界又引入了"华人裔群"（Chinese Diaspora）这一概念和称谓，并由此引发出国内外学术界关于这一称谓是否适合用来指称上述群体以及在何种语境下适合使用的讨论。①

"diaspora"一词的词源可以追溯到希腊文，本意为"播种"，引申义为"传播、分散、驱散"，后又用于描述希腊人在地中海的殖民活动。虽然从词源上讲该词无任何民族和政治色彩，但因为其后与犹太人历史的密切关系，故而带有了强烈的政治敏感性和道德色彩，常让人们联想起反犹太大屠杀、犹太复国主义以及由此衍生出的被迫流亡、群体苦难和集体记忆、对失去家园的渴望等等。因此，在20世纪八九十年代之前的学术界，尤其是国内学术界，一般不愿意甚至避免使用该词，海外的华侨华人也不愿意把自己与犹太人相提并论。20世纪八九十年代，该词开始在国际学术界流行，许多学者也从学理上对其在国际移民背景下所具有的新内涵以及使用该词的学术必要性进行了阐释，使之从一个相对狭隘和特殊的经验，变成一个将许多相互交织的过程概念化的领域。倡导使用该词的学者认为，"裔群的视角可以补充和细化基于国家立场的视角"，从而"使裔群成为一个标志，代表着多样性、流动性、不受约束、血统混杂、现代性的混乱或后现代性与后殖民主义的失去中心的构造特征"。②在这一趋势的影响下，对于海外华侨华人的研究者们也开始使用"华人裔群"这一称谓。虽然这一称谓在国内的华侨华人研究界尚未得到青睐，大多数学者们都仍沿用"华侨华人"这一表述方式，但在人类学研究领域，该表述方式却已得到采用。与此同时，国内学者也已开始从海外华人社会在国际化和本地化、世界各地排华事件不断发生以及许多国家实行多元文化政策的背景下，阐述"华人裔群"这一称谓被海外华侨华人群体自身所

---

① 例如周南京：《华侨华人问题概论》，载周南京主编：《华侨华人百科全书·总论卷》，第1—41页；Adam McKeown, "Conceptualizing Chinese Diaspora, 1842 to 1949", *Journal of Asian Studies*, Vol. 58, No. 2, 1999, pp. 306-337.

② Adam McKeown：《用概念思考华人裔群（1842—1949）》，陈晓光译，载周南京主编：《华侨华人百科全书·总论卷》，第59页。

接受的原因。①

基于以上关于海外中国人群体称谓的讨论，结合当今全球化、国际移民、世界网络的现实背景和学术背景，可以认为，既然"华人裔群"这一称谓的出现是历史发展的产物，且已经慢慢脱离了它与犹太移民密切联系的本意，因此完全可以从较为宽泛的角度来理解"华人裔群"，将其看作是一个含义较为宽泛的称谓，由此它便成为一个连贯一致的单位，将在地理上分散世界各地，但又由于历史、文化和情感联系在一起的人们涵盖在内，是一个完整的实体。因此，在不涉及政治和法律问题时，"华人裔群"是较为合适的一种表述方式；而当需要在政治和法律层面清楚界定时，则宜使用"华侨"和"华人"。

二、关于"新华侨华人"的界定

基于对华侨华人移民海外历史的分期，学界常有"新侨"、"新华侨华人"、"新移民"等称谓。目前学术界关于"新华侨华人"的界定仍然存在分歧，分歧主要集中于两个层面——时间层面和所指层面，即，何时开始为"新"，何种群体为"新"。

时间层面的分歧存在于如何界定"新"华侨华人的移民起始年份，也就是说，从何时开始的国际移民行为可以被看作是"新"移民的开始。有学者认为新移民应该从1949年中华人民共和国成立开始算起，如厦门大学的陈碧笙。他将华侨华人的发展历史划分为四个阶段，从12世纪初中国沿海商品经济急剧发展开始至16世纪后半期海禁开放为第一阶段，从16世纪至1840年鸦片战争爆发为第二阶段，从1840年至1949年新中国成立为第三阶段，从1949年至今为第四阶段，即"新华人华侨"阶段。②海外华社通常也将1949年作为分水岭，之前自中国大陆、香港移出的华侨华人称为"老侨"，其祖籍地多为广东、福建，所组成的社团称为"传统社团"。1949年之后移出者称为"新侨"，包括

---

① 周南京：《华侨华人问题概论》，载周南京主编：《华侨华人百科全书·总论卷》，第3—4页。
② 陈碧笙：《世界华侨华人简史》，厦门：厦门大学出版社，1991年版，第19—21页。

台湾省籍侨胞、港澳籍侨胞和从中国大陆各省移出的侨胞，其社团称为"新兴社团"。而在新侨中，人们又把20世纪70年代末以后移居海外的华侨华人称为"新华侨华人"或"新移民"。①更多的学者认为"新"移民应从1979年，即1978年12月中国共产党十一届三中全会制定改革开放基本方针之后算起，其主要理由有三点，一是十一届三中全会以后，中国进入了以实现四个现代化为中心任务的新的历史时期；二是改革开放之后，从中国大陆移民国外的人数与之前相比明显增多；三是改革开放之后，从中国大陆移民国外的人口在年龄、受教育程度、职业分布、对祖（籍）国政府的服务需求等各个方面都有较大的变化。②

所指层面的分歧主要在于何种群体应该归为"新华侨华人"群体。围绕这一问题，学界基本上有两种观点，一种观点认为"新华侨华人"群体应包括来自中国大陆、中国香港、中国台湾和中国澳门的华侨华人，如上述海外华社所划分的"新移民"中就包括来自两岸四地的移民。另一种观点认为"新移民"应该统指改革开放以来移居国外的中国大陆公民。③

本书作者认为，由于改革开放对中国政治、经济、社会以及中国与国外和境外人员往来所带来的巨大变化，在时间维度上，从20世纪70年代末开始，中国的国际移民在人口规模、性别、年龄构成、受教育程度、专业技术水平、来源地、目标国等各方面均产生了较大变化，确实可以称之为"新"移民的开端。在所指层面，虽然改革开放之后来自中国大陆的移民在中国国际移民总人口中占绝大多数，但在一些国家和地区，中国香港、中国台湾和中国澳门的移民在商业发展、对目标国投资和贸易领域却拥有很强的影响力。鉴于上述原因，本书中的"新华侨华人"或"新移民"用来指代1978年12月十一届三中全会中国开始实行对内改革、对外开放的政策后，来自中国大陆、香港、台湾和澳门的两岸四地的中国移民。

---

① 李其荣：《华人新移民研究评析》，《东南亚研究》，2007年第5期，第58页。
② 桂世勋：《海外华侨华人及其对祖（籍）国的贡献》，载丘进主编：《华侨华人研究报告（2011）》，北京：社会科学文献出版社，2011年版，第59页。
③ 李鹏涛：《中非关系的发展与非洲中国新移民》，《华侨华人历史研究》，2010年第4期，第24页。

20世纪70年代末以来华侨华人人口规模之所以大幅度增长，与中国的对外开放和出入境管理政策的改革息息相关。改革开放三十多年来，中国的国内生产总值、购买力评价、外汇储备等方面均跃居世界前列，变成了一个经济繁荣、具有活跃市场的强大经济体，在吸引外资和高素质人才方面的竞争力得到了很大提升。中国的快速发展为中国与世界各个国家和地区的交往提供了条件和机遇。此外，改革开放后，中国政府对于公民出入境的限制有所放松。1985年11月，全国人大常委会颁布了《中华人民共和国出入境管理法》，为中国公民出国提供了法律保障和制度保障，极大地方便了中国公民的出国活动，公民因私出入国境的人数明显增加。社会整体发展和政策保障使中国与世界许多国家和地区的交往频繁，这使得中国人走出国门，向海外发展成为一种可能及现实。

三、汉民族国际移民与少数民族国际移民

海外华人裔群作为一个整体，涵盖了移居海外具有中国血统的人。其中，基于中国国内的民族划分，又包括了汉民族国际移民和少数民族国际移民。

由于汉民族占中国人口总数高达91.51%，因此在众多海外的华侨华人中，究其族源，其中汉民族移民也应占据其中的绝大多数。但究其具体数量或份额，目前却无统计，原因在于移民目标国家和地区在接纳中国移民时，通常只统计移出地，即移民具体来自两岸四地中的哪一地，而对中国移民的民族属性不做登记。所以在论述汉民族国际移民时，目前没有十分准确的数据可以引用。考虑到汉族在中国人口中的百分比，除个别以中国某一个或某几个少数民族移民为主的国家和地区，我们可以在很大程度上参考海外华人裔群的相关数据。

与汉族国际移民一起构成华人裔群的是少数民族国际移民。国内学术界对少数民族国际移民的研究始于20世纪80年代，学者在少数民族国际移民的定义、辨识标准、人数统计、迁移原因及途径、历史演进、迁移特点、发展现状以及主观认同等诸多方面进行了研究，并取

得了初步的成果。

对于少数民族华人裔群的定义，目前国内对其进行明确定义的主要包括谭天星、向大有和李安山等学者。谭天星的定义为"居于今天中国领域之内诸少数民族的先辈移居国外者成为少数民族华侨（仍保留中国国籍）华人（已加入所在国国籍）。"① 向大有对少数民族华侨和少数民族华人的概念分别进行了阐释，他认为少数民族华侨"应是我国汉族以外其他55个少数民族华侨的泛称"，少数民族华人"应是在海外的已加入（取得）外国国籍的汉族以外的我少数民族血统人的泛称，或者说是指具有中国少数民族血统的外国籍人"。② 李安山则进一步提出了识别少数民族华侨华人的五项标准，即，记录、祖籍地、客观认同、迁移时间和主观认同，这五项标准的英文词首字母缩略语构成了"ROOTS"，即"根"之意。③

关于少数民族华人裔群的人口数量，国内学术界也存在着几种不同的说法。1993年，向大有提出，1990年，少数民族华侨华人人口总数约310万人。其中越南最多，人数为190余万，苏联地区（主要是哈萨克斯坦、吉尔吉斯斯坦和乌兹别克斯坦）共68万，老挝20万，美国10万，沙特阿拉伯约4万，泰国3.4万，尼泊尔2万，土耳其1.5万等等。④ 十年之后的2003年，李安山在其"少数民族华侨华人：迁移特点、辨识标准及人数统计"一文中，提出"约570万少数民族华侨华人目前生活在中国以外的国家和地区"的观点。文中作者对生活在世界不同国家和地区的少数民族华侨华人分别进行了统计。统计显示，越南共有少数民族华侨华人318.681万人，缅甸有65.5万人，吉尔吉斯斯坦、哈萨克斯坦、乌兹别克斯坦有51.27万人，老挝有43.035万人，泰

---

① 谭天星：《现代中国少数民族人口境外迁移初探——以新疆、云南为例》，《华侨华人历史研究》，1995年第2期，第15页。
② 向大有：《试论少数民族华侨华人问题——不容否认和忽视的领域》，《八桂侨史》，1993年第4期，第15—16页。
③ 李安山：《少数民族华侨华人：迁移特点、辨识标准及人数统计》，《华侨华人历史研究》，2003年第3期，第7页。
④ 向大有：《试论少数民族华侨华人问题——现状与历史的分析》，《八桂侨史》，1993年第3期，第2页。

国有24.818万人,美国有24万人,沙特阿拉伯有17万人,印度有10万人,土耳其有7.5万人,法国有3.25万人,尼泊尔有2万人,英国、加拿大等国有1.5万人,不丹有0.1万人等等。① 次年,赵和曼在其"试论海外少数民族华人的若干特点"一文中,提出了少数民族华人人口总数340万的观点,其中东南亚地区的少数民族华人有170万人,在中亚、西亚、南亚有近100万人,在欧美有60万人,其他一些国家,"如蒙古、朝鲜、韩国、日本、瑞士、约旦、阿联酋、伊朗、阿根廷、圭亚那等各有数百至数千不等的少数民族华人加起来约10万人",上述地区加起来,分布在全球各地的少数民族华人人口约为340万人。② 但此文中使用的是"少数民族华人"的称谓,而非"少数民族华侨华人"。

除对少数民族华侨华人的定义及人口数量的讨论和统计估算之外,在政府政策制定和实施层面,国内的一些少数民族侨乡也陆续出台了针对少数民族归侨、侨眷的政策。比如宁夏回族自治区于1995年制定并实施了《宁夏回族自治区实施〈中华人民共和国归侨侨眷权益保护法〉办法》,使归侨、侨眷的合法权益得到了保护,并于2003年对其进行了修订和完善。此外,宁夏回族自治区还对区内2万多归侨侨眷和各类侨资企业的合法权益进行了维护,完成了自治区侨情分析,建立了海外华侨科技人员、企业家人才库,健全了归侨侨眷、港澳侨眷分类档案等。

在论及少数民族华人裔群时,还应注意其与跨界民族的区别。这是两个不同的概念,但两者又有密切的联系。"少数民族华侨华人"是华侨华人研究领域使用的术语,是从"华侨华人"这个概念中衍生出来的次级概念,特指旅居国外的中国少数民族公民和祖籍为中国但已取得其他国籍的原少数民族华侨或华裔,他们是"参与了国际迁移的中国少数民族及其后裔"。③ 而"跨界民族"是人类学和民族学研究领域使用的术语,特指"在国境线两侧相邻而居的同一民族,它分属于不同的国家。它的形成或是群体迁徙所致,或是政治因素的产物(如边

---

① 李安山:《少数民族华侨华人:迁移特点、辨识标准及人数统计》,第1—18页。
② 赵和曼:《试论海外少数民族华人的若干特点》,《南洋问题研究》,2004年第1期,第7—16页。
③ 李安山:《少数民族华侨华人:迁移特点、辨识标准及人数统计》,第4页。

界的划定）。"① 虽然两者在所指客体等方面有所不同，但这两个概念又有千丝万缕的联系。其联系主要表现在两个方面：第一，一个民族可以具有两重性，他既可以是少数民族华侨华人，也可以是跨界民族。第二，这一双重性中双方各自的特质和族体性会随着历史的演进而发生变化。具体来说，例如一些从中国移民并在临国安居的少数民族经过一段时间的文化适应并取得居住国国籍后，他们的跨界族体性在逐渐增加，但此时其少数民族华人的特性虽然在减少，但它将始终存在。②

汉民族与少数民族国际移民除在人口规模方面有较大差别外，他们在移民原因和海外分布地域方面也存在显著差异。相对而言，汉民族的国际移民多出于经济因素，比如国内的饥荒、灾害、人口稠密、民不聊生等。为了自己和家庭的生计，他们远渡重洋，迁移外国，成为华人裔群。而在少数民族的海外迁移发展进程中，政治因素相对明显。这与中国少数民族人口的分布特征密切相关。中国少数民族人口呈大散居小聚居的模式，绝大部分人口分布在边疆地区，因此，边界划定、逃避战乱、民族冲突以及外国入侵和干涉等都会成为居住在这些地区的少数民族人口前往他国，尤其是邻国的政治动因。当然其中也有一些文化因素，如朝觐，或者经济因素如贸易等等。由于少数民族国际移民进程中所具有的政治因素，因此其国际迁移便带有了集团性、突发性和被迫性的特点，而在其迁移地、定居地和定居模式方面也具有地点相对集中等特点。如迁移地多集中在中国的少数民族自治区和边境省份，如广西、新疆、宁夏、云南、青海等。目标地多集中在中国西南部和西部的邻国。据统计，90%以上的少数民族华侨华人定居在这些地区，其中又以越南、老挝、缅甸三国为最，约占少数民族华侨华人的70%。③

虽然本书以汉民族国际移民为主要研究对象，但不可否认的是，少数民族作为中国人口中的重要组成部分，同时也是华人裔群的重要

---

① 谭天星：《现代中国少数民族人口境外迁移初探——以新疆、云南为例》，第14页。
② 李安山认为这两个概念的关联性体现在四个方面，具体可参见李安山：《少数民族华侨华人：迁移特点、辨识标准及人数统计》，第1—18页。
③ 李安山：《少数民族华侨华人：迁移特点、辨识标准及人数统计》，第6页。

组成部分，因此学界也应改变目前在中国国际移民研究中重汉族而轻少数民族的倾向。

第二节 国际移民与汉民族国际移民

大规模国际人口迁移是近现代史上一种世界性的普遍现象和发展趋势，非中国所特有。继19世纪末至20世纪初的第一次近代移民浪潮之后，第二次当代移民浪潮始于20世纪末21世纪初，至今仍在持续。自从1994年"联合国人口与发展大会"提出"促进国际移民有序流动，使原居地和目的地社会共同受益"的行动口号以来，"移民与发展"已成为联合国积极倡导的重要事业，"国际移民"也成为世界许多国家人口的重要组成部分。

联合国经济和社会事务部人口司（United Nations, Department of Economic and Social Affairs, Population Division）和国际移民组织（International Organization for Migration）将"国际移民"定义为：跨越国界的长久性人口空间移动。对移民数量的统计是以非出生于居住国为标准。但各国对居住国外多长时间才视为移民，标准不一，以半年至一年为多。在当今世界，没有任何一个国家与国际移民毫无关系，国际移民的数量也达到了空前的数字。根据联合国经济和社会事务部人口司的统计，2010年全球跨国移民人口总数为213943812人，预计在2050年将达到4.05亿人。[①] 截至2013年，全球移民人口已达2.32亿，其中59%住在发达国家。[②] 由此可见，国际移民不仅人口数量巨大，人口流动路径也十分清晰，多为由非发达国家向发达国家流动。

然而，虽则全球有2亿多的国际移民，但对于"国际移民"的身

---

① United Nations, "International Migrant Stock: The 2008 Revision", http://esa.un.org/migration/index.asp?panel=1, 2015-3-28.

② United Nations, "International Migration 2013", http://un.org/en/development/desa/population/, 2015-3-28.

份界定和统计却绝非易事。联合国经济和社会事务部人口司的汉尼娅·罗特尼克（Hania Zlotnick）认为，国际移民研究领域中之所以存在以上两种困难，首先是因为"移民可以出现多次，这使有关方面在移民统计上出现困难"。其次，"由于移民是跨越国境的，民族—国家在控制移民出入境及移民在其领土上居留所扮演的角色，对统计和分析更增添了一种影响。"① 对于在相关研究中如何解决上述问题，她也在参考了联合国经济和社会事务部② 出版的《对国际性移民的统计建议》的基础上，提出了国际移民研究中的五个要素，同时也是研究人员经常使用的研究工具，他们是：法理国籍、居住地、出生地、居留时间和居留目的。③

国际学术界关于移民理论的探讨大约始于19世纪末。一般认为，现代移民研究理论的奠基人是德裔英国地理学家厄恩斯特·莱文斯坦（Ernst George Ravenstein）。他在其"移民的规律"一文中首先指出，移民活动的兴起与盛衰和移民输出地及输入地之间的地理距离有着密切的关系，经济方面的考虑与追求富裕的本能构成人类迁移最主要的因素。④ 在莱文斯坦设立的理论框架的基础上，1966年，美国人口学家埃弗里特·李（Everett S. Lee）在其"人口迁移理论"一文中进一步细化了相关理论，提出了"推—拉理论模型"，并指出，决定人口迁移的因素共有四个，分别是迁出地因素、迁入地因素、中间障碍因素、迁移者个人介入因素。也就是说，个体离开故乡移民海外的因素，可能是来自外部的拉力，或是来自内部的推力，或是内外两种合力的共同作用。⑤

---

① Hania Zlotnick, "Introduction: Measuring International Migration: Theory and Practice", *International Migration Review*, Vol. 21, No. 4, 1987, Special Issue, p.V.

② 时称联合国国际经济和社会事务部（UN, Department of International Economic and Social Affairs），现称联合国经济和社会事务部（UN, Department of Economic and Social Affairs）。

③ Hania Zlotnick, "The Concept of International Migration as Reflected in Data Collection Systems", *International Migration Review*, Vol. 21, No. 4, 1987, Special Issue, p. 926.

④ Ernst G. Ravenstein, "The Laws of Migration", *Journal of the Royal Statistical Society*, Vol. 48, No. 2, 1885, pp.167-235; Ernst G. Ravenstein, "The Laws of Migration", *Journal of the Royal Statistical Society*, Vol. 52, No. 2, 1889, pp. 241-305.

⑤ Everett S. Lee, "A Theory of Migration", *Demography*, Vol. 3, No. 1, 1966, pp. 47-57.

"推拉模型"自此之后便在国际移民研究领域长盛不衰,究其原因,主要在于该模型的简单易行、框架宏大而具有包容性,学者可以"往里进行实质性填充",从而"享有相当自由的想象空间"。① 而从世界历史的视野、从国际劳动力移动的角度对国际移民进行解读,则可以发现其与世界资本主义发展史、帝国主义发展史之间的密切联系。这与国际移民研究中的经典理论市场导向决定论,或称经济理性选择理论相契合。该理论流派强调市场力量决定移民,市场力量是国际移民的主要推手,任何违背"移民市场"的政策干预,结果只能与执政者的主观愿望背道而驰。②

汉民族大规模移居海外,基本上始自世界资本主义转变为帝国主义这一时期,华侨社会的形成以及"华侨"一词的出现也是在同一时期,即19世纪末20世纪初。此时正值世界劳动力的国际性移动处于高潮阶段,世界劳动力的国际性移动在此间达到鼎盛,到20世纪30年代世界经济危机及第二次世界大战后急剧减少。由此可见,中国近现代史上的国际移民也是世界性移民潮的一个有机组成部分,是"劳动力国际移动"中的现象之一,同样受到市场导向决定论的影响。因此,要研究中国汉民族的国际移民,需要在使用传统"推拉模型"框架的同时,将其放在世界历史的维度中加以考察,探究其与劳动力国际移动历史发展趋势的关系,及其作为劳动力国际移动重要组成部分在不同大洲、不同国家、地区以及不同历史时期的收益和成本情况。这既包括汉民族国际移民本身的收益,也包括移民目标国的收益;既包括经济收益,也包括知识收益(如商业关系、劳务经验、专门技术、艺术才能)等非经济收益;既需要研究汉民族国际移民本身所付出的成本,也包括移民目标国的成本,如移民的嵌入可能增加的冲突、犯罪、环境污染等问题,这些都有可能使社会不安定的程度增加,同时使移入国国家财政负担增加,此为拥挤成本。或者是由文化等各方面差异

---

① 李明欢:《20世纪西方国际移民理论》,《厦门大学学报(哲学社会科学版)》,2000年第4期,第13页。

② Jonas Widgren and Philip Martin, "Managing Migration: The Role of Economic Instrument", *International Migration*, Vol. 40, No. 5, 2002, pp. 213-229.

所导致的种族、民族、宗教摩擦、歧视甚至冲突等问题加剧，从而对国家建构带来更多的挑战等等。上述种种都需要在劳动力国际移动的历史语境中加以考察，汉民族国际移民的研究才能更具延展性，并与世界历史发展中的关键节点相勾连。

第三节　汉民族国际移民的特点和意义

学界通常认为汉民族在明代开始较大规模的国际移民，从而将汉民族的国际移民与国内移民割裂开来。但其实国际移民史与国内移民史密不可分，要研究国际移民史，就必须将中国漫长的国内移民史作为基本的背景。孔飞力延伸其重视人口问题的学术思路，① 提出国际移民史只不过是整个移民进程中的一个特例。国内许多有移民倾向和打算的潜在移民者，当然通常都是非技术移民，他们在中国东南沿海的一些中心商业城市，如厦门、广州等地聚集，在这些孔飞力称为"移民学校"的城市，在这些输送国际移民的"中转站"，告别自己乡野村夫的生活，慢慢积累起城市生活的经验，为将来的国际移民打下基础。② 因此，如果将汉民族国际移民与国内移民联系起来，可将汉民族国际移民的发展历史再向前推进几个世纪，将7世纪至8世纪中国大陆向澎湖列岛及台湾移民作为汉民族国际移民的准备阶段及开端，其中涉及汉民族由内陆向沿海地区的预备移民。继此之后才是15世纪随郑和船队远征向东南亚移民、19世纪中叶大规模的契约劳工出洋、二战后汉民族移民海外平等时期以及改革开放后有史以来最大的汉民族国

---

① 在以往的中国近代史研究中，人口问题始终是孔飞力理论的重要依据。例如，在《叫魂：1768年的中国妖术大恐慌》一书中，他指出，持续一个多世纪的国内移民活动是"盛世妖术"恐慌爆发的重要原因之一。在对太平天国以及其他晚清动乱的原因进行分析时，他认为人口压力是晚清动乱的根源，人口压力的增长致使人口在国内流动，从而将压力扩散到国内的其他地区，因此在人口不断涌入的地区通常比较容易发生叛乱。参见[美]孔飞力：《叫魂：1768年的中国妖术大恐慌》，陈兼、刘昶译，上海：上海三联书店，1999年版。

② 龚咏梅：《孔飞力90年代中期以来的新课题——关于海外华人移民史研究》，《探索与争鸣》，2004年第5期，第42—43页。

际移民潮等历史发展阶段。其中移民人口规模又以19世纪中期至第二次世界大战开始和改革开放之后的两个阶段为最。据估计，从1840年鸦片战争至1941年太平洋战争爆发前夕，中国出国累计人口超过1000万，平均每年在10万人以上。① 改革开放后的新移民人数更是飞速增长，至2011年，新移民人口数量应该已达到1200万。②

时至今日，从人口学特征方面看，汉民族人口国际迁移的分布已明显呈现出分散性和集中性两个貌似矛盾的特征。汉民族国际移民遍及世界各地，有"凡是海水所到之处，就有华侨"的说法。但其分布又并非各地平均，迁移流的大小决定了迁移分布的状况。从洲域分布比例来看，迁移流最集中的是亚洲。20世纪80年代之前，亚洲占汉民族国际移民的90%以上，其中又以东南亚地区最多，占汉民族移民亚洲人口的五分之四以上，印度尼西亚、泰国和马来西亚为该地区汉民族移民人口绝对数量最多的三个国家。继亚洲之后是美洲，大约5%的汉民族移民居住在北美两国。另有5%的移民广泛散布于欧洲、大洋洲、非洲和拉美地区。③ 汉民族人口国际迁移洲际流向分布的总特点是"既广泛又集中，总体分散，相对集中"。④

但随着改革开放的不断深化，新移民在国际人口流向、年龄、性别、受教育程度、职业分布、收入状况、社会化程度等等诸多方面正从根本上改变汉民族国际移民的人口分布特征。汉民族国际移民高度集中于东南亚的格局也在经历变化。20世纪80年代之前，东南亚华人裔群人数占世界华人裔群近90%，但是到2008年，世界华人裔群总数约为4543万人，其中东南亚为3348.6万人，占全球华人裔群人口的百分比下降到了73.5%。汉民族国际移民开始更加明显地呈现出向其他国家和地区扩散分布的态势，并逐渐呈现出较为明显的两个特点。第一个特点是，去往发达国家和地区的汉民族移民激增。美洲成为汉民族

---

① 丘立本：《从世界看华人》，香港：南岛出版社，2000年版，第2页。
② 庄国土、张晶盈：《中国新移民的类型和分布》，《社会科学》，2012年第12期，第4—11页。
③ 华侨华人蓝皮书编委会，李明欢执笔：《国际移民大趋势与海外侨情新变化》，载丘进主编：《华侨华人研究报告（2011）》，第12页。
④ 朱国宏：《论中国人口的国际迁移》，《人口学刊》，1987年第2期，第35页。

移民增长最多的地区,在20世纪最后十年中,移民美国和加拿大的汉民族人数增长很快,一些受限不能入美的汉民族移民选择在美国周边的美洲国家暂居,致使美洲中国移民在1997年至2007年的十年大约增长了4.6%,多达530万人,从20世纪80年代以前占世界华人裔群总数的5%增至2008年的近12%。欧洲华人裔群人口200多万,从20世纪80年代以前占世界华人裔群人口总数不足1%增至2007年的近5%。日本华人裔群人口已从5万多人增长至80万人左右,澳大利亚华人裔群人口从10多万人增长至近70万人。第二个特点是,汉民族国际移民的聚居区几乎遍及全球各大洲的各个国家,以前汉民族几乎未曾涉足的拉丁美洲、非洲和中东各地,现在也出现了许多数以万计的华人裔群聚居区。①

随着海外汉民族移民人口数量的增加,他们在移民目标国所建立起来的社会网络也较20世纪70年代之前呈现出较为明显的国际化特征和发展趋势。主要表现为全球性各类华人社团组织大量涌现,其中宗亲社团和同乡社团最先引领了华人社团国际化的发展,出现了全球性的同宗、同乡联谊会。1971年成立的"世界客属恳亲会"是较早成立的地缘性社团。之后世界性宗乡组织纷纷成立,数量激增,如20世纪90年代成立的有关现广东江门地区的宗乡社团就有"世界江门五邑恳亲大会"、"世界台山籍乡亲恳亲大会"(1997年10月)、"世界赤溪客属恳亲大会"(1997年12月)、"世界台山宁阳首届联谊大会"(2001年11月)等等。此外,世界性的华人血缘性社团、业缘性社团以及其他类型的社团也纷纷成立。据不完全统计,21世纪初期,世界性的华人社团达到70多个,其中,亲缘性社团约占34%,地缘性社团约占20%,业缘性社团约占27%,神缘性等其他社团占19%。②

海外华人社团发展的国际化还表现在各类华人社团联谊会召开的频率高,参与者多。如1995年,来自23个国家和地区的1500名代表参加了第三届世界华商大会。1996年第二届世界福建同乡恳亲大会在马

---

① 庄国土、张晶盈:《中国新移民的类型和分布》,第4—11页。
② 贾海涛、石沧金:《海外印度人和海外华人国际影响力比较研究》,济南:山东人民出版社,2007年版,第110页。

来西亚浮罗交怡召开，2500名代表参与了此次盛会。2001年9月，在中国南京举行的第六届世界华商大会，约有3000位海外客商、1500位中国内地客商参加大会，总规模刷新了华商大会的历史记录。[①]海外华人社团的国际化发展在经济、文化和社会等各个方面加强了不同国家和地区华人之间的联系，促进了全球华人经济的更快发展，加强了海外华人文化和中国文化的国际影响力。除此之外，海外华人社团的国际化发展也逐渐改变了传统华人裔群建立于"乡愁"之上的文化认同观念，转而将在四海建功立业的自豪感作为新的文化认同基础。

汉民族国际移民人口规模的急剧增长、社团的快速发展、对移民目标国所带来的拥挤成本、中国国家实力的提升为海外汉民族移民所带来的机遇、变化和挑战等等均使汉民族国际移民研究具有了比以往任何历史时期都更加重要的意义。当然，作为华侨华人史研究的重要组成部分、作为世界历史、世界移民史以及世界经济史的重要组成部分，汉民族国际移民研究也对西方话语体系建构下的世界史研究提供了有益的新史学的视角。

第四节 相关重要文献资料

汉民族国际移民研究既包括古代和近代移民史的研究，也包括现代移民研究。虽然如前文所言，汉民族国际移民研究需要放到国际移民研究的大语境中才能有效进行，但鉴于汉民族国际移民发展主要与中国的历史以及史料记载关系更加密切，因此在对其历史进行研究时，仍宜以中国历史的分期为史料搜集和参考的主要依据。因此，就研究资料的时间坐标而言，可基本按照中国历史的分期，将研究资料分为两大类，一类为自远古时代至1949年的史料，其中又包含远古时代至1840年古代时期的史料和1840年至1949年近代时期的史料两部分。第

[①] 王焕芝：《新时期华侨华人文化的特征》，《教育评论》，2008年第1期，第114页。

二类为1949年之后现代时期的资料。① 就研究资料的语种而言，又可大致分为中文资料和外文资料。

一、古代和近代的史料

历史研究最重要的是史料，汉民族国际移民的历史研究所涉及的史料主要是文献史料。而在历史研究三大类史料当中的其他两类，即，实物史料和口述史料，目前对于汉民族国际移民史研究来说，可用的史料较少。

从汉文文献史料来源看，目前可供使用的主要包括政府官书、早期刊载相关条例、史实的刊物。综观诸多相关史料，尤以以下几项对于汉民族国际移民历史研究最为重要。

（一）《筹办夷务始末》

由于汉民族国际移民基本在清朝时期规模开始扩大，因此清朝时期关于"夷务"和外交的政府官书也成为研究汉民族国际移民历史的重要参考资料。鸦片战争之后，随着外交成为近代中国历史发展中的重要组成部分，专门记载"夷务"的政府官书也开始在史料中占据重要位置。

《筹办夷务始末》是该类政府官书中最早开始编撰的史料。主要包括了自道光十六年（1836年）至同治十三年（1874年）前后共39年清政府处理对外战争和外交事务的档案。道光朝《筹办夷务始末》共30卷，成书于咸丰六年（1856年）。咸丰朝《筹办夷务始末》共30卷，成书于同治六年（1867年）。同治朝《筹办夷务始末》共100卷，成书于光绪六年（1880年）。三朝《筹办夷务始末》共收录档案9300件，达770余万字，已由故宫博物院文献馆于1929—1930年就原本影印出版，中华书局也于1964年和1979年分别出版了经整理的道光、咸丰两

---

① 关于中国历史的分期问题，史学界观点并不一致，本书采用白寿彝的观点，具体参见白寿彝主编：《中国通史》（第一卷），《导论》，上海：上海人民出版社，2004年版。

朝《筹办夷务始末》。① 该文献是研究近代前期中国对外关系和国际移民的重要参考文献。

（二）清朝外务部档案资料

自从1901年《辛丑和约》"将总理各国事务衙门，按照诸国酌定，改为外务部，班列六部之上"②之后，该部便秉承了清代历史关于"与洋人交涉的一切事物"的历史记载和整理工作，主要由翻译处、清档房、机要股等掌管编译、新闻的机构和司务厅、电报处、文报局、统计处等掌管文档及内部事务的机构进行。③

国内目前专门保管明清两朝中央政府和皇室档案的最重要机构是中国第一历史档案馆，现存清政府与其他国家外交关系档案——《外务部全宗》，涵盖了从同治元年（1862年）至宣统三年（1911年）间的相关档案，共5163卷，111503件（册），④主要是1901年外务部成立之后形成的。档案内容记载了清末与57个国家的交往活动，主要包括八大方面的内容。一为清末中外划界及割地租借的文件；二为帝国主义历次侵华战争及清廷向德、俄、英、日各国购买枪炮、战船的文件；三为中外联合镇压太平天军、义和团、辛亥革命的文件，内有华尔、戈登及白齐文专卷；四为中外法律交涉的文件，如上海会审公堂案、马嘉理案、华工问题等等；五为中外互派使领，呈递国书、照会、觐见、游历等交聘往来文件；六为中外通商条约、开埠章程，英、法、德、美等国在华修铁路、开矿山、办公司及清政府向各国借款、赔款等问题的文件；七为清末参加各种国际会议的文件，如万国海关税则会、海牙红十字会、农事赛会、彼得堡万国行船会、利玛窦去世300周

---

① 白寿彝总主编，龚书铎主编：《中国通史》（第十一卷），《近代前编（1840—1919）》，上海：上海人民出版社，2004年版，第10—11页。

② 《辛丑各国和约十二款》，载商务印书馆编译所编：《国际条约大全》，北京：商务印书馆，1924年版，第338页。

③ 总理各国事务衙门于1861年1月13日（咸丰十年十二月三日）设立，1861年1月20日咸丰帝正式批准，但实际上，在《辛丑和约》签字前一个多月，即6月9日，清帝已根据列强命令，将总理各国事务衙门改为外务部。

④ 《外务部全宗》，中国第一历史档案馆，http://www.lsdag.com/lsdagweb/platformData/infoplat/pub/lsdagweb_2662/docs/201311/d_31280412918.html，2013年9月2日登录。

年纪念会等；八为各种海关税务的章程和文件，如赫德专卷、常关章则等。这些档案，都是研究清朝中外关系的宝贵史料。其中许多部分涉及殖民国家所属殖民地在中国招募华工的合同、条例等重要文件，该部分也是进行汉民族国际移民历史研究必不可少的参考文献。

（三）《外交报》

《外交报》（*The Diplomatic Review*）是中国近代第一份以评述国际问题为主要内容的报刊，内容涉及国际形势、国际公法、各国对中国的政策、各国之间的交涉、各国内政等。《外交报》最初名为《开先报》，由张元济与好友蔡元培同邀亚泉学馆的创办人杜亚泉等一起创办，1901年10月改名为《外交报》，于1902年1月4日正式创刊，由杜亚泉在上海所设的普通学书室发行。此后，张元济进入商务印书馆，先后担任商务印书馆编译所所长、商务印书馆监理、董事长等职。第29期之后，《外交报》的发行改由商务印书馆承担，刊物编辑工作主要由张元济负责，南洋公学的学员赵从藩等也参与其中。该报停刊于1911年，为旬刊，共出300期，分设论说、谕旨、文牍、外交、纪闻、译报、要电汇录等栏目。每期以一半篇幅译载外国报刊上发表的时文，包括英、美、日、俄、法、德等国主要报刊40余种（英国报刊约占半数），可说是中国最早的"参考消息"，也是中国第一份以研究国际问题为主的期刊。

在汉民族国际移民历史研究方面，该报有三个栏目涉及华侨的报道和资料，即"文牍"、"译文一类"和"交涉录要"。

"文牍"一栏刊载各种官方文件和重要的法令、通告，其中即有关于华侨的法令。这一栏曾登载关于南非雇佣华工的合同等重要文件，如该报第79期（1904年）曾在"文牍"一栏刊登"南非洲英属特兰斯哇尔招募华工工况合同"、第82期（1904年）刊登"南非洲英属特兰斯哇尔招募粤工开矿合同"、第97期（1904年）刊登"南非英属禁止华工入境新例"等。

《外交报》每期还有大量的译文，主要译自英、美、日等地的重要报刊。译文分为三类，"译文一类"主要是关于中外关系和各国对华政策方面的讨论,其中有不少关于华工的招募、待遇和政策的评论文章。比如"论澳洲禁止华人之益"一文对澳大利亚禁止中国人移民的新规定进行了译介。大部分《外交报》还列出"交涉录要"一栏,其中又有"华工纪闻"或"华侨纪闻"的栏目,刊登各地有关华侨的情况,包括华工在当地生活的见闻、不同国家对华工所定苛例的有关报道等。

(四)《华工出国史料汇编》

由陈翰笙主编,中华书局1985年出版的《华工出国史料汇编》共十辑,是研究清朝华工出国的重要历史资料。该书共辑入1054件清代档案,约350万字。

从史料来源和内容来看,该书所辑档案史料大部分出自国家图书馆所藏清代总理各国事务衙门的招工类清档,如英、法、秘鲁、古巴、巴西等国的招工专案。另有一部分选自中国第一历史档案馆所藏清代军机处、宫中及外务部的档案,个别史料译自上海海关所藏的海关档案。除了上述中外官方文件之外,该汇编还包括中外专著以及根据调查所写的研究报告(如社会学家陈达所撰写的"中国移民——专门涉及劳工状况"[①])、亲历者本人目睹所记录的资料(如谢子修撰写的《游历南非游记》[②])、当时国内外报刊所载的有关论文或评论等。

从史料的选辑角度和编排来看,该汇编包括19世纪中叶以后华工出洋的历史背景、出国方式、清朝政府对华工的政策演变、华工的遭遇及反抗、华工对英、美、法等国及殖民地早期经济发展所做出的贡献和牺牲、华工与其所在国人民在长期劳动和斗争中结成的深厚友谊,

---

① 陈达:《中国移民——专门涉及劳工状况》,载陈翰笙主编:《华工出国史料汇编》(第四辑),《关于华工出国的中外综合性著作》,中华书局,1981年版,第68—87页。该文是中国学者陈达的英文著作《中国移民——关于劳动条件的专门考察》一书的摘译,此书出版于1923年,是陈达为美国联邦劳工部撰写的报告书。该书根据当时有中国移民的各居留国(地区)的官方统计数字和有关资料,对中国台湾、荷属东印度(今印度尼西亚)、英属马六甲、美属菲律宾及夏威夷、南非德兰士瓦和法国的华侨状况进行了分析。

② 谢子修:《游历南非游记》,载陈翰笙主编:《华工出国史料汇编》(第九辑),《非洲华工》,北京:中华书局,1984年版,第278页。谢子修为广东开平县人,1903年10月抵达南非,在此居留时,正值华工赴南非开矿期间,为了了解华工的真实生活情况,他辞去所任约翰内斯堡中华会馆书记一职,来到南非的英国皇家顾问处司事。该篇游记真实地记录了他的所见所闻,十分珍贵。

以及华工在经济上对祖国革命与建设的巨大贡献等方面。从华工出国范围看，资料涵盖了北美洲（美国和加拿大）、拉丁美洲（古巴、秘鲁、墨西哥、巴西、巴拿马等）、大洋洲（澳大利亚和新西兰及太平洋的英属、德属、法属岛屿）、东南亚各国、非洲（南非、马达加斯加、毛里求斯、留尼汪、法属西非、比属刚果、英属、葡属和西属殖民地）、欧洲（第一次世界大战后的欧洲华工）等。

这一史料的出版不仅为深入研究华工出洋提供了重要的参考资料，也为中国近代经济史、世界近代经济史、中外关系史及移民史的研究提供了极为丰富的资料。

（五）《中国旧海关史料（1859-1948）》

《中国旧海关史料（1859—1948）》现收藏于中国第二历史档案馆。该馆是收藏民国时期中央档案的国家级档案馆，其中海关档案史料的收藏是该馆的特色之一。1980年国务院办公厅发出通知，将民国时期中央级档案统一归该馆保存。为此，中国第二历史档案馆从陕西华县海关总署档案后库、天津海关、上海海关三处将旧海关档案资料进行汇集、整理。

该史料于2002年编辑出版，共170册，主体由两部分构成：第一部分为贸易统计，第二部分为贸易论略。虽然所涉及的资料以贸易年刊为主，其内容主要为当时的贸易、汇兑、关税和金融，按年、关口、国别列出进出口贸易和转口贸易的资料，但其中也包括了记录有每年各国货船进出地关的数量和吨位，进出地关的华洋人数、移民等情况，记载了大量正史和地方文献中所没有的原始调查资料，特别是收录了大量珍贵、详实的数据资料，对于了解和查阅晚清政府、民国北京政府、南京国民政府、汪伪政权及伪满政权各统治时期的出入关汉民族和外国人人口和移民情况提供了重要的史料。

二、现代时期的资料

1949年，中国历史进入现代时期，来自两岸四地的汉民族国际移民数量逐渐增多，尤其是改革开放以来，来自大陆的移民数量更是飞速增长，国内外关于海外华人裔群的人口统计和研究成果也随之增多。

无论是中文还是外文资料，现代时期研究汉民族国际移民可供使用的资料主要包括中国以及各汉民族移民目标国相关部门，如国家统计局、移民局、国家博物馆等机构所留存的法律文件（如中国和目标国签订的条约、目标国制定的移民法案、国籍法、针对华人移民制定的法案等）、人口统计数据（人口普查数据、出入境统计等相关数据）、海关关于某些中国移民的讯问记录以及某些移民对于自身境遇的记述，等等。因此此部分史料既包括官方史料，也包括部分社会史的材料。得益于信息技术的发展，目前该部分资料中的相当一部分已经实现了数字化，在中国相关部门和机构以及主要移民目标国的相关网站均可检索，许多文献可以阅读原文的扫描版本。

第2章

亚洲的汉民族移民

中国作为一个亚洲国家,自古以来就有汉民族向周边国家移民的记载。早在公元初期,中国人就已开始从海上前往东亚地区。汉民族在亚洲无论从移民历史、人口数量还是从对目标国的发展所做出的贡献来说都是其他大洲的国家和地区所不能比拟的。

尽管亚洲从地理学的角度包括东亚、东南亚、南亚、西亚、北亚和中亚六个地区,但从汉民族移民的历史发展进程和在移民目标国的影响力来看,又以东亚和东南亚两个地区最为重要。因此,本章将以上述两个亚洲地区的汉民族移民作为论述重点。

第一节 东亚的汉民族移民

东亚是亚洲大陆东部的一个区域,就地理及政治层面来看,东亚包括东亚大陆(中国、蒙古国)、日本列岛(日本、琉球群岛)和朝鲜半岛(朝鲜、韩国)等次区域和政治区划。由于赴蒙古和琉球群岛人数很少,因此在谈及东亚地区的汉民族移民时,实际上主要涉及日本和朝鲜半岛两地。

中国与日本和朝鲜半岛的关系可以追溯到殷周时期,以《史记·宋微子世家》所记"周武王封箕子于朝鲜"为最早。公元前1122年，周武王伐纣，灭殷，箕子以殷为宗室，义不臣周，遂率其封国人民移居朝鲜，先以辽河流域为中心，逐渐渡鸭绿江南下，至大同江和汉江，奠定了之后朝鲜的发展基础。《汉书·地理志》记载，"殷道衰，箕子去之朝鲜，教其民以礼乐、田蚕供作。"从地理位置看，中国和日本隔朝鲜半岛相望，在中国与日本的早期交往中，朝鲜半岛是一条重要通道。从朝鲜半岛可沿日本海左旋环流，到达日本的山阴和北陆地区，但由于其环流流向为单向，因此只能从朝鲜半岛到达日本而很少能沿此航线由日本到达朝鲜和中国。后来，随着航海技术的发展，中日之间经过朝鲜半岛开辟出了新的航海线路，使得两国之间的交往较之从前更加便利。据《日本书纪·神代卷》记载，此航线为"北海道中"一线，较日本海左旋环流的航路稍偏向西南。新航线的开辟增加了中国与日本和朝鲜半岛的交往，中国的文化技术也由此传到朝鲜半岛和日本。

中国与日本交往的最早文字记载见于《史记·秦始皇本纪》。当时司马迁对日本知之甚少，因此只记录了徐福率男女数千人入海求仙。在《秦始皇本纪》二十八年条中，司马迁写道：秦始皇南登琅琊，"既已，齐人徐市等上书，言海中有三神山，名曰蓬莱、方丈、瀛洲，仙人居之，请得斋戒，与童男女求之。于是遣徐市发童男女数千人，入海求仙人。"在《淮南衡山列传·淮南王安传》中也有相关记载："又使徐福入海求神异物，还。为伪辞曰：'臣见海中大神。言曰，汝西皇之使耶？臣答曰：然。汝何求？曰：愿请延年益寿药。神曰：汝秦皇之礼薄，得观而不得取。于是臣再拜。问曰：宜何资以献？海神曰：以令名男子若振女与百工之事，即得之矣。'秦始皇大悦，遣振男女三千人，资之五谷种种百工而行。徐福得平原广泽，止。王。不来。"

这两宗记述是目前关于汉民族去往日本最早的文字记载，但史学界对于历史上徐福其人其事仍有诸多争论。这些争论主要包括两种完全不同的观点，一种观点对徐福其人其事的历史存在进行质疑，认为司马迁的记载也只是依据民间传闻，并不可信；另一种观点认为历史上确有其事，并能够找到一定的依据，甚至认为徐福有可能就是日本的开国皇帝。但是，20世纪80年代徐福故里遗址的发现证明徐福其人的历史真实性。此外，记载中显示徐福具有丰富的航海知识，当时的齐国也已经成为一个经济实力相当雄厚的海上强国，造船技术和航海技术都很发达，这些都使徐福率船东渡日本成为可能。从历史背景方面来看，从秦统一六国到秦汉交替之际，中原地区曾出现多次为逃避暴政和战争的人口迁移活动，许多汉人通过朝鲜半岛，经上面提到的两条海上航线移民日本。徐福所在齐国与朝鲜半岛隔海相望，很有可能也成为当时汉民族逃亡至朝鲜半岛和日本诸多群体中的一支。虽然年代久远，仍需要有更多的历史考据来证明甚至再现徐福东渡的历史真相，但作为中国最早移民日本的汉民族，其历史意义不容置疑。

总的来说，汉民族移民东亚的历史可根据中国同日本和朝鲜半岛的关系变化大致分为三个阶段。从最初的接触到19世纪中叶为第一阶段，19世纪中叶至1945年太平洋战争结束为第二阶段，1945年至今为第三阶段。

一、19世纪中叶之前的汉民族移民

公元3世纪移居日本的汉民族，形成了"秦人"和"汉人"两个群体。"秦人"的称呼来自弓月君，他率领在朝120个县的民众来到日本，因弓月君自称是秦始皇的十三世孙，因此被当地人称作"秦人"。"汉人"的称呼源于阿知使主，289年阿知使主携其子都加使主率众由朝赴日，阿知使主自称是后汉灵帝的三世孙，因此被称为"汉人"。[①] 这两个群体在古代日本的政治发展史上都具有举足轻重的地位，两个汉民族群体也随着代际的演变逐渐成为日本民族的一部分。

隋唐时期是古代中日两国友好邦交的兴盛时期，中国的文化习俗、政治制度、宗教信仰等方面对日本影响很大。在隋代，日本共来访四次，隋史回访一次。公元646年，即唐贞观二十年，由建康（今南京）至日本的航线开通，汉民族开始由东南沿海东渡日本。

---

① 罗晃潮：《日本华侨史》，广州：广东高等教育出版社，1994年版，第21—26页。

在唐代，日本共来访13次，派遣唐使和僧侣到中国学习、交流、参观，还在中国招聘人才，尤其是僧侣人士。遣唐使的这些活动在一些日本史籍，如《续日本纪》中都有记载。① 同时，中国也有众多的僧侣赴日讲经传法，佛教宗派中许多开山始祖多为唐代赴日僧人，如律宗开山祖鉴真，他在建筑、雕刻、绘画、医药等方面都有很大功绩，在日本树立戒律制度，使佛法传入民间，为以后佛教的繁荣奠定了基础。此外，唐朝时期赴日的汉民族还对日本的大化改新影响甚巨，革新派以唐朝律令制度为蓝本，参酌日本旧习，从经济到政治方面进行了改革，规定了中央集权的封建国家体制，使此次改革成为日本历史上最为重要的两次改革之一，奠定了日本的国家发展方向。唐朝末年，中国开始放松海禁，沿海居民出洋的人数开始增多。由于地理上的便利，此时前往东亚地区的汉民族多来自山东和江浙一带。到了宋代，中国、日本和朝鲜均致力于发展海外贸易，因此移居朝鲜和日本的汉民族人数较之唐末有较大增加，古代时期汉民族移民东亚由此进入鼎盛时期。

此段时间移民朝鲜半岛的汉民族以商人居多。北宋年间有103批商人，共计3169名商人前往朝鲜半岛，② 其中又以福建人，尤其是泉州商人最多。《宋史》列传外国三"高丽"中记载，"（高丽）王城有华人数百，多闽人因贾至者。"至今朝鲜南部有些地方方言还保留有闽南方言的遗迹。③ 南宋末年中朝贸易衰落，商人减少。元明清时期前往朝鲜的汉民族，多为避难的流民或被掳民众，因中国实行海禁，商人出洋人数大大减少。

此段时间到达日本的汉民族与赴朝鲜汉民族的人口构成和从事职业等方面有所不同。早期赴日汉民族以僧侣为主，尤其是在宋末元初，大批宋代移民东渡日本，江浙和福建的众多名僧移居日本镰仓幕府所在地，镰仓逐渐成为宋朝亡国移民的汇集之处。元代期间定居日本的汉民族基本全部都是僧人。

---

① 陈碧笙：《世界华侨华人简史》，第26页。
② 巫乐华主编：《华侨史概要》，北京：中国华侨出版社，1994年版，第53页。
③ 陈碧笙：《世界华侨华人简史》，第67页。

到了明嘉靖四十四年（1565年），东南沿海的倭患平息，此前封锁已久的宁波、泉州和广州三个港口重新开放，赴日汉民族由此开始形成以商人为主的群体。中国商船开始往返于上述三个港口和当时日本的对华贸易口岸长崎，在长崎逐渐形成一个较为固定的汉民族聚居地，日本早期的华侨社会开始形成。"自（万历）三十六年至长崎岛，明商不上二十人，今不及十年，且二三千人矣。"[①] 许多移民定居下来，其中来自中国东部沿海地区的居多，"闽越吴之人，位于倭岛者，不知几千家，与倭婚媾，长子孙，名曰唐市。"[②] 除商人外，明末清初的亡明移民也移居长崎，使长崎的华人社会得到进一步发展。此间移民日本的一些明儒学士也把程朱理学和儒家传统的精义带到日本，对日本的文化和宗教产生了深远的影响。

汉民族的商人对于促进中日间的贸易往来也做出了巨大的推动作用。中日贸易多由华商经营。明朝时期开始，中国出口日本的商品包括生丝、药材、文具、砂糖、皮革、绸缎等，日本则以铜做交易品。中国对日贸易顺差一直较大，每年日本要输出金银20万两以弥补对华贸易差额。汉民族商人的成功经营也为长崎等地的汉民族聚居地带来了繁荣。1623年南京帮兴建兴福寺，1626年泉州、漳州帮兴建福济寺，1629年福州帮兴建崇福寺，1678年广州帮兴建圣福寺，长崎这四大唐寺建筑就是当时赴日汉民族经济和社会影响力迅速发展的最好的明证。

二、19世纪中叶至二战结束时期的汉民族移民

19世纪中叶是世界格局发生重大变化的时期。西方殖民者用坚船利炮打开了中国的国门，中国和朝鲜沦为半殖民地，日本则通过明治维新走上了资本主义发展道路，三国格局的变化对汉民族移民日本和朝鲜半岛产生了重要的影响。

日本在19世纪中叶开始推行对外开放政策。1858年江户幕府与欧

[①] 朱国祯：《涌幢小品》卷二，转引自罗晃潮：《日本华侨史》，第98页。
[②] 顾炎武：《天下郡国利病书》（卷96），引傅元初：请开洋禁疏。

美五国签订通商条约，锁国政策被打破。1871年，中日两国签订《中日修好条约》，条约规定，"两国允许商民就指定的海港往来贸易"，取消对外侨移民日本进行经济活动的限制，也不再限制外侨只能在长崎一港发展。当时正值中国沿海汉民族迫于国内形势和个人生计出洋谋生的高峰时期，许多人移民日本，先赴横滨，又向神户和大阪发展。1899年，两国再次修改条约，允许商人以外的杂业者往来进出。同年，日本外务省又将移民的从业范围再次扩大，包括从事农业、渔业、矿业、土木建筑制造、搬运业及其他劳动。因此汉民族移民赴日后从事的职业日渐多样化，其中又以餐饮、服装、理发、对外贸易为主。

此段时间赴日谋生的汉民族帮派划分仍然存在，但已开始打破地域界限，统一的华侨自治团体"中华会馆"先后在横滨、神户和大阪成立。1903年清政府颁布《奏定商会简明章程》，要求先在国内、后在国外，在商务最繁荣的地区成立商务总会和分会。同年，长崎、横滨、神户和大阪相继成立了"中华商务总会"，负责领导整个华侨社区。[①] 到了19世纪末20世纪初，包括孙中山在内的一些爱国志士和留学生也前往日本，为中国的民主革命进行筹谋。兴中会和华兴会等爱国组织的一些出版物，如《东京民报》、《革命军》、《警世钟》等均在日本印刷，由日本运往中国。许多武器也是由日本提供，由日本轮船运送。

20世纪初，日本汉民族移民人口较之以往有了较大增长。1876年日本华侨人口为2371人，1910年为8420人，到1930年增至30836人。[②] 但此后由于"九·一八"事变以及中国全面抗战开始，汉民族赴日基本停滞，旅日华侨的言论、行动和经商自由也被全面剥夺。

在此期间，汉民族移居朝鲜半岛主要始自1882年清政府与朝鲜签订的《中国朝鲜商民水路贸易章程》，根据该章程，两国"开海禁，令两国商民一体互助贸易共沾利益"。1884年，两国又签订了《仁川口华商地界章程》，在仁川开设华商租界。[③] 这些贸易章程为两国人民贸

---

① 巫乐华主编：《华侨史概要》，第250页。
② 巫乐华主编：《华侨史概要》，第56页；陈碧笙：《世界华侨华人简史》，第298页。
③ 贺江枫：《朝鲜半岛的中国租界——以1884至1894年仁川华商租界为个案研究》，"述往而通古今，知史以明大道——第七届北京大学史学论坛"论文集，北京：北京大学，2011年。

易往来提供了法律依据。赴朝鲜半岛的汉民族数量也有了明显增加。1883年朝鲜有华侨162人，1893年增至2182人，1910年增至11818人，共计2790户，1930年更是增至67794人。他们多来自中国山东、华北及东北地区，其中山东籍最多，约占90%，其次是河北籍和辽宁籍的移民，其中除汉民族之外，还有一部分朝鲜族移民。他们在朝鲜半岛主要分布在京畿道、平安南道、平安北道、咸镜南道和咸镜北道等地，主要聚居城市包括首尔、仁川、平壤、大邱、釜山等地。[①]

汉民族在朝鲜半岛多以经商为主，农工业者次之，20世纪初蔬菜种植业曾一度成为汉民族的主要职业，华侨经济在此期间得到了较快的发展。朝鲜银行1941年的《经济年鉴》对华侨的经济地位做了概述："朝鲜华侨在旧韩国时代是其全盛时期，掌握着雄大的经济实力。当时朝鲜政府采取事大主义外交，对中国另眼相待，一般朝鲜人民也受到影响，把华侨看作大国国民，华侨因而极其活跃。"[②] 由于人口增加较快，在朝鲜也形成了一些地缘性的华侨社团组织，主要包括广帮、南帮和北帮三大帮会。广，即广东。南帮包括广东以外南方各省，如江苏、浙江、湖北、湖南、江西、安徽等省的华侨。北帮主要包括山东和直隶等省的华侨，在三帮中势力最大。与此同时，在帮的基础上成立了中华商会，负责调停和仲裁商业争议、协调与发展商业计划等。1901年，在各地商会的基础上，于首尔成立了中华商务总会，综合管理各地商会事务。

1931年，日本制造长春万宝山事件，在仁川、汉城（今首尔）、平壤、大邱等32个城市大规模屠杀、劫掠华侨，致使546名华侨死亡，91人失踪，千人受伤。[③] 1937年之后，由于中日交恶，日本殖民总督府在朝鲜开始实行反华排华政策。新的移民不能到来，在朝华侨受到迫害。此种状况一直持续到二战结束。

---

① 巫乐华主编：《华侨史概要》，第56页。
② 陈碧笙：《世界华侨华人简史》，第300页。
③ 陈碧笙：《世界华侨人简史》，第301页。

三、二战后的汉民族移民

二战后，随着东亚局势的逐渐稳定以及中日两国关系的逐渐缓和，在日华人裔群人口数量逐年增多，尤其是在1972年中日邦交正常化之后，汉民族移民日本的人数增长明显加快。1972年之前，在日华人裔群人口数量大致保持在4万至6万人。此后，中国赴日人数激增，1986年在日本的华人裔群人口数量达到9万多人，其中以来自台湾的人数最多，占一半以上，其次为来自福建和广东的移民。据日本法务省统计，在日本居住的中国人的数量二十年间增长了3倍以上，在2006年已经达到56万人。① 在日本的中国人人口于2007年超过韩国人和朝鲜人，跃居在日外国人首位，2009年更是占到在日外国人的31.1%，② 自2010年起，在日本的华人裔群人口开始超过100万，当年华侨已达到687156人，其余为已经入籍的华人。③ 到2012年末，在日本的中国籍（含台湾和香港）人口已增加到73.6万，已归化入籍的华人人口为12.7万，此外至少还有约34.5万人是依血统主义国籍政策作为日本国民子女直接取得日本国籍的华裔后代，三部分人口相加，在日华人裔群人口超过120万人，日本已经成为接收中国移民最多的5个发达国家（美国、加拿大、日本、澳大利亚、韩国）之一。④

从都道府县来看，汉民族移民多居于东京都。2010年东京都华人裔群人口为164201人，其次是神奈川县，为56095人。⑤ 改革开放之后来自中国的新移民熟悉中日两国的经济、政治和文化差异，同时拥有丰富的专业知识，因此他们在两国的贸易往来中起到了重要的沟通桥

---

① 韩震：《全球化时代的华侨华人文化认同的特点》，《扬州大学学报（人文社会科学版）》，2009年第1期，第29页。

② 《统计显示：在日华人已约82万 首次突破80万大关》，中国新闻网，2010年7月8日，http://www.chinanews.com/hr/2010/07-08/2389313.shtml，2013年12月6日登录。

③ 溢谷司：《日本的唐人街》，乔云编译：《南洋资料译丛》，2013年第3期，第79页。

④ 戴二彪：《21世纪的日本华侨华人》，载丘进主编：《华侨华人研究报告（2013）》，北京：社会科学文献出版社，2014年版，第78页。

⑤ 溢谷司：《日本的唐人街》，乔云编译：《南洋资料译丛》，第79页。

梁作用，有助于减少日本对华贸易中的摩擦。因此，雇佣中国人的日本企业也正在逐渐增加。

二战后赴朝鲜半岛的汉民族开始因半岛南北分裂而产生较大的差别。朝鲜汉民族移民在20世纪80年代大约有6000人，大多来自山东烟台和临沂，少数来自河北、吉林、山西和内蒙古。在朝鲜多居住于平壤、平安北道和咸镜北道。从职业分布看，工人最多，占80%；农场职员次之，占12%；教师、医护人员和技术员占8%。韩国华人裔群人数在20世纪50年代至80年代中期一直保持在2万人至3万人之间。[①] 1985年时为25329人，其中山东籍占90%，河北籍占3.5%，其他多来自东北三省。[②] 1992年中韩建交，在其后的20多年中，前往韩国的移民数量增长迅速。1992年中韩建交之前，在韩国居住的中国大陆人仅有195人，韩国曾被称为"主要国家中没有华人街的国家之一"。[③] 中韩建交后，随着两国关系的改善和经贸关系的日益紧密，中国移民人数呈急剧增长之势。至2013年3月，在韩国的中国籍（含台湾和香港）人口已经达到76.5万人，此外，有近10万人已归化入籍，还有10万人为韩国国民子女自动取得韩国国籍。上述三部分相加，在韩华人裔群人口接近100万人。[④]

其中值得注意的是，此间汉民族移民不再是赴韩国的主要移民，长期以来以山东和中国北方省份汉民族为主的移民由来自中国东北地区的朝鲜族所代替，他们占旅韩中国人口总数的70%。2009年底，在韩中国人有586662人，其中朝鲜族人为377560人。[⑤] 另据韩国《朝鲜日报》2011年7月6日的报道，在韩国生活的中国朝鲜族已经突破50万人，截至2011年5月底，持有中国国籍并滞留在韩国的中国朝鲜族达45.2万人，另外加入韩国国籍的中国朝鲜族达7.5万人，共计52.7

---

① 王望波、庄国土编著：《2009年海外华侨华人概述》，北京：世界知识出版社，2011年版，第25页。
② 陈碧笙：《世界华侨华人简史》，第379—380页。
③ 戴二彪、彭雪：《21世纪的韩国华侨华人》，载丘进主编：《华侨华人研究报告（2013）》，第115页。
④ 同上。
⑤ 庄国土：《世界华侨华人数量和分布的历史变化》，《世界历史》，2011年第5期，第13页。

万人。①

移居韩国的新移民与已在韩国扎根百年的来自台湾的老移民完全不同。老移民通常是通过结婚、入籍等途径来表现自己永久居留韩国的态度,而新移民则有着长期滞留的倾向。老移民与迁出地的联系基本断绝,而新移民却常常在两地同时发展。"旧华侨与自己祖国的联系网处于断绝状态,新华侨则维持了与国内的关系网,同时在韩国也有巩固的根基,实施的是多根基战略"。② 老移民一般从事餐饮或小规模贸易,而新移民则凭借高学历和专业知识技能成功进入到科研机构、律师行业等专业领域。

四、东亚汉民族移民的特点

位于东亚的汉民族移民主要目标国均为非移民国家,无论是朝鲜、日本还是韩国,目前也都是人口同质性非常高的民族国家。与北美、欧洲、大洋洲甚至是东南亚许多国家相比,东亚国家仍为单一民族国家,这与他们的移民政策、国籍政策和其他相关政策相互作用,深深影响了汉民族的移民入境、归化和在目标国的发展。

日本、韩国和朝鲜三国的移民政策基本上均以限制移民入境为基本原则。日本外国人出入境管理的基本准则始自1899年颁布的第352号敕令,该敕令禁止从事如农业、渔业或其他杂业等简单劳动的无技能外国人入境,只允许厨师、理发师、裁缝师和商人等外国人移入。③ 此外,在原则上也不接受以永久居住为目的的移民,对于已在日本国内的外国人,严格控制永住权的发放,以此措施控制外国移民的人口数量。由于日本严格限制外国移民的进入,日本成为自20世纪70年代

---

① 崔志鹰等:《韩国华侨社会调研》,载中国朝鲜史研究会编:《朝鲜·韩国历史研究》(第十四辑),2013年版,第346—347页。
② 孙友政、蔡圣镇:《韩新华侨成精英族》,《人民日报海外版》,2007年11月23日,http://paper.people.com.cn/rmrbhwb/html/2007-11/23/content_33626323.htm,2013年12月22日登录。
③ 朱慧玲:《东北亚华侨华人经济的变迁》,《八桂侨史》,1997年第3期,第23页。

国际移民潮中接受移民最少的发达国家。① 在归化入籍的相关政策方面，日本在1985年之前实行父系血统主义国籍法，1985年改为父母两系血统主义国籍法。② 自此，汉民族移民与日本人结婚所生子女自然成为日本国民。2008年颁布的新国籍法又规定，在日本国内出生且其父母均无国籍者，或者出生时父母不详者（孤儿），也可获得日本国籍。③ 对于移民本人，如果符合条件可以申请加入日本国籍，但总的来说，日本政府在此方面控制仍然非常严格。对于已经移入的外国人，政府也在相关法律政策方面尽力保护本国公民，限制侨民的发展。日本在矿产法、外国人渔业规定、电波法、有线电视播放法、电气通讯事业法、外国人土地法、船舶法、航空法等法律规定中均明文规定，上述行业不得由外国人或外国团体经营或所有。此外，还有规定限制外国人经营出租汽车行业、烟、酒、盐、米等商品的交易。④ 这些法律法规和行政规定从入境、入籍到移民的职业都做了严格的规定，比较成功地保持了日本人口和社会文化的同质性。

韩国的相关政策也与之类似。1948年韩国建国后实行外侨管制政策，严格控制以"滞留"为目的的外国人入境。此后，永久居住权的申请和审批也非常严格，通常移民需要先获得最初滞留资格，取得F-2签证，五年后如符合条件，才能获得永久居住资格，取得F-5签证。⑤ 在国籍政策方面，韩国实行的也是血统主义国籍法。由于韩国在1998年才将父系血统主义改为父母两系血统主义，因此对于1998年6月13日之后出生者父母任何一方为韩国国民，子女均可自动获得韩国国籍，1998年6月13日之前出生者父亲为韩国国民，子女可自动获得韩国国籍。此外，在韩国国内出生且其父母均无国籍者，或者出生时被遗弃的孤儿，也可获得韩国国籍。2009年10月，韩国法务部向国会提交允

---

① 郭玉聪、庄国土：《福州赴日新移民的增长态势及其主要原因——以福清市为例》，《南洋问题研究》2008年第2期，第52页。
② 朱慧玲：《东北亚华侨社会的现状及其未来》，《华侨华人历史研究》1997年第1期，第51页。
③ 戴二彪：《21世纪的日本华侨华人》，载丘进主编：《华侨华人研究报告（2013）》，第89页。
④ 李林林：《日本的外国人政策和法规》，北京：人民法院出版社，1993年版，第146—151页。
⑤ 《韩国移民政策》，新华网，2013年10月31日，http://news.xinhuanet.com/house/sh/2013-10-31/c_117945730.htm，2013年12月7日登录。

许双重国籍的《国籍法修正案》，将有限允许全球人才持有双重国籍，但该修正案规定允许获得双重国籍的范围非常狭小。2010年2月，韩国国会法制司法委员会召开全体会议，审议《韩国国籍法修正案》，但又因涉及归化后的外国人是否服兵役的问题而将华人排除在外。① 在对侨民的管理方面，1948年韩国成立后规定，外侨在韩国只能从事一般性商业活动，不得拥有土地和山林等资源，不得开办工厂、从事酿造、金融等行业。② 1968年颁布的《外国人土地法》对移民在住宅购置、店铺购置等不动产购置进行了具体规定。③

总体而言，东亚三国民族单一文化认同的历史惯性和严整规制的国家控制行为使汉民族移民东亚受到东亚国家自身移民相关法律的诸多限制，东亚三国实行的都是血统主义国籍法，这与许多西方国家和东南亚国家的出生地主义国籍法不同，血统主义国籍法不鼓励移民归化入籍，也不鼓励移民具有强烈的国家认同和文化认同，因此，移民东亚国家的汉民族移民无论从归化入籍的人数还是从他们在当地的侨团建设、经济发展等方面均在很大程度上保留着侨民的特点，尚未在较高程度上实现同化或融合。此外，东亚在历史和政治方面仍存在一些敏感问题，国家间关系也会在不同的时期影响到移民的生存发展和流动意愿，因此汉民族移民在可见的未来不太可能成为东亚三国社会的主体民族，只能处于从属地位。

第二节　东南亚的汉民族移民

东南亚地区既是汉民族国际移民最早的目标地区之一，也是中国国际问题研究的最早对象。20世纪20年代之前，中国历代封建王朝以"天朝大国"自居，除一些零星记载，对外部世界的研究基本为零。20世纪20年代开始，中国对东南亚地区开始了真正意义上的学理性研究，

---

① 崔志鹰等：《韩国华侨社会调研》，第351—352页。
② 陈烈甫：《华侨学与华人学总论》，台北：台湾商务印书馆，1987年版，第135页。
③ 朱慧玲：《韩国华侨社会的变迁与特点》，《华侨华人历史研究》，1996年第2期，第31页。

而这一研究恰恰是从东南亚华侨华人开始的，早期的东南亚研究成果大多为华侨华人研究，因此，可以说中国的东南亚研究实际上是起步于东南亚华侨华人研究。

一、汉民族移民东南亚的历史分期

汉民族移民东南亚的历史可以追溯到秦汉时期。据《汉书·地理志》记载，早在公元初，有中国人从广东和广西泛舟南下，住蕃经商，到达越南岘港、印度、斯里兰卡、缅甸、泰国等地，如其所记："自日南障塞、徐闻、合浦船行可五月，有都元国。""黄支之南有已程不国，汉之译使自此还矣"。① 自西汉至唐代，中国与当时东南亚地区国家之间人员往来逐渐增多，国家间使节来往开始频繁，汉民族经商出洋，留居南洋各国的情形已屡见不鲜，但由于当时航海技术不够发达，移民尚未形成规模。随着中国造船与航海技术的逐渐发展，到唐宋时期，中国海商及东南亚沿海地区，商民往来密切。特别是郑和下西洋后，移居东南亚地区进行经商的汉民族人口迅速增加，"闽广之民，造舟涉海，趋之若鹜，或竟有买田娶妇，留而不归者"。② 在这几个世纪中逐渐形成了始于中国东南沿海，经东南亚，通往欧洲的海上丝绸之路。在欧洲人殖民东南亚之前，汉民族凭借发达的航海和造船技术以及丰富的贸易产品，一直主导着亚洲地区海上贸易。随着中国人在该地区诸岛定居者日渐增多，东南亚的汉民族聚居区也渐渐开始形成，出现了"唐人街"的雏形。此时移民南洋的汉民族基本全部为男性，在南洋地区从事农业、手工业、渔业、大小贸易商等行业。此为汉民族移民东南亚的发端。

从17世纪开始，汉民族移民东南亚逐渐进入大规模发展时期，一直延续至今。当然期间也经历了海禁时期。清康熙年间，为防止国内银粮外流和海盗扰乱沿海，清政府对南海贸易一度禁止。《大清律例》

---

① 周振鹤编著：《汉书地理志汇释》，合肥：安徽教育出版社，2006年版，第517—519页。
② 徐继畬：《瀛环志略》（卷二），《南洋群岛》，上海：上海书店，2001年版，第55页。

中规定,"一切官吏及军民人等,有如私自出洋经商或移至外洋海岛者,应照交通反叛律处斩立决。"① 此项律令出台后,迁往南洋的汉民族人口数量明显减少,但仍有不少生活在中国东南沿海地区的汉民族迫于生活压力和西方殖民者在东南亚地区殖民开发所创造的生存机会的推力和拉力之下赴"南洋"谋生。汉民族移民东南亚的历史也从此延续至今。

关于华人移民东南亚的历史分期,学者们根据不同的标准提出了不同的划分方法,本人比较赞同庄国土的划分原则,即总结不同时期的移民性质,并以此为标准来进行阶段划分。② 而决定移民性质的背后因素,则是国际形势和中国对外关系的演变。

(一)东南亚华侨社会的形成(17世纪至19世纪中叶)

17世纪到19世纪中叶为汉民族移民东南亚的第一次高潮期,也是东南亚华侨社会的形成期。早些时候到达东南亚的汉民族移民仍然沿袭他们在中国的生存技艺,以农业,尤其是稻米种植为主,此外还种植蔬菜、饲养牲畜、从事渔猎。他们为促进东南亚的经济开发和文化发展做出了很大的贡献,尤其是一些荒芜之地,通过他们的开垦经营,逐渐成为东南亚的富庶地带。还有一些汉民族从事手工业活动,涉猎行业很多,汉民族移民成为裁缝、鞋匠、金匠、银奖、锁匠、画家、泥水匠和织工等等。在西方殖民者到来时,汉民族手工业者已经成为殖民者生活用品的主要提供者。③

17世纪,欧洲殖民者开始在东南亚地区进行殖民开发。葡萄牙、西班牙、荷兰、英国等国的殖民者们先后占领了马六甲、马尼拉、中国台湾、巴达维亚、新加坡等地,并在这些地方建立起殖民地和商馆,逐渐改变了东南亚社会的性质和经济结构,将东南亚带入世界性的贸易网络之中。这为该地区带来了更多的发展机会,也同时吸引了大批来自中国东南沿海的汉民族前来谋生。

---

① 田涛、邓秦:《大清律例》,北京:法律出版社,1999年。
② 庄国土:《论中国移民东南亚的四次大潮》,《南洋问题研究》,2008年第1期,第69—81页。
③ 顾海:《17世纪前东南亚华侨的职业》,《福建论坛(文史哲版)》,1994年第2期,第79页。

到17世纪，东南亚的汉民族已形成较成体系的华商网络，并成为欧洲人主导的东西方贸易网络的组成部分。16至17世纪华商从中国输出的商品包括奢侈品，如生丝、丝织品、锦缎、麝香、陶器、瓷器等等，以供西方殖民者使用或转销欧洲、美洲，以及种类繁多品种齐全的生活必需品。这在当时对殖民者来说非常重要，因为当地还无法生产能够满足殖民者需要的高质量的生活用品，华商为殖民者和当地民众的生活带来了便利。

18世纪中期以后，在西婆罗洲，即印度尼西亚的加里曼丹，发现金矿，汉民族移民成为开采金矿的主要劳动力。此间下南洋的汉民族人口数量较多。西婆罗洲每年接纳华人数量在3000人以上。19世纪前期，加里曼丹华人裔群人口总数达到15万人。与此同时，暹罗（今泰国）的华人裔群人口数量增长迅速，从17世纪初的不足3000名增长到1821年的70万名。① 东南亚其他国家的华人裔群人口数量也有较快增加。据学者估计，到鸦片战争前夕，东南亚华人裔群人口已达150万左右。②

（二）契约华工时期（19世纪中叶至20世纪初）

19世纪中叶至20世纪初是汉民族移民东南亚的第二个高潮期，也是汉民族移民东南亚历史发展进程中非常重要的一个时期。第一次鸦片战争不仅是中国历史的分界点，同时也开启了契约华工移民东南亚的时期。

1. 契约华工时期汉民族移民东南亚的原因分析

中国自鸦片战争后国弱民穷，尤其是南部地区饱受战火侵袭，东南沿海的许多汉民族不得不到南洋谋生。与此同时，东南亚进入了一个迅速变迁的时期。重商主义衰落，适合于自由贸易的条件出现，东南亚经济史上最重要的发展时期开始到来。经济的飞速发展带来了劳动力匮乏的现象，因此东南亚各殖民地开始从海外招募劳工，劳工的

---

① 庄国土：《论中国移民东南亚的四次大潮》，第71页。
② 庄国土：《清初到鸦片战争前夕南洋华侨人口结构》，《南洋问题研究》，1992年第1期，第70页。

主要来源国是中国和印度。由此看来,从推力和拉力两方面的因素基本可以解释该阶段大规模汉民族移民东南亚的原因。

(1)汉民族移民东南亚的推力因素

鸦片战争之后,中国在政治、经济和社会发展等多方面发生巨大改变,均影响着人民的生活。

在政治方面,清政府面对列强的入侵和不平等条约的签订,表现出了一个闭关锁国多年后无力应对新的国际形势的无能和无力。普通民众开始受到国内地主阶级和外国资本主义的双重压迫,民不聊生。随着阶级矛盾的激化,农民起义不断。起义被镇压后,统治阶级往往对参加反抗斗争的农民进行残酷报复,使得人民流离失所,大批逃往南洋,充当苦力。很多改革志士也由于不为清朝政府所接受,纷纷逃往海外。他们中的绝大多数都迁移到了东南亚地区。

在经济方面,自然灾害、苛捐杂税、农村剩余劳动力的产生等因素也迫使大批汉民族人口移民东南亚地区。清朝末年是一个灾害频发的时期,水灾、旱灾、台风等等各类自然灾害时常侵扰,对于已经被迫转型的中国社会来说无疑是雪上加霜。在各类灾害中,水灾是最为频发且危害最大的一种。我国的水灾主要集中在黄河、长江、淮河等流域,时至晚清,黄河可谓"愈治愈坏",《清史稿》记载"河患至道光朝而愈亟"。[①]自鸦片战争后,黄河先后决口四次。此时,清政府正忙于镇压太平天国和捻军起义,无暇顾及灾害,致使黄河改道。旱灾也对民众的生计造成了极大的影响,其中光绪年间的"丁戊奇荒"对中国历史影响深远。发生于光绪元年(1875年)至光绪四年(1878年)的"丁戊奇荒",又称"丁丑奇荒",是清朝二百多年历史上最大一次旱灾。这次旱灾波及山东、山西、河南、陕西、直隶等九省,造成1000余万人饿死,对当时整个社会的生产生活产生了强烈的冲击,人民无处谋生。除此之外,对于东南沿海地区的居民来说,台风也是主要的自然灾害之一。中国沿海地区多为季风气候,夏秋两季时常遭受台风袭击,使得闽粤江浙等地百姓流离失所。这些频繁的自然灾害,

---

[①] 赵尔巽:《清史稿》(第383卷),北京:中华书局,1976年版,第1161页。

加剧了人民生活的艰辛,使得他们没有喘息的机会,因此许多民众选择移民东南亚地区,以求生存。

　　清朝末年的各种苛捐杂税不计其数,致使百姓生活更加困苦。一系列不平等条约所带来的赔款问题让人民背上了沉重的负担。自1833年,尤其是1840年中国大量白银流入印度,清政府财政枯竭。自咸丰之年起,清政府除了征收田赋、盐课等旧税条目外,又新增添了许多新的条目。如田赋中的按粮津贴、加收耗羡;漕粮征收中的浮收、勒折;盐课征收中的盐厘、加价等。后又开征新税以作军费开支。甲午战后,财政费用剧增,各地苛捐杂税数不胜数,所增苛捐杂税的名目,少则十几种,多则几十种,百姓苦不堪言。

　　与此同时,清朝人口的迅速增长、清朝末年经济和社会制度的被迫转型也使得大批农业和手工业者失去生计方式,产生了大批的剩余劳动力。中国自古便是农业大国,在封建社会中,土地是最重要的生产资料。一直以来,中国都崇尚人口的发展,综观中国历史上几次持续时间较长的安定时期,我们可以发现,人口翻几番的情况基本上是常态。清朝时期人口发展迅速,在1700年至1850年间,人口增长了三倍,由1700年的1.5亿增加到了1850年的4.5亿。[①] 人口的膨胀导致了粮食短缺,流民剧增的现象。与此同时,鸦片战争后,西方资本主义入侵,破坏了中国小农经济的基础,打开了中国闭关自守的大门,封建经济逐渐解体,中国开始由传统社会迈向近代社会。耕织分离,大量外来商品输入中国,冲击本国市场,挤占了传统手工业产品的市场,致使中国传统手工业迅速衰落。以纺织业为例,由于洋纱、洋布的输入,有数百上千万的纺织业者受到不同程度上的打击,他们压低产品价格,艰难地在洋纱、洋布的夹缝中挣扎。如恩格斯所说,英国棉布以及少数的毛织品的输入,自1833年英国东印度公司对华贸易的专利权移到私商手中后迅速增加。而自1840年后,其他各国对华贸易更有大规模的增进。外国制造品的输入从前对小亚细亚、波斯及印度本地

---

　　① 黄宗智:《明清以来的乡村社会经济变迁——历史、理论与现实》(卷三),《超越左右:从实践历史探寻中国农村发展出路》,北京:法律出版社,2013年版,第59页。

工业发生过影响,现在也同样影响到中国手工业,中国的纺织工人在外国商品的竞争下,大受损害。①

同时,由于近代铁路的发展,使得运河运输以及传统商路也渐趋废弃。突如其来的社会经济变迁造成了一大批失业者,而在新的社会经济秩序形成过程中,又没有足够多的生产部门来容纳这一部分人。这些人和农村无地的剩余劳动力结合在一起,形成了一支庞大的失业大军。随着小农经济的瓦解,旧有的土地所有制也发生了变化。中国封建社会农业经济结构的特点是土地的私有和买卖。鸦片战争后,由于外国资本主义入侵和农民起义爆发,土地所有权变更频繁,官僚、地主趁机对土地进行兼并。"富户不为商贾,有余资则占田招客户耕种,于是有东佃之目"②现象充斥着整个中国。失去生计的农民以及手工业者为求生计,赚钱养家糊口,纷纷下南洋以求发展。移居东南亚成了很多贫苦大众的选择。正如恩格斯所说的,英国的"对华战争给了古老的中国以致命的打击。国家的闭关自守已不可能。铁道之铺设,蒸汽机和电气之使用以及大工业之创办,即为着军事防御的目的已成为必要的了。于是旧有小农经济制度也随之而日益瓦解(在旧有的小农经济制度中,农家自己制造必要的工业品)。同时,可以安插比较稠密的人口的那一切陈旧的社会制度亦随之而崩坏。千百万人将无事可做,将不得不移往外国。"③

(2)汉民族移民东南亚的拉力因素

19世纪西方殖民者在东南亚的拓殖活动需要大量的廉价劳动力,用工需求导致大量汉民族契约劳工的到来。19世纪,东南亚种植园经济高速发展,急需大量劳动力。各殖民国家纷纷在中国东南地区设立招工公所,通过招工中介许诺各种利益,招揽华工签订契约,其间也有使用强迫方式,比如绑架获取劳动力的情况。在19世纪后半叶的50年间,几百万汉民族契约工来到东南亚地区进行苦力劳动。在这些汉

---

① 朱杰勤:《19世纪中期在印度尼西亚的中国华工》,《历史研究》,1961年第3期,第82页。
② 李文治:《中国近代农业史资料》(第1辑),上海:新知三联书店,1957年版,第135页。
③ 恩格斯:1894年11月10日恩格斯给佐尔格的信,《马克思、恩格斯论中国》,北京:人民出版社,1957年版,第148页。转引自朱杰勤:《19世纪中期在印度尼西亚的中国华工》,第81页。

民族契约工约满之际，许多人选择继续留在当地，这也与东南亚地区的自然环境有较大的关系。东南亚地区地处热带，雨量充足，一年常夏，地形大部分是平原，土壤肥沃，地域广阔，交通也非常便利，是以季风水田农业和热带种植园为主的农业地域类型。东南亚地区拥有丰富的自然资源，农、林、渔、矿俱全，山区树木茂盛，林业资源丰富。东南亚岛屿众多，海岸线曲折，渔业发达。石油、煤炭等矿产也十分丰富。自然条件的优越为东南亚地区经济的发展、汉民族的移民和居留提供了良好的条件。总之，东南亚地区拓殖活动所提供的巨大劳动力市场以及当地适宜的自然环境和农业环境为汉民族的迁移产生了巨大的拉动作用。

（3）社会思潮变化对于汉民族移民东南亚的影响

19世纪后半叶，随着小农经济的衰落、手工业和商业的发展以及国门被打开后西方工业产品及思想的渗入，在中国这片土地上生活了千百年，曾经依附于土地的广大民众开始经历思想上和认识上的转变。中国传统安土重迁的观念逐渐淡化，取而代之的是来自西方的冒险、拼搏的精神，长久以来根深蒂固的大陆文化开始经历些许的改变。市场经济开始发展，人们开始认识到剩余价值所能带来的利益，民众的价值观也因此开始发生变化，人们的思想逐渐敢于冲破封建条条框框的束缚。中国传统重农轻商的思想观念开始动摇，从商人数逐年增加，即便冒着生命危险，很多人也愿意到海外尝试新的生活。

基于上述推力和拉力的共同作用，加之人们的传统思想观念开始发生改变，19世纪后半叶汉民族开始以契约工的身份"下南洋"谋生。当时西方列强开始经营中国的航运业，为了打破外轮垄断中国将海航运的局面，清政府逐渐开始鼓励华商置买轮船、自主开办航运。同治十一年十二月十六日（1873年1月18日），"轮船招商局"在上海正式成立。除在国内开辟由上海通往烟台、天津、牛庄、温州、宁波、汕头、广州、香港、澳门、海口等港口的航线之外，在海外也陆续开辟了通往东亚、东南亚以及欧洲的航线。同治十二年（1873年），"伊敦"号首航神户和长崎；年底驶往吕宋等地；光绪五年（1879年），"和众"号首航檀香山；光绪六年（1880年），"美富"、"康济"号驶往越南海防；

光绪七年（1881年），"美富"号首航英国。①

一些已经移民东南亚且扎根下来的汉民族移民也开始投资海运行业，因此来往于中国东南沿海地区和东南亚地区的航线被开辟出来。1854年，华侨兴办的锦兴船务行开辟了新加坡与厦门间的航线。1875年，华侨郭顺保兴建轮船公司，由于票价低廉，百分之九十的福建、广东移民乘坐该公司轮船。该公司在厦门和槟榔屿之间定期进行贸易，中途停靠香港、汕头和新加坡。②交通的便利，航海造船技术的发达、人们对天文地理知识日渐深入的了解，都为开展海洋贸易活动提供了便利，也在很大程度上带动了汉民族向东南亚的移民。

2. 契约华工移民东南亚

此阶段汉民族的东南亚移民以契约工为主。但实际上契约华工使用欠费移民至东南亚的情况，早在道光三年（1823年）时便已出现。欧洲殖民者在东南亚为了开发殖民地，需要招徕大批劳动力。由于当时国际上黑人贸易被明令禁止，为弥补国际劳动力不足，西方列强纷纷将触角伸向中国的劳动力市场。鸦片战争后，英、法等西方殖民国家兵临城下，与清政府签订不平等条约，使清朝同意劳工输出，被迫改变了海禁政策。契约劳工与代理机构签订契约，由出资者提供路费及其他相关费用，移民在抵达目标国后为出资者进行一段时间（通常要几年）的无偿劳动。当时的契约华工多从中国的东南沿海省份，尤其是广东和香港出发，被运往世界各地，包括东南亚国家、美洲、非洲等地。前往东南亚的汉民族契约工早在17世纪前期就由荷兰东印度公司招募，并运至公司辖地从事劳动。整个17世纪和18世纪东南亚的汉民族劳工大都为契约劳工。

1860年《北京条约》签订，其续约第五款规定，"戊午年订约互换以后，大清大皇帝允于即日降谕各省督抚大吏，以凡有华民情甘出口，或在英国所属各处，或在外洋别处承工，俱准与英民立约为凭，无论

---

① 白寿彝总主编，龚书铎主编：《中国通史》（第十一卷），《近代前编（1840—1919）》（上册），上海：上海人民出版社，2004年版，第609—612页。

② 廖大珂：《福建海外交通史》，福州：福建人民出版社，2002年版，第472页。

单身或携带家属,一并赴通商各口,下英国船只,毫无禁阻。"[①] 这在法令上解除了出国禁令,也是清政府第一次明令废除海禁,客观上促进了汉民族的国际移民。1866年,英、法两国与清政府又分别签订招工条约,条约详细规定了移民前往的目的地和劳动年限、每天工作小时数及每年工作天数、工资、食宿和医药条件等等方面,并承诺免收移民及其亲属从国内口岸到目的国的往返旅费、每月代移民汇款回国等。清政府还发表了"对于自由移民,即自愿自费离开中国迁往外国的中国国民,概不阻止"[②]的声明作为条约的附件。国际移民的合法化,使得汉民族开始更大规模移民东南亚成为可能。

前往东南亚地区的汉民族契约工主要来自中国的广东和福建两地,其中多为生活所迫,以失去土地或其他生计方式的农民为主。此后直到20世纪初期,移民东南亚的汉民族数量不断增加。到20世纪前期,先后有约500万名华工出国赴世界西方各殖民地,其中约有200万名被送往东南亚,主要集中在印度尼西亚和马来亚的种植园和锡矿。这些华工中的绝大多数是汉民族移民。据1902年统计,整个东南亚中国移民及其后裔人口约为400万。[③] 随着大批汉民族的到来,在东南亚许多国家华侨社区已基本形成并开始不断壮大。

汉民族移民的到来不仅大大缓解了东南亚国家劳动力紧缺的问题,为东南亚资源开发提供了充足的劳力资源,同时也对当地的文化产生了较大影响,体现在语言文字、风俗习惯、饮食服饰等等社会文化生活的各个方面。如今东南亚各国的语言文字中都含有许多外来语和借用词,其中许多来自汉语。世界上第一部马来语词典,也是第一部马来语汉语词典《满剌加国译语》中就曾记载,至少在15世纪,马来语中就已出现了闽南方言借用词。如该词典第七部分(器用类)中收入了"秤"daching(即dacing),该词便是来自闽南方言中的"砣

[①] 王铁崖:《中外旧约章汇编》(第一册),北京:三联书店,1957年版,第145页。
[②] 陈翰笙主编:《华工出国史料汇编》(第四辑),第11页。
[③] 庄国土:《论中国移民东南亚的四次大潮》,第72—73页。

秤"tots'in。①另外，据《马来大词典》校明的汉语词源统计，马来语中汉语借用词多达279个。②汉民族移民也将中国的传统文化，尤其是儒家文化带到东南亚国家，为文化交流起到了桥梁和纽带的作用。

（三）自由移民时期（20世纪初至50年代）

20世纪初至50年代为汉民族移民东南亚的第三个时期，该阶段基本均为自由移民。其中又经历了二战及战后的移民低潮以及两次世界大战之间的移民高潮。

一战期间东南亚各国的汉民族移民在经济、社团等方面均得到较快发展，其主要原因是东南亚的各殖民宗主国均卷入战争，无暇顾及殖民地的经济发展，贸易往来也大受影响。与此同时，他们对于与战争有关的原料和商品需求量大大增加，使一些与战争密切相关的经济部门得以迅速发展。华商因此看准时机开始投资各项产业，华侨金融业也正是在这一时期进入蓬勃发展阶段。一战之后，世界经济迅速恢复，对东南亚原料和农产品的需求量增加，东南亚各国华侨在生产资料、生活资料的生产方面获得迅猛发展，一些华商企业迅速崛起。一战至20世纪30年代经济危机爆发前，华侨经济在东南亚经济的发展奠定了华侨近代工商企业的发展基础。华商企业大多雇佣华人，这引发了战后十年间汉民族赴东南亚的移民高潮。1918年至1931年间，仅从汕头和香港两地出境的移民就达到380万人，③基本为汉民族，其中绝大多数前往东南亚国家。20世纪20年代，东南亚华人裔群约有510万人。1930年东南亚一些国家的华人裔群人数以泰国最多，达到250万人，其他依次为英属马来亚、荷属东印度（印度尼西亚）、印度支那（越南、柬埔寨、老挝）、缅甸、菲律宾等。④

从1929年开始，汉民族移民东南亚又进入了低潮时期。1929年

---

① 孔远志：《〈满剌加国译语〉——华人编纂的第一部马来语汉语词典》，《东南亚研究》，1992年第1期，第56页。
② 康海玲：《福建地方戏曲在马来西亚》，《文艺研究》，2004年增刊。
③ 同上，第74页。
④ 郭梁：《两次世界大战之间的东南亚华人移民与经济》，《八桂侨史》，1994年第1期，第22页。

之后全球出现经济危机，作为殖民地的东南亚国家，其经济发展长期以来一直是殖民地经济，因此势必会受到西方国家经济危机的深度影响。经济危机带来了失业率的急速上升，华人劳工一夜之间也不再受到欢迎。对于那些在中国的汉民族来说，东南亚地区的经济状况失去了吸引力，大家感到没有必要外出谋生，因为比起东南亚的出口经济，中国自给自足的农业经济基本没有受到世界经济危机的影响。

虽然两次世界大战期间移民东南亚的汉民族人口不多，但是已经侨居东南亚国家的汉民族在经济方面却得到了较快发展。在英属马来亚，他们在橡胶种植业、加工业和贸易业等方面取得了很大份额；在泰国，他们在大米等产品的对外贸易方面占有重要角色；在菲律宾，华侨投资额巨大，在零售业、进出口贸易、米面加工业、木材业等行业中占据重要地位；在越南、柬埔寨等印支国家，华侨在捕鱼业、航运业、锯木业等方面也占据了较大份额。此间东南亚各国汉民族移民在商业中均占有较大比重和势力，在主要资源产品生产和加工方面占有优势，并已开始发展金融业。他们这些成功的经济活动对于开发当地资源、促进商品流通和市场的形成以及当地资本的积累和扩大再生产均发挥了重要作用。①

到了20世纪30年代，大萧条尚未结束，二战的战火又燃烧到中国和东南亚。随即日本统治了东南亚，当地经济完全陷于瘫痪。战争彻底中断了汉民族向东南亚的移民活动。从中华人民共和国成立至20世纪70年代后期，大规模的中国人国际移民活动也基本停止，其结果是东南亚华人社会有整整几代人的时间没有接收到新移民。②

不仅如此，二战之后许多东南亚国家的华人移出了所在国，经历了再移民的过程。战后三十多年间，由于东南亚处于全面的社会变革和整形时期，各个国家均面临不同的问题和矛盾，殖民统治和民族国家争取完全独立所带来的矛盾、封建独裁意识和现代及西方民族意识之间的矛盾、冷战环境和不同意识形态所带来的矛盾以及原住民和华

---

① 郭梁：《两次世界大战之间的东南亚华人移民与经济》，《八桂侨史》，1994年第1期，第27页。
② 李·E.威廉斯：《东南亚华人的过去与现在》，康涛译，《南洋资料译丛》，1978年第4期，第8页。

人裔群之间的矛盾等等,使得东南亚的多个国家开始恐华排华,因此许多华侨华人选择移居他国。此间由东南亚前往世界其他地区的华侨华人总数量达到近200万人,[1]几乎牵涉到东南亚每个国家。[2]二战前,中国本土之外的华人有90%以上聚居于东南亚。二战后,由于该地区汉民族移民的生存环境发生了上述巨大变化,许多汉民族移民选择再移民至一些社会环境较为宽松的国家和地区,如欧洲、北美、大洋洲等,这些国家和地区由此成为其改善境遇的理性选择。

二战后,东南亚国家的移民政策和对国内的侨民政策也发生了较大变化。东南亚国家曾是西方不同国家的殖民地,在获得独立之后,十分重视国家认同的建构,强调政治上和文化上的团结一致。因此,东南亚国家通常能够通过严格限制移民入籍的方式来限制移民。

此外,战后几十年来,在东南亚一些国家,华侨华人经历了最多、损失最惨重的社会动乱。其主要原因是这些国家的社会发展阶段、社会分层结构、经济发展水平、族群关系、宗教信仰等等均有许多特殊之处,在这些因素的综合作用之下,产生了一些尖锐的社会矛盾,引发了社会冲突,甚至是严重的骚乱。此外,有些国家的当政者抱有狭隘的民族沙文主义思想,他们利用媒体煽动民众,在社会矛盾激化时掀起反华排华浪潮。20世纪在印度尼西亚至少发生了二三十次反华排华骚乱,其中最严重的有三次:在1946年印尼独立初期的"文登惨案"中,华侨华人遭到惨绝人寰的浩劫;在1965年的"930事件"中,约有10万以上的华人遭受屠杀和残害;在1998年的"五月骚乱"中,有1188名华人死亡,168名华人妇女被强奸,10万以上华人避难于国外。在20世纪70年代,中南半岛三国也先后发生了严重的反华排华事件,形成"印支难民潮",有近100万华侨华人被迫离开原住地,其中除汉族外,也包括壮族、瑶族和苗族等少数民族华侨华人。他们流离失所,漂洋过海,许多人葬身鱼腹,幸存者最后由有关国家和国际组织协调,

---

[1] 刘建彪:《对战后东南亚华侨华人再移民现象的探讨》,《八桂侨刊》,2000年第1期,第8—9页。
[2] 东南亚是全世界华人裔群人口数量最多的地区,战后华人裔群的再移民主要发生在这一地区,这些再移民构成了二战后华人移民海外的重要来源,其数量仅次于来自中国大陆和港澳台地区的移民。

分别安置在中国、美国、加拿大、澳大利亚、英国、法国等国家,此次海外华侨华人所受到的迫害以及随之而来的大离散是20世纪所罕见的。①

发生在这些国家的一系列历史事件,迫使许多华人离开居住国。他们有的具有一定的能力和财力,有的投靠亲友,有的留学求职,有的甚至冒死出逃。他们的去向基本分为两部分,一部分回到中国,如20世纪50年代大批印尼华侨青年归国,80年代越南排华时20多万难侨回国。另外一部分再移民至欧美和大洋洲国家,形成东南亚华人再移民人口中的重要部分。据统计,1986年澳大利亚共有华侨华人172483人,其中来自东南亚地区的多达85.4%,包括来自越南的83044人,来自马来西亚的47805人,来自新加坡的16433人。在法国,20世纪90年代有华侨华人约18万,其中来自印支三国的华人移民占70%左右。②虽然汉民族移民东南亚的人口较多,但同移居世界其他地区和国家的汉民族一样,他们移民并没有任何政治图谋,正如有西方学者在评论马来半岛的中国移民时所说的,

> 这个亚洲大陆民族关怀马来半岛的主要是商业上和个人利益,而不是政治的、政府的和民族的利益。像福建、广东人几世纪来到马尼拉都是由于自己的倡议,冒着自己的生命危险,自备货斧,并寻求这个人的目的,不像西方的探险家、征服者、传教士和商人。中国人并不寻求扩充政治统治或建立宗教王国。中国人也不借助军队或僧侣作为自己的护身符或达成某些目的的工具。③

因此,移民东南亚的汉民族与当地民众一样,也是西方殖民主义及其遗留问题的受害者,他们也为东南亚许多国家的独立斗争贡献了人力、物力和财力,并在很大程度上认同独立后的国家和当地的文化,

---

① 向大有:《20世纪海外华侨华人沧桑巨变》,《八桂侨刊》,2000年第2期,第1—7页。
② 李明欢:《战后世界人口的增长与华人海外移民》,《华侨华人历史研究》,1993年第1期,第35—43页。
③ [美]海颠:《菲律宾与中国》,刘聘业译,《南洋问题资料译丛》,1957年第3期,第24页。

甚至宗教信仰。

（四）新移民时期（20世纪70年代至今）

20世纪70年代开始的经济全球化触发了国际移民大潮，而70年代后期中国的改革开放、中国政府逐步放宽出国限制的新举措以及中国与东南亚国家关系的改善，使得汉民族成为此次国际移民大潮中的重要组成部分，此为汉民族移民东南亚的第四个时期。

大批汉民族陆续以各种方式移民东南亚各国。其中既包括家庭团聚移民、投资移民、跨越边境的贸易商，也包括大量的非法移民，尤其是在与中国接壤的印度支那地区及缅甸，由此形成了规模庞大的新移民群体。新移民最初较多来自侨乡闽南和潮汕地区，主要目标国是菲律宾和泰国。1995年时，在泰国的潮汕新移民有近20万人之多，① 其中也不乏通过各种渠道非法移民到泰国或经泰国再移民至西方国家的人口。从20世纪90年代中期开始，新加坡、马来西亚和印度尼西亚开始成为新移民的主要目标国，其中又以来自台湾的移民居多。进入21世纪，新移民开始大批进入之前接受汉移民人数相对较少的印度支那和缅甸等国。

二、东南亚汉民族移民及其后裔现状

从早期被迫下南洋至今，东南亚地区已形成庞大的华人裔群。至2007年，东南亚华人裔群人口总数达到3348.6万，其中20世纪80年代之后进入该地区的新移民在250万以上。东南亚华人裔群人口约占东南亚总人口的6%，约占全球华人裔群人口的73.5%。印度尼西亚、泰国和马来西亚三国是东南亚，也是世界华人裔群人口数量最多的国家，其华人裔群人口数量共达2345万人，超过世界华人裔群总数的一

---

① 庄国土：《中南半岛四国华人同化浅议》，《东南亚研究》，1996年第1期，第28页。

半。① 这些国家中汉民族移民已经定居数十代，许多移民的后裔也已经不同程度地同化于当地文化。

由于东南亚汉民族人口数量众多、华人社团组织发达、华商影响力广泛等等因素，因此在海外华人裔群研究中，对东南亚华人裔群的关注最为集中，涉及移民历史、人口结构、族群关系、华商、华人教育、华人社团等方方面面，其中很重要的一点是东南亚华人企业集团。

东南亚华人企业集团早在战前殖民地时期就已出现，但数量很少，规模也有限。一战中，由于各宗主国无暇顾及殖民地的发展，华人商业有所发展。一战至二战之间，汉民族移民经济已成为当地民族经济的重要组成部分，是所在国经济的重要力量。在当地的资源开发、产品加工、贸易往来、城乡商品流通渠道和市场的形成、当地资本的积累和扩大再生产等等方面，汉民族移民经济都发挥了重要作用。二战后，东南亚国家相继独立，殖民主义经济的垄断地位不复存在，为各国国内民族资本的生存发展提供了有利条件。

20世纪70年代开始，随着东南亚国家经济的迅速发展以及当地工业化的进展，这些国家华人企业集团的规模迅速扩大，同时涌现出许多新兴的华人企业集团，在某些国家甚至形成了华人企业集团群。尽管不同的企业集团经历了不同的发展道路，分布于不同的国家，但东南亚的华人企业集团还是有一些相似之处。他们多以家族经营为主，形成自身的企业集团系统；大多数企业集团以经营国内外贸易或银行保险业起家，是东南亚各国民族资本主义经济迅速发展的产物；大多数企业集团以银行、控股公司或投资公司为核心，经营主体产业与经营多元化产业相结合的企业集团；他们多与居住国的国家资本形成相

---

① 关于东南亚国家华人裔群的确切人数，学界始终未达成一致，之所以存在不一致意见和偏差，与多种因素有关，比如二战以后绝大部分东南亚华人相继加入当地国籍，其身份认同呈多元化状态；华侨华人问题一向被东南亚各国政府视为敏感问题，因此所在政府或者回避或扭曲相关信息，或者不公布相关的统计数据；东南亚各国的出入境统计数据大多不全，尤其缺乏关于入境签证类型以及是否按期出境的记录；中国与东南亚有漫长的边境，许多地方边民可自由出入；在缅甸、柬埔寨、老挝等国，很多中国新移民可以通过各种方式改变居留身份而不进入官方的归并统计记录。具体参见庄国土：《东南亚华侨华人数量的新估算》，《厦门大学学报（哲学社会科学版）》，2009年第3期，第62—69页。

互渗透和联合的经济关系，与官僚资本关系密切，也与外国跨国公司资本有千丝万缕的联系，在资金、技术和市场等方面都不同程度地依赖于外国资本；此外，他们多进行跨国经营，积极拓展海外市场，海外投资的地区分布较广。① 这些华人企业集团在其居住国的经济发展和区域合作中起着十分重要的作用，同时在中国改革开放后的外资投资中也占有一定地位。目前，除了在缅甸是印度移民在商业上占压倒性优势之外，汉民族移民在东南亚国家的经济实力没有任何其他国家的移民可以与之抗衡。

除从事贸易、商业等活动之外，东南亚汉民族也在管理、技术服务、新闻媒体等行业谋求发展，尤其是80年代之后到来的新移民。目前在东南亚的华人新移民中，15%非常富有，40%是贸易商，30%是技术人员和管理者，剩下的是教师、记者和媒体发行人等。②

东南亚也是华人教育发展最早，从而成功传播中华文化的地区。17世纪以后，随着移居到该地区的汉民族人数越来越多，在东南亚各地逐渐形成了一些汉民族聚居区，为了使在当地出生的后代能够继承中华文化传统，各地的华侨社会开始兴办华文私塾，讲授四书五经。一般认为，1729年荷属东印度巴达维亚（今印度尼西亚首都雅加达）汉民族移民成立的明诚书院是华侨教育的开端。1854年，新加坡华商创建了萃英书院。1819年，槟榔屿华商创建了五福书院。1899年，在荷属东印度的爪哇岛和嘛都拉岛，已有华文私塾217间，学生4452人，其他岛屿还有私塾152间，学生2170人。③ 早期的华文教育基本上是科举教育的移植，教学内容多围绕传统的儒家经典进行。

20世纪后，华文教育发生了重大变化。1905年，清政府废除了延续1300年的科举制度，兴西学，派遣幼童留学，东南亚的华文教育也随之发生变化。1901年荷属东印度华侨创立中华学堂，是该地第一所

---

① 李国梁：《再谈华侨华人经济研究的几个问题》，《八桂侨刊》，2013年第1期，第7—11页。

② David Fullbrook, "Chinese Migrants and The Power of *guanxi*", *Asia Times Online*, July 30, 2004, 转引自代帆：《东南亚的中国新移民及其影响》，《东南亚研究》，2011年第2期，第94页。

③ 李其荣：《华侨华人在海外传播中华文化新探》，《广西民族大学学报（哲学社会科学版）》，2013年第2期，第117—123页。

新式学校。在接下来的几年间,新式学校发展迅速,英属马来亚的华文新校就有10多所,荷属东印度各地的中华学堂则发展到65所。①辛亥革命时期和20世纪二三十年代,华文教育的发展再次掀起高潮,与中国的民主革命和启蒙救亡思潮相呼应。1919年印度尼西亚华侨学校共有215所,学生超过15000人。1929年英属海峡殖民地有华侨学校332所,学生23518人。1933年泰国有华文学校600多所。1935年马来亚有华文学校658所。②进入20世纪80年代之后,华文教育再次受到中国政府、海外华人裔群的重视,华文教育基地的设立、中国寻根之旅等活动的开展、中国华文教育基金会的成立、"华文教育"专业的增设等等措施为东南亚华文教育的发展提供了政策支持、资金帮助,也加强了中国海外汉语国际推广机构和当地华文教育机构及华人社团之间的合作。这对于传承中华文化、加强中国软实力建设、让世界理解中国起到了重要的推动作用。

海外华人裔群社团是华人裔群和衷共济、共同发展的重要平台,也是维护民族文化、传承民族历史的重要媒介,在海外华人裔群社会的发展变迁过程中起着重要的推进作用。东南亚华人裔群社团随着汉民族移民海外的发展而逐渐形成,并发展壮大,其历史最为悠久,发展最为成熟,人口数量最多,影响力也最强。

早期华人社团主要依托于寺庙和义山。汉民族是受儒释道影响较深的民族,移民将汉民族的信仰以及自己家乡的民间宗教也带到了移民目标国。早期赴东南亚的汉民族移民定居下来后便在当地建起寺、庙、祠、亭等等实施祭祀等宗教仪式的场所,并在此基础上诞生了早期的华人社团。如1828年新加坡的福建漳州和泉州籍移民建立了侍奉"大伯公"(土地公)的恒山亭,后发展成为新加坡福建会馆。义山是移民的上层人士出于公益,为贫苦无依的移民提供的墓地,因义山购置后需对之进行管理,因此成立了管理机构,此为最早的慈善社团。如成立于1878年的菲律宾马尼拉华侨义山管理机构——华侨善举公所,

---

① 陈旋波:《华文教育的历史、现状及在世界"汉语热"背景下的境遇》,载丘进主编:《华侨华人研究报告(2011)》,第305页。

② 同上,第306页。

至今仍是菲律宾华人社会最重要的公益团体。

随着移民人口数量的增多,东南亚华人裔群社团数量不断增加,功能越来越广泛,逐渐形成了地缘性、血缘性、业缘性社团以及利益集团、政治社团、秘密会社等等社团组织。20世纪初期,辛亥革命激发了海外侨民的民族主义意识,一些新的综合性社团开始出现,他们跨越地缘、血缘等界限,将华侨华人聚合在一起,如成立于1904年的马尼拉中华总商会、成立于1906年的新加坡中华总商会和成立于1910年的泰国中华总商会等等。[①] 二战及战后移民的停滞以及中国与移民所在国关系的变化等等因素使得东南亚华人社团的发展也经历了一些坎坷和调整,20世纪80年代之后逐渐又开始活跃起来。目前在东南亚的华人裔群社团数目没有准确的统计,从几百个到几千个,说法不等,但有实力和影响力的社团并不很多,通常是历史较为悠久、规模较大的综合性或全侨性社团,如菲律宾的菲华商联总会、马来西亚的中华大会堂总会、泰国中华总商会等等。他们在促进祖国统一、开展公共外交、推动当地经济、服务华侨华人、沟通移民与当地社会等各方面均起着重要作用。

第三节 印度尼西亚的汉民族移民

一、印度尼西亚汉民族移民概况

印度尼西亚共和国位于东南亚的南端,拥有陆地面积1904443平方公里,海洋面积3166163平方公里(不包括专属经济区),是东南亚最大的国家,也是世界上最大的群岛之国。根据2010年的全国人口普查,印尼共有人口2.376亿,是世界第四人口大国。其人口包括100多个民族,其中爪哇族人口占45%,巽他族14%,马都拉族7.5%,马来

[①] 朱东芹:《东南亚华侨华人社团的历史与现状》,载丘进主编:《华侨华人研究报告(2011)》,第173—174页。

族7.5%，其他26%。约87%的人口信奉伊斯兰教，是世界上穆斯林人口最多的国家。①

印尼也是亚洲汉民族移民及其后裔人口数量最多的国家。据估计，在20世纪60年代初期约有250万中国移民，80年代初期达到440万，其中又有11.4%，即50万至60万人口仍保留华侨身份，390万人口已归化入籍。②对于印尼华人裔群人口数量的估算一直以来差距就很大，政府、学者、媒体、华人社团等给出的数字从700万到2000万不等。之所以产生如此大的差别，与印尼从荷属殖民地时期开始延续下来的人口统计方法息息相关。1910年，荷兰政府颁布《荷属东印度籍民条例》，以出生地主义为原则，鼓励华人，尤其是在当地出生的华人加入荷籍。1930年的人口统计以此为原则，得出华人裔群人数仅为123万的结论，③与实际数量相去甚远。然而由于该数据成为此后多种估算的基础，因此绝大多数的估算都远远低于实际数字。庄国土在1972年雅加达中华商会的统计基础上，根据自然增长率和机械增长率以及适当增加无国籍华人和华人身份不甚明显的人口，推算出2007年印尼华人人口约960万，华侨华人约1000万，④占到印尼总人口数量的4%。

追溯汉民族移民印尼的发展历史，至今有据可考的历史已有2000多年。从汉代开始，到唐朝末期已有较大规模的定居活动，正式开启了汉民族移民印尼的历史进程。南宋时期当地的华侨社会初步形成，到元末明初人口规模已相当大，对居住地生产生活也产生了较大的影响。19世纪中期之后，汉民族开始以契约工的身份来到种植园和锡矿劳动，成为近代汉民族移民印尼的开端。此后在20世纪初期辛亥革命前后以及一战、二战、冷战等国际格局的大变动时期，印尼的对华政策、移民政策、国籍政策等与汉民族移民及其后裔息息相关的政策几经改变，当地的汉民族也因此经历了不同的命运。总的来说，从唐代

---

① 《印度尼西亚国家概况》，中华人民共和国外交部网站，2014年9月，http://www.fmprc.gov.cn/mfa_chn/gjhdq_603914/gj_603916/yz_603918/1206_604954/1206x0_604956/，2014年9月26日登录。
② 李学民、黄昆章：《印尼华侨史》，广州：广东高等教育出版社，2008年版，第1页。
③ 庄国土：《东南亚华侨华人数量的新估算》，第65页。
④ 同上。

末期成规模的定居活动开始，汉民族移民印尼的历史发展进程可分五个时期：前殖民地时期、殖民地时期、独立至政变时期、"新秩序时期"和平等多元时期。

二、中国与印度尼西亚的早期交往

中国与印度尼西亚的最早接触有可能是在汉代。20世纪30年代荷兰殖民者在苏门答腊南部的帕塞玛、爪哇西部的万丹以及苏门答腊中部的关丹等地所进行的几次考古发现证明，中国在汉代时期已同印尼的三个主要岛屿有经济和文化上的往来，并有汉民族在苏门答腊和爪哇岛定居。[①]

中国古代史书对于汉民族与东南亚往来的记载始于《汉书·地理志》。从汉武帝时期中国开始制造自己的海船，并航行于南中国海。他们载着外交使节和随行商人往来于中国南部和东南亚国家之间，同时也将黄金、锦帛等商品带到东南亚国家，并将当地的奇石异物带回中国。但总的来说，汉代与东南亚地区的往来中，与中南半岛、马来半岛接触较多，同印尼接触较少，基本仅限于回程时经过马六甲海峡在苏门答腊补充购买船上人员的食品和用品，基本没有大规模的贸易活动。[②]

三、汉民族移民印尼的历史分期

汉民族移民印度尼西亚历史悠久，且由于印度尼西亚政治发展进程中主体较多，变动较大，因此印尼的汉民族移民也经历了多种不同的境遇。对于汉民族移民印尼的历史分期需要根据印尼民族—国家建构的主要时间节点来进行，每个时间节点都是一个历史拐点，也都影响着汉民族移民的入境、归化、在印尼的发展和民族与国家认同。总体上说，汉民族移民印度尼西亚可分为五个历史阶段，即，前殖民地

---

① 李学民、黄昆章：《印尼华侨史》，第7页。
② 朱杰勤：《中国古代海舶杂考》，载朱学勤编：《中外关系史论文集》，郑州：河南人民出版社，1984年版，第35页。

时期、殖民地时期、独立至政变时期、"新秩序时期"和平等多元时期。

（一）前殖民地时期（9世纪末至1602年）

9世纪唐朝末期是汉民族移民印度尼西亚的开端。此时已有汉民族定居于印尼。根据阿拉伯游历家马素提（Al Mas'oudi）10世纪撰写的《黄金牧地》(*The Meadows of Gold*)一书，马素提在游历非洲、南亚和东南亚的过程中，曾在943年途径印尼苏门答腊东南部沿海地区，并看见有许多中国人在耕种农田，尤其是在巴邻旁（巨港）一代，中国人尤其多。他们多为唐末黄巢起义军攻占广州后逃难至此，并定居下来。《黄金牧地》中的这一记载，是迄今为止中外学者所发现的唯一的可靠文字记载，以证明唐朝时期已有大批的汉民族移民定居印尼。[①] 唐朝中后期中国的海船制造技术有了很快发展，中国海船已经在南中国海、印度洋、波斯湾等地区航行。随行的人员也由过去单一的外交使节和商人，发展为包括生产劳动者在内的其他人员。因此，唐代与印尼的政治、经济和文化交往较之以往更加频繁，其中出洋的商人和定居的汉民族为上述交流起到了重要的桥梁作用。

10世纪至13世纪的宋代是中国和印尼海上贸易往来的频繁时期，也是印尼汉民族移民社会初步形成的时期。从东晋至宋代，中国东南沿海的一些城市，尤其是广州，已成为汉民族出洋至东南亚及阿拉伯地区的重要港口。到宋末元初，福建泉州港又成为重要的贸易港口。出洋的汉民族商人及其他人员多从这两个港口出发，凭靠当时中国先进的航海技术和航海设备，到东南亚各国经商、定居。在宋代，汉民族同东南亚国家的交往中，印尼开始取代其他国家，成为与中国贸易往来最多的国家。[②] 北宋时期，爪哇东部已成为中国商人的集中地，主要是私自违反海禁前往印尼进行贸易的民间商人，其中既包括官僚贵族所经营的私营海上贸易商，也包括一些普通民间商人。他们出洋进行贸易常常十几年不归，有许多商人和其他生产劳动者在当地居住下

---

① 李长傅:《中国殖民史》,上海：上海科学技术文献出版社,2014年版,第60页。
② 朱杰勤:《东南亚华侨史》,北京：高等教育出版社,1990年版,第13页。

来，并与当地妇女结婚生子，逐渐形成了一些华侨聚居地，他们多仍然沿袭并维护传统的汉民族文化，尽管二代已开始出现，但尚未同化于当地社会。[1]

元代汉民族在印尼的贸易活动覆盖区域更加广泛，从苏门答腊、爪哇、婆罗洲三大岛屿至东部的马鲁古、帝汶、苏拉威西都有来自中国的商人进行贸易，并逐渐有商人留居或定居在这些地方。上述几岛中，爪哇岛在元代吸引了更多的商人，东部几个重要海港城镇在元末明初已成为华侨聚居的村落，而且中国的铜钱在此地也可通行使用，可见当时中国商人和居留者在当地的经济发展方面已具有了相当大的影响力。[2]

明朝时期，明成祖在一定程度上实行对外开放，并派郑和七下西洋，到达过爪哇等地。大批汉民族商人频繁在印尼不同地区从事商业活动，并在明代期间将伊斯兰教传播到爪哇，促进了当地社会商业经济的向前发展。随着此间中国民间商人和华侨的人口数量增加，印尼一些海港逐渐由华人聚居村落发展成为海港商业城市，例如苏门答腊的旧港和爪哇的三宝垄都是当时发展起来的，他们在促进印尼经济的繁荣方面起到了重要作用。

从15世纪末期开始，欧洲殖民者开始入侵东南亚地区，葡萄牙、西班牙以及后来居上的荷兰在印尼拓殖。1602年开始，荷兰殖民者逐渐在印尼确立了贸易垄断权，建立了荷兰东印度公司，从而结束了汉民族移民印尼的自由时期。进入到殖民地时期后，最初的荷兰、其后短暂在此殖民的法英以及后又接管印尼的荷兰殖民者在对华移民政策和当地华人裔群管理方面都实行了严厉的限制手段，汉民族移民数量增加缓慢，当地的华人裔群发展受限，在诸如红溪惨案的事件中，生命安全甚至受到威胁。

---

[1] 李学民、黄昆章：《印尼华侨史》，第41页。
[2] 同上，第46页。

（二）殖民地时期（1602年至1945年）

荷兰东印度公司为了保障自身对印尼自然资源的掠夺和贸易上的垄断地位，对来往于中国和印尼之间的中国商人及已经定居在印尼的中国侨民采取了各种手段，阻止和限制中国商人进行商贸活动。总体来看，在印尼独立之前，殖民者对于中国移民的政策，无论是在入境管理方面还是已有侨民管理方面均实行限制政策，只是根据殖民地经济情况和劳动力的需求变化而在政策上有所调整，时松时紧。

荷兰东印度公司成立不久，殖民者就开始严禁华侨从事香料贸易，以保证公司对香料的贸易垄断权。随即他们感到中国移民除了在香料贸易方面形成威胁外，他们人口多，商业活动能力强，与当地的居民相处融洽，这些都对殖民者形成威胁，因此东印度公司开始制定长期政策，抑制华人的人口，限制华人经商，并为此出台了一系列政策。

1655年至1656年间，公司规定住在安汶岛的华侨必须从事农业，1657年又下令，强制中国移民从事农业或伐木制材。1672年发布命令，禁止中国船只开往安汶岛；开往班达、德那底和望加锡等地的船舶，一律不准发给中国人前往安汶和班达等地的航行证，以限制华侨人口在这些地区的迅速增长。1675年下令封闭不肯务农的安汶华侨商店，并予以驱逐。1700年，公司下令禁止从其他岛屿前来安汶岛的中国人居流改道，1713年开始将未经许可迁往安汶岛的华侨派遣船只送至巴达维亚，并进而在1768年禁止华侨华人在安汶和巴达维亚之间有任何往来。通过限制当地华侨华人的人口增长、人口流动和贸易活动，荷兰殖民者打击了当地华侨华人的商业，确保了自己的垄断地位。①

除了限制人口和商贸活动，殖民者还实行种族隔离和分化政策。在巴达维亚，荷兰殖民者将居民分为三个等级。最高等级是东印度公司的职员、荷籍和欧籍的自由公民、欧亚混血种人、被释放的基督教徒奴隶；第二等级是华侨和其他亚洲侨民；第三等级是印尼土著居

---

① 李学民、黄昆章：《印尼华侨史》，第98—101页。

民。① 此种划分方法不仅带有强烈的种族主义色彩,将华侨华人位于中间等级还极大地影响了此后几个世纪华侨华人的社会地位,使其成为中间少数群体(middleman minority),不能享有平等地位。

基于种族主义的社会群体划分是多数群体为有效统治少数群体、享有更多社会资源的有效手段。② 荷兰东印度公司统治下的汉民族成为被压迫的对象。在巴达维亚兴建之初,公司就强迫汉民族服无偿劳役,替公司担泥土修筑城堡要塞。从1620年,公司解除了该项劳役,代之以征收人头税,规定每名14岁至60岁的华侨成年男子必须每月向公司交人头税1.5里阿尔。据估计,在17世纪30代,巴达维亚华侨交付的人头税占了公司全部城市税收总额的一半以上。③

1706年荷兰东印度公司开始要求1683年之后的入境者必须办理申请手续,以领取居留许可证,对不合格的申请者拒绝发证。1727年规定把所有最近10年至20年入境没有居留许可证的华侨一律遣送回国。④ 之后一直到1740年,公司先后出台了多项补充规定,通过居留许可证制度对华侨华人进行限制、驱逐、征税,由此引发了华侨华人的反抗,并最终导致了1740年红溪惨案的发生,致使大批华侨华人被杀,房屋被烧成灰烬,家产和财物遭到掠夺。

1853年荷印政府颁布禁止中国移民入境的条令,但因中国移民在开发殖民地过程中必不可少,因此又于1856年废止了这一禁令,规定对入境者免征入境税,入境手续进行简化。这为移民提供了便利,因此汉移民也逐渐增多。但很快,劳动力就出现了过剩的情况,荷印政府又开始通过提高入境税、增加入境手续环节等方式逐步限制移民。1912年荷印政府颁布移民人口条例,开始征收入境税每人25盾。1915年颁布入境居留条例,以后多次修改,入境税也不断增长,1922年增长到50盾,1924年增长到100盾,1931年涨至150盾。此外,入境者

---

① 李学民、黄昆章:《印尼华侨史》,第117页。
② 石毅:《从家长制到自由放任——美国政府种族政策研究》,北京:中国社会科学出版社,2007年版,第31—34页。
③ 李学民、黄昆章:《印尼华侨史》,第116页。
④ 同上,第135—137页。

必须有人担保，担保人的资格以交纳所得税为标准，所缴所得税越多，可担保入境者人数越多。①

虽然对移民有种种限制，但中国沿海的汉民族仍未停止移民印尼。尤其是第一次世界大战之后，荷属东印度经济发展很快，这吸引了大批汉民族移民。1901年至1920年间，有55万中国移民进入印度尼西亚，印尼的华人裔群人口得到迅速发展。据荷属东印度政府中央统计局《1930年人口调查》提供的数字，1920年华侨华人人口为809039人，到1930年已达到1233214人，10年间增长了42.4万人，平均增长率为5.2%，是之前20年增长率（2.5%）的两倍。②

因此，当20世纪20年代末的经济危机开始影响印尼时，荷印政府于1933年颁布了限制移民法案，规定每年接纳移民的总数量为1.2万人，由15个民族平均分配。按照这一规定，各族每年从各国入境的人数不得超过800人。来自亚洲国家，尤其是中国的移民数量一直都很高，1923年至1932年间，华人每年入境人口平均达到29200人，因此800人的限额对中国移民来说基本上等于禁止政策。在限制华人入境的同时，荷印政府还以各种借口驱逐华侨，尤其是在经济危机期间。1932年至1937年，从厦门、汕头和琼州海关入境回国者就达到74472人。在这6年中，从印尼回国的人数比出国到印尼的人数多两万余人。但总的来说，由于印尼华侨人数较多，因此此间印尼华侨的总人口由于自然增长的原因并未减少，华侨占印尼总人口的百分比仍旧提高，1920年为1.6%，1930年为2%，1940年为2.03%。③

从19世纪80年代开始，契约华工开始进入印尼。1858年之前，契约华工多来自英属海峡殖民地，之后开始从中国南部港口直接输入。1870年，印尼颁布《土地国有法令》和《糖业法》，各种种植园和矿区大批发展，产生了对劳动力的巨大需求。清政府鸦片战争后分别被迫于1858年和1860年签订《天津条约》和《北京条约》，允许西方国家

---

① 李学民、黄昆章：《印尼华侨史》，第219页。
② 荷印政府：《1930年人口调查》，第49页。转引自厦门大学南洋研究所：《南洋问题译丛》（一），1963年，第15—16页。
③ 李学民、黄昆章：《印尼华侨史》，第221—222页。

在华招募劳工。1863年荷兰与清政府签订《中荷通商条约》，准许荷兰从中国雇工，从此，契约华工出洋合法化，大批来自中国东南省份的无地佃农、失业人口与经纪人签订契约，赴印尼务工。除自愿出洋外，"猪仔馆"还通过海盗掳掠、诱骗等种种非法手段将华工运往印尼，强迫他们在日里、邦加、勿里洞的烟草种植园和锡矿劳动。1888年，仅从汕头直接运往日里的契约华工人数就达到1152人，此后逐年增加。每年约在5000至8000人，1907年达到10820人。[①]

1940年以后，契约华工数量渐少，被爪哇劳工所替代。许多华工在获得自由后选择留在印尼，而非返回中国。他们多在原来劳作的种植园或矿场附近开辟田地，经营菜园。少数移居城市，或进工厂，或从事小商业。

从19世纪中期契约华工到达印尼开始到20世纪40年代契约工形式逐渐消失的70年间，是印尼华人裔群增长较为迅速的历史时期。据统计，1860年印尼华侨约22万人，到1930年已达到123万人，平均每年增加14万人，其中相当一部分是来自福建和广东的汉民族移民，且多因经济所迫。该类移民人数达到移民印尼华人总数的近70%，可见在此阶段移民历史中，推力所占的比重更大一些。[②]

总的说来，在印尼被殖民的三个世纪中，汉民族移民的人口呈增长趋势，人口总量和占印尼人口数量的百分比均稳步提高。就汉民族的祖籍地来看，中国东南沿海，尤其是广东和福建的移民数量仍远远高于其他地区。就移民性别来看，男性多于女性，这与汉民族移民海外的总体性别特征一致，但相较于北美和澳洲的汉民族移民来说，女性比例较高。从居住地来看，汉民族移民最初集中于爪哇和马都拉，1860年之后居于其他地区和岛屿的人口数量开始不断增加。居于爪哇和马都拉的汉民族移民及其后裔由于定居时间长，发展相对较好，因此多居于城市，而其他地区的移民因居住时间短，且多从业于殖民者新开发的种植园和矿区，因此多居于农村。

---

① 李学民、黄昆章：《印尼华侨史》，第274页。
② 同上，第216—218页。

（三）独立至政变期间（1949年至1966年）

1949年，荷兰移交主权，经过与荷兰殖民者进行了四年的战争，印尼终获独立。在对华移民政策和侨民政策方面，独立后的印尼与殖民地后期相比没有太大变化，仍以限制为主。

印尼独立后，民族主义情绪高涨，政府和本土民众都认为当地的华人裔群人口巨大，影响印尼经济民族化的实现。出于保护民族经济和对社会意识形态的顾虑，印尼政府在独立后不久便出台了一系列政策，包括移民政策和对侨民的监督、管理政策。必须指出的是，虽然印尼的移民政策从行文上看并非仅针对中国移民，但由于华侨华人人口数量多，印尼国内的他国侨民和潜在移民较少，因此这些政策实则主要针对的就是中国移民。

1949年，印尼颁布入境条例和入境法令，明确指出，印尼政府对待外侨入境问题不再执行门户开放政策，而执行甄别政策。这是基于印尼本身的利益、立场和目的为出发点的。条例制定了每年入境人数、移民的入境登陆口岸，以防止非法偷渡。新入境者必须持有登陆证，并需缴纳150盾税金。取得居民资格后如欲申请永久居留证，还需缴纳300盾税金。① 从1949年一直到20世纪70年代末期中国改革开放，出于印尼政府的限制移民政策以及中国限制公民出国定居，其间移民印尼的汉民族人数很少。

在限制中国人入境的同时，印尼也加强了对华侨的限制和管理。1951年，政府对华侨的离境做出了规定，华侨返回中国大陆便不得再回印尼。1954年发布第32号关于外侨登记条例的规定，外侨需向政府登记住址、职业、社会地位等情况。1955年开始延长获得永久居留证的居住年限，由原来的10年延长至15年，税金也由300盾增加到500盾，配偶及子女还需交300盾。未成功取得永久居留证的侨民必须离境。②

此外，印尼政府还通过了几十项法令，以限制华侨的居留和旅行、

---

① 李学民、黄昆章：《印尼华侨史》，第3页。
② 同上，第5页。

向华侨征收各种税费（包括码头税、印花税、外侨税等）、限制华侨职业。印尼政府于20世纪50年代颁布、修改国籍法，对华侨的国籍进行规定。中国政府在经过与印尼政府谈判后，也于1955年签订了《中华人民共和国和印度尼西亚共和国关于双重国籍问题的条约》，于1960年正式生效。条约规定，凡具有双重国籍的18岁华侨，必须在两年内自愿选择一种国籍，声明放弃一方国籍。若在两年内未按手续自愿选择国籍，其国籍身份随父亲国籍身份而定。未成年人的国籍随父亲，但成年后1年内必须重新自愿选籍。已经具有中国公民身份的华侨，不再给予重新选择国籍的机会。该条约为印尼华侨华人提供了又一次选择国籍的机会，大部分华侨因考虑到印尼对外国侨民的各种税收及其他政策而选择了印尼国籍。据印尼移民厅公布的资料，至1965年"9·30"事件前夕，具有中华人民共和国国籍的华侨有113万人，加入印尼国籍的有236万人，[①] 入籍人数占全体华侨华人人口的67.4%。虽然各方统计数字略有偏差，但在60年代选择印尼国籍的华人大约占到三分之二这一数字是比较准确的。

虽然国籍法和条约的实施使在印尼的华侨华人明确了国籍身份，但这并不意味着已经加入印尼国籍的侨民能够得到平等的待遇。从50年代末期到60年代中后期，印尼中央政府和地方政府陆续出台限制华人的政策，民众对于华侨华人的排斥情绪越发严重，此间出现了一系列排华运动。

1959年商业部长决定书和第10号总统法令出台，这两项法令在五六十年代对印尼华侨华人影响最大。法令规定，县以下的外侨零售商必须在1959年12月31日停止营业，其产业将按优先顺序，由合作社、印尼中等商、民族零售商和印尼籍民接管。受该规定直接影响的华人裔群大约有50多万，对印尼华人裔群经济的打击很大。同时，政府还要求华人裔群与原住民合营，向原住民转让股权或企业，使原住民能拥有51%的企业股权。已搬迁的华侨的房屋由当地军部接管监督。随即，各地针对华侨颁布了各种法令，禁止民众公开集会，禁止

---

① 李学民、黄昆章:《印尼华侨史》，第24页。

使用汉字,关闭华侨学校,禁止外侨居留,限制外侨在国内旅行,呈报外汇等等。1965年印尼"9·30"事件后,由于印尼共产党参与其中,印尼军方把中国共产党也一并谴责,认为该事件得到中国共产党支持,因此而影响到两国的关系,并引发了长期的反华和排华暴乱,致使大量华侨华人成为被迫害者,直接死亡和因迫害而导致的自杀、病死等间接死亡人数2000多人,① 被迫逃离印尼20多万人,② 财产损失无数。

(四)"新秩序时期"(1966年至1998年)

1965年的"9·30"事件后不久,苏加诺政府被军人推翻,1968年苏哈托被选为总统,苏哈托任总统后,印尼被称为"新秩序时期"。

苏哈托执政以来,一方面坚决镇压国内的反华排华骚乱,使政局渐趋稳定,另一方面着力加强国内经济建设,因此政治和经济趋于稳定。在对华侨华人问题上,通过加速国内华人的"印尼化"以及严格限制移民数量两种途径,尽快实现对华侨华人的同化。

在国内的华侨华人政策方面,苏哈托政府主要对国籍法进行了调整。1966年5月,印尼政府宣布,考虑到申请归化的人数太多,担心入籍华人搞间谍活动,因此将暂时停止华侨加入印尼国籍。1969年,印尼国会声称因选择国籍通常要花很多时间和精力,要防止有关人员贪污,损害政府声誉,因此单方面宣布废除双重国籍条约。虽然印尼重启了华人归化入籍的程序,但又增加了新的规定,申请者需备齐14种文件,并缴纳3万至10万盾税金。③ 在严格的审查程序和高昂的入籍费用的阻碍下,华人入籍困难重重。1978年之后,由于国际、国内形势的变化,印尼重新调整了国籍政策,并于1980年1月发布总统第2号指示,2月颁布第13号决定书,强调尽快解决外侨申请入籍问题。该决定书对于申请入籍的相关证件、缴纳费用、在印尼居住时间等等都

---

① Charles A. Coppel, *Indonesian Chinese in Crisis*, Kuala Lumpur: Oxford University Press, 1983, p. 61.

② Ruth T. Mevey, ed., *Indonesia*, New Haven: HRAF Press, 1963, p.115;黄昆章:《印尼华侨华人史(1950至2004年)》,广州:广东高等教育出版社,2005年版,第151页。

③ 黄昆章:《印尼华侨华人史(1950至2004年)》,第173页。

放宽了要求。①1990年印尼政府再次简化移民入籍手续，规定申请入籍的办理时间最长不能超过58天。到90年代中期，大部分华侨已加入印尼国籍。②

在移民政策方面，1967年，苏哈托签署内阁第37号法令——《解决华人问题的基本政策》。该政策规定，除外交人员及其家属、专家及其家属，不再向新的华人移民颁发入境许可。③其主要顾虑是新移民短时间内难以同化到印尼社会文化之中，族群认同和国家认同难以实现转变，接纳新移民将大大减缓对华侨华人的同化进程。

总体看来，"新秩序时期"印尼汉民族移民人口的数量仍在增加。政府的移民政策一直在紧缩，这也就意味着此间移民人数在逐步下降，但由于汉民族移民人口基数大，仅靠自然增长足以推动总人口数量的增长。此外，由于印尼加强了居民国籍的管理，绝大多数汉民族移民的国籍问题已经解决，有90%的人口选择加入印尼国籍。由于印尼国内环境较为宽松，华人在经济领域也获得了长足的发展，在商业、工业、金融业、建筑业、航运业等行业都取得了较好的成绩，也逐步与印尼民族经济融为一体。

（五）平等多元时期（1998年至今）

1998年5月印尼发生骚乱，当地华人受到冲击。中国政府通过各种方式表示关切，希望印尼政府彻底查处有关事件，采取有效措施保护华人正当权益。1998年五月风暴之后，哈比比总统上台，进行了广泛深入的民主改革，陆续出台了多项法律法规，逐渐改变以往以种族和宗教将国民进行区分的政策，改善了印尼汉民族移民的境遇。

1998年8月，哈比比总统在首份国情咨文中提出了"印度尼西亚人"的概念，明确指出，"我们不能按照宗教和民族区分印度尼西亚人，

---

① 《印度尼西亚共和国总统关于印度尼西亚共和国国籍证明书的1980年第2号指示》，载周南京等编：《印度尼西亚华人同化问题资料汇编》，内部资料，1996年印，第705页。
② 黄昆章：《印尼华侨华人史（1950至2004年）》，第176页。
③ [新]廖建裕：《现阶段的印尼华族研究》，新加坡教育出版社，1978年版，第162页。

我们大家都是印度尼西亚人"。① 这在印尼的历史上还是第一次,不考虑宗教和种族区分,不鼓励宗教认同和种族认同,只鼓励国家认同。其主要目的是要呼吁全体人民共同建设一个无种族歧视的多元国家。之后的瓦希德总统、梅加瓦蒂总统和苏西洛总统也继续坚持了多元民族和多元文化的观念和政策。苏西洛总统曾在公开场合不止一次地向政府和社会各界重申印尼不应该再歧视华侨华人,"印尼是多元民族的国家,印尼民族过去曾经受到别族的歧视,后来反过来歧视华族,这是令人痛心遗憾的"。②

近年来,印尼政府逐步采取措施,取消了原有部分限制华人的政策。2006年7月,印尼国会通过新《国籍法》,取消了对"原住民"和"非原住民"的区别,规定"凡出生在印尼并从未接受过他国国籍的人,自动成为印尼公民。"新的《国籍法》最终摒弃了基于种族和民族差别的民族主义做法,这也是印尼的华人裔群为之奋斗了几十年后才得到的公正待遇。2008年10月,国会又颁布了《消除种族歧视法》,华人从法律上获得了与其他民族平等的权利。

四、汉民族移民与印尼的经济社会发展

汉民族移民印度尼西亚的历史悠久,人数众多。时至今日,印尼已成为汉民族及其后裔人口最多的国家,其中绝大多数也已归化入籍。在历史发展的过程中,尽管汉民族移民经受了殖民政府、印尼政府的歧视、压迫、限制甚至迫害,却从未消极倦怠,长期以来为当地的开发和社会发展贡献力量。

(一)汉民族移民与殖民地经济

汉民族与印尼的接触时间较早,早在元末明初开始出现较大规模

---

① 唐慧:《印度尼西亚历届政府华侨华人政策的形成与演变》,北京:世界知识出版社,2006年版,第240页。
② 江振鹏、丁丽兴:《嬗变中的"他者"形象:论后苏哈托时代印尼当地社会华族观》,《东南亚研究》,2012年第6期,第81页。

的移民后，来到印尼的汉民族移民便开始通过自己的双手对当地进行开发。当时的中华文明鼎盛一时，汉民族移民的到来带来了中国的大量丝织品、瓷器等用品，以及金、银、铜器、铁器等生产和生活必需品，也带来了先进的生产方式和理念，大大促进了当地的商品流通，促进了印尼各岛农业、手工业和商业的发展。此外，汉民族移民聚居一地，开垦农田，设立商铺，从事服务业和出口贸易，逐渐开辟和发展出一些海港商业城市。

殖民地时期的汉民族移民作为介于殖民者和当地土著之间的第二等级，虽然在一定程度上有经商和从事贸易的自由，但总体来说仍然处于殖民者的压迫之下。在与荷兰殖民者的垄断与反垄断斗争中，汉民族移民也逐渐失去了在商业上的优势地位。他们仅仅在其较为传统的大米贸易、香料贸易、茶叶贸易和制糖、酿酒等行业有较好的发展，为所在地区创造财富，提供便利。

19世纪下半叶至20世纪上半叶约有500万汉民族契约工出洋，其中约有200万被运往东南亚，主要集中在印尼和马来亚。[①] 19世纪70年代以后，东南亚的烟草、可可、蔗糖、橡胶等种植园大规模发展，急需劳动力。

印尼的烟草种植园主要在苏门答腊东海岸的日里。1869年荷兰殖民者创办日里烟草公司，到1923年全岛已有种植园62个。种植园创办之初，所需劳动力并不多，之后随着种植园越来越多，面积越来越大，对华工的需求量也不断增加。1875年之后每年进入种植园的劳工有三、四千人，到1887年，日里的契约华工已增加至6万多人。这些华工多来自英属海峡殖民地。1888年之后，福建和广东开始允许日里在两省直接招工。福建以漳州、泉州和福州劳工为主，他们多由厦门出港。广东以广州、肇庆、惠州、潮州、嘉应、琼崖劳工为主，他们由汕头、澳门或香港出海。当年，从汕头运往日里的契约华工有1152人，此后逐年增加。一般每年在5000人至8000人，1907年招工人数最多，达到

---

① 庄国土：《论中国移民东南亚的四次大潮》，第72页。

10820人。① 1888年至1908年间，仅从汕头运往苏门答腊日里的烟草种植园的华工就达132167人。②

烟草种植园的工作辛苦，劳工受到残酷对待，为殖民地赚取了巨额利润。日里烟草种植园产量很大，1920年为9920533公斤，1924年则达到18163714公斤，是1920年的两倍。当时印尼烟草出口收入超过1亿盾，占印尼出口商品的第三位，③其中的绝大部分贡献来自于在当地，尤其是日里烟草种植园劳作的汉民族劳工。

19世纪开始，锡矿成为西方资本主义生产不可或缺的资源。殖民者在印尼的邦加、勿里洞和新及开始大规模地开采锡矿。三地相比，以邦加和勿里洞矿藏居多，前者占印尼总矿藏的60%，后者占37%。锡矿开发最初使用的是当地劳工，后来殖民者发现汉民族矿工的技术更科学，于是开始从中国南部沿海招募劳工。这些华工多来自广东和广西，其中客家人占绝大多数。他们能够吃苦耐劳，成为锡矿产业发展的主力军，殖民者的锡矿产业能否获得成功在很大程度上取决于能否雇佣到足够的华工。

勿里洞的锡矿开采始于1852年，殖民者从香港和广州运来第一批契约华工，共计253名，之后每年招募平均2000至3000人。随着锡矿开发规模不断加大，所需华工数量也逐日增多。1884年至1904年间，每年进入勿里洞的华工超过5000人，1905年至1922年间，每年超过万人，最多的年份超过2万人。④ 1920年勿里洞共有华工20865人，1930年增加到28614人，占到当地总人口的40%。邦加的华工人数在同时期也有较快增长。1905年邦加华侨人口占当地总人口的38%，20年代突破2万人，1930年上升到当地人口的47%，基本上都是矿工。⑤

汉民族劳工的参与使勿里洞和邦加的锡矿产业得以迅速发展，锡矿产量持续上升，为殖民者创造了巨额财富。1854年锡矿产量为9万

---

① 李学民、黄昆章：《印尼华侨史》，第274页。
② 庄国土：《论中国移民东南亚的四次大潮》，第72页。
③ 李学民、黄昆章：《印尼华侨史》，第280页。
④ 吴凤斌等编：《东南亚华侨通史》，福州：福建人民出版社，1994年版，第297页。
⑤ 李学民、黄昆章，《印尼华侨史》，第281页。

担（每担重61.76公斤），1890年增加至10万担，1900年为20万担，一战后增至25万担。① 邦加锡矿成本很低，每担成本只有50盾，殖民者获利巨大。1888年获利460%，1889年为430%，1890年为531%。从1860年至1892年共获利5400万盾，1925年至1926年获利4000万盾。② 这些财富为殖民者提供了巨额资本，为殖民地的发展做出了重大贡献。

印尼独立之前的经济结构仍然是典型的殖民地经济结构，以出口烟草、橡胶、咖啡、茶叶、砂糖等原料以及进口工业品为主。汉民族移民及其后裔在二战前为荷属东印度的发展也做出了巨大贡献，尤其是在大米进口和砂糖出口方面，地位不可替代。经济危机爆发前，荷属东印度每年进口大米约70万吨，价值约8000万盾至1亿盾，主要从曼谷、仰光、印度等地输入，进口金额在荷属东印度输入商品中居第二位。砂糖是荷印的主要出口商品，1928年砂糖出口总量约3028417吨，其中华侨贸易商出口量约占十分之一以上。③ 除在大米和砂糖的进出口贸易方面贡献颇大之外，汉民族移民当中还有许多中介商人和小型商人。1930年，印尼的华侨在职业分布方面以商业和原料生产行业为主，从事商业的人口占36.6%，从事农业、种植园和矿业的人口占30.2%，从事工业的人口占20%，其他为交通业和自由职业等，占13.2%。④ 大批的汉民族商人深入荷属东印度各地，收购农产品和土特产以供出口，在荷印进口商品的销售和出口产品的收购方面占据着优势地位，为殖民者和当地民众的生活提供了便利。

在工业生产方面，汉民族移民在砂糖和橡胶生产方面成就显著。在1930年，荷属东印度的糖厂共有179家，其中华侨糖厂有13家，占总量的4%。1929年前后，华侨投资糖业的资金为2.2亿盾，占总投资的26%。⑤ 在工业和商业被荷兰和其他欧洲国家的投资者占据主导地位的时代，达到这一比例已经足以证明其成就。二战前华侨在橡胶生产

---

① 李学民、黄昆章：《印尼华侨史》，第286页。
② 同上，第286—287页。
③ 郭梁：《两次世界大战之间的东南亚华人移民与经济》，第25页。
④ 荷印政府：《1930年人口调查》，转引自厦门大学南洋研究所：《南洋问题译丛》（一），1963年，第15—16页。
⑤ 丘守愚：《20世纪之南洋》，北京：商务印书馆，1934年版，第127页。

方面为荷属东印度的橡胶出口做出了巨大贡献,华侨经营的橡胶种植园产量占荷印橡胶产量的40.5%,[①]仅次于欧洲资本的种植园产量,使得荷属东印度的橡胶产量稳居全球第二位,仅次于马来亚。汉民族移民及其后裔所进行的上述商业和工业活动一方面维持了自身的生存,同时也为荷属东印度殖民地的发展提供了重要的动力,为印尼独立后的国民经济发展奠定了基础。

(二)华人资本与印尼民族经济

印尼独立后,汉民族移民及其后裔最为突出的贡献体现在经济方面。独立之后,印尼籍华人资本已成为印尼民族资本的有机组成部分,他们通过华侨华人的辛勤努力慢慢积累起来,用于印尼当地,在当地流通使用,已成为印尼的永久性资本,属于国内资本。华侨资本与西方资本完全不同,它不能汇到国外,不具有垄断性,并同样受到外国垄断资本的剥削。印尼政府在1967年发布的第37号法令的第一章第五条中指出:华人资本不同于外资,是在印尼本土积累起来的财富,被列为"国内外侨资金"。此资金实际上是在外侨手中的印尼民族的财富,因此有必要加以动员,并且利用在发展和建设方面。[②]该条法令体现了印尼政府对华侨华人资本地位和作用的重视,并希望能够控股和利用现有外侨手中的资金和力量,加速国家发展。实际情况也确如该法令所希望的,华侨资本对印尼的经济建设确实起到了重要的促进作用。

从20世纪60年代开始,华侨华人便开始转变传统的商业运作模式和策略,经过多年发展,出现了一批实力雄厚,在生产、经营、管理方面具有国际影响力的大集团公司,如三林集团、阿斯特拉集团等。[③]1993年12月雅加达发行的《概览》(Survey)杂志列举了资产在6000万美元以上的200名华人企业家及其所属的集团名单,包括三林、

[①] [日]李国卿:《华侨资本的形成和发展》,郭梁、金永勋译,福州:福建人民出版社,1984年版,第173页。

[②] 同上,第179页。

[③] 吴崇伯:《论印尼华人企业集团的经济转型与新进展》,《东南亚研究》,2008年第2期,第67页。

巴里多·太平洋、金轮、金光、赞达尔马迪等,其中前10位的企业集团资产总量达74亿美元。① 1997年印尼政府公布的1995年十大企业家缴税名单中,华人占5名,分别是林绍良、黄奕聪、陈锡泉夫人、林逢生、彭云鹏。在缴税最多的前28家私人银行中,华人银行至少有10家。② 这些企业所拥有的资本、所缴纳的税金对于印尼的国家发展建设来说是十分重要的组成部分。正如三林集团的林绍良所说的:"华人都把他们的财富保留在居留地。给予原来家乡的眷顾,只不过是沧海中的一粟,算不了什么。执政者如果能够了解到这一点,那对国家和人民都有益。因为华人的资本仍然会留在本地,而不像外来的投资者把利益连本带利都带回去。"③

印尼华商林文光曾按照资产数对印尼华商进行了分级。他认为,印尼华人中约有170位拥有大财团或集团企业;约5000多位为中型以上企业老板,还有近30万经营商贸的小企业主。④ 这些企业的发展,不仅为印尼产业结构调整、提供就业、增加税收产生了直接影响,也通过自身的探索和改革,为1997年和2009年两次经济危机之后印尼经济如何走出困境、探寻新的发展模式提供了参考。

2009年以来,经济危机全面爆发,印尼的出口情况也陷入危机,受影响最深的是一些面向出口的劳动密集型和资源密集型制造业部门,如纺织、鞋类、食品、饮料、橡胶制品、肥料、化学、水泥和非金属矿产等。⑤ 由于中国在此次经济危机中受到的冲击不大,印尼的华侨华人企业利用与中国的纽带与联系,及时加强与中国经济的互动,为帮助印尼走出经济危机做出了贡献。

到目前为止,华人裔群在印尼经济的发展过程和经济总量的份额当中已成为一支不可缺少的强大经济力量。华商的资本额在2009年已

---

① *Survey*, December, 1993, p.7.
② 黄昆章:《印尼华侨华人史(1950至2004年)》,第228页。
③ 同上,第228页。
④ 《印度尼西亚华侨华人概况》,中国侨网,2014年4月21日,http://www.chinaqw.com/hqhr/2014/04-21/1142.shtml,2014年4月27日登录。
⑤ 沈红芳:《全球经济衰退对东南亚经济的影响及危机应对》,《南洋问题研究》,2000年第3期,第13页。

达到1638亿美元，相当于印尼名义GDP（5908亿美元）的28%。① 华商在此方面的贡献在印尼是任何其他民族所不能比的。

近些年来，随着印尼政府多元政策的倡导，政府和民众对于华人裔群的贡献都开始给予积极的肯定。在2002年访华时，梅加瓦蒂总统表示，印尼华人"对国家经济和社会的发展有着重要贡献。"② 2008年，梭罗市的市长将该市的一条街道更名为印尼共和国开国元勋叶泉明的名字，以表彰华裔公民对该市作出的贡献。③ 2000年印尼建国55周年大庆典举办前夕，印尼政府邀请印尼百家姓协会、印尼华裔总会等华人社团共商国庆各民族文艺活动节目。这一举动意义重大，是印尼政府首次允许华人裔群文艺形式在国家级舞台上公开亮相，是对华人裔群的高度认可。④ 除政府行为之外，印尼民众对于华人裔群的作用也比较认可。在日惹市部分学生和教师进行的问卷调查显示，当问及是否认为印尼华人对于国家建设有所贡献时，有83.45%的受访者持肯定回答，认为印尼华人裔群在国家经济发展中的地位和作用不容忽视，他们在经济、贸易、教育、工业、体育等方面都有出色表现。⑤

五、汉民族移民企业家中的杰出代表——林绍良

林绍良，印度尼西亚著名华人实业家，他的影响力不仅在于其企业遍布印尼及中国、美国、欧洲和东南亚其他国家，更重要的是他曾积极支持印度尼西亚反抗荷兰殖民者，帮助印尼获得独立。此后，又以印度尼西亚国家国民的身份，积极参与国家经济建设，投资办企业，为印尼民族经济的发展和国家的工业化和现代化建设做出了重大贡献。

---

① 原晶晶、杨晓强：《印度尼西亚华人及其资本发展现状》，《东南亚纵横》，2011年第6期，第81页。
② [中国香港]《印尼焦点》，2002年第10月刊，第3页。转引自江振鹏、丁丽兴：《嬗变中的"他者"形象：论后苏哈托时代印尼当地社会华族观》，第81页。
③ 黄念航：《印尼梭罗市颁奖五华裔 并以华裔先贤为街道命名》，中国新闻网，2008年2月27日，http://www.chinanews.com/hr/yzhrxw/news/2008/02-27/1175066.shtml，2015年2月8日登录。
④ [印尼]《印度尼西亚日报》2003年8月21日，第6版。转引自江振鹏、丁丽兴：《嬗变中的"他者"形象：论后苏哈托时代印尼当地社会华族观》，第84页。
⑤ 江振鹏、丁丽兴：《嬗变中的"他者"形象：论后苏哈托时代印尼当地社会华族观》，第80页。

林绍良是第一代汉民族移民。他于1916年出生于福建省福清市海口镇牛宅村一户殷实的农民家庭。福清由于地处福州和厦门两个开放港口之间，自19世纪下半叶开始便成为汉民族国际移民的主要源地之一，并逐渐成为中国著名的侨乡。到21世纪初，旅居海外和港澳的福清人及其后裔已达到60多万，遍布世界70多个国家和地区。[①] 在林绍良出生时，他的叔叔早已移民印尼。为了不被日军抓去服役，林绍良于1938年也离开家乡，到印尼随其叔叔谋生，并在50年代加入了印尼国籍。

经过不断的努力和发展，林绍良逐步建立起了三林集团，所覆盖行业众多，遍及建筑材料、食品、化工、汽车、金融、房地产等，成为印尼最大的企业集团。由于他早已归化入籍，其所属的企业资本也早已由华侨资本转变为印尼民族经济资本的组成部分。虽然林绍良由于与印尼前总统苏哈托的战争友情而曾受到猜疑和批评，但不可否认的是，他从独立战争时期开始的经济活动均围绕印尼的国家独立和建设而进行，并为之做出了不可磨灭的贡献。

首先，在印尼抗击荷兰殖民者的独立战争中，林绍良和当地华商在中华总会的领导下，大力支援印尼军队。他认为，自己既已扎根印尼，就是印尼国民，为了生存，应与印尼人民一起与殖民军作战。他不仅成功将当时一位印尼军队高级领导人藏匿在自己家中达一年多的时间，更重要的是在此期间他一直为印尼军队运送军火和药品。他冒着生命危险，用帆船载着从新加坡购买的武器及军需物品，凭借对地形和海路的熟悉，巧妙地越过荷军封锁线，将一批批军火安全地运到中爪哇印尼军队的手中。也正是因为他在战争中的贡献，他与时任中爪哇第四军区帝波尼哥罗师上校团长的苏哈托及其他军官结下了友谊，为印尼独立后他的商业发展奠定了良好的政治基础。

依靠战争中积累起的一些资本，林绍良决定从民众的衣食住行入手，开展自己的商业活动。从1954年起，他相继创办了肥皂厂、纺织

[①] 许金顶：《近现代福清侨乡两次移民浪潮初探》，《华侨大学学报（哲学社会科学版）》，2002年第4期，第69页。

厂以及自行车零件制造厂等。但在经营活动中，他意识到必须有金融界的支持，进而决定建立自己的金融机构。1957年，他在泰国金融巨头陈弼臣的帮助下，创办了中央亚细亚银行。至此，一个兼有工业、商业、金融业的林氏集团已初见规模。但是，印尼独立后，华侨华人仍被看作"非原住民"而遭到区别对待。虽然许多移民已经加入印尼国籍，但其资本仍被视为外侨资本而受到排斥和打击。1960年印尼政府颁布《禁止外侨经营零售商法令》，华侨经营的工商业受到不少限制。在此种境遇下，林绍良的企业并未获得充分发展。

1967年苏哈托成为总统，次年，苏哈托颁布了国内投资法令。该法令一方面是为了发展印尼经济，另一方面是希望能够为华人提供更多的发展空间。1984年，印尼《第14号总统决定书》废除了"原住民"和"非原住民"的区分，对华人经济实行宽松政策，为华人提供了归属感，也为林绍良民族企业的发展提供了良好的社会环境。

应印尼民族经济之所需，补民族经济之所缺，林绍良以印尼民族企业家的身份积极参与到印尼国家的经济建设之中。1969年，林绍良创办了保加沙利有限公司，从事面粉加工及销售，在雅加达南部建立了印尼第一座规模庞大的现代化面粉加工厂。这对印尼减轻对大米粮食的进口依赖，解决人民的日常粮食需要来说至关重要。由于几百年来一直受到荷兰殖民经济的控制，印尼种植业单一，粮食供应长期依赖大米进口。该面粉厂的建成大大减少了国家的外汇支出。1971年投产后，面粉销售包揽了印尼西部，销售量占全印尼的80%，到1983年，保加沙利公司的面粉年产量达到180万吨，[①] 成为亚太地区最大的面粉公司。在此基础上，林绍良凭借获得的多项专利权，成功占有了印尼90%的方便面市场，35%的牛奶市场以及超过30%的食用油市场。[②]

20世纪70年代初，印尼开始实行第二个五年计划。城镇建设大规模展开，国家发展进入加速期，对于修筑公路、修建桥梁等工程所需材料的需求量激增。林绍良于1973年集资创办了印尼水泥公司，先是

---

① 蔡仁龙等：《东南亚著名华侨华人传》（第一集），北京：海洋出版社，1989年版，第204页。
② 王嘉惠：《林绍良：印尼红顶商人的财富历程》，《中国林业产业》，2012年第8期，第65页。

与香港投资公司合营，又与美国公司联营。最初水泥年产量仅50万吨，不久增值100万吨。之后林绍良又于1978年和1981年两次投资新建了三座大型水泥厂。①1985年，他将水泥公司45%的股权售予政府，得款3643.3亿盾，并以860万美元接办印尼国营马都拉水泥厂，剩余资金全部投入国家经济建设计划的其他项目中。②林氏水泥公司的发展，带动了印尼水泥加工业的全面发展，如水泥砖、水泥瓦、水泥板、水泥管制品等，促进了建筑业的发展，改善了人民的居住环境，创造了大量就业机会。印尼成为东盟国家中最大的水泥生产国和出口国，为国家增加了国民生产总值、政府财政收入和外汇收入。③

20世纪80年代，随着印尼经济建设的发展，对于薄钢板的需求量激增。由于国营钢厂当时无法生产制造薄钢板，印尼每年需从日本进口7亿美元的薄钢板。为此，林绍良投资9600万美元，联合另一华人企业家徐清华，并向外国银行借款，于1983年开始施工建立芝勒贡大型轧钢厂，并于1987年正式投入生产，年产量85万吨。④按此计划，该厂建成投产后，印尼将不再需要从日本每年花7亿美元进口钢板，而只需花2亿美元进口原料。芝勒贡大型轧钢的建立结束了印尼主要依赖进口钢板的局面，并进而带动了印尼重工业的长足发展。

此外，林绍良创建的三林集团还涉足其他产业和行业，在许多领域创造了大量财富，并与其他一些华人企业家向社会捐款，为印尼的文教事业、医疗卫生、赈灾救济、宗教发展等公益事业的发展贡献力量。1980年，林绍良与250多位华人企业家一起，参加由印尼民族统一联络机构组织的"建国五原则"讲习班，会后成立了"印尼崇高理想基金会"，并由他带头发起，领导其他参加讲习班的华人企业家筹集募捐了50亿盾，作为基金，"以期帮助有困难的印尼人及与本地人合作发展经济，借此加强各族的团结与谅解。"⑤

---

① 蔡仁龙等：《东南亚著名华侨华人传》（第一集），第204—205页。
② 宋哲美：《林绍良传》，香港：香港东南亚研究所，1983年版，第47页。
③ 童家洲：《浅析林绍良对印尼经济的贡献》，《八桂侨史》，1995年第2期，第23—24页。
④ 许爽：《试论林绍良企业集团的发展特点》，《东南亚纵横》，2005年第11期，第73页。
⑤ 宋哲美：《林绍良传》，第28页。

林绍良的海外投资也包括中国,尤其是他的家乡福清。早在1981年,他的太平洋集团就在中国大陆设立鞋厂,之后陆续在北京、上海、苏州等地投资。在福清,林绍良已投资1亿多美元,[①] 开办工厂和学校,为家乡的发展提供助力。

像林绍良这样的华人企业家在印尼还有不少,他们作为一代或二代的汉民族移民,扎根印尼,为国计民生服务,认同于印尼,有着强烈的国家认同和归属感。作为民族资本的持有者,他们为各个产业填补了多项空白,为印尼的独立战争和国家建设做出了巨大贡献。在全球化迅速发展的时期,也为加强印尼与中国两国间的经济、文化往来起到了重要的沟通桥梁作用。

六、印度尼西亚汉民族移民的主要特点

汉民族移民印尼历史悠久,人数众多,使印尼成为汉民族移民及其后裔人口最多的国家。总体而言,汉民族移民印尼的主要特征在于,其历史演进以及在印尼的发展状况与印尼的国家建构过程息息相关。

殖民地时期,汉民族作为社会群体划分中的第二等级,既不能享有平等权利,还常被用来当作殖民者与当地土著的缓冲群体。他们既然不是殖民者,就不可能像殖民者移民一样自由进出、享有绝大多数的社会权利,只能生活在夹缝中。因此在独立战争中,许多汉民族移民与印尼人民共同作战,反抗荷兰殖民者。

独立后,国家建构再次决定了政府的侨民政策和移民政策。独立之初,民族主义高涨,统一的、单一的印度尼西亚要求居民的高度认同,而大量中国移民的存在给民族主义者带来了不安,甚至惶恐。在此种背景下,印尼政府紧缩移民政策,同时加强对侨民的同化进程。直到1998年之后,多元政策得到公开倡导,汉民族移民及其后裔才开始真正享有平等权利和地位。

由此可见,在汉民族移民印尼的历史中,中国作为移民输出国的

[①] 王嘉惠:《林绍良:印尼红顶商人的财富历程》,第66页。

发展状况以及中印两国之间的关系等因素，相较于印尼的民族—国家建构过程中的各种因素来说，并不是特别重要，这既是汉民族移民印尼的主要特征，也是汉民族移民其他一些东南亚国家的重要特点。

第四节　小结

亚洲作为中国的所在大洲，既是汉民族外出移民最早到达的区域，也是到目前为止接收汉民族移民最多的区域。与许多接收汉民族移民人口数量也较多的一些西方发达国家相比，亚洲的许多国家因其历史上与中国交往较多以及19世纪至20世纪被西方殖民等历史原因，在移民政策、国籍政策、侨民发展等社会政策的制定方面均有较大的差别，同时也因区域和国家不同而有不同的原因。

总体而言，东亚国家在移民方面趋于保守，这主要缘于这些国家在历史、人口和文化方面的高度同质性，接纳过多的移民将产生破坏传统民族文化的可能性，因此尽管汉民族移民的数量在近二十年有较快增加，但对于归化入籍以及限制移民发展方面仍非常严格。东南亚国家相比之下对于汉民族移民要更加宽容一些，虽然东南亚各国情况亦不尽相同，但总的来说，大部分国家对于多元文化的接受程度比东亚国家更高，作为移民和东道国社会互动的结果，移民对于东道国的认同感也更强，同化于东道国社会的程度更深。在此方面，东南亚国家中犹以泰国为典型。泰国华人被当地民族同化的程度最高，华人在政治、经济、文化及生活方式等等方面均已完全融入泰国主流社会。当然，这与泰国政府较早就解决了华侨的入籍和公民权问题密切相关。两厢互动，泰国华人在经济活动、政治参与以及与泰人通婚方面都比东南亚其他国家更为积极和频繁。

除东亚和东南亚地区外，中国人移民亚洲的其他地区，如中亚和西亚，则以汉族为少，国内少数民族居多。比如，目前在沙特共有华侨华人17—20万人，其中维吾尔族占其总数的85%以上，回族次之，共有约2万多人，约占沙特华侨华人的10%，其他还有少量的乌兹别克、柯尔克孜、哈萨克等中国的少数民族以及汉族移民。① 再如土耳其。土耳其约有华侨华人8万人,其中维吾尔族5万人,哈萨克族2.5万人,其他有少量的乌兹别克、柯尔克孜、塔塔尔族和汉族。②

这些遍布亚洲不同地区和国家的汉民族及少量少数民族移民为世界的多元化发展,对当地社会的开发,对在新形势下加强中国与移民目标国之间的理解和沟通,对中国的软实力建设及在当地传播中国话语都起到了不可或缺的作用。

---

① 朱慧玲:《新疆籍华侨华人在西亚》,《八桂侨史》,1999年第4期,第8页。
② 同上,第9页。

第3章

北美的汉民族移民

第一节 北美汉民族移民概况①

北美的美国和加拿大是传统的移民国家,② 也是吸收汉民族新移民最多的两个国家。中国社科院《2007年全球政治与安全报告》指出,20世纪90年代,有500万以上华人移民美洲,以4.6%的增长率居中国海外华人移民地区之首,约为同期移民总数的14%。③ 其中绝大多数移民北美地区,即美国和加拿大。

---

① 北美和北美洲是两个不同的概念,前者为政治地理学概念,后者为自然地理学概念。前者是指美洲的北部地区,包括美国、加拿大两个国家和格陵兰、百慕大、圣皮埃尔和密克隆群岛三个丹麦、英国和法国的海外领地。后者则是包括北美地区、墨西哥、中美洲和加勒比地区在内的广大地区,以巴拿马运河为界与南美洲相分隔,包括23个国家和22个地区。因北美包括的两个国家在汉民族移民发展史上具有较大的相似性,因此本章中的"北美"采用政治地理学的概念,仅包括美国和加拿大两个国家。在自然地理学中属于北美洲的墨西哥等国家将在拉丁美洲一章中进行讨论。

② 按照亨廷顿的说法,不应将美国和加拿大称为移民国家,而应将其称为由定居者创立、由移民发展建设的国家,因为定居者和移民是两个有根本区别的概念。北美是在17和18世纪由定居者从原居国带来的文化及其价值观的社会建立起来的,之后移民才陆续到来,加入了定居者已建立的社会。参见塞缪尔·亨廷顿:《我们是谁?——美国国家特性面临的挑战》,程克雄译,北京:新华出版社,2005年版,第34—41页。

③ 李小丽:《中国海外移民情况述评》,载李慎明等主编:《2007年全球政治与安全报告》,北京:社会科学文献出版社,2007年版,第198页。

汉民族移民北美两国均始于19世纪下半叶，随着两国西部地区金矿的发现而进入较大规模移民时期。之后也均因劳动力市场需求、国内对华人情绪和国际形势的变化而经历了禁止时期、限制时期和平等时期。

随着19世纪六七十年代第二次工业革命的兴起、产业的转移和世界第二个工业制造业中心的形成，北美地区开始成为汉民族国际移民的主要目的地。进入20世纪七八十年代后，伴随着经济全球化进程的加快，北美地区凭借自身良好的经济基础、高新技术的优势、多元的文化特质、相对宽松的移民政策等条件，再次成为汉民族国际移民的主要目的地，移民北美两国的汉民族人口增长迅速。

根据美国人口普查局公布的数据显示，在20世纪最后十年里，共有46万来自大陆的中国人在美国定居，使在美中国大陆移民数量增长了一倍。2000年美国境内的华人裔群人口总数为288万人。2000年至2005年，美国出现了有史以来最大的一次移民潮，在这期间，又有35.5万中国人移民美国。至2005年底，美国人口中，中国两岸四地出生的人口数量已达到了183.3万人，其中54.1%的人拥有美国公民身份。[①] 2010年，美国华人裔群人口达到4025055人，创历史新高，占到美国人口总数的1.3%。[②]

美国也是接收中国留学生最多的国家。赴美中国留学生占中国留学人员总数的40%。2011年在美国的中国大陆留学生总人数为157558人，占到全美留学生总人数的21.8%。如果将中国香港和中国台湾的留学生包括在内，该人数达到190512人，占全美留学生总人数的26.3%。[③] 仅来自中国大陆的留学生人数在2010年超过印度，中国由此

---

① 李小丽：《中国海外移民情况述评》，载李慎明等主编：《2007年全球政治与安全报告》，北京：社会科学文献出版社，2007年版，第199页。

② United States Census Bureau, "U.S. Census Bureau Announces 2010 Census Population Counts—Apportionment Counts Delivered to President", December 21, 2010.

③ The Institute of International Education, *Open Doors 2011: Fast Facts*, 2011.

成为输送赴美留学生的最大输出国。①他们中的大部分留在美国并取得了在美长期居留权或归化入籍,成为海外华侨或华人。

移居加拿大的中国移民从20世纪90年代开始大幅增加。作为英联邦国家,加拿大吸收了许多来自香港的移民,后来又成为许多中国内地移民的首选移民目标国。2005年中国移民加拿大总数创下47167人的最高纪录,其中,来自中国内地42291人、中国台湾3092人、中国香港1784人,中国移民连续八年位居加拿大移民人数首位。②2009年,加拿大共接纳来自中华人民共和国的新移民29044人,其中经济类移民占67.7%,家庭类移民占27.4%,难民类占3%,其他1.9%。③截至2011年,华侨华人人口约占加拿大总人口的4.4%,是加拿大最大的外来少数群体。④

第二节　美国的汉民族移民

一、美国汉民族移民概况

来自中国的汉民族是最早移民美国的亚裔族群,根据19世纪加州历史学家休伯特·班克罗夫特(Hubert Howe Bancroft)的考证,早在1571年至1746年间,西班牙殖民者就在南加利福尼亚,特别是1781年在洛杉矶雇用了华人作造船工,当时中国人作为熟练工匠和造船

---

① 根据2011年的《门户开放报告》,2010至2011学年来自中国大陆的留学生数量最多,位于国际生源排行榜的第一位,中国台湾位于第5位,总人数为24818人;中国香港位于第16位,总人数为8136人。
② 李小丽:《中国海外移民情况述评》,载李慎明等主编:《2007年全球政治与安全报告》,第200页。
③ 华侨华人蓝皮书编委会,李明欢执笔:《国际移民大趋势与海外侨情新变化》,载丘进主编:《华侨华人研究报告(2011)》,第19页。
④ 王奕轩、陆毅茜、宗力:《从统计数据看当代加拿大华侨华人的人口特征》,《华侨华人历史研究》,2014年第4期,第40页。

工,技术闻名太平洋沿岸。[①] 这应该是对于汉民族出现在美国的最早的记述。

汉民族与美国的接触是随着中美两国间贸易的展开而发展起来的。1784年,美国商船"中国皇后"号从纽约启航,经过六个月的旅程,最终到达广州黄埔港,这次首航开启了中美间的直接贸易,也开启了中美关系的新纪元。"中国皇后"号所载的货物有棉花、胡椒、人参、皮货等等,货物在中国顺利售出。同时,商船又从中国采购了红茶、绿茶、棉布、瓷器、丝织品等货物。"中国皇后"号大班山茂召(Samuel Shaw)还借助地图向中国人介绍美国的疆域、现状和随着人口增长呈现出的美好未来,同时通过与中国商人的交往,也开始了解中国的方方面面,并写下了他对中国的印象。[②]

次年,到广州进行贸易的"巴拉斯女神"号在返回美国东岸的巴尔的摩港时,载有三名中国人——亚成、亚全和亚官,他们是现存文字记载中最早到达美国的中国人。[③] 1796年,荷兰东印度公司驻广州的代理荷兰人范·布拉姆·霍克奇斯特到美国费城附近定居,随行带有五名中国仆人。[④] 1818年至1825年间,有五名中国青年在康涅狄格的康沃尔外国教会学校就读,其中包括后来成为美国皈依新教的第一位中国人廖阿细以及后来成为林则徐通事的阿林。1847年,一位英国商船船长拥有的中国帆船"耆英"号由中国船员驾驶前往纽约。她最终成功到达纽约港,在当时引起了很大轰动。同年,至少又有四名中国人来到美国,其中包括第一位在美获得大学学位的中国人容闳。他们都是最早到达美国的中国人。

从汉民族移民美国的人口变化情况来看,美国从1790年开始每10年进行一次人口普查。华人人口第一次出现在人口普查数据中是在1820年,当年在美华人仅有1人。根据美国移民委员会的记录,在

[①] Hubert H. Bancroft, *The Works of Hubert Howe Bancroft*, Vol. 14, Hardpress Publishing, 1890/2013, p. 335.

[②] 石毅:《美国早期来华传教士与美国的中国学》,《外交评论》,2014年增刊,第2页。

[③] [美]麦礼谦:《从华侨到华人——20世纪美国华侨社会发展史》,香港:三联书店有限公司,1992年版,第3页。

[④] 潮龙起:《美国华人史(1848—1949)》,济南:山东画报出版社,2010年版,第3页。

1820年至1840年间，只有10多名中国人来到美国。① 1848年在加州发现金矿后，华人赴美人口开始有所增加。但即便是在加州人口由2万人猛增至10万人的1849年，到达旧金山的华人也不过只有325名。1850年又新增华人人口450名。他们当中99%的移民来自中国广东，②且基本上全部为汉民族，主要包括来自北方，后与土著人通婚且定居广东时间较长的本地人，以及在宋朝末年从北方迁来的客家人。

1860年至1960年的一个世纪中，美国的华人人口数量一直比较低。除1960年突破20万之外，在此之前华人人口基本在10万上下浮动。1965年，美国颁布了《移民与国籍修正法案》，放松了移民政策。因此，从1970年开始，华人人口开始增长。1980年后，华人人口开始迅速增长，1980年为812178人，1990年为1645472人，2000年为2432585人，到了2010年，美国华人人口达到4025055人，创历史新高，占到美国人口总数的1.3%，十年内增长了65%。③ 在所有族群中，仅次于白人、黑人、墨西哥人和波多黎各人，排名第五位。人口增长的主要原因是1978年中国开始实行的改革开放政策，大陆居民开始大量移民美国，或成为短期居民。④

表1　在美华人总数和中国移民数量，1820—2010

年份	在美华人总数	中国移民数量/十年	年份	在美华人总数	中国移民数量/十年
1820	1	—	1920	85202	21278
1830	—	3	1930	102159	29907
1840	—	8	1940	106334	4982
1850	—	35	1950	150005	16709
1860	41397	34933	1960	237292	25201

---

① 陈翰笙主编：《华工出国史料汇编》（第七辑），北京：中华书局，1984年版，第2页。
② 陈依范：《美国华人史》，北京：世界知识出版社，1987年版，第14页。
③ 于琬、李唯、骆克任：《21世纪的美国华人》，载丘进主编：《华侨华人研究报告（2012）》，第55页。
④ 短期居民是指非移民类签证持有人，如学生或临时工作者等。他们中的许多签证类别在期满后可以通过正常渠道申请绿卡，成为合法永久居民。

续表

年份	在美华人总数	中国移民数量/十年	年份	在美华人总数	中国移民数量/十年
1870	64301	64199	1970	436062	109771
1880	123201	105465	1980	812178	237793
1890	107488	61711	1990	1645472	446000
1900	118746	14799	2000	2432585	539263
1910	94414	20605	2010	4025055	788435

资料来源：

1. U.S. Bureau of Census, *History Statistics of the United States, Colonial Time to 1957*, Washington: Government Printing Office, 1960.

2. 沈已尧：《海外排华百年史》，北京：中国社会科学出版社，1985年，第35—36页。

3. 于琬、李唯、骆克任：《21世纪的美国华人》，载丘进主编，《华侨华人研究报告（2012）》，北京：社会科学文献出版社，2012年版，第55页。

从汉民族移民的人口来源来看，在过去两百年间逐渐呈现出明显的人口来源多元化的趋势。早期的移民多来源于中国广东的三邑和四邑，① 这一趋势一直持续到1965年《移民与国籍修正法案》的颁布，此后，来自中国大陆、中国台湾、中国香港、其他亚洲国家和其他大洲的汉民族移民比例有较大增加。改革开放后来自大陆的移民人数增长较快。据2008年美国国家安全部发布的移民报告显示，2008年，共有104.7万新移民加入美国国籍，中国大陆为4万，占总数的3.8%。当年美国共发放绿卡110.7万张，比2007年增加5万，其中中国出生的公民获得绿卡总数为8万人，比2007年增加4000人，占绿卡审批比例的7.3%，位居第二，仅次于墨西哥出生者17%的比例。② 2013年中国获得绿卡人数基本不变，当年共有990550人获得绿卡，仍以墨西哥人最

---

① 广东珠江三角洲的"三邑"和"四邑"是中国的侨乡。"三邑"是指珠江三角洲中心地区的番禺、南海和顺德，"四邑"指仍属于珠江三角洲范围的新会、台山、开平和恩平四县。

② 《美国移民报告：2008年近105万人入籍，猛增58%》，中国新闻网，2009年8月14日，http://www.chinanews.com/hr/hr-ymfb/news/2009/08-14/1819236.shtml，2014年12月5日登录。

多，为136028人，中国第二，为71798人，①其中依旧以中国大陆移民为主。就中国大陆本身而言，虽然来自广东和福建等传统的侨乡人口依然很多，但来自其他省、市、自治区的移民人口也有较大增加，移民来源呈分散化的趋势。

从性别和年龄变化趋势来看，早期汉民族移民基本以男性中青年为主，20世纪70年代以后男女性别比例开始趋于均衡，但仍以中青年为主。新移民到来后大大改变了传统的华人性别和年龄结构。根据美国社区调查2006年至2010年的五年估计样本数据，美国华人总体性别比为89.3，与美国总体96.9的性别比相比较，呈现性别不平衡的特点。在所有年龄组的华人人口中，女性均多于男性。从年龄段来看，华人15岁至64岁年龄段人口占总人口的70.8%，相对于美国整体人口老龄化的程度而言，华人人口呈现出较为明显的年轻化特点。②

从华人人口在美国的地理分布来看，早期华工多集中于美国西部，尤其有加利福尼亚。20世纪70年代开始，华人人口分布呈分散化趋势，但总的来说，美国华人人口的空间分布仍然高度集中在几个主要的州和几个主要的大都市区。其中既包括传统的汉民族移民聚居地，如加州、纽约州、旧金山、纽约、芝加哥、洛杉矶等，也包括一些新兴移民城市，尤其是科技城市，如圣何塞、华盛顿、西雅图、休斯敦等。而从近些年空间分布变化来看，又呈现出两大趋势，一是人口从传统聚居城市向新型移民城市的转移。这主要出现在中国的改革开放之后，汉民族移民的教育水平明显上升，职业分布和收入水平也远远优于早期移民，且其中高技术移民比例大大增加，这些均导致了移民空间分布的变化。如人口较多的新兴移民城市圣何塞—桑尼维尔—圣塔克拉拉都市区，目前拥有华人人口174016人，由于该城市位于硅谷，吸引了大量高科技华侨华人来此居住和创业。③

---

① 《盘点中国人获取美国绿卡的八种途径》，华商移民，2014年10月14日，http://www.cbiec.com/meiguoyimin/8740.html，2015年1月27日登录。
② 于琬、李唯、骆克任:《21世纪的美国华人》，载丘进主编，《华侨华人研究报告（2012）》，第55页。
③ 同上，第57—59页。

近年人口空间分布呈现出的第二个趋势是人口的郊区化。[①] 这一趋势出现在1965年之后，一方面，随着大批中国大陆、中国香港和中国台湾地区移民的到来，位于市中心居住空间有限的中国城难以容纳日渐增多的人口。另一方面，对于教育背景良好的高素质移民来说，中国城绝非首选之地。而对那些从中国城开始奋斗并在社会分层的阶梯上向上流动的移民来说，走出中国城本身就是成功的表现。因此，近些年来华人移民逐渐从城市向郊区迁移，在不少大都市郊区形成了华人居住区或多族群居住区。比如洛杉矶地区的圣盖博谷、旧金山湾区及纽约皇后区的拉法盛地区等等。

二、汉民族移民美国的历史分期

从1848年美国加州发现金矿，汉民族首次以较大规模从中国南部越过太平洋到达美国西部，至今已有160多年的历史。在不同的历史发展阶段，汉民族赴美的性质、人口总数、居住模式、职业分布、融入主流社会程度等等均随着国际形势、美国移民政策和中国国情的改变而产生波动。总的来说，历史学家在移民史的分期问题上意见趋于一致，基本上可以将汉民族移民美国的历史分为四个时期，即，自由时期、禁止时期、限制时期和平等时期。

（一）自由时期（1848年至1882年）

该阶段从1848年美国加利福尼亚淘金热开始，到1882年《排华法案》的颁布结束。之所以将该段时期的起点设在1848年，主要原因在于，在此之前赴美的汉民族，只是零星的个体，在很大程度上带有偶然性。严格来说，他们并不是近代意义上的侨民，他们与19世纪中叶之后签订契约大批赴美的华工有本质上的区别。在这一时间段内，美国的边境完全开放，汉民族和来自其他国家的移民一样，可以自由进出。他们为美国西部的矿业开发、铁路修建、农业建设等社会生活各

[①] 美国总体人口的郊区化出现在20世纪50年代。

方面的发展做出了很大的贡献。但是,1870年以后的经济危机连同美国国内种族主义思潮的流行使得西部诸州的华人遭受了种族主义迫害,并最终使排华风气弥漫全国,促成了1882年《排华法案》的通过,美国汉民族移民历史也从此进入了黑暗时期。

19世纪中叶正是国际秩序发生巨大转变的历史阶段,大国角力,新兴国家国力上升迅速,世界格局重组。同时,国际三角贸易发展迅速。这些为汉民族移民海外提供了大的国际背景,汉民族国际移民成为国际劳动力转移中的重要组成部分。

19世纪中叶也是美国西海岸迅速发展崛起的时期,这主要依赖于加利福尼亚地区黄金等多种矿藏的发现。早在1826年,美国的第一批移民车队就来到加利福尼亚,那里的天然良港、茂密的森林、肥沃的农田吸引着广大殖民者。1841年,由查尔斯·威尔克斯(Charles Wilkes)上尉率领的一支科学考察队抵达加利福尼亚,基本确定了当地的黄金矿藏。同年,法国人巴普蒂斯特·鲁勒在洛杉矶县发现了黄金。次年,弗兰西斯科·洛帕泽在圣菲尔南多原野的普莱斯里托峡谷中也发现了黄金。1848年1月24日,也就是墨西哥将加利福尼亚割让给美国的前九天,修车工约翰·马歇尔(John Marshall)在现在萨克拉门托东北35英里的地方检查锯木厂的泄水道时,发现了河水急流冲下来的黄金。① 到当年的12月,已经有许多来自俄勒冈、纽约、新泽西、墨西哥、智利等地的淘金者前往附近地区寻找黄金,而且收获颇丰。自此便开启了长达几十年的淘金浪潮。

与此同时,西方的坚船利炮打破了中国的国门,也打破了几百年来西方人心中中国这一"孔教乌托邦"的形象。马可·波罗为西方带来的关于中国的联想——盛世辉煌、圣人先贤,中国人"极度聪明、持久勤奋、遵守孝道、爱好和平以及坚忍克制"——在19世纪中叶彻底破灭。② 两次鸦片战争迫使中国签订不平等条约,割地赔款。广东地区更是灾难深重,鸦片从广州输入中国市场,毒品泛滥。与此同时,

---

① 陈依范:《美国华人史》,第48—49页。
② 周宁:《孔教乌托邦》,北京:学苑出版社,2004年版,第35页。

英国的纺织品、铁质商品大量流入,严重冲击了广东地区的传统农业和手工业经济。19世纪中叶的中国南部地区,"社会混乱不安,迫使广东人不得不到海外谋生,以赡家活口。当时政治和经济都陷于无政府状态,村民只能担起保卫旧日美好生活的责任,离开他们的双亲、妻儿和亲友。"[①]

在这段时间内,美国的边境完全对外开放,来自中国东南沿海一带的汉民族开始主要以契约华工的身份进入美国。从19世纪40年代一直到20世纪初期,汉移民主要来自广东的"三邑"、"四邑"以及广东其他地区,如花县、三水、四会、清远、中山、梅县、揭阳等地以及香港。1876年,赴美参观的李圭在其《东行日记》中对美国的汉民族有较为详实的记载:

> 美国卡厘方利亚省之三藩谢司戈城,华人因其地产金,称为金山。……计华人在美男女共约十六万名口,居三藩城者约四万人,居卡省别城者约十万人,余皆散处腹地各属。三藩城立有粤人六大会馆,计"三邑会馆"——南海、番禺、顺德,附三水、清远、花县——约一万一千人;"阳和会馆"——香山、东莞、增城、附博罗——约一万二千人;"冈州会馆"——新会、附鹤山、四会——约一万五千人;"宁阳会馆"——新宁,凡余姓人不入——约七万五千人;"合和会馆"——新宁余姓、开平、恩平——约三万五千人;"人和会馆"——新安、归善、嘉应州——约四千人。其不入馆者,别省人及新教徒、优伶共约二千人。……此丙子夏季之数也。[②]

1848年,323名华人乘船来到加利福尼亚,这是最早的汉民族淘金者。早期到达美国的汉民族赴美通常有三种途径,一种是靠自己的积蓄或是家里的钱自费前往美国,此类情况仅发生在19世纪50年代和60年代,且人数较少。第二种途径是通过美国公司的在华劳工经纪人,

---

① 陈翰笙主编:《华工出国史料汇编》(第七辑),第76页。
② 福建师范大学历史系华侨史资料选辑组:《晚清海外笔记选》,北京:海洋出版社,1983年版,第112页。

签订契约，由美国公司垫付劳工的旅费，劳工承诺在某一岗位承担一定时间的劳动，契约期限通常为五至八年。这些契约劳工在1850年之前是赴美汉民族的主体。

契约劳工在出国前便失去了人身自由。在等候登船期间，他们通常被扣押，并有专人武装把守，在此期间的全部食宿费用，计算后均由本人承担。抵美后的工作条件通常非常艰苦，待遇较差。例如路易斯安那州的甘蔗园在招募华工时与华工签订的契约规定：工作时间为日出至日落，其中早饭和午饭共1小时；忙季榨甘蔗时，工人需上夜班，夜班如果超过六小时以上，付50美分；工人还需在雇主家中干家务活。①

第三种途径与第二种途径类似，无力支付现金的汉民族移民由中国商人或外国公司支付船票费用前往美国，之后从出国人的亲属或未来雇主那里取得补偿。通过此种途径赴美的人被称为"赊单工"。"单"指的是船票，沿海的汉民族想要出洋谋生，只能乘船，如果有能力购买船票，则称为"现单"。"赊单"则与"现单"意思刚好相反，如果无力购买船票，可以赊借。赊单船票的价格通常为正常票价的两至三倍，而且每月要付4%—8%的利息，②这些债务在华工到达目的地并找到工作后，将按期从其工资中扣除。赊单工与契约工的区别在于赊单工签订债务契约，而契约工签订劳务契约。两者相比，赊单工到达美国后无须服一定期限的劳务，只要偿还船费及其利息即可，因此较之契约工有较多的人身自由。

赊单制的出现主要源于当时加利福尼亚和美国关系的变化。在契约华工进入今天的美国西部时，加利福尼亚还不是美国的领土。1849年9月，加利福尼亚召开制宪会议，制定州宪法，禁止奴隶制。1850年，继1819年的密苏里妥协案之后，英国国会各代表经过争论，"南北方再次就新加入州是否实行奴隶制的问题达成妥协。根据此次妥协案，加利福尼亚作为自由州加入联邦，但犹他和新墨西哥两个地区向奴隶

---

① 陈依范:《美国华人史》，第36页。
② 梁碧莹:《美国与中国的"苦力"贸易——兼论19世纪中国旅美"苦力"华工》，《中山大学学报（哲学社会科学版）》，1985年第1期，第74页。

制开放。"① 由于契约劳工实为变相的奴隶制，因此美国国会于1862年2月19日通过了《反苦力法》(Anti-Coolie Law)，该法又称《禁止美国公民使用美国船舶从事苦力贸易法案》(An Act to Prohibit the "Coolie Trade" by American Citizens in American Vessels)，下令禁止美国人参加契约工的贸易和载运。② 1868年签订的《蒲安臣条约》也规定美国人不得将中国人勉强带往美国或运于别国，契约制无法再继续实行下去。在此种情况下，赴美国的汉移民才开始出现赊单制这一途径。

早期赴美的中国商人、在美成立的各种会馆以及外国公司承担了在中国招收工人和为工人提供旅费的工作。早期赴美但没有从事矿井开采或铁路修建工作的汉民族，通过开设商店等途径逐渐积累了一部分财富，他们通过设在旧金山的六大会馆（同州、宁阳、三邑、阳和、人和、和合）作为在广州和香港等地招募赊单工的主要机构，借助同乡会，招募工人。③ 应召者多来自潮州、汕头等地区，这些地区"人烟稠密，谋食艰难，贫乏之人，比比皆是"，④ 因此，富余的人口希冀能够通过出洋寻求更好的生存机会。去往美国的赊单工几乎全部从香港出国，因为香港"为中国法令所不能及，缉捕所不能到"，那里"拐骗之徒，寄迹期间，贩人渔利，恣其所为。"⑤ 华工到达美国后，通常也是首先到会馆报到。通过下面一份保存在旧金山市韦尔斯·法戈博物馆里的一份赊单制合同文本，可以看出其运作模式。

英商/华民合同立议约。今有祥胜行，特雇花旗国船，名哑吗三，装运自欲出洋佣工之人，弗兰嘶戈口（即旧金山市），代为寻觅生理，自上海起行，一应伙食、船钞等费，俱系祥胜行东家代为应付。到彼处尚需东家代荐生理。其代付之银，理应归还，俟生理定确，即向本东家预支伙食船钞水脚洋银，每人壹佰贰拾元，交还祥胜行东家

---

① 石毅：《从家长制到自由放任——美国政府种族政策研究》，第85页。
② *12 Stat. 340*, Act of Feburary 19, 1862.
③ 陆国俊：《中国的华侨·美洲》，北京：中国国际广播出版社，2010年版，第25页。
④ 陈翰笙主编：《华工出国史料汇编》（第五辑），北京：中华书局，1984年版，第148—151页。
⑤《总署清档》，同治八年八月十五日两广总督瑞麟咨总署。转引自彭家礼：《历史上的华工出国》，《近代史研究》，1984年第6期，第160页。

亲收。即向该处雇为作工之商议定，每月扣去工金若干，待一切扣清，方照月付银。此系两愿，不得异言。今欲有凭，立此议约，各执一纸为照。①

尽管赊单工的待遇从合同文本上看要比契约工有所改善，但其真正的境遇也与契约工相去不远。赊单工每日的工作时长在10小时以上，工资很少。政府还以各种名目对其征收各种税收。虽然他们不再以服劳役的形式偿还债务，而是以劳动所得工资偿还，但实质上也是一种变相的契约工，只是形式更为隐蔽。赊单制因其为投资者带来的普遍利益而受到美国政府和投资者两方面的认可和支持。

在1868年《蒲安臣条约》签订之前，大约有近35000名华人通过上述几种方式进入美国，其中1854年是华工入美人数最高的年份。1820至1850年期间，总共只有46名华人进入美国，②1853年也只有42名，而到了1854年就突然增加到13000名。他们中的绝大多数是为开掘金矿而来。后来由于矿业衰落，对于矿工的需求量锐减，因此1855年至1865年的十年间每年入美的华人人数也只有几千人不等。③

从1869年开始，赴美的汉民族人口又开始呈较大规模的增长趋势，其主要原因有两点。一是美国对劳工的需求有所改变，二是1868年《蒲安臣条约》的签订。

加州采矿业的飞速发展，使得美国太平洋沿岸的经济迅速崛起，但是，美国西部和中部的山脉和沙漠将东西两岸分割开来，经济的发展开始受到交通条件的制约。修建一条横跨东西两岸的铁路，将加州和当时美国东部这一政治经济中心连接起来，成为当时的第一要务。在这一背景下，1862年7月，国会通过了《太平洋铁路法》(*The Pacific Railroad of 1862*)，授权修建一条东起内布拉斯加，西至加利福尼亚，横贯东西长达2800英里的铁路，从东西两端同时修建。该铁路以犹他州为分界，东段称作联合太平洋铁路，主要由爱尔兰移民进行

---

① 陆国俊：《中国的华侨·美洲》，第26页。
② 参见表4。
③ 参见表4。

修建，西段称作中央太平洋铁路，由于该段铁路通过的地区多为山区、沙漠和高原，原来雇佣的爱尔兰工人工作进程很慢，因此开始大量引入华工，以填补铁路修建中劳动力的严重不足。1864年4000名筑路工人中有3000名是华人，1869年10000名工人中有9000名是华人。① 总的来说，在铁路修建最为关键的1865至1869年间，"中央太平洋铁路公司所雇的全部近万名筑路工人中，华工十居其九。"② 美国国内西部开发过程中对劳动需求的改变，在矿业衰落之后再次吸引了大批汉民族以劳工身份进入美国。

19世纪60年代末期汉民族赴美人口增长的另外一个原因是中美两国《蒲安臣条约》的签订。其实，清政府直到1860年，才开始不得不取消海禁。当年，《北京条约》签订，其续约第五款规定，"戊午年订约互换以后，大清大皇帝允于即日降谕各省督抚大吏，以凡有华民情甘出口，或在英国所属各处，或在外洋别处承工，俱准与英民立约为凭，无论单身或携带家属，一并赴通商各口，下英国船只，毫无禁阻。"③ 这是清政府第一次明令废除海禁。1865年，英法两国公使同总理衙门商讨中国契约劳工出洋办法，次年，英法两国与清政府签订招工章程条约，两国获得了在华招工的合法权利。华工通过合法渠道去往美国，则始于1868年的《蒲安臣条约》（*Burlingame Treaty*）。蒲安臣（Anson Burlingame）于1861年被林肯总统任命为美国驻中国第一任公使，他就任后提出了与中国"合作"的政策，该政策得到英、法、俄等国公使的认可，也获得了清政府尤其是洋务派大臣的信任。1867年，总理衙门因《天津条约》修约在即，急欲遣使出洋通融，而此时蒲安臣刚刚卸任，正准备回国。因为蒲安臣在任期间曾得到清政府的高度认可，于是清政府于1868年2月25日任命他为中国的使节，从上海出发，派赴美国。是年7月，他与美国国务卿西华德签订了《中美天

---

① 李连广：《1848—1882年华人移民美国原因探析》，《黑龙江教育学院学报》，2005年第6期，第96页。

② 郝贵远：《清政府就排华问题与美国的交涉》，载中国美国史研究会：《美国史论文集（1981—1983）》，北京：三联书店，1983年版，第342页。

③ 王铁崖：《中外旧约章汇编》（第一册），第145页。

津条约续约增约》八条，又称《蒲安臣条约》。该条约的目的有两点，一是通过承诺给予入境华工以最惠国待遇，保证美国在中国招募劳工合法化。正因如此，有学者将该条约称为"廉价劳力条约"，① 也被"欢呼为美国外交的胜利"。② 二是扩大同中国的对外贸易，增强美国在华的实力，开拓在中国的市场。条约规定，"双方承认，为进行探索了解、从事贸易或永久定居，两国公民和臣民从一国到另一国自由往来、自由移民"，"大清国与大美国切念人民前往各国或愿常住入籍或随时往来，总听其自便，不得禁阻。"中国人从此开始可以不受任何限制地移民美国。③

由于上述两种因素，自1868年开始，入美华人人数开始有所增加，当年为5157人，到了1869年猛增至12874人，到1882年期间，每年入美人数除个别年份低于1万人，其他年份都在1万人以上，1882年当年入美人数达到39579人（见表4）。

然而，从美国建国之初一直持续到19世纪中叶的奴隶制及其伴随美国历史发展的种族主义、1873年爆发的经济危机、汉民族劳工人数的增多等等因素使得美国西部这一早期汉民族移民的集中地开始出现反华事件，并一路向东延伸，在全国范围引发反华浪潮，最终导致了1882年《排华法案》的出台。

种族主义始终伴随着美国历史的发展，并经历了家长制种族主义、制度化种族主义和自由放任式种族主义三个历史阶段。④ 在汉民族移民抵达美国的初期，即有种族歧视的存在。早期来自中国的淘金者凭借良好的技术、集体的合作和勤俭节约的传统获得了一些财富，也受到白人淘金者的嫉妒。1849年秋，在马瑟卢德南部边界附近的图伦约县发生了美国历史上第一次反华暴乱，为一家英国采矿公司工作的60多

---

① Samuel F. Bemis, *A Diplomatic History of the U.S.*, 5th ed., New York: Holt, Rinehart & Winston, 1965, p. 671.
② John W. Foster, *Exclusion of Chinese Laborers*, 1904. p. 3. 这是福斯特于1902年在美国参议院移民委员会上作证的发言。
③ 《蒲安臣条约》的另外一项重要影响，是清政府自此之后开始更加重视利用双边国际条约要求对方保护华侨的利益。
④ 石毅：《从家长制到自由放任——美国政府种族政策研究》。

名华人矿工被白人矿工赶出了自己的营地。19世纪50年代,加州政府开始采取针对矿工的立法行动。1852年,颁布了《外国矿工执照税法》(*Foreign Miner's License Tax*),向每个外国采矿者每月征收3美元,当时华人矿工每月的收入大约是6美元。一年后,该税收增加至每月4美元。虽然该项税收的征税对象是那些不愿加入美国籍的人,但统计数据显示,到1853年,当地的华人人数开始增加,少于爱尔兰人,多于德国人,而且绝大多数华人选择短暂居留,应此他们成为该项税收的主要纳税者。《外国矿工执照税法》一直执行至1870年才最终被废止。① 此外,华人无论在经济还是社会生活的其他方面均受到近似残暴的待遇。1856年旧金山《沙斯塔共和报》报道称,"在过去的五年中,华人被杀者,不下数百人,伤害华人事件几乎每日都发生"。②

加州的反华浪潮在1869年横跨东西的铁路建成后再次兴起。首先,铁路建成后,原来在铁路公司劳作的华工被全部解雇,他们大量涌入劳动力市场。而铁路的建成也促使东部的劳动者快速奔向西部,在1873至1875年间,铁路就从东部各州带来了262000人,其中希望再次就业的工人达66000人,造成了劳动力市场的饱和。在此种情况下,华人任劳任怨、勤俭节约的传统为他们占得了经济上的优势,这无疑激起了白人的怨恨与不满。几乎与此同时,美国爆发了严重的经济危机。1874年,弗吉尼亚联合银矿和加利福尼亚银矿等银矿的股票市价在几天内暴跌14000万美元,加利福尼亚银行被迫于1875年8月宣布倒闭,旧金山几乎无人能逃脱这场灾难。加州30%的劳动力失业,而此时又恰华人移民到达美国的高峰点,在1870至1875年间,有近8万名华人入境(见表4)。《纽约时报》随即警告说,西部各州正在逐渐沦为"华人的殖民地"。③

对于华人的种族歧视不仅从最初时期就存在,而且在许多地方和州级法律法规和司法判决中都有所规定和体现,内容涉及华人生活的

---

① Ronald Takaki, *Strangers from A Different Shore: A History of Asian Americans*, New York: Back Bay Books, 1989, p. 89.
② 陈依范:《美国华人》,北京:工人出版社,1985年版,第56页。
③ 陈依范:《美国华人》,第169页。

方方面面。

表2　部分地方反华法律法规（1848—1882）

年　份	法律法规及其内容
1852年	福斯特、阿金逊巴、哥伦比亚和其他营地的矿工不准华人采矿。《外国矿工执照税法》向每个外籍工人征税每月3美元（次年增至4美元）。
1855年	对没有资格加入美国籍的侨民每人征收50美元人头税。
1860年	华人儿童不准进入普通中小学。1866年以后如果白人家长不反对，华人儿童方可入学。华人不得在旧金山市立医院就医。
1870年	旧金山禁止雇佣华人从事市政工作。城市法禁止华人挑担售菜。
1873年	旧金山对依靠肩挑运送衣物的洗衣店每季度征税15美元，而用马车运送衣物的只需交2美元。
1873—1875年	旧金山通过多种法令，禁止举行仪式时燃放鞭炮和使用中国铜锣。
1875年	旧金山的《反蓄辫法》命令所有被捕华人剪去辫子。旧金山规定，公寓住宅必须具有500立方英尺的空间。
1880年	旧金山通过《反熨烫法》，旨在关闭华人夜间洗衣房。
1882年	旧金山《新洗衣房许可法》要求大部分华人设备必须领取牌照。

资料来源：陈依范：《美国华人史》，北京：世界知识出版社，1987年版，第172—173页。

表3　部分州级反华法律法规与司法判决（1848—1882）

年　份	法律法规、司法判决及其内容
1850年	《外籍旷工税则》旨在把华人挤出矿区，征收的税额从每人每月3美元至20美元不等。
1852年	《保金法》规定，所有抵埠的华人必须缴纳500元的保金。
1854年	加州最高法院判定，华人无权在法庭上做不利于白人的证明。
1855年	人头税规定，托运人必须为其带到美国的每个华人缴纳50美元税款。加州立法机关将一条现行法律——禁止印第安人与黑人在法庭上就涉及白人的案件作证——扩大到华人。

续表

年 份	法律法规、司法判决及其内容
1858年	《限制华人与蒙古族人进一步移民法》禁止华人入境。
1860年	对华人捕鱼征收捕捞税。
1870年	《禁止非法诱拐与引入蒙古、中国、日本妇女法》，禁止没有特殊身份证的华人妇女入境。 《禁止引入中国罪犯法》禁止华人男子入境，除非此人被证明品德良好。华人在加州不得拥有土地。
1875年	限制华人捕虾尺寸大小的法律，捕虾量下降。 《佩奇法》（*Page Law*）禁止来自中国、日本、蒙古的契约劳工、妓女和重罪犯进入美国。
1879年	加州宪法禁止各公司和市政机关雇佣华人，授权各市把华人迁徙到特定的地区去。
1880年	《渔业法》禁止华人从事任何渔业。 《禁止向华侨颁发执照法》剥夺了华人的营业执照和从业执照。
1882年	为了便于公众举行发话示威，加州立法机关宣布了法定假日。

资料来源：

1. 陈依范：《美国华人史》，北京：世界知识出版社，1987年版，第173—174页。

2. 赵小建：《重建家园：动荡中的美国华人社会（1940—1965）》，上海：复旦大学出版社，2006年版，第4页。

这些法律法规从方方面面体现出了对华人的种族歧视，大大限制了华人在美国的发展，也为联邦政府出台全国性排华法案奠定了基础。

1882年，美国国会受理了共和党参议员约翰·米勒（John F. Miller）提交的《排华法案》。经过支持与反对两方的辩论后，最终排华主义者在种族主义强大的社会舆论攻势帮助下，以29票对15票的优势，获得了胜利。1882年5月6日，美国国会通过了历史上第一个限制外来移民的法案《关于执行有关华人条约诸规定的法律》（*An Act to Execute Certain Treaty Stipulations Relating to Chinese*），即通常所说的1882年《排华法案》（*Chinese Exclusion Act*）。至此，汉民族自由移民美国的时期彻底结束。

（二）禁止时期（1882年至1943年）

1882年的《排华法案》开启了汉民族移民美国的第二个时期，自此之后的六十多年间，华工均不准赴美，那些已经在美国西部的华工，也只有选择回国，或被迫迁往旧金山等大城市，或移居到东部歧视稍少一些的地区生存，如纽约、芝加哥、波士顿等，并在那里建立起与外界隔离的华人社区，开始从事以餐饮和洗衣为主的服务业。他们无法与太平洋彼岸的家人团聚，在社会生活的各个方面均受到歧视和压迫。此种情势一直到二战期间中美成为盟国，美国国会于1943年通过《排华法案》废止议案才告结束。

1882年的《排华法案》规定，包括技术工人、非技术工人和矿工在内的华工十年不得进入美国。如有船私运华工入境，每私运一名华工，船主将被处于最高五百美元的罚款，或处最高一年的监禁。工人以外的中国人入境，需持有中国政府英文证件，并说明依约有权进入美国。此法案通过后，凡非法入境的华人，将以美国法院的裁判驱逐出境。1880年11月17日前既居美国并获得海关证明文件的华工，暂时出境后，准予重入美国。此外，该法案还规定，联邦法院或州法院均不得准许华人归化为美国公民。

该法案史美国历史上第一个禁止自由移民的重要法案，也是在未与清政府协商的情况下单方面制定的移民政策，华人由此成为不得向美国自由移民的唯一的族群。美国从建国之初就奉行自由移民政策，对于中国移民而言，当时尚且还有《蒲安臣条约》保证中国移民可以不受限制，该法案无疑是对美国自由移民政策的否定，也是对具有国际公法效力的《蒲安臣条约》的践踏。

自1882年之后，《排华法案》经过多次增修，仅在1882年至1903年期间，限制华人的"禁例"就从15项增加到61项。[①] 1884年，《亨利法》在参众两院获得通过，并由总统签署生效。该法案扩大了1882年法案的范围，规定华人不管来自世界上任何地方均算作中国人，无

---

① 黄绍湘：《美国通史简编》，北京：人民出版社，1979年版，第336页。

论是生长在中国本土还是其他国家,都在被限制之列。华工的定义也有所扩大,包括小贩、洗衣工、渔捞作业者等。1888年,补充法案规定,华工出境,须有妻子、儿女、父母在美,或价值1000美元的资产,才能向海关获得一年内重入美国的证件。1888年通过的《斯格特法案》(Scott Act)将禁令扩大到当时离境不在美国的华人,按其规定,华工出境后,不管有无回美证件,均不得回美。① 由此使得20000名已返回中国以及600余名正在返美途中的华工失去了回到美国的机会。② 自此之后在美华工无法回国探亲。该法案还规定,非华工离美后返美,必须从出境港入境,否则被视为非法。1892年,国会通过季李法案(Geary Act),该法案将1882年的《排华法案》延长十年,剥夺华人"人身保护权",在美华工一年内必须登记,并持有居住证,否则驱逐出境。③ 1893年《麦克里里修正案》(McCreary Amendment)规定,华工登记期限延长六个月,禁止保释驱逐出境的华人等等。1902年,国会通过法案,将排华期再次延长十年。④ 1904年,又一法案出台,规定从此《排华法案》无限期延长,并且禁止华工从夏威夷、菲律宾等美属岛屿到美国。⑤

19世纪末期开始的一系列排华法案确实达到了法案制定者的目的,入美华人人数急剧减少。在1882年《排华法案》正式成为法律之前,入美华人人数达到高峰,当年入境华人人数达到39579人,随即降至1887年的历史最低点,当年入境华人共计10人。在1943年之前,每年入美华人人数从几十人至几千人不等,最高为1924年,当年入境华人人数为6992人。在此期间,被迫离开西部以及美国的华工人数甚巨。仅从1882年8月到1885年7月的三年里,被迫离开加州以及死亡的华工就达50174人。⑥

在此禁止时期,美国移民机构加紧了对新入境华人身份的审查。

---

① 25 Stat. 504, Act of Oct. 1, 1888.
② 沈已尧:《海外排华百年史》,北京:中国社会科学出版社,1985年版,第25页。
③ 27 Stat. 25, Act of May 5, 1892.
④ 32 Stat. 176, Act of April 29, 1902.
⑤ 33 Stat. 428, Act of April 27, 1904.
⑥ 李长久、施鲁佳:《中美关系200年》,北京:新华出版社,1984年版,第42页。

建于1910年的旧金山海湾天使岛从其作为移民过境站开放开始的30年间（1910年1月21日至1940年11月5日），共接待约17.5万名抵美华人。[①] 作为移民检查站和拘留所，关押过成百上千名等待医疗检查或移民文件审查结果的华人。在20世纪最初的25年里，有四分之一的移民从此处获准上岸，有的移民在岛上被困达几年之久。许多华人被迫自杀。有华人学者在此自杀前曾在该检查站的棚屋墙上题诗，以表无奈与辛酸：

为乜来由要坐监？
只缘国弱与家贫。
椿萱倚门无消息，
妻儿拥被叹孤单。
纵然批准能上埠，
何日满载返唐山？
自古出门多变贱。
从来征战几人还？[②]

而对于在此期间留在美国的华人来说，受到的待遇并没有因为入境华人数量减少而有所改善。美国各地的反华事件仍时有发生。1885年9月，在怀俄明矿区小镇石泉镇（Rock Springs），有28名华人被屠杀，11人活活烧死在他们的住处，许多受伤的人被赶出家门。同月，一些白人及两名印第安人在西雅图以东的伊萨夸袭击了一个有35名华人的营地，3人被杀，2人被打伤。11月，塔科马的一伙暴徒将当地700名华人赶上运货马车，驱赶至旷野，时值寒冬，有2人被冻死。此事件发生后，150名华人选择逃离西雅图，前往旧金山。不久之后，又

[①] 令狐萍：《19世纪中国妇女移民美国动机初探》，《美国研究》，1999年第1期，第115页。
[②] 麦礼谦、林小琴、杨碧芳：《埃仑诗集》。转引自陈依范：《美国华人史》，第233页。《埃仑诗集》是当时被扣押在天使岛上的一些华人移民用刀刻或用墨写在木板壁上或帆布床上的作品，后经传抄和报刊发表。从1975年起，由曾经被关押在天使岛的移民后裔麦礼谦（Him Mark Lai）、林小琴（Genny Lim）、杨碧芳（Judy Yung）根据不同的版本整理，然后翻译成英文，以中英对照形式出版。

有350名华人被赶出西雅图。1886年,"把华人赶出去"的联合运动蔓延至几十个城市。1887年,在华盛顿州东部,37名华人矿工在斯内克河上惨遭屠杀。

经过二十年的排华时期,到1910年,在美华人人数只有9万多人,男女比例为26∶1,[①]严重失衡,难以组成家庭,因此在此禁止期间,在美华人的人口自然增长率也很低。

随着20世纪的到来,留在美国的华人职业发生了较大变化,采矿和铁路修建已不再是华人的主要职业。早在《排华法案》实施之前,华人的职业已经出现了多元化的端倪,他们开始从事农业、渔业、纺织业、服装工业以及餐饮、洗衣等服务行业。到了20世纪初期,更多的华人进入商界,逐渐改变了华人社区和唐人街的形象。此时,华人大多选择洗衣业,因为开办洗衣房花费较少,也可以不依附于他人。1920年,美国约有30%的华人从事洗衣业。在纽约市,37.5%的华人从事该行业。[②] 与此同时,在美的华人社区逐渐发展起来,华人开始发展自己的社团、创办中文报纸,支持国内的革命活动,二战时参加反法西斯活动。这些变化在美国社会中逐渐形成了一股重要的力量,推动着社会变革,使排华政策慢慢走向终结。

无论对于美国历史还是世界历史,20世纪的上半叶都是一个重要的转型期。在美国国内,30年代是整个20世纪美国政治史上最为重要的一个时期,被称为继独立战争和内战之后的"第三次美国革命",[③] 三权分立政治制度中的权力关系、社会意识形态都在向一个新的阶段转变。进步主义的社会改革运动为现代美国制度和总统权力的扩大奠定了基础,从根本上缓和了资本主义工业化和城市化发展进程中的激烈矛盾,有利于有色人种政治、经济和社会处境的改善;大萧条和新政的实施也使政府的社会改革意识逐渐增强,反映到种族政策上,就是联邦政府被赋予了更多的责任和义务。

---

① 陈依范:《美国华人史》,第243页。
② 同上书,第245页。
③ Carl Degler, *Out of Our Past: The Forces That Shaped Modern America*, New York: Harper, 1959, p. 379.

国际上，两次世界大战之后老殖民帝国土崩瓦解、以美国及苏联为首形成资本主义与社会主义两大阵营的对峙、美苏全球霸权的建立，这一切不断促使旧的世界体系走向瓦解，新的世界体系正在形成。在这样一个特殊的时代，美国国内的种族政策不可避免也要进行转型。

此外，1941年美国参战之后，国内的新闻界及政府宣传均将其定位为一场反对德国纳粹种族主义的正义之战，是民主制对种族主义的战争。在政府的宣传中也加强了对有色人种及其他少数群体的关照，这使种族主义理论在国内日暮途穷，遭到越来越多人的摒弃。①

与此同时，中国国内由孙中山领导的辛亥革命推翻了清王朝的封建统治，创立了国民党。在二战中，中国共产党和蒋介石领导的国民党建立了统一战线，成功地抵抗了日本法西斯的侵略，实现了自救。中国成为美国的盟友，美国人对日军的评价也让他们重新认识中国人。支持国民党的美国人做出了这样的分析：如果日军是如此强大的敌人，那么自1937年以来就一直遭受日军最疯狂进攻的中国人，一定比他们先前认为的要坚强得多。② 中国人自此开始不再被看成是"劣等民族"。

在此种背景之下，众议院于1942年提出了一项废除《排华法案》的提案。同年5月，"废止排华公民委员会"（Citizens Committee to Repeal Chinese Exclusion，简称CCRCE）成立，得到了包括同源会、中华会所、纽约衣馆联合会、纽约中国妇女协会等华人社团以及美国劳联下属的国际妇女服装工人联合会、美国退伍军人协会等诸多社会团体的支持。罗斯福总统也在10月11日向国会发出咨文，提请废除该项法案，咨文中提出，应"许可中国人移居我国，并允许这里的中国居民成为美国公民。我认为，这一立法对于打赢这场战争和建立巩固和平的事业是重要的。"③ 他希望通过这种方式来支持美国公众希望和中国进行更多合作的要求。罗斯福政府毫不回避地说，中国作为美国

---

① 石毅：《从家长制到自由放任——美国政府种族政策研究》，第131—144页。
② [美]T.克里斯托弗·杰斯普森：《美国的中国形象（1931—1949）》，姜智芹译，南京：江苏人民出版社，2010年版，第73页。
③ 朱杰勤主编：《美国华侨史》，广州：广东高等教育出版社，1989年版，第269页。

的盟友,仍被禁止移民美国,这对中国来说是一种侮辱。废止《排华法案》不仅能够让美国"改正她所犯的一个历史性错误",也能"让日本扭曲事实的宣传机器闭嘴。"① 实际上,废除《排华法案》的压力早在宋美龄成功访美的那一年就开始了。美国国务卿康德尔·赫尔1943年6月和宋子文谈话时,就解释说国会当年通过《排华法案》是出于回应西方一些国家和地区对中国劳工输入的恐惧。提案在参众两院通过后,于12月17日获罗斯福总统的批准。虽然新的条例每年只允许105名中国人进入美国,但正如罗斯福在宣布废除该法案时所说的,这一变化象征着中美之间美好的感情以及美国对中国的好感。②

(三)限制时期(1943年至1965年)

该阶段是汉民族可以在规定的配额内有限制地移民美国的时期,同时也是汉民族开始逐渐融入美国主流社会的阶段。虽然1943年之后美国的汉民族境遇有所好转,但总的来说,美国社会的种族偏见和种族歧视依旧存在,汉民族移民依旧无法与欧洲移民一样享有同等的移民权利和公民权利。直到1965年美国新移民法的出台,美国政府才开始在移民政策的制定过程中摒弃种族主义倾向。

1943年美国国会通过了《排华法案》废止议案,也称《麦格努森法案》(Magnuson Act),该法案废止了已实行61年的《排华法案》,华人移民美国从此得以合法化。它对华人入境、归化作了具体的规定,其基本理念和具体规定可以追溯到20世纪20年代初。

一战使美国成为世界强国,一战的战火以及战后的苏联十月革命又将大批东欧和南欧国家的居民驱向美国,由此改变了美国的人口结构,结束了持续100多年的人口成分较为单一的盎格鲁—萨克森一致性

---

① Message of the President, October 11, 1943, in Fred W. Riggs, *Pressures on Congress: A Study of the Repeal of Chinese Exclusion*, New York: Columbia University Press, 1950, p. 211.
② [美] T. 克里斯托弗·杰斯普森:《美国的中国形象(1931—1949)》,第134页。

阶段，① 尽管来自西欧和北欧的白人移民仍是移民人口的绝大多数，但大量来自东欧和南欧的新移民促使美国政府开始对开放的移民政策进行调整。② 1921年，国会通过了国籍配额法案（The Emergency Quota Act），③ 对来自世界各国的移民数量进行了规定，每年各国移民美国人口数量总计为357803人，与1920年805228人的入境人数相比大大减少。各国所得名额按照1910年时该国在美人数的3%为比例而定。该法案的直接目的是限制来自东欧和南欧地区的移民。④ 尽管该法案项下有诸多人口无须遵照配额，比如专业技术人员、来自拉美地区的移民、与美国签有相关双边协议国家的移民等等，但该法案的通过确实大大减少了美国的移民人口，尤其是新移民的数量。

1924年，柯立芝总统签署的一项新的配额法（The Immigration Act of 1924）取代了1921年的国籍配额法案，该法案又称《约翰逊—里德法案》（Johnson-Reed Act），是对1921年国籍配额法的修改。该法案将各国所获得的移民配额比例下降至2%，计算基数为1890年该国在美人数。该法案的主要目的包括：减少各国移民总额，尤其是减少来自东南欧各国的移民数量；保证来自西欧和北欧国家移民的数量；给东方国家一个象征性的定额。对于中国来说，之所以称其为象征性定额，是因为虽然中国获得了105个移民名额，但由于《排华法案》仍旧有效，

---

① 美国社会学家弥尔顿·戈登曾提出美国种族与民族关系发展的三阶段论，在社会学界引起了极大关注。他在1964年出版的《美国人生活中的同化》一书中将美国种族与民族关系的发展分为三个阶段，即盎格鲁—萨克森一致性阶段（Anglo-Saxon conformity）、熔炉阶段（melting-pot）和文化多元主义阶段（Cultural Pluralism）。这三个阶段既归纳总结了美国种族与民族关系发展的过程，同时也是美国政府在不同阶段处理种族与民族关系的社会目标。参见Milton M. Gordon, *Assimilation in American Life*, New York: Oxford University Press, 1964.

② 在美国的移民史上，老移民是指在20世纪初期之前的移民，他们主要来自英国，大多是受到宗教及政治迫害而逃亡的新教徒和一些破产的英国农民，他们被称为WASP，即盎格鲁—萨克森的白人新教徒；新移民是指19世纪末、20世纪初主要由于战争原因从东欧和南欧来美国的移民，主要包括波兰人、意大利人、希腊人和斯洛伐克人，也有部分犹太人和爱尔兰的城市居民。他们多为天主教徒，但也有来自中欧、东欧的近75万新教徒。

③ 该法案也称作《1921年紧急移民法案》（The Emergency Immigration Act of 1921）、《1921年移民限制法案》（The Immigration Restriction Act of 1921）、《百分比法》（The Per Centum Law）以及《约翰逊配额法》（The Johnson Quota Act）。

④ Robert K. Murray, *The 103rd Ballot: Democrats and the Disaster in Madison Square Garden*, New York: Harper & Row, 1976, p. 7.

因此根本不可能获得实施。总的来说，1921年和1924年的配额法案旨在应对一战后美国人口结构的改变，以保证美国社会和文化的同质性。尽管国会在制定配额法案时并未打算将其作为永久性的政策规定，但该法案在美国移民政策的发展历史上却是一个重要转折点。[①] 1943年的对华人移民政策也是以此为基础。

1943年的《麦格努森法案》法案规定，配额制度适用于中国移民。此后中国人（Chinese race）每年可有105名移民名额，不管来自世界上任何地方的中国人在申请移民美国时都可使用，其中75%分配给来自中国的中国人，25%分配给来自世界各地的海外中国人。只要有一半中国血统者均在此列。凡在1924年7月1日以前入境者，均可申请美国国籍。凡在1924年7月1日以后入境者，一律视为暂居居民，需通过一定手续，取得永久居留权，方可申请入籍。

《麦格努森法案》的通过对于汉民族移民美国来说，无疑是在禁闭了61年后打开了方便之门，是美国对华移民政策史上的重要时刻，但与此同时，该法案对于中国移民仍然采取较为严格的限制措施，其中也仍然隐含着遗留的种族主义色彩。

首先，该法案将中国人作为一个种族来定义，而非以国籍来定义，如此一来大大减少了移民数量。其次，每年105人的数量相较于欧洲国家来说严重偏低。以1890年的人口统计数据为例，当年在美华人总数为107488人，根据1924年的配额法案，中国每年移民应为1890年人口数量的2%，所以法定可移民人数应在每年2150人。更具讽刺意味的是，1952年美国国会在"中国"一项下，又给予在中国出生的外国人每年100多名的移民份额。如此一来，移美名额中便包含了两种标准，一种是给全世界华人的，一种是给在中国的外国人的，这两种不同的标准后面，是对于华人的种族歧视。此外，《麦格努森法案》仍不承认华人在美财产所有权，至此，华人在美国仍然没有获得平等地位。

1943年之后，美国又陆续通过了一系列法案，对此后二十多年的汉民族移民美国产生了一些影响。1945年底，国会通过《战时新娘法

[①] John Higham, *Strangers in the Land*, New York: Atheneaum, 1963, p. 311.

案》(The War Bride Act),准许美国军人的外籍妻子可以不占用配额移民美国,[①] 由于该法规定与退伍军人结婚的外籍配偶入境权不受结婚日期的限制,这使得来自欧洲、亚洲等地区119693名美国军人的配偶和子女移民美国,数以千计的华人妇女得以入美与他们的丈夫团聚。[②] 1946年,国会又通过了《军人未婚配偶法案》(The G. I. Fiancée Acts),容许美国军人的未婚妻或未婚夫无须占用配额移民入美。[③] 一些华裔军人或退伍军人借助该法案,回到中国找合适的人选结婚。因此在接下来的几年中,以美国军人妻子资格入美的华人妇女人数增长较快,从1945年至1948年共超过6000人。[④] 1946年国会还通过《八月九日法案》,规定美国公民的华人妻子不受名额限制。[⑤] 1848年,颁布《战时失所者法案》(The Displaced Persons Act),使得华人留学生、探亲者和海员获得美国的永久居留权,该类移民人数在1949年至1954年间达到3465人。

20世纪50年代,美国的移民法作了适当的调整,相比而言变得更为宽松。1952年,国会通过《麦卡伦—沃尔特法案》(The McCarren-Walters Act)。该法案统一和整理了有关移民美国问题的所有法律;允许家庭团圆;允许美国所需要的技术人员移民入境,并提供了对美国国内劳动力的保护。此外,它还规定了各国的移民限额,准许西半球国家向美移民可以不受名额限制。同时也规定亚洲移民后裔,包括华人,其家眷可以免占用配额入美。该项法案实施之后,国会也取消了拘留华人在移民局候审的政策,将审查权限移至美国驻华领事馆。1952年的《麦卡伦—沃尔特法案》是自20年代配额法案后又一重要的移民法案。其基本原则虽然仍以配额制度为根本,但它确立了一项对于美国社会经济发展更为重要的原则,即由美国来挑选他所需要的移民,专业人才、科学技术工作者等等成为美国选择移民的优先对象。

---

① 59 Stat. 659, Act of Dec. 28, 1945.
② 美国移民规划局年度报告1950年。《战时新娘法案》于1948年12月28日失效,该报告中的统计为1945年至1950年间的数据。
③ 60 Stat. 339, Act of June 29, 1946.
④ 沈已尧:《海外排华百年史》,第29页。
⑤ 60 Stat. 975, Act of Aug. 9, 1946.

此后，华人移民入美人数又有所增加。1953年，国会颁布《难民救济法案》(*The Refugee Relief Act*)，允许214000名难民移民美国，包括华人，因之又有2777名华人获准进入。此外，2000名来自台湾的华人也取得了赴美签证。1955年，美国驻香港领事馆提出，美国国内有大量非法移民，其中一些可能是共产党渗透分子。作为对此事的回应，联邦政府决定就此问题召开听证会，要求此类人口提供证据，表明真正居留身份，如果"供证"获得接受，则可改变身份，继续居留。1957年，国会通过法案，对曾以欺骗、假冒等手段取得赴美签证华人的待遇进行规定，如其配偶、父母或子女中有一人为美国公民或永久居民，该人可免于驱逐出境。①

这一系列法案颁布实施之后，入境华人人口逐渐增加，从1944年的50人，逐渐增加到1948年的7203人。此后，由于冷战的关系，华人入美人数有所下降，在1951至1955年期间，基本维持在每年500人以下的规模，之后略有上升，基本在每年1000余人（见表4）。在这一阶段，在美华人归化入籍人数也稳步增加。1937年至1942年年间，每年约有38名华人归化入籍，他们均是已经获得公民身份的华人夫妇在中国出生的子女。1943年至1949年年间，这一数字上升到每年几百人，多则927人（1949年），少则497人（1946年）。②

在这一阶段，移民美国汉民族的一个重要变化是妇女和儿童人数的增加，以及由之而产生的男女比例的变化。二战之前美国华人社会中男性人数远远超过女性人数，1940年男女比率为2.85∶1，③ 在40年代，尤其是二战期间一系列移民法律的通过和执行使许多汉民族妇女有机会移民美国。单单《战时新娘法案》就使5132名中国妇女获准入境，④ 从1947年至1950年，又有2317名中国妇女通过《美国公民外籍妻子

---

① 沈已尧：《海外排华百年史》，第29页；陈依范：《美国华人史》，第258—259页。

② U.S. Department of Justice, *Annual Report of the Immigration and Naturalization Service, 1946*, Philadelphia: Immigration and Naturalization Service; U.S. Department of Justice, *Annual Report of the Immigration and Naturalization Service, 1949*, Philadelphia: Immigration and Naturalization Service.

③ 赵小建：《重建家园：动荡中的美国华人社会（1940—1965）》，第53页。

④ U.S. Bureau of Immigration, *Annual Report of the Commissioner General of Immigration to the Secretary of Labor, 1940—1950*, Washington, D. C.: U. S. Government Printing Office.

法》获准入境。① 大量女性人口的到来逐渐改变了美国华人社会长期以来男女比例失衡的情况，1950年在美华人男女比例额为1.8∶1，1960年为1.3∶1，1970年以后达到1.1∶1。② 妇女的到来同时也使在美华人的家庭生活趋于正常，因此，可以说华人女性移民的到来开启了美国华人社会历史新的一页。

在此阶段，汉民族移民的教育背景和职业分布较之以往也发生了较大变化。专业技术人员开始增多。1940年，在美国的汉民族移民中此类人才约有900人，到了1950年，这一数字增加到3500人，华人职员等白领工人也增至15400人。③

20世纪五六十年代，国际形势和美国国内的种族关系再次发生巨大变化。从国际背景方面来看，二战结束，冷战开始，美苏两大霸权在经济、军事、太空、民用、意识形态等等方面都在进行激烈的竞争。对于美国来说，原有的移民政策虽然允许美国挑选专业人才，尤其是科技人才，然而其数量仍然不够。与此同时，在意识形态方面的竞争也使得美国必须考虑移民政策中的人道主义因素。移民来到美国，理应可以接纳自己的父母妻儿来美团聚。

从美国国内形势来看，20世纪五六十年代，美国的黑人民权运动如火如荼。有社会学家认为，在像美国和南非这样种族传统得到严格遵守的国家中，比较容易出现各种各样的社会运动，以寻求结构性变革。④ 美国这场发生在20世纪中期的社会运动在美国乃至世界上

---

① U.S. Department of Justice, *Annual Report of the Immigration and Naturalization Service, 1947—1950*, Philadelphia: Immigration and Naturalization Service.

② Jan Lin, *Reconstructing Chinatown: Ethnic Enclave, Global Change*, Minneapolis: University of Minnesota Press, 1998, p. 26.

③ Betty Lee Sung, *A Survey of Chinese-America Manpower and Employment*, New York: The Prague Press, 1976, p. 79.

④ 该论点的倡导者迈克弗森认为，种族传统可分为两种——得到严格遵守的种族传统（rigid racial tradition）和较为松散的种族传统（flexible racial tradition），美国和南非的情况均属前者。通常说来，在种族传统得到严格遵守的国家中，种族集团是以祖先来划分的，外貌特征在种族划分过程中的作用相对较小，而非先赋性特征（如阶级属性、文化背景等）则根本不起任何作用。经济、政治和社会地位的划分也都以种族为界限，不同种族间的混血后代也均与有色人种的地位完全相同。参见Hazel M. McFerson, "'Racial Tradition' and Comparative Political Analysis: Notes Toward a Theoretical Framework", *Ethnic and Racial Studies*, Vol. 2, No. 4, 1979, pp. 477-497.

引起的震动都是巨大的，无怪乎有学者将其称之为"美国的第二次重建"。① 争取种族平等的社会运动对政府移民政策的转变起到了重要的推动作用。

在这一过程中，美国三权分立中的行政层面也为新的移民政策的制定起到了重要的历史作用。尤其是肯尼迪和约翰逊两位总统，在他们执政期间，最高法院做出了多项旨在建立种族平等制度的判决，国会和总统本人也颁布、签署了多项维护非白人种族各项权利的民权法案和总统行政命令，因此学者们将这两位总统连同林肯总统称为"为争取黑人平等权利进行不懈斗争的三位总统"。② 肯尼迪与约翰逊均属于主动型总统，③ 他们对寻求种族平等权利方面显示出很大的热情，对实现种族平等的多元社会的未来乐观而又充满信心，在时机适宜的时候，能够与外界环境相配合，主动采取行动，改善不同种族之间的关系，制定种族关系的新契约。总的来说，20世纪直到民权运动结束之时，美国民众对华人问题仍持保守态度，国会在很多时候也试图维护原有的种族关系和政策。在这样的大环境下，肯尼迪和约翰逊总统个人的性格、勇气、信念和决心无疑也是促使两届政府积极、开明的移

---

① Carl M. Brauer, *John F. Kennedy and the Second Reconstruction*, New York: Columbia University Press, 1977; Lawrence D. Bobo & Ryan A. Smith, "From Jim Crow Racism to Laissez-Faire Racism: The Transformation of Racial Attitudes" in Wendy F. Katkin et al. eds. *Beyond Pluralism: The Conception of Groups and Group Identities in America*, Urbaba & Chicago: University of Illinois Press, 1998, pp. 183-220.

② Russell L. Riley, *The Presidency and the Politics of Race Inequality*, New York: Columbia University Press, 1999, p. 128.

③ 有学者曾根据现代心理分析学对个体性格的研究将美国的总统分为四种类型：主动—肯定型、主动—否定型、被动—肯定型和被动—否定型。主动—肯定型的总统希望能够改造世界，他们热情开朗，乐观豁达，始终以一种快乐的情绪管理着国家，杰斐逊、富兰克林·罗斯福和肯尼迪都属于此种类型；主动—否定型总统同样希望有所作为，但他们性格内向，容易悲观、焦虑，很多时候他们的行为更像是在跟自己较劲，亚当斯、威尔逊和林登·约翰逊均属此列；与两种主动型的性格相比，被动型总统倾向于满足维持现状。被动—肯定型的总统在政治上没有多少雄心壮志，但他们性格随和，善于与他人合作，以此也可以获得民众的爱戴，这一类型的总统比较容易化解政治上的争端，美国历史上这样的总统有麦迪逊、塔夫特、哈定等；被动—否定型的总统或许能够胜任其他方面的工作，但在政治方面却缺乏一个合格领导人的经验和天赋，因此时在一些尖锐的政治问题面前束手无措，美国的第一位总统华盛顿就属此列。对于美国总统性格的分类及其详细分析论述请参见James D. Barber, *The Presidential Character: Predicting Performance in the White House*, Englewood Cliffs, New Jersey: Prentice-Hall, 1985。

民政策得以建立的重要因素。[①]

在各种动因的合力作用下，1965年10月3日约翰逊总统在纽约港口自由女神像下签署了《移民与国籍修正法案》(The Immigration and Nationality Act of 1965)。1965年的新移民法是美国移民历史发展进程中重要的里程碑，该法案将世界各国，无论国家大小、强弱，无论来自何种种族，一律平等对待，汉民族移民美国及其在美国的发展历史也从此进入了一个崭新的阶段。

表4　华人入美人数统计，1820—1962

年份	人数	年份	人数	年份	人数
1962	1356	1912	1765	1862	3633
1961	900	1911	1460	1861	7518
1960	1380				
1959	1702	1910	1968	1860	5467
1958	1143	1909	1943	1859	3457
		1908	1397	1858	5128
1957	2098	1907	961	1857	5944
1956	1386	1906	1544	1856	4733
1955	568	1905	2166	1855	3526
1954	254	1904	4309	1854	13100
1953	528	1903	2209	1853	42
1952	263	1902	1649	1852	—
1951	335	1901	2459	1851	—
1950	1280	1900	1247	1850	3
1949	3415	1899	1660	1849	3

[①]　其中他们的家庭背景、个性、周围的政治人物等等都会对总统的政治性格产生一定程度的影响。关于肯尼迪总统个人因素的详细分析请参见王波：《肯尼迪总统的黑人民权政策研究》，上海：上海人民出版社，2002年版。

续表

年份	人数	年份	人数	年份	人数
1948	7203	1898	2071	1848	—
1947	3191	1897	3363	1847	4
1946	252	1896	1441	1846	7
1945	71	1895	539	1845	6
1944	50	1894	1170	1844	3
1943	65	1893	472	1843	3
1942	179	1892	—	1842	4
1941	1003	1891	2836	1841	2
1940	643	1890	1716	1840	—
1939	642	1889	118	1839	—
1938	613	1888	26	1838	—
1937	293	1887	10	1837	—
1936	273	1886	40	1836	—
1935	229	1885	22	1835	8
1934	187	1884	279	1834	—
1933	148	1883	8031	1833	—
1932	750	1882	39579	1832	—
1931	1150	1881	11890	1831	—
1930	1589	1880	5802	1830	—
1929	1446	1879	9604	1829	1
1928	1320	1878	8992	1828	—
1927	1471	1877	10594	1827	—
1926	1751	1876	22781	1826	—
1925	1937	1875	16437	1825	1

续表

年份	人数	年份	人数	年份	人数
1924	6992	1874	13776	1824	—
1923	4986	1873	20292	1823	—
1922	4406	1872	7788	1822	
1921	4009	1871	7135	1821	—
1920	2330	1870	15740	1820	1
1919	1964	1869	12874		
1918	1795	1868	5157		
1917	2237	1867	3863		
1916	2460	1866	2385		
1915	2660	1865	2942		
1914	2502	1864	2975		
1913	2105	1863	7214		

资料来源：1. 沈已尧：《海外排华百年史》，北京：中国社会科学出版社，1985年版，第35—36页。

（四）平等时期（1965年至今）

1965年是当代美国移民历史上具有标志性的一年。该年美国颁布了《移民与国籍修正法案》，彻底改革了旧有的移民法，因此被认为是"自1924年移民法以来，美国移民政策最重大、最重要法律文件"。[1] 它以约翰逊总统向众议院提出的2580号法案为基础，是对1952年《移民国籍法》的修订，因此也叫做《补充移民国籍法案》（Amendment to the Immigration and Nationality Act）。它于1965年12月1日开始分期实施，经过三年的过渡时期，于1968年7月1日开始全部推行。[2]

《移民与国籍修正法案》要旨有四，一是取消移民过程中的种族主

---

[1] Franklin Odo, *The Columbia Documentary History of the Asian American Experience*, New York: Columbia University Press, 2002, p. 351.

[2] 沈已尧：《海外排华百年史》，第32页。

义因素，禁止任何政府官员以国籍、种族和宗教为由歧视移民。每年给予全球各国移民美国总额29万名，其中东半球占12万名，西半球17万名。给予每个移民输出国每年2万个移民名额。二是更多考虑人道主义的因素，支持移民家庭团聚，此类依亲类移民占移民总数的限额为80%，而美国公民直系亲属移民不计签证限额。三是将接纳移民的重心放到为美国所需要的人才群体，主要是专门人才和受过高等教育的知识分子，该类移民占总移民限额的20%。不拒绝国外劳工，但设法保护美国劳工。四是接受各国政治难民，总数每年不超过1万人，该类移民占总移民限额的6%。

继1965年之后，美国在1990年颁布了另一部标志性移民法。新的《移民法》对1965年的《移民与国籍修正法案》进行了修改，主要内容包括四点，首先，将每年的移民限额增至70万，各国每年为5万。其次，扩大了非限额移民的范畴，教会牧师、医生、在美国政府或社会团体驻外机构任职达5年至15年的外籍雇员等15类移民及其家属，均可自由入境。较之1965年的法案，该规定为吸引更多的外来精英赴美提供了更为宽松的政策。第三，设立了投资移民条款，规定凡能在美国农业地区投资50万美元以上，在城市投资100万美元以上的移民，均可入境，每年的限额为1万名。第四，将移民分为三种类别：依亲类、就业类和多样化类，并对各类别的移民配额进行了调整。1990年的《移民法》实施以来，在上述移民类型中，华人移民主要以依亲类为主，但近年来其在华人移民中的比例有所下降，由1999年的82.1%下降到2009年的53.8%，为十年最低水平。[①]

1965年和1990年的两部移民法案对于汉民族移民美国产生了前所未有的影响。1965年的移民法案生效后，入境移民人数增加迅猛，移民结构也发生了巨大变化。20世纪50年代开始，美国华人数量呈爆炸式增长。中国大陆更是于1987年以后成为美国华人的主要来源地。美国人口普查局数据显示，至2005年年底，美国人口中约183.3万人出生

---

① 于琬、李唯、骆克任：《21世纪的美国华人》，载丘进主编，《华侨华人研究报告（2012）》，第67页。

于中国,[①] 2010年,出生于中国的人口达217万。[②] 两部移民法案对于汉民族移民来说产生的影响主要体现在以下几个方面。

从移民的人口结构来看,人口总量增长迅速,如本节开篇所言,华人在美人口从1970年开始稳步增长,到2010年已达到4025055人,占到美国人口总数的1.3%。男女性别比在1990年前后开始达到均衡,但到了新世纪,男女性别比开始出现女性多于男性的趋势,如前文所述,在华人各个年龄组中,女性均多于男性。在年龄结构上,1965年之后,由于以家庭团聚名义入境的移民有许多是18岁以下的青少年,因此华人人口年龄出现了年轻化的发展趋势。

从移民的来源地看,出现了祖籍结构多样化的变化。20世纪60年代之前移民美国的华人多来自于广东三邑、四邑地区,新移民法通过后,虽然来自广东、福建的移民仍占有相当大的比重,但来自大陆其他地区的移民数量也有大量增加,包括来自北京、上海、天津、广西、海南、浙江、江苏、四川、河南、山东、辽宁等地的汉民族移民。上述来自大陆的移民在美国华人人口中占有的比例最高,达到38.9%。除此之外,非美国出生的华人还有许多来自中国台湾(9.6%),中国香港(5.4%)以及亚洲其他国家(8.7%)和其他大洲(1.9%)。有35.6%为美国本土出生。[③]

从在美地区分布情况来看,19世纪至20世纪60年代,美国华人移民基本上集中在西海岸地区,尤其以旧金山和洛杉矶为中心的加州,其次是东岸城市,以纽约、芝加哥为主,再次是夏威夷。从20世纪70年代开始,华人的居住地区开始出现分散化的发展趋势。在1970年至1980年间,居住在美国南部的华人增长了10.3%,居住在中西部的华人增长了6.8%。[④] 1990年,居住在西部的华人占全美华人的52.4%,东

---

① 徐爱玲:《欧洲与美洲华商财富分布》,载贾益民主编,《华侨华人研究报告(2014)》,北京:社会科学文献出版社,2014年版,第137页。

② 根据前文数据计算得出。

③ 于琬、李唯、骆克任:《21世纪的美国华人》,载丘进主编,《华侨华人研究报告(2012)》,第56页。

④ 李其荣:《新华侨华人的职业结构及其影响因素——美国与加拿大的比较》,《东南亚研究》,2008年。第2期,第74页。

北部27%，中西部和南部分别为8.1%和12.4%。① 到2010年，华人人口的79%居住在10各州和10大都市区。

从受教育状况来看，20世纪60年代之后的移民总体文化水平有很大提高。1980年至今，在美华人的平均教育程度比全美平均教育程度高出许多。2000年美国人口普查报告显示，美国25岁以上人口中，拥有学士学位以上的人口为24%，华人为48%。② 2010年，该差距基本保持不变。美国总人口中具有研究生及以上学位的人口为10.3%，华人该比例也达到其两倍之高。③

从在美华人的职业分布状况来看，20世纪60年代后华人职业结构由体力型向智力型转变，从事技术类的职业比例在不断上升。这一趋势不仅发生在汉民族移民中，它也是赴美移民的总趋势。1965年移民法颁布后，来自世界许多地区的技术移民数量都有很大提高，来自德国、奥地利和瑞典的技术移民占其赴美移民的比例高达72%、41%和32%，来自亚洲的技术移民也占到40%之多。④ 技术移民，尤其是高科技移民对美国经济发展的推动作用巨大。1995年至2005年间，硅谷52%的创业公司是由移民创办的，谷歌、雅虎、eBay等企业的创始人中都有移民的身影。而据估计，到2018年，即使所有当年毕业的理工科学生都能找到工作，相关行业将仍然面临着23万的人才缺口。⑤ 鉴于汉民族新移民高科技人才居多，理工科背景居多，这无疑为汉民族移民美国提供了更多的机会。

然而，在汉民族移民美国的平等时期出现的另一个现象也十分值得我们关注，这就是非法移民问题。监测跨国人口流动问题并不容易，尤其是非法移民问题。学界对于非法移民的称谓有几种，包括非法

---

① U.S. Department of Commerce, *Statistical Abstract of the United States*, Washington D.C.: the U.S. Government Printing Office, 1999.
② 周敏：《美国华人社会的变迁》，上海：三联书店，2006年版，第8页。
③ 于琬、李唯、骆克任：《21世纪的美国华人》，载丘进主编，《华侨华人研究报告（2012）》，第61页。
④ 梁茂信：《1940—1990年美国移民政策的变化与影响》，《美国研究》，1997年第1期，第87页。
⑤ 《美国移民政策改革高科技人才受益》，凤凰网，2013年3月25日，http://abroad.edu.ifeng.com/mgym/112/56064_1.html，2013年12月20日登录。

外来者(illegal alien)、无证移民(undocumented migrants)、非规范移民(irregular migrants)以及"非授权移民"(unauthorized migrants)。这些词同指一个群体,但在情感因素和政治内涵上有细微差别。从移民接收国的角度看,非法移民是未经政府许可而进入或居住在他国的人。虽然非法离境也是非法移民的形式,但公众的焦点主要还是集中于非法入境以及非法居住方面。① 美国是中国非法移民聚集较多的国度之一,多年来美国经济稳定增长,需要大量低层劳动力的建筑、餐饮和制造业吸收了不少中国非法移民,进一步刺激了非法移民流入。中国广东、福建、浙江等海外传统移民地区的一些民众,利用国外移民亲属的关系,或持商务、进修、学习、旅游等合法签证入境,滞留不归,或伪造证件、冒名顶替,"跳船"偷渡,在美国一些唐人街形成了比较大的中国非法移民群体。

根据美国国土安全部移民统计办公室2006年8月公布的统计数据,截至2005年1月,美国境内约有1050万非法移民,其中来自墨西哥的有597万人,来自中国的大约有23万,占美国非法移民总数的2.19%,与2000年相比,大约增加了4万人。② 这些非法移民多具有较低的受教育程度、英语语言交流能力较差、缺少专业技能、聚居于唐人街地区。他们生活空间有限,无法融入当地社会,也得不到美国的司法保护和社会福利,这不仅对移民个体来说需要经历较长时间的艰难生活,如果非法移民问题处理不当,还将对中美两国关系和中国国家形象产生不良影响。

三、美国汉民族移民的杰出人物

汉民族移民美国人口众多,社会各领域均有大批精英在汉民族移民美国的历史上扮演了重要的角色。5月是美国亚太裔传统月,每年的这个时候,白宫、国防部、国会等各大政府和众多民间机构都将举行

---

① 潘兴民、陈弘主编:《转型时代的移民问题》,上海:上海人民出版社,2010年版,第173页。
② 李小丽:《中国海外移民情况述评》,载李慎明等主编:《2007年全球政治与安全报告》,第205页。

一系列活动，表彰亚太裔对美国作出的贡献。正如奥巴马总统在2014年的亚太裔传统月活动中所说的，他们中有政治家、科学家、艺术家、也有铁路工人和农民，他们不断超越、体现了美国精神的远大抱负。

1965年新移民法颁布实施以来，汉民族精英的身影不断出现在美国政府、军方、科技界、法律界、体育界、时尚文艺界等多个领域。比如祖籍广东、美国首位华裔州长、首位华裔商务部长、首位华裔驻华大使骆家辉；美国历史上首位华裔内阁成员、劳工部长、1987年获得美国"十大杰出女青年"、1993年被哈佛大学选为杰出校友的赵小兰；祖籍江苏太仓、因发展了用激光冷却和捕获原子的方法，获1997年诺贝尔物理学奖、曾任美国联邦能源部部长的朱棣文；获布什总统提名出任美国国防部副部长/国防部人事次长、分管美国五角大楼的人事任免及战备等项权限的朱思九；2014年7月接掌美国国家医学院，成为美国国家级学院第一位华裔院长的著名心血管病专家曹文凯；普利兹克奖得主、被誉为"现代主义建筑的最后大师"的贝聿铭；全美第一位出任州级警界最高职位的华裔首长，有华裔神探之称的李昌钰等等。鉴于本书的篇幅，此处无法将众多杰出人士一一详述，只选择在汉民族移民美国的早期历史中居于重要地位、中国现代教育体系的早期倡导者和实践者——容闳。

容闳，生于1828年11月17日，卒于1912年4月21日。原名光照，族名达萌，号纯甫，英文名Yung Wing，广东香山县南屏村（今珠海市南屏镇）人。他出生于1828年，成长于葡属殖民地澳门附近的一个贫苦农民家庭。1835年，容闳进入当时仍附设于伦敦妇女会女校的马礼逊纪念学校（Morrison School）学习。在那里习得了英语这门将来对他十分重要的语言，也获得了来自耶鲁大学的一位传教士布朗牧师的帮助。

1846年底，布朗夫妇因病准备返美，临行前表示愿意带三五名学生一同赴美留学。1847年，容闳同另外两名中国年轻人一起，跟随布朗，乘"女猎人"号轮船从黄埔港出发，经过98天的航行，于4月12日到达纽约港，开始了到马萨诸塞州的一所私立学校蒙森学院（Monson Academy）的求学生涯。从蒙森学院毕业后，容闳本可以返回中国,但是,正如他在自传中所说的,中国可悲的景象时时浮现眼前,他认为,通过西方的教育,可以使中国振兴、开明、强大。因此,他决定在美国继续深造,开始进行他西学东渐、振兴中国的努力,并使之成为其毕生的事业。

1850年毕业后,容闳考入耶鲁大学,成为第一位在耶鲁大学就读的中国人。1852年,容闳加入美国国籍。1854年,他以优异的成绩从耶鲁大学毕业,获文学学士。其后容闳返回中国,曾在广州美国公使馆、香港高等审判厅、上海海关等处任职,后为上海宝顺洋行经营丝茶生意。①

容闳一直希望在中国创立一个现代化的教育体系,能够对传统的社会进行彻底的改革,因此尝试了许多途径。

最初他曾将中国近代化的希望寄托在太平天国运动上。1860年,他前往天京(今江苏南京),向洪仁玕提出组织良好军队、设立武备学校及海军学校、建立有效能的政府、颁定教育制度等七条建议,但这些建议最终未能为太平天国所实行。

1863年,容闳又到安庆谒见曾国藩,希望能够有助于实现他的教育设想。1864年,受曾国藩委派,容闳开始为筹建江南制造局赴美采购机器。第二年,李鸿章以4万两白银在上海虹口买下美商的旗记铁厂,并将苏州洋炮局的部分机器和曾国藩派容闳从美国买回的100多种机器,以上海洋炮局并入铁厂,在上海成立了江南制造总局。这是中国近代第一座完整的机器厂,也是洋务派开设的规模最大的近代军事企业。1866年,容闳关于教育的建议终被曾国藩采纳,在江南制造总局内设立兵工学校,培养机械工程技术人员。1868年,他向清政府提出以选派幼童出洋留学为重点的四项条陈。1870年,容闳又向曾国藩提议派学生官费赴美留学的建议,并获得朝廷的批准。1871年8月,成立"幼童出洋肄业局",由陈兰彬任出洋肄业局委员、容闳为副委员。容闳在上海、广州、香港共招生120名,从1871年至1874年间,

---

① 《容闳:唯一全程参与近代史的中国人》,中国网,2012年4月24日,http://cul.china.com.cn/lishi/2012-04/24/content_4960758.htm,2014年2月18日登录。

每年派出30名学生赴美留学。陈兰彬负责留学学生在美期间的中文学习，容闳则负责孩子们在美国的教育，这就是历史上的"中国幼童留美运动"，直至同治二十年（1881年）清政府撤回留学生为止。在派出的120名留学生中，就包括在赴耶鲁大学求学的詹天佑。①

在此期间，容闳还于1872年在广东省香山县倡议和发动乡亲集资创办"甄贤社学"。这是中国第一个海外华侨创办的学校，现为珠海市南屏学校。他认为要复兴祖国，除了创办现代化的工厂之外，更重要的是引进西方的理念，学习西方的先进科学文化和技术，并将其传播给青年一代。② 这也是他在中国兴办西式教育的主要目的。

由于对洋务派失望，容闳于1882回到美国。1894年中日甲午战争中，他写信给湖广总督张之洞，表示希望回国效力。从1896—1898年间，容闳通过各种渠道向清政府提出种种兴国方案，其中最重要的是提出设立国家银行、修筑全国铁路两大建议，但最后却均被否决。1898年9月21日，百日维新失败，由于他与光绪皇帝周围的改良党交好，容闳的命运也危在旦夕，因此冒险潜逃出京。

辛亥革命期间，容闳支持孙中山的思想和行动，在美国积极活动，联络了美国军事专家荷马李（Homer Lea）和财政界重要人物布思（Charles Beach Bothe），计划筹款，训练武装力量，支援中国革命。1912年，容闳因身体原因，在美国的家中去世。

容闳作为移民美国的汉民族，又恰处于中国历史发展的关键时期，因此成为移民美国历史中的重要人物。容闳是第一个毕业于美国耶鲁大学的中国留学生，是中国留学生事业的先驱，被誉为"中国留学生之父"，同时又是中国近代著名的教育家、外交家和社会活动家。他首倡、策划、促成和领导了近代中国第一代官费留美学生的派遣，积极从事社会改革活动，向太平天国和清政府多次谏言，提出建立和发展中国近代军事、政治、文化的一系列主张，竭力倡导发展民族经济、教育事业和实业，提出了发展中国近代铁路、水运、矿业、商业、建

---

① 朱杰勤主编：《美国华侨史》，第334页。
② 陈菲：《现代化事业中的华人华侨与中国的关系》，《八桂侨刊》，2002年第3期，第42—43页。

立国家银行的美好蓝图,后来又投身洋务运动和维新变法运动,晚年又支持、参加孙中山领导的革命斗争。他的一生顺乎历史潮流,与时俱进,为西学东渐、富强国家而不懈奋斗,为中国近代化作出了巨大的贡献。①

为了纪念容闳,1998年,在容闳诞辰170周年之际,耶鲁大学所在地康涅狄格州宣布,将当年第一批中国幼童在美入学的日子9月22日,公定为"容闳及中国留美幼童纪念日"。在容闳的家乡,珠海华发集团公司于2003年投资兴建了九年一贯制民办学校——珠海容闳学校,以"享其誉而铭志,步其道而致远"。②

四、汉民族移民的主要贡献

美国,作为一个主要由移民组成的国家,在不同的历史阶段经历了不同的移民浪潮。汉民族作为移民美国历史时间较长、境遇颇为坎坷的族群,以自己的方式对美国发展的不同阶段做出了贡献。

(一)早期移民与美国的开发

在从1848年美国加州发现金矿到1882年《排华法案》出台的三十多年中,共有大约28万华工前往美国(见表4)。他们对开发美国西部做出了不可估量的贡献。1876年,美国第四十四届国会参众两院联合组织调查华人问题的特别委员会,一些政府官员和投资开发西部的资本家到会作证,一致肯定了华工在西部开拓中的重大贡献。③1877年,美国官方承认,加利福尼亚和太平洋沿岸各州的资源,由于利用中国人的廉价劳动力而获得迅速的开发和发展。④

首先,早期汉民族移民在矿业开采方面为美国创造了大量财富。他们不仅淘金,还在采煤、采硼砂、采水银等领域广泛参与。据统

---

① 陈汉才:《容闳评传》,广州:广东高等教育出版社,2008年版,第1页。
② 珠海容闳学校官网,http://www.rhschool.cn/xxb/ShowOne.aspx?colid=53,2014年3月2日登录。
③ 彭家礼:《历史上的华工出国》,第131页。
④ 陈翰笙主编:《华工出国史料汇编》(第三辑),北京:中华书局,1981年版,第239页。

计,仅仅在加州雷克县圣赫勒拿山水银矿,就有200多名华工在极其恶劣的条件下工作,并创造出几百万美元的矿产财富。1870年,在加州,华工占采矿劳动力总数的25%,在俄勒冈为61.2%,在爱达荷为58.5%。①

其次,早期汉民族移民在横贯美国大陆的铁路修建工作中发挥了最主要的作用。中央太平洋铁路公司负责工程建设的查尔斯·克罗克(Charles Crocker)在1865年尝试雇佣几十名华工参加铁路修建工作之后评价道:"在劳动量方面,他们跟白人几乎不相上下,而且更为可靠,他们没有罢工的危险。""他们在这个行业里干活不知疲倦,不遗余力,他们都能胜任工作,效率极高。"总工程师柯蒂斯也认为华人是实际上最优秀的筑路工人。中央太平洋铁路公司的总经理利兰·斯坦福(Leland Stanford)在1865年10月10日给总统安德鲁·约翰逊的一份报告中描述华人说:

作为一个阶层,他们安详、平和、耐心、勤劳、节俭。他们(比白人劳工)更为谨慎和节俭,因而工资少点也毫无怨言。我们看到他们组织起来互帮互助。如果没有华人,要在《国会法案》规定的时间内建成这个宏大的全国性工程的西段,是完全不可能的。②

在1902年美国参议院移民委员会的讨论中,曾任美国国务卿的约翰·福斯特(John W. Foster)也曾肯定了华工在铁路修建工作中的重要作用:

为了统一我国,并且把太平洋各州用便利的交通网纳入联邦之内,修建横越大陆的铁路已成必要,但是太平洋沿岸的劳工缺乏,铁路的建造不能不推迟,于是就向中国寻求工人,他们大批地来了,由于他们的帮助,大铁路终于建成。③

---

① 龚伯洪编著:《广府华侨华人史》,广州:广东高等教育出版社,2003年版,第229页。
② 陈依范:《美国华人史》,第88页。
③ John W. Foster, *Exclusion of Chinese Laborers, 1904*, p. 3.

1964年内华达州举行建州100周年纪念庆典时，州长格伦沙耶在纪念会上宣布10月24日为"向华人先驱致敬日"，并且树立了纪念碑，碑文用中英两种文字写道："华人先驱，功彰迹伟，开矿筑路，青史名垂。"① 他们参加修建的横贯美国大铁路，不仅促进了西部地区的发展，也推动美国最终成为一个统一的国家，其作用不可或缺。

早期汉民族移民除了在美国西部的矿井、铁路公司等部门工作之外，也在当地的农场、果园、渔场、港埠等处工作，承担了大量危险、繁重、艰巨的劳动。在农业方面，他们开垦了中央大河谷，将其发展成为适合种植玉蜀黍、小麦、亚麻、大麦、蔬菜、棉花和亚热带水果的肥沃农田。他们将加州建设成为农业大洲，到1873年，加州已成为美国最大的小麦州，小麦出口至澳大利亚、新西兰、英国等地。在19世纪60年代至90年代的四十年中，华人也是加州水果种植业的支柱，他们负责管理、采摘、包装水果。每个季节都有2500多名华人在萨克拉门托山谷的果园里劳作，种植梨、苹果、李子、核桃、杏等水果和蔬菜。这些都是美国近代经济发展中关键性的建设工程。② 在渔业方面，他们开创了加利福尼亚的渔业，开办了西海岸和阿拉斯加的罐头厂。从19世纪60年代开始，早期华人移民开始从事捕虾业，随即开始捕鱿鱼、采海带、收集鲍鱼。1888年，加州已有30个华侨渔村，约2000名渔民，多分布在旧金山湾、蒙特利尔和圣迭戈等地。他们还开办经营渔业公司，19世纪七八十年代，在美国西部和南部，华人经营的渔业公司以广信、裕兴隆两家最大，生产鱼虾制品。③ 他们还将捕捞来的海产品进行罐头加工，1881年，约有3000名华人在俄勒冈的罐头厂工作。④ 此外，他们还从事雪茄制造业、毛纺业、服装工业、制鞋业等轻工业生产活动。在城市建设方面，他们填平沼泽地和潮淹地，开辟街道，建造房屋，为旧金山的城市建设奠定了基础，现今该地区已成为海湾地区地价最高的土地。早期汉民族移民的这些活动为美国经

---

① 龚伯洪编著：《广府华侨华人史》，第230页。
② 陈泽宪：《19世纪盛行的契约华工制》，《历史研究》，1963年第1期，第170页。
③ 龚伯洪编著：《广府华侨华人史》，第231—232页。
④ 陈依范：《美国华人史》，第134页。

济的繁荣发展打下了坚实的基础。

早期汉移民作为契约劳工和赊单工进入美国，他们对于美国税收做出了重大贡献，为当时的殖民者积累了巨额资本，为正在发展的美国创造了巨大财富。1853年《外国矿工执照税法》将税收增加到每人每月四美元后，该项税收称为加州财政收入中最大的一项来源，其百分比甚至高达25%至50%。该项收入在加州各县的收入中也占有相当大的比重，沙斯塔县县医院25%的费用和大部分其他开支依靠该项税收收入。卡拉弗县收入的三分之一来自该项税款。据统计，在1850年至1870年的20年间，美国加州的华人矿工共交纳了4908416.29美元的税款，该税款成为当时加州岁收的重要来源，占到总税收的85%。[1] 华工所进行的铁路修建工作也为加州创造了价值2.897亿美元的财富。[2] 这些有早期移民创造的财富和资本，为刚刚起步的加州经济起到了巨大的推动作用。

此外，早期汉民族移民前往美国也开启了太平洋的海上贸易，并为之带来了发展。在20世纪初期美国商船与中国的贸易往来主要的航线是大西洋航线，该航线从美国东海岸出发，横渡大西洋，绕过好望角，经印度洋，到达广州。这条航线在20世纪上半叶一直是中美贸易的重要枢纽，而太平洋航线仅作为大西洋航线的补充而存在，其主要原因是美国西部当时还没有较好的港口，无法给船只补充给养。在商品输出方面，也没有可供出口的货物。然而20世纪中期以后，华人劳工赴美开始改变这一传统格局。华工运输所带来的巨大利润吸引了诸多西方殖民者，航行于太平洋上的苦力运输船只数量也大量增加。1784年至1815年间，美国来华的船只主要是商船，共计484艘，平均每年有15.5艘。[3] 汉民族开始移民美洲后，开往香港的美国船只1846年时就达到50艘，1852年增长到174艘，1859年为185艘，绝大多数的船只都是空船装着压舱物到达香港，装上华工后驶回美国。[4] 由于交

---

[1] 陈依范：《美国华人史》，第63页；朱杰勤主编：《美国华侨史》，第53页。
[2] 朱杰勤主编：《美国华侨史》，第77页。
[3] 李春辉、杨生茂主编：《美洲华侨华人史》，北京：东方出版社，1990年版，第111页。
[4] 陈翰笙主编：《华工出国史料汇编》（第四辑），第199页。

通工具的改进、美国西部、沿线夏威夷群岛以及菲律宾等地开始提供更多的商品，该航线逐渐取代了大西洋航线，成为中美贸易和人员交往的重要渠道。

早期汉民族移民为美国西部发展所做出的牺牲和贡献在美国19世纪80年代排华运动发生之前得到了美国社会的肯定，也获得了一些特殊荣誉。1850年，旧金山的华工曾被邀请参加了美国第十二任总统泰勒的隆重葬礼。①1852年，旧金山的华工被邀请参加庆祝华盛顿生日大会。一位居住于旧金山的费城人写道："今天的庆祝会各国侨民都参加了……大约两百名中国人打着'旧金山的中国青年'的旗号出现在观众眼前。在队伍最前面的是中国官员和乐队，后面就是本市最为勤劳刻苦、奉公守法的居民的代表。"②华工对美国西部的早期发展以及他们所具有的优良品质一度受到了美国政府和公众的尊重。

（二）新移民的多元发展与贡献

由于1965年新的移民法颁布之后，汉民族移民的人口结构、受教育程度、职业分布、经济收入、居住格局等等方面都有了前所未有的变化，较为晚近的汉民族移民作为美国多元社会中的重要组成部分，对所在国作出的贡献也与以往有了很大的不同。尤其是在最近几十年中，由于受到新移民人口特征变化以及中国经济发展和政策开放的影响，美国汉民族移民的实力明显增强。

许多新移民本身教育程度和国际化程度均高于早期移民，他们在美国经过艰苦创业和努力拼搏，逐渐积累了一定的财富和工作经验，其中有许多已成为杰出的政治人才、知名学者、中高层管理人员等等。他们为美国经济的发展贡献着自己的力量。其中一些企业开始打破过去传统的经济结构和发展模式，逐渐开拓出了多种产业并进的新格局。例如，纽约华尔街有近200名新移民在金融机构工作，其中包括奥本海默高级基金经理李山泉、福尔前沿基金管理公司CEO黎彦修等

---

① 泰勒总统在执政期间主推了"西海岸铁路贯联计划"，在他的倡导下美国才开始兴建横跨东西两岸的铁路，因此邀请积极参见铁路修建的华工参加其葬礼。

② 陈翰笙主编：《华工出国史料汇编》（第六辑），北京：中华书局，1984年版，第168页。

金融领域的杰出人才。芝加哥摩托罗拉总公司有400多名中国新移民。底特律市汽车企业共用了2000多名新移民。① 这些都是在过去华人移民的传统行业中所缺失的。

其次，中国新移民中从事与高科技发展相关行业的人员很多，他们对美国，乃至世界科技的发展产生了重大影响。仅在硅谷，由华人和印度人创办和执掌业务的公司就达3000多家。在1995年至2005年的十年间，来自中国大陆和中国台湾的移民在整个硅谷创立公司的主要创始人比例占到12.8%。② 有人曾经戏称，没有早年的IC（integrated circuit，集成电路）和现在的IC（Indian & Chinese，印度人和中国人），就不可能有今天的硅谷。③ 至2000年，硅谷五分之一的工程师具有华人血统，到2001年，在硅谷的总裁中有17%是华人。④ 而在整个加州创立的工程科技公司中，13%是由台湾移民创立，10%由大陆移民创立，1980—1988年创立的硅谷高科技公司中，中国大陆和台湾移民创立的公司占17%。在得克萨斯，中国移民创立的工程与技术公司占总数的14%。⑤ 1998—2006年在美国非公民中，中国大陆和中国台湾移民拥有的发明专利约13500件，居所有移民群体之首。1995年—2005年中国大陆和中国台湾移民在美国创立的公司分别约503家和422家，占移民创立的高科技公司的6.9%和5.8%。中国大陆移民创立的工程技术公司集中在创新/制造业相关服务业（42%）、计算机/通信（25%）和软件（19%），中国台湾移民创立的工程技术公司同样集中在上述三个行业，份额分别占到46%、27%和17%。⑥ 其中不乏一些影响力甚巨的企业，如中国台湾移民杨致远与其美国同伴共同创办的雅虎、由黄建生创办

---

① 桂世勋：《海外华侨华人及其对祖（籍）国的贡献》，载丘进主编：《华侨华人研究报告（2011）》，第59页。
② [美]安娜李·萨克瑟尼安：《美国新移民企业家调查报告》，侯燕俐译，《中国企业家》，2007年第6期，第96页。
③ 杨刚、王志章：《美国硅谷华人群体与中国国家软实力构建研究》，《中国软科学》，2010年第2期，第14—15页。
④ 王志章、陈晓青：《北美地区华侨华人族群研究》，载丘进主编：《华侨华人研究报告（2011）》，第94页。
⑤ [美]安娜李·萨克瑟尼安：《美国新移民企业家调查报告》，第97页。
⑥ 同上，第98页。

的全球最大的显卡芯片制造企业 NIVIDIA 公司，由杜纪川和孙大卫共同创办的全球最大的内存模块制造企业金士顿科技公司等等。在全美国的320万科学家和工程师当中，华侨华人就占约10%。[①] 美国13所最著名大学的系主任、IBM公司的高级工程师、阿波罗登月工程等项目中，华人科技人才都占到三分之一以上；美国机械工程学会的12个分会中有一半以上的会员是华人；美国权威的电脑研究中心19名部主任中，有12名是华人。[②] 他们为美国科学技术的发展和领先起到了不可替代的作用。

此外，美国华商作为美国华侨华人中的重要群体，为美国经济的发展贡献了巨大财富。根据美国人口普查局的统计数据，2002年，美国华人企业约有28.6万家，占亚裔企业的25.9%，占全美企业的1.2%，雇员近65万人。在企业总收入方面，华人企业收入为1051亿美元，占亚裔企业收入的32.2%。华人企业在地域分布上呈现出较高的集中度，80%以上的华人企业集中在7个州，其中加州最多，约有11万家，收入高达562亿美元。纽约有约6万家，收入约102亿美元。还有许多华人企业集中在新泽西、夏威夷、得克萨斯等。最密集的大都会区为纽约—纽瓦克—桥港、洛杉矶—长堤—河边、圣荷西—旧金山—奥克兰、华盛顿—巴尔的摩—北弗吉尼亚。在行业分布方面，华人企业基本遍布美国各行各业，但仍相对集中于八大行业。这八大行业的华人企业总数超过23万家，占华人企业总数的82.39%。其中，"专业与科技服务"行业和"膳宿与食品服务"行业的华人企业最多，合计超过9万家，分别占华人企业总数的17.19%和15.29%。"其他服务（不包括公共管理）"、"零售贸易"、"房屋与出租"、"健康护理与社会协助"、"批发贸易"、"管理、支持与维护服务"等六个行业的华人企业总数超过14万家。在企业收入方面，"批发贸易"行业收入占比最高，达到

[①] 许又声：《总结新经验，完善新机制，探讨新举措——在"国外侨务工作经验交流会"上的讲话》，《侨务工作研究》，2009年第3期，第7页。
[②] 王望波、庄国土编著：《2009年海外华侨华人概述》，第192页。

40.47%。① 虽然总体而言，美国华商的经济实力不及东南亚华商，但他们已成为美国社会发展的重要生力军，尤其是在经济、科技和文化教育领域，优势更为明显。这些杰出华商在世界经济中的优异表现，对于其所在国美国的经济发展都有着重要贡献。不仅如此，他们回到其祖籍国中国进行直接投资，带来了对外经贸关系的扩大、区域经济的聚集和扩散、产业结构升级、民营经济兴起等连带效应，对中国经济的发展也产生了深远的影响。

此外，汉民族移民中也出现了多为杰出的政治人才。随着20世纪60年代民权运动的开展，汉民族移民在美国也逐渐开始踊跃参政，在国会选举、地方选举等层面都有所突破，出现了多位华人市长、市议员、州长、部长等等。2009年5月1日，凭借"首位当选州长的华裔美国人"而扬名政界的骆家辉，在白宫宣誓就职美国商务部部长，2011年就任美国驻华大使。奥巴马政府也成为美国历史上华裔成员最多的一届政府，包括能源部部长朱棣文、白宫内阁秘书长卢沛宁、白宫公共联络室主任陈远美、国安部法律总顾问方富余等。这大大提高了华人在美国社会的政治地位，与此同时，中国国力的增强、在国际社会地位的提升以及中国国家软实力的建设都对美国社会产生了较大的影响。

新移民中的这些杰出人才，借助其自身较高的教育水平、国际化水平和强大的活动能力，为所在国美国和祖籍国中国的发展贡献了力量，也为促进中美两国之间的经济、文化、教育等往来起到了重要的桥梁作用。在新时期中美关系新格局的构建时期，汉民族移民将更加活跃地参与两国关系，在影响美国对华政策和中国对美政策方面发挥更重要的作用，通过百人会等精英华人组织和社团、在美华文媒体、双边经济活动等等资源和途径，充分发挥对美公共外交的重要作用，从而使中美两国关系向着更为良性的方向发展。

回顾过去160年间汉民族移民美国的历史进程，可以看到其在美国

---

① 徐爱玲：《欧洲与美洲华商财富分布》，载贾益民主编：《华侨华人研究报告（2014）》，第138—139页；林联华：《美国华商现状探析》，《亚太经济》，2010年第5期。

的人口变化主要发生在20世纪后半叶,而最显著的变化则发生在过去20年间。

我们可以从国际、国内和移民个人层面来解释新时期移民产生变化的原因。从国际环境角度来看,二战之后绝大多数移民国家对移民政策均有不同程度的放松,这为汉移民的到来提供了大的宽松的环境。而在20世纪后半叶开始并迅速发展的经济全球化以及随之而来的文化全球化对国际移民,尤其是技术移民提供了更大的平台和可能性。从美国和中国的国内环境角度来看,移民目标国美国1965年和1990年两部标志性移民法的出台和国民经济由工业到服务业的转型,均有利于接纳汉民族新移民的到来。与此同时,移出国中国在过去20年也目睹了社会各方面的巨变,经济快速增长,人均国民生产总值攀升,政府对公民出国的政策较为宽松,这些因素也为汉民族移民赴美提供了更为有利的机会。从移民个人角度来看,随着中国经济的稳步发展,中国家庭平均收入明显增加。汉民族在继承读书重教的基础上,对于高等教育也格外重视。这些因素促使了汉民族赴美移民中高技术移民数量的增加。

在可以预见的将来,随着中美两国在政治、经济、文化等各方面的往来更加频繁,美国仍将接纳大批汉民族移民,其中来自中国大陆的新移民仍将占有较大比重。他们将在中美关系、中国国家形象建构和国家软实力建设等方面起到重要作用。

第三节 加拿大的汉民族移民

一、加拿大汉民族移民概况

加拿大地广人稀,面积998万平方公里,人口仅为3531万人。[①] 出

[①]《加拿大国家概况》,中华人民共和国外交部网站,2014年9月,http://www.fmprc.gov.cn/mfa_chn/gjhdq_603914/gj_603916/bmz_607664/1206_608136/,2015年6月5日登录。

于国家发展的需要，从1867年建国后，加拿大就一直把移民政策作为重要的国家政策。

汉民族移民加拿大的历史比加拿大作为独立国家的时间还要长。从1858年的淘金热开始，汉民族最初作为契约工和赊单工，参与了早期的矿山开采和铁路修建工作，之后经历了遭受歧视、排华、限制等不同的历史发展时期，在20世纪60年代开始享有平等权利，并于70年代之后开始了较大规模的移民。中国改革开放后，移民加拿大的人口一直保持在较高的数量，从20世纪90年代开始大幅增加。作为英联邦国家，加拿大吸收了许多来自香港的移民，后来又成为大量中国大陆移民的首选地，2001年中国大陆移民加拿大数量达到4.04万人。进入到21世纪，移民加拿大的人口更是呈增长趋势。2001年中国内地、中国香港、中国澳门、中国台湾四地移民加拿大的人口达4.68万人，2002年为3.9万人，2003年4.06万人，2004年4.06万人，2005年该人数大幅增加，创下47167人的最高纪录，其中，来自中国内地42291人、中国台湾3092人、中国香港1784人。[①] 中国移民连续八年高居加拿大年度移民首位。2010年加拿大华侨华人总数量达到150万人，[②] 占全国总人口的3.9%，成为加拿大最大的少数群体，占少数群体总人口的24%。[③]

二、汉民族移民加拿大的开端

早期赴加拿大的汉民族与英国殖民者对加拿大西部的开发的历史紧密相关。从16世纪开始，法、英两国先后到达加拿大。1701年，由法国移民建立并经营起来的"新法兰西"人口总数达到17000人。但是，自1756年开始的英法七年战争最终以海权日盛的英国获胜告终。1759

---

① 李小丽：《中国海外移民情况述评》，载李慎明等主编：《2007年全球政治与安全报告》，第200页。

② 龙大为、张洪云、登高：《从边缘走向主流——新移民与北美华人经济发展新动向》，《华侨华人历史研究》，2011年第2期，第2页。

③ 王奕轩、陆毅茜、宗力：《从统计数据看当代加拿大华侨华人的人口特征》，第38页。

年，法国从现在的魁北克撤退，1763年，根据两国签订的《巴黎和约》，加拿大成为英国的殖民地。1776年，英国宣布占领加拿大西部面积近百万平方公里的地区，将其称为新加利杜尼亚。

18世纪80年代，即有一批在加拿大的英国商人开始发展同中国的贸易。1785年，波特洛克（Nathanist Portlock）船长和迪克逊（George Dixon）船长分别率领"乔治国王号"和"夏洛克女王号"商船，装载着在中国购买的茶叶和布匹，由澳门前往当时加拿大西部的温哥华岛，并抵达诺达港，换取当地印第安人的毛皮。1787年，他们运载着2500张毛皮到达广州的黄埔港出售。同年，查尔斯·巴克利（Charles Williams Barkly）船长也从澳门前往诺达港，换取毛皮700张，运回澳门出售。到18世纪末，由加拿大出口中国的毛皮共达5万张，价值130多万元。①

随着双方贸易的发展，开始有汉民族到达加拿大。当时英国人在加拿大开发新加利杜尼亚，但当地人口稀少，劳动力匮乏，远远不能满足殖民开发的迫切需要。1788年，英国船长约翰·米尔斯（John Meares）和欧罗纳先后从广州和澳门前往温哥华岛的诺达港开设贸易公司，他们将65名的中国铁匠和木工招募随行，建造北美第一艘40吨重的大船"西北美洲号"。米尔斯船长对于这些早期的华工赞赏有加，认为"他们……能吃苦、勤劳、心灵手巧……靠大米和鱼生活，只要低工资"，"这在整个航程中，有一切理由来对他们的服务感到满意。"②1791年，西班牙殖民者占领了诺达港，1793年，英国承认诺达港归西班牙统治。这些早期汉民族移民下落不明。

三、汉民族移民加拿大的历史分期

在18世纪第一批汉民族到达加拿大后，从19世纪中期开始，又有

---

① 李东海：《加拿大华侨史》，台北：自由出版社，1967年版，第33页。转引自黄鸿钊：《加拿大华人社会的变迁》，《史学月刊》，1996年第6期，第78页。

② Alexander Begg, *History of British Columbia: From its Earliest Discovery to the Present Time*, Toronto: William Briggs, 1894, p. 25.

汉民族从美国和中国来到加拿大，从事矿业开采和铁路修建等工作，汉民族移民加拿大的进程由此开始。总的来说，学者倾向于将汉民族移民加拿大的发展历史分为自由时期、征税限制时期、禁止时期、宽容时期和平等时期五个阶段。①

（一）自由时期（1858年至1885年）

1858年以前，华工赴加拿大人数很少。1858年，英国殖民者将新加利杜尼亚和温哥华岛正式定名为不列颠哥伦比亚，成为英国直辖殖民地。同年，不列颠哥伦比亚的弗雷泽河（Frases）中游地区发现了金矿。其实从1855年开始，美国加利福尼亚探矿队和加拿大温哥华岛英国殖民政府合作，就一直在沿哥伦比亚河道不列颠哥伦比亚内陆勘探金矿。金沙被发现的消息传出后，与美国十年前的情形相似，立刻吸引了大批来自欧洲和南部邻国美国的淘金者，其中包括许多汉民族移民。"各地居民蜂拥前来淘金，是为华人移殖加拿大之始。"②

这些最早的汉民族淘金者多来自美国，当初作为契约工或赊单工来到美国加利福尼亚。当加拿大发现"新金山"的消息传到加州后，引起了华商和美国采金商的重视。他们迅即招募华工，组成了第一批赴加拿大开采黄金的300名华工队伍。1858年6月28日，首批华工乘"俄勒冈号"轮船抵达离加拿大弗雷泽矿区不远的维多利亚港。与此同时，在18世纪50年代末加州矿藏开采已过鼎盛时期，许多容易开采的地区均已开发殆尽。一些汉民族矿工开始向北迁移来到加拿大的矿区。据统计，1858年至1859年间，由美国前往加拿大的华人有2000多人。③

除此之外，从中国南部省份也有契约工和赊单工乘船前往加拿大。其外出移民的原因和途径与同时期移民美国的汉民族相同。1859年1月7日，第一批被招募的广东华工乘船从香港出发，驶往加拿大弗雷泽矿区。此后，更多的汉移民从香港乘轮船前往。1860年以后，又

---

① 沈已尧：《海外排华百年史》；王丽芝：《加拿大华人移民政策的演变及其原因》，《华侨华人研究》，1989年第1期。
② 陈匡民编著：《美洲华侨通鉴》，纽约：美洲华侨文化社，1950年版，第412页。
③ 黄鸿钊：《加拿大华人社会的变迁》，第79页。

有汉民族陆续从澳门前来，弗雷泽河矿区的华人矿工增至3000到4000人。在加拿大淘金热持续的1858至1871年间，在不列颠哥伦比亚的华工最多时超过10000人，而在金矿中死亡的华工至少有1500人。① 此外，还有从事小型商贸活动的华人上千人。1863年后弗雷泽河金矿枯竭，许多汉民族移民另谋生计，转而从事洗衣、木工、农业等行业。1871年加拿大开始进行第一次人口普查，当年在不列颠哥伦比亚省的华人因矿山开采业的萎缩，人口下降到1548人。②

到加拿大从事金矿开采行业的汉移民多为契约工，通常需要三至五年的时间偿还债务，以获得人身自由。华工在金矿年平均工资为300加元，除生活费之外，还要每月偿还旅费和利息约120加元。③ 同当时去往其他国家和地区的华工一样，他们也需要节衣缩食。一些华工在积累了一定的资金后以高价购买了一些金矿的产权。在一些地区，如库狄耐，金矿的开采权几乎全部被汉民族移民所掌握。

1867年，经过三年的讨论，《英国北美法案》(*British North American Act*) 终于获得通过。7月1日，魁北克、安大略、诺瓦斯科舍和新不伦瑞克联合成立加拿大自治领，简称加拿大，成为英联邦下的一个独立国家。但是当时自治领联邦仅包括东部的四个省，地处西部沿海的不列颠哥伦比亚当时还是英国的直辖殖民地。矿业开发带动了西部的发展，但是当时由于陆路交通不便，不列颠哥伦比亚地区居民的生活所需以及其他物品均须有美国西部海岸运送过来。由欧洲和加拿大东部前往此处的移民也需要入境美国，通过美国的跨州铁路到达美国西部，再乘船北上，到达不列颠哥伦比亚。为加快东西部地区的经济发展，修建横穿加拿大东西地区的跨州铁路被提上议事日程。

与此同时，不列颠哥伦比亚作为直辖殖民地，与英国的关系非常松散。英国政府一直希望它能加入联邦。1871年，不列颠哥伦比亚终于决定加入加拿大自治领，但作为放弃独立的条件，提出由联邦政府

---

① 陆国俊：《中国的华侨·美洲》，第40页；龚伯洪编著：《广府华侨华人史》，第236页。
② E. Wickberg & G. Johnson, *From China to Canada*, McChilland and Stewart Limited, 1982, p. 19, 转引自黄鸿钊：《加拿大华人社会的变迁》，第79页。
③ 陆国俊：《中国的华侨·美洲》，第40页。

修建从东部到不列颠哥伦比亚的铁路,并在十年内完成,将其与加拿大东部连成一体。首任总理麦克唐纳(John A. MacDonald)最终决定建设加拿大太平洋铁路(Canadian Pacific Railway)。然而,一场政治丑闻迫使保守党政府倒台,直到1878年,麦克唐纳才又重新成为总理,而此时,离不列颠哥伦比亚提出的十年期限也只剩三年时间。一方面,不列颠哥伦比亚威胁要退出联邦,另一方面,联邦政府一直担心不列颠哥伦比亚以及西部的大片蛮荒地区会并入美国的版图。正是在此种历史语境下,麦克唐纳总理决定马上开工修建太平洋铁路,也正因如此,该条铁路不仅只是为了实现加拿大东西两部分交通上的便利,而肩负着更高的使命,即,实现统一的联邦国家。

1881年,加拿大太平洋铁路建设进入实质性阶段。曾经修建过美国太平洋铁路的工程师安德鲁·安德唐克(Andrew Onderdonk)被聘请主持此项工程。他在美国曾有十多年的铁路修建经验,因此对于该铁路最具危险性和最为艰难的路段,他仍旧沿用美国的做法,招募华工作为主要劳动力。他通过华商联昌公司在美国和香港招募华工,仅从香港招募到的广东劳工就有17000人。他们乘船到达加拿大西岸的埃斯奎姆尔特(Esquimalt),然后转驳船到弗雷泽河谷一带,随即得到分派,投入铁路修建工作。由是,移民加拿大的早期汉民族人口在经历了1871年之后的数量锐减之后,又开始因铁路的修建而迅速增加。1880年6月至1887年7月间,共有25000名华工来到加拿大,基本全部到达不列颠哥伦比亚,占到当时此地人口的五分之一。① 仅沿弗雷泽河谷陡崖的一段长615公里的路段,就用了1.5万名劳工历时7年才修通,其中绝大多数为汉民族劳工。

1885年11月7日,在不列颠哥伦比亚的克雷季拉奇(Craigellachie),最后一颗道钉将太平洋沿岸与加拿大东部地区连接起来,标志着跨大陆铁路的建成。该铁路全长3800多公里,此后为西部带来了源源不断的移民和各种建设物资、生活用品,加拿大的西部得到了开发,同时也巩固了加拿大自治领的统一。也正是因为太平洋铁路的重要地位,

---

① 陆国俊:《中国的华侨·美洲》,第47页。

史学家才将其看作是创造加拿大历史的重要事件。①

然而，加拿大政府同英国的其他殖民地一样，对华人的种族主义歧视一直存在，只是其政策更多地服务于工业发展的需要，因此，当劳动力市场需求减少时，对于华工的政策也就开始变得更为激进。

早在1864年不列颠哥伦比亚议会会议上，议员们就曾讨论排华问题。1872年，由于华工从事矿业开采，议会开始考虑向华工征收人头税。1879年，加拿大太平洋铁路动工之前，不列颠哥伦比亚省的省长科士莫斯（Amor de Cosmos）便在国会要求联邦政府立即禁止雇佣华工，以防止"黄祸"的蔓延。总理麦克唐纳因坚决支持铁路的修建，对于华工问题也就较为宽容，他认为当时加拿大面临的境况是，"要修铁路，就必须要华工，不要华工，就没有铁路，别无他策。"②虽则如此，国会还是于同年成立了"中国劳工及移民特选委员会"（Selected Committee on Chinese and Immigration），以调查加拿大社会对中国劳工的反应。5月14日，该委员会主席公开呼吁，加拿大对华移民政策应该遵循美国的道路。此时，美国西部不同地区和联邦政府已出台《反蓄辩法》、《保金法》、人头税的法律法规，对华人的务工、生活等方面进行限制。该委员会认为美国国会及加州参议员的报告书均有充分证据，同时，基于该委员会在加拿大的调查，中国人在种族文化、语言文字、风俗习惯等方面均与加拿大人民相去甚远，难以同化，且他们均无定居的打算，收入所得也均带回中国，影响了社会的稳定和国家的财政金融。

1882年美国通过《排华法案》，更加快了加拿大制定限制华人入境法案的脚步。1884年，加拿大政府指派"中国移民皇家委员会"（Royal Commission on Chinese Immigration）再度调查中国移民问题。调查报告建议政府向赴加华人征收人头税每人10加元，并要求作为家庭佣人

---

① 负责建设该铁路的加拿大太平洋铁路公司也被看作是创造该国历史的两大公司之一，另一个是开发了东海岸的哈德逊湾公司。
② 李春辉、杨生茂主编：《美洲华侨华人史》，第348页。

的华人登记，并制定法令对其进行各方面的限制。①次年，加拿大太平洋铁路修建完成。虽然参加铁路修建的华工开始转向其他行业，使劳动力市场的紧缺情况有所缓解，但加拿大所面临的大规模经济发展仍需要大量移民，而当时欧洲移民仍大多前往美国，许多加拿大居民也向南迁移至美国。因此虽然对华工有许多争议，但加拿大政府并未像美国一样完全切断华工的来源，而是采取了经济手段，一方面能够限制中国移民，以平息国内的反华浪潮，另一方面也能适当地引进华工，满足国内劳动力市场的需求。

1885年，加拿大联邦政府出台了《华人入境条例》（Chinese Immigration Act），从而结束了汉民族自由移民加拿大的时期。

（二）征税限制时期（1885年至1923年）

1885年的《华人入境条例》以1884年"中国移民皇家委员会"的报告为基调，开始对华工征收人头税。从此汉民族移民加拿大由自由时期进入限制时期。

该法案规定，凡已在加拿大并希望留下定居的华工，以及赴加华工需缴纳人头税每人50加元，"非移民"华人，包括外交人员、商人、传教士、旅客、科学家、学生、教授等无须缴纳人头税。②之后加拿大政府屡次增加人头税的额度。1901年1月1日起，人头税增加至100加元。经过"中国移民皇家委员会"的再度调查并提出报告，人头税于1904年1月1日起又增至500加元。在同时期全球赴加拿大的移民中，只有华人在入境时需要缴纳人头税，虽然华人仍可移民加拿大，但所受到的侮辱与所付出的代价却是其他任何国家的移民都未曾经历的。

除联邦政府出台的反华条例外，作为当时华人最多的不列颠哥伦比亚，其立法院也通过了一系列限制性法案，在置业、就业、社会福利等方面对华人进行种种限制。在联邦政府颁布《华人入境条例》的同时，该省开始加征华人丁口税每年15加元，采矿税每年15加

---

① *Royal Commission on Chinese Immigration Report*, Ottawa, 1885, pp. 1-487, 转引自沈已尧：《海外排华百年史》，第44页。

② 沈已尧：《海外排华百年史》，第44页。

元。①1890年颁布《煤矿工人管制修正案》，禁止华人从事井下作业；1893年颁布《省住房法》，禁止华人享受省政府为老年人和残疾人修建的住房；1899年颁布《贩酒执照法》，不准华人领取贩酒执照；20世纪初年，禁止华人从事诸如律师、药剂师、医生、公立学校教师等专业性职业。②

与政府的反华政策相呼应的，是加拿大民众的反华情绪和时常发生的反华事件。1886年，温哥华市发生大火，反华分子声称是华人纵火，于是当地政府于1887年1月8日驱逐了被怀疑纵火的华工，将其押上汽艇，强行送到维多利亚。2月24日，反华分子又包围并推倒了布里夸豪士工地华人居住的简陋木屋，烧毁了华工的义务和全部家具。并于当夜袭击了3000余名华工在温哥华的聚居区福尔斯湾的住所。③此类反华事件时有发生，在加华人成为当时加拿大少数群体中到受种族歧视最为严重的族群。

重税政策的实施旨在限制华工的入境，但是从统计数据来看，在人头税为每人50加元的1886年至1900年间，来加华工人数从19世纪80年代的每年几百人逐渐增加到1900年的4231人。这与美国1882年通过《排华法案》有密切关系。华工入美已不可能，因此许多选择赋税进入加拿大。人头税为100加元的几年间，政府加拿大经济进入迅速发展时期，政府鼓励移民，设法吸引欧洲与美洲的移民前来，而此时，美国因土地价格的上涨迫使许多人北上至加拿大寻求发展的机会。再加之中国国内经过"甲午"和"庚子"两次大赔款，民不聊生，又迫使许多华人出洋谋生。因此，在1901年华工入境人数经历短暂下降后，于1903年又增至5245人，此移民在征税限制阶段结束，即1923年之前仅次于1912年（6083人）、1913年（7078人）和1914年（5274人）的华工入境人口数量。在加拿大政府将人头税提至500加元之后，华工入境人数急剧下降，接下来的三年期间付税入加的华工人数总计才有一百多名。后来，华人发现，如果以学生身份入境，到加拿大满一

---

① 黄鸿钊：《加拿大华人社会的变迁》，第80页。
② Peter S. Li, *The Chinese in Canada*, Toronto: Oxford University Press, 1988, pp. 27-28.
③ 陆国俊：《中国的华侨·美洲》，第82页。

年后便可将入加时交过的500加元人头税如数取回，因此从1908年起，付税入加华人人数又有回升，在1913年达到最高峰，当年入境华人人数达到7078人。也就是因为出现了此类情况，加拿大政府随即取消了该项规定，自此之后，入籍华人人数在此锐减至每年几百人不等。[①]

一战爆发后，许多加拿大白人工人入伍参战，劳动力市场再度出现供给不足的情况。许多汉民族移民在此期间从洗衣等服务行业转入其他部门工作，以填补劳动力市场的空缺。然而战争结束后，情况又发生急剧变化。经济萧条，大量退伍军人失业，华人再次被看作是与白人竞争有限社会资源的族群。在此背景下，加拿大政府开始再次考虑对华人政策问题。

此外，加拿大与美国同源于英国殖民地，在对待汉民族移民政策方面有许多相同相似之处，在制定政策时加拿大也深受其邻国美国的影响。1882年美国开始禁止华工入美，大量欧洲移民进入美国，而加拿大此间正需要劳动力发展经济，又无法吸引更多的欧洲移民，因此采取了人头税的政策，一方面接纳了被美国拒绝入境的华人，补充了国家发展急需的劳动力，另一方面通过税收大大增加了财政收入。到了20世纪20年代，美国的国籍配额制度在一定程度上限制了欧洲移民的进入，一些来自东欧和南欧国家的移民开始将加拿大作为移民目标国。他们的到来使华人再次成为被排斥的对象。

加拿大各派政治力量也开始利用华人问题谋取政治资本。1921年联邦大选中，主要的竞选题目之一便是华人问题。自由党的竞选纲领中提出要加紧限制中国移民，加拿大应该是一个白人国家，这不仅符合经济发展的需求，也符合民意。[②] 1923年6月30日，加拿大通过了《中国移民法案》(Chinese Immigration Act)，从7月1日起开始实施。由此效法美国，对华人移民彻底关上了大门。

[①] 沈已尧:《海外排华百年史》，第44—45页。
[②] 王丽芝:《加拿大华人移民政策的演变及其原因》，第42页。

（三）禁止时期（1923年至1947年）

1882年美国的《排华法案》开启了美洲诸多国家禁止华工入境的进程。1897年危地马拉禁止中国继续向该国移民；1902年古巴禁止中国移民入境；1903年巴拿马政府、1909年秘鲁政府均先后下令禁止华人入境。1923年，加拿大联邦议会通过的《中国移民法案》也将华工拒斥在国门之外，接下来的二十多年间，华人均不得入境，直到1947年该法案被废除，此为汉民族移民加拿大历史上的禁止时期。

《中国移民法案》共计43条，许多华侨华人将其称之为"四三苛例"。它明文规定，此项条例仅为华人而立，除外交官、商人和学生外，其他华人一律禁止入境；华人一律不准携亲眷来加；现居加拿大的华人，离境以两年为限，逾期不准重返加拿大；重返加拿大的华人，也需以温哥华为入境口岸。随后，加拿大移民局要求所有在加华人必须于1924年6月30日之前前往移民局登记，否则将处以罚金或监禁。也正因此，加拿大温哥华中华会馆将7月1日定为"侨耻纪念日"。

为了进一步阻止华人入境，加拿大政府又于20世纪30年代初颁布了两条法令。1930年9月30日的"内阁会议指令第2115条"规定，已在加拿大的华人如欲申请配偶及18岁以下未婚子女来加，需本人先加入加拿大国籍。1931年6月17日又颁布"内阁会议指令第1378条"，规定凡在加拿大的华人如果想要归化入籍，必须先申请中国政府批准其脱离中国国籍，并须在加拿大华侨报纸登载声明，才有入籍的可能。

所有上述法律法规成功地将华人拒绝在加拿大国门之外。1923年至1947年间，只有20多名华人入境，是汉民族移民加拿大历史上移民人数最少的一段时间。

（四）宽容时期（1947年至1967年）

20世纪40年代的国际形势迫使加拿大政府重新调整对华移民政策。二战期间，中国在太平洋战场的表现赢得了同盟国的认可和支持，国民政府也与许多国家订立了友好条约，这些均有助于改进相关国家对华人的政策和态度。

在对待华人的移民问题上,加拿大政府再次紧随美国之后。美国于1943年废除《排华法案》,加拿大总理麦肯齐·金(W. L. Mackenzie King)也于1943年7月在联邦众议院承认加拿大的中国移民政策是错误的,需要加以纠正。同年,加拿大与国民党政府建立了大使级外交关系。1944年又签署一项协议,其中规定两国国民享有到对方国家旅游和居住的权利。[①] 1947年5月1日,加拿大政府终于废除了《中国移民法案》和"内阁会议指令第1378条"的入籍条例。从此,汉民族移民加拿大进入了一个逐渐宽松的发展时期。

《中国移民法案》被废除后,已在加拿大的中国人可以申请归化入籍,入籍后可以与其配偶及18岁以下的未婚子女在加拿大团聚,华文教师、编辑与特殊技术人员可以以非移民身份申请入境。[②] 但由于联邦政府并未取消关于限制亚洲移民的法规,华人移民问题上仍存在相当程度的种族歧视。此后,加拿大陆续对移民条例进行了几次修订。1952年的新移民条例仍将国籍、人种等作为接受移民的重要考虑因素。其中第61条规定,内阁有权以四种因素作为准则限制或禁止入加移民,第一个因素即是国籍、人种、职业、阶层和来自地区。关于华人移民,该条例规定,已入籍华人可以申请配偶及21岁以下子女、65岁以上的父亲和60岁以上的母亲移居加拿大。[③] 该法案与1947年的法案相比,将子女年龄有18岁放宽到21岁,并增加了父母一项,使得依亲类移民人数获得了增加。1957年通过了《中国新娘赴加拿大结婚条例》,该条例规定,"未加入加拿大国籍的华侨青年,可以申请在中国的未婚妻到加拿大国",[④] 而不再要求购有回程票,也不限制新郎或新娘要等待30天才准予结婚。[⑤] 1962年,联邦政府再次公布新的移民条例,该条例的第31条最终放弃了国籍、肤色和人种等方面的歧视政策,转而更加强调移民的受教育水平和专业技能。同时,该条例废除了"文

[①] 王丽芝:《加拿大华人移民政策的演变及其原因》,第43页。
[②] 黄昆章、吴金平:《加拿大华侨华人史》,广州:广东高等教育出版社,2001年版,第228页。
[③] 周南京主编:《华侨华人百科全书·法律条例政策卷》,北京:中国华侨出版社,2002年版,第207页。
[④] 黄昆章、吴金平:《加拿大华侨华人史》,第229页。
[⑤] 沈已尧:《海外排华百年史》,第50—51页。

字测试"规定，并赋予所有被驱逐出境者向"移民上诉局"（Immigration Appeals Board）上诉的权利。1963年，新上任的"公民与移民部长"法夫罗（Guy Favreau）表示将支持一个更开明的移民政策，并承诺加速改善有关华人移民加拿大的规定。

虽则如此，加拿大在接受移民时，仍然具有较强的种族和族群选择性。正如麦肯齐·金说的，"加拿大人民不希望为了大量移民的缘故，而改变我们人民的基本特质。而东方来的大量移民将改变加拿大人民的基本成分。更有甚者，为数众多的东方移民必然会引起某种社会和经济问题，进而导致国际间的严重困难。"[①] 由此可见，加拿大移民政策所坚持的主要原则仍旧是维持以英国人和法国人及其后裔为主体的人口成分，并不会因接纳某国或地区的移民在国际社会招致各种麻烦。因此，尽管1947年《中国移民法案》得到废除，但作为选择性移民政策的"受害者"，华人移民加拿大仍然受到一定程度的歧视。

从入加人口上看，宽松时期华人移民数量确实有所增加，并保持了较为稳定的入境人口。1947年赴加华人只有21人，1950年即达到1746人。[②] 从1947年至1967年的20年间，每年入境华人人口保持在2000人左右。在此期间，华人人口也呈现出新的发展趋势。首先是在加华人男女比例日趋平衡。1961年加拿大人口普查结果显示，加拿大华侨华人中女性占总人口比例为38.9%，到1971年该比例上升至47%，近于平衡。[③] 其次是入加华人的受教育程度开始有所改变，受过良好教育和具有专业技能的华人人数有所增加。1959年，在463名入加的华人中，有159名（34.3%）具有职业技术背景，其中包括29名医生，18名教授和22名工程师。[④]

就汉民族移民加拿大的历史发展来看，宽容时期既是较之以往有很大改善的时期，同时也是加拿大汉民族人口向着正常化发展过渡的时期，人口的年龄、性别、受教育程度、专业技能、收入等等都在时

---

① 沈已尧：《海外排华百年史》，第50页。
② 龚伯洪编著：《广府华侨华人史》，第315页。
③ 李春辉、杨生茂主编：《美洲华侨华人史》，第443页。
④ 沈已尧：《海外排华百年史》，第21页。

期开始趋向正常。

（五）平等时期（1967年至今）

1967年加拿大新的移民条例的出台是加拿大移民政策发展史上一个重要的转折点，也是汉民族移民加拿大历史上的重要时刻。它采取"评分制"，是来自中国的移民在法律层面第一次与其他国家的移民享有平等权利。新的移民条例进一步强调移民的受教育程度和专业技能，比较彻底地消除了以往移民法规中残存的种族歧视因素。从此包括汉民族在内的中国移民在法律上与其他国家和地区的移民一样受到平等的保护和制约。

分析该移民法案的调整，归根结底仍是加拿大国家战略发展需要所致。1967年之前，加拿大的面临着专业技术人员流失的现实。战后美国需要大量的专业技术人员，因此加拿大的许多科技人员流向美国。1953年至1963年的十年间，有41263名专业人员和38363名技术工人从加拿大移民美国，而同时期加拿大获得的专业技术人员移民125242名，净增只有45616人。1950年至1963年间，加拿大每年平均接收专业人员7790人，流入美国和英国的每年平均达到5476人，净增只有2314人。[①] 加拿大多年来一直是世界不同国家和地区移民美国的跳板，而自身国家建设和发展的战略需求迫切要求移民政策进行调整。

从1964年开始，新上任的"公民与移民部"部长就向下院报告，要求改组"公民与移民部"，并对移民政策进行修订，使其更加明白具体，应对加拿大每年需要的移民人数有比较准确的估计，并对外宣布。1966年10月3日，"公民与移民部"改组，成立了"人力与移民部"（Department of Manpower and Immigration），开始对移民政策着手进行较大调整。10月14日，人力与移民部部长马钱德（Joan Marchand）向国会发表关于移民问题的白皮书，重申加拿大移民政策不得以种族、肤色或地区为由对某些群体进行歧视的原则，并强调加拿大经济的增长需要大量的人力，因此必须吸收技术工人和专业人员的方针。

---

① 王丽芝：《加拿大华人移民政策的演变及其原因》，第43页。

在此基础上，新的移民条例于1967年9月12日宣布，并于10月1日起正式实施。按照该条例，申请赴加移民可以分为两大类，一类是独立移民，指在加拿大无亲属，凭自己的条件申请移民的人。申请人根据受教育程度与专业技术能力、加拿大对其职业技能的需要程度、职业技能、年龄、语言程度、移民目的地的就业机会等因素获得并计算分数，以分数作为能否接受移民的依据。另一类是非独立移民，指在加拿大有亲属，由他们申请提出移民的情况。这与美国的依亲类移民基本相同，但也需根据评估因素计算得分。

1967年移民条例为现代加拿大移民政策的调整奠定了基础，之后加拿大政府又于1976年、1977年、1978年、1985年对移民政策进行了调整，但基本仍旧遵循1967年条例的基调，在移民方面将人道同情、家庭团聚和经济贡献作为移民政策的三个基本原则，同时禁止种族歧视、考虑支持加拿大人口的增长等等。但在20世纪80年代之后，开始一步步在实际执行中以移民对加拿大的经济贡献为移民政策修订的首要原则，其具体表现之一就是在移民积分中提高移民所受教育和所掌握的专业技能的比重，紧缩对于人道同情和家庭团聚类移民的准入限制。[①] 积分制的实施将加拿大的移民重点从欧洲转移到了亚洲。到20世纪70年代中期，加拿大接纳移民最多的地区是亚洲，其次是加勒比海地区、拉丁美洲和非洲。[②]

与此同时，加拿大政府于1971年开始实行多元文化主义政策，[③] 承认加拿大是一个由60多个国家和地区移民组成的多民族国家，是一个多元文化的社会。时任总理特鲁多在下议院的讲话中指出，应该"破除种族歧视的态度以及文化猜疑"，"形成一个以对各民族实行公平待

---

① 李明欢，《当代西方国际移民理论再探讨》，《厦门大学学报（哲学社会科学版）》，2010年第2期，第6页。
② [加]郭世宝、唐·德沃兹：《加拿大华人新移民的变迁》，王峥译，《八桂侨刊》，2014年第3期，第6页。
③ "文化多元主义"（cultural pluralism）与"多元文化主义"（multiculturalism）看似相同，但有实质性差别，关于其比较，请参见王希：《多元文化主义的起源、实践与局限性》，《美国研究》，2000年第2期。

遇为根据的社会基础"。① 因此该政策涉及种族、族群和宗教等多个方面，成为加拿大公民权的中心，每个加拿大人都有权享受本民族的传统文化。多元文化主义从政策层面确保了所有移民群体一律平等，并强调种族和文化上的多元性是加拿大的主要特征之一。多元文化政策的实施，也使汉民族移民在政治和社会生活中获得了平等地位，使他们在职业选择上更加多样化，从业领域更加广泛。

之后加拿大政府又先后于1976年颁布了《加拿大人权法》（*Canadian Human Rights Act*）、1982年颁布了《权利和自由竞争法》（*Canadian Charter of Rights and Freedoms*）。20世纪90年代初，加拿大政府启动独立技术移民政策，这为在各国留学的中国留学生毕业后到加拿大谋职创造了条件，吸引了大批移民，其中来自中国大陆的移民人数较多。2002年，受美国"9·11"事件的影响，加拿大政府颁布《移民及难民保护法》（*Immigration and Refugee Protection Regulations*）。这是自1967年之后对于移民法的一次较大调整，提高了对教育、语言和工作经验等条件的要求。2003年后，加拿大采取降低技术移民及格线及增加商业移民配额的措施，华人移民的人口数量快速增加。目前根据加拿大移民法案，移民可分为三类：经济类、家庭团聚类和难民类。经济类移民包括技术移民和商业移民（投资移民、企业家移民和自雇移民）；家庭团聚类移民包括夫妻及未成年子女、父母及祖父母、外祖父母；难民类移民包括受政府援助的难民、自助难民及海外难民。

上述政策从法律上结束了汉民族移民加拿大的不平等历史，这也是汉民族移民自身在移民社会努力争取的结果。对于加拿大历史上对华人的歧视和不公正待遇，加拿大政府也进行了纠正。1989年，加拿大在多伦多修建完成了耗资20万加元的铁路华工纪念碑，以缅怀1880年至1885年为修筑太平洋铁路付出艰辛劳动和巨大牺牲的华工。② 从1984年开始，加拿大仍然健在的约2300多名华工便开始通过全加华人协进会，要求加拿大政府就历史上针对华人征收人头税和实施《排华

---

① 李胜生：《加拿大的华人与华人社会》，宗力译，香港：三联书店，1992年版，第170页。
② 《华声报》1989年10月3日。

法案》进行正式道歉以及适当的经济赔偿。2006年，经过20多年的努力，加拿大政府终于在6月22日举行庄严仪式，加拿大总理哈珀用英语、法语和粤语对过去曾向华人征收人头税一事正式道歉，同时还宣布向仍健在的当年曾缴纳人头税的25位老华人及其400名遗孀每人赔偿2万加元。并向受此政策影响的人提供其他资助，设立发展教育基金，全部开支估计达3000万加元。总理还承认华人对加拿大经济发展所做出的巨大贡献。①

此外，1970年10月13日中国和加拿大建交，1973年10月，加拿大总理特鲁多首次访华，两国总理签订了有关家庭团聚移民的协定。1978年中国实行改革开放，放宽国民出国条件。双边关系和国内发展等因素也为中国和加拿大两国之间人员的流动提供了有利条件。

加拿大华人人口在自由时期出现了较大的变化。从总体数量上看，人口规模有较大的增长。1961年加拿大华侨华人人口仅为5.8万人，1971年即增长到118825人，1981年为28.9万人，2011年为1487580人，50年间人口增长了12倍。② 2009年，加拿大共接纳来自中华人民共和国的新移民29044人，其中经济类移民占67.7%，家庭类移民占27.4%，难民类占3%，其他1.9%。③ 截至2011年，华人裔群人口约占加拿大总人口的4.4%，是加拿大最大的外来少数群体。④

从汉民族移民的人口来源来看，移民加拿大的汉民族来源地呈现出明显的多元化特质。20世纪六七十年代移民加拿大的汉民族多来自中国香港和中国台湾，他们大多具有较好的受教育水平，许多香港移民是商业移民，他们为加拿大的商业发展做出了很大贡献。据统计，在1988年至1992年间，香港投资移民约有3.62万人，共申报投资181亿加元，平均每人投资50万加元。⑤ 温哥华和多伦多两个城市因香港

---

① 黄昆章：《加拿大平反华人人头税》，《华人世界》，2006年第8期，第114页。
② 黄昆章：《二战后加拿大华人人口结构与经济概况》，《八桂侨刊》，2001年第3期，第16页；王奕轩、陆毅茜、宗力：《从统计数据看当代加拿大华侨华人的人口特征》，第40页。
③ 华侨华人蓝皮书编委会，李明欢执笔：《国际移民大趋势与海外侨情新变化》，载丘进主编：《华侨华人研究报告（2011）》，第19页。
④ 王奕轩、陆毅茜、宗力：《从统计数据看当代加拿大华侨华人的人口特征》，第40页。
⑤ [加]《华侨新报》1993年9月17日，转引自黄鸿钊：《加拿大华人社会的变迁》，第82页。

移民较多而被称为"小香港"。20世纪80年代之后，中国大陆逐渐成为加拿大主要移民来源地之一，并于1998年超过中国香港和中国台湾成为最大的移民来源地。① 大陆移民主要以家庭团聚移民和技术移民较多，商业移民少。他们来自大陆各省市自治区，相对移民人口较多的包括北京、上海、广东、福建、浙江等地。除大陆和香港之外，加拿大的华侨华人还来自台湾及东南亚国家和地区，祖籍结构较为多元。其中台湾移民多为商业移民，来自印支三国的多为难民，其祖籍仍以广东汕头地区和珠江三角洲地区为主。

从性别和年龄变化趋势来看，20世纪70年代以后男女性别比例开始趋于均衡。从早期移民加拿大一直到二战之前，在加华人一直是男性远远高于女性，有的年份有的地方男女比例严重失调，比如1921年在里贾纳和哈利法克斯，华人男女比例为60:1。② 二战之后，由于一批华人妇女配偶得以移居加拿大，尤其是1956年之后，入境华人女性多于男性，使得在1956年至1967年男女比例达到65:100。③ 2011年加拿大全国家庭调查结果显示，2011年加拿大华人总体男女性别比为91.1，与加拿大总体96.2的性别比相比，仍略显不均衡。除了在0—14岁和15—24岁两个年龄组外，所有其他年龄组的华人人口中，女性均多于男性。从年龄分布来看，华人15岁至64岁年龄段人口占总人口的72.9%，与加拿大劳动力人口的比例（69.1%）相比，华人人口呈现出较为明显的年轻化趋势。④

从华人人口在加拿大的地理分布来看，早期移民多集中于加拿大西部，尤其是不列颠哥伦比亚省，那里曾经是汉民族移民的唯一落脚点。20世纪70年代开始，华人人口开始向东部移动，形成以安大略省为中心的东部新的定居地，多伦多华埠也已超过西部温哥华成为加拿大华侨华人最大的聚居地。总的来说，加拿大华侨华人人口的空间分布仍然高度集中，其中既包括传统的汉民族移民聚居地，如温哥

---

① [加]郭世宝、唐·德沃兹：《加拿大华人新移民的变迁》，第7页。
② 魏安国等：《从中国到加拿大》，许步曾译，上海：上海社会科学出版社，1988年版，第432页。
③ 李胜生：《加拿大的华人与华人社会》，第119页。
④ 王奕轩、陆毅茜、宗力：《从统计数据看当代加拿大华侨华人的人口特征》，第46页。

华、维多利亚等,也包括一些20世纪70年代以来兴起的东部地区。目前,安大略省、不列颠哥伦比亚省和阿尔伯塔省华人裔群人口数量最多,容纳了在该国90%的华人裔群人口。多伦多、温哥华、蒙特利尔、卡尔加里、埃德蒙顿、渥太华等都市区也都拥有较多的华人裔群人口数量,其中多伦多2011年拥有华人数量594735人,占华人总数的40%。①

与美国华人人口的发展趋势相同,近年人口空间分布呈现出的第二个趋势是人口的郊区化。这一趋势出现在1967年新的移民条例颁布之后,华人移民逐渐从城市向郊区迁移,尤其是一些中产阶级的华人家庭,在不少大都市郊区形成了华人居住区或多族群居住区。与此同时,一些华人移民也开始在当地投资商业,逐步形成一些新兴的唐人街,比如温哥华的里奇满区和多伦多的士嘉堡区等。②

就移民的职业分布来看,平等的移民政策和多元文化政策均有利于加拿大华人从业方面融入主流社会,并获得较多的发展机会。目前加拿大华人从事的职业比较广泛,包括科技教育、医学、法律、金融保险、国际贸易等等。这是由华人较高的受教育程度所决定。2011年,加拿大华人25岁至64岁人口中,有44.4%的人口拥有大学本科或以上学历,在加拿大总人口中,该比例只有26%。③ 2011年,来自中国的留学生人数达到4.1万人,已成为加拿大最大的留学生群体。根据加拿大统计局2012年4月12日公布的公民和移民部"季度管理资料报告"(QADR)显示,2011年进入加拿大的中国留学生人数为21812人,继续保持在留学生人数首位,且有继续攀高趋势。④ 他们中的许多人在毕业之后选择留在加拿大,甚至归化入籍,成为中国新移民的一部分。

---

① 王奕轩、陆毅茜、宗力:《从统计数据看当代加拿大华侨华人的人口特征》,第45页。
② 同上,第45页。
③ 王奕轩、陆毅茜、宗力:《从统计数据看当代加拿大华侨华人的人口特征》,第41页。
④ 《加拿大留学生总数近10万 中国留学生人数再居首》,中国新闻网,2012年4月17日,http://www.chinanews.com/lxsh/2012/04-17/3825100.shtml,2014年6月2日登录。

四、汉民族移民中的政治精英——加拿大首位华裔女总督伍冰枝

在汉民族移民加拿大的历史上，尤其是禁止时期结束后，不乏一些精英人士活跃在加拿大政治、经济、教育、科技等社会生活的各个领域，他们为加拿大的发展做出了贡献。

伍冰枝（Adrienne Clarkson）是加拿大历史上首位汉民族女总督，也是首位英裔和法裔之外的少数族群总督。加拿大总督，是英国国王在加拿大的代表，象征着国家的主权和统一，是加拿大的国家元首，代表国家出席国内外的重大活动。总督须由政府总理提名，经英国女王任命，任期一般为5年。

伍冰枝祖籍广东省台山市，客家人，1939年2月10日出生于香港。其祖父伍耀培出生于台山，是早期移民澳大利亚的华人。父亲伍英才出生于澳大利亚，因当时澳大利亚种族歧视极为严重，伍英才于20世纪30年代回到香港。1942年，日军侵占香港。伍冰枝一家乘船逃往加拿大。因其父伍英才是加拿大驻香港公司职员，全家便得以随侨民一起撤离香港，经莫桑比克前往加拿大。时值加拿大对华移民政策仍处于禁止时期，因此他们也被拒绝入境，后来经商务局出面，利用尚余的美日交换战俘名额，伍冰枝一家作为难民得以进入加拿大。

伍冰枝先后于多伦多大学和法国巴黎大学文理学院获得学士和硕士学位后，即开始了她的媒体生涯。她在加拿大电视业中最具影响力的CBC电视台工作了35年，先后做过采访、撰稿、策划和主持等工作。她所主办的一些节目收到电视观众的广泛喜爱，如《30分钟报道》（*Take Thirty*）等，其中最有影响力的是《伍冰枝直播》（*Adrienne Clarkson Presents*）。该节目以其英文名命名，自创办以来一直都是CBC的拳头节目，在每天晚上的黄金时段播出。伍冰枝通过自己的才华和努力，在媒体界获得了加拿大社会的认可。此外，她还在其他一些领域有出色表现，如小说写作、电影拍摄等等。她的小说《更伤心的情人》（*A Lover More Condoling*）、《饥饿的足迹》（*Hunger Trace*）以

及基于对多位男性进行采访后撰写的非文学作品《真实面对》(*True to You in My Fashion: A Woman Talks to Men about Marriage*)均受到读者的欢迎。她所拍摄的电影《他眼里的诱惑》(*The Lust in His Eye: Visions of James Wilson Morris*)被戛纳艺术电影节选为开幕式播放的电影之一。1992年因其对加拿大广播事业作出的杰出贡献，伍冰枝获加拿大勋章。

伍冰枝能在20世纪90年代末期担任总督一职，有其个人的努力，也有加拿大政界和社会环境等方面的因素。

就个人而言，在传媒界的出色表现为伍冰枝赢得了较高的知名度。她的电视节目、小说、电影都收到观众、读者的青睐，20世纪90年代她已成为一位在加拿大最有影响的文化人士。她在承担其他社会职务时也以她的能力和才干取得了瞩目的成效。1982至1988年间，伍冰枝担任安大略省首任驻法国总代办，她充分利用自身对东西方文化的感悟，广交朋友，在法国、意大利和西班牙等国家推销加拿大安大略省的经济和文化，使安大略省在欧洲的知名度迅速提高。1989年至1995年间，伍冰枝担任多伦多大学高级研究员和国家文明博物馆财产管理委员会主席，在此期间，她妥善解决了长期悬而未决的建造纪念犹太人大屠杀博物馆的争论。之后又担任总部设在维也纳的国际音乐、舞蹈、文化节目视听中心执行董事会主席，她也是首位担任该职位的华人，之前该职位均由欧洲人担任。在所有这些工作岗位，她都充分展示了自己的领导才能。此外，她的教育背景使得她谙熟英语和法语两种语言及其承载的文化，她的祖籍来源又使她熟练掌握了广东话，因此在加拿大得到了英裔和法裔以及华人社区的认可，享有较广泛的社会接受度。

在加拿大的政治和社会环境方面，总督作为加拿大国家元首的代表，更多具有象征意义，代表着国家的主权和统一。在伍冰枝之前的多位总督似乎也只是起到了象征性的作用，在政治领域表现平平，在加拿大民众心中也未曾留下深刻的印象。在此种情势下，加拿大的政治评论家认为，克雷蒂安总理提名伍冰枝担任总督一职，就是看重了她的领导智慧和勇于进行改革的勇气和热情，希望能够为加拿大政坛带来一些清新的空气，能够找到一个对民众有亲和力和感召力，超越党派之争的理想总督。此外，到20世纪90年代末期，多元文化主义的意识形态和政府政策已经执行了20年，加拿大的多元社会正走向成熟。

在此种情况下，时任加拿大总理克雷蒂安提名伍冰枝担任总督，在获得英国女王伊丽莎白二世的任命后，伍冰枝于1999年10月7日就职，开始担任加拿大第26任总督，成为该国第一位华人女总督。1952年以前，加拿大总督均为英国人，此后开始由加拿大人担任，但历届总督也都是白人。这一事件由此也成为加拿大多元文化政策的典型案例，正如她在宣誓就职时所说的，"我是第一名当总督的移民，原来的身份是难民。我认为这对于加拿大来说，是一个非常重大的演变。"①

在担任总督期间，在国内，她走遍加拿大各地，了解民情，会晤民众，调解英裔和法裔族群的关系；倡导提升妇女地位。作为加拿大总督，她同时也是加拿大三军的最高指挥官。在任期间，她利用该身份探访了在阿富汗作战的加拿大士兵，到科索沃会见当地的加拿大维和部队，到驻波斯湾的加拿大驱逐舰上度过圣诞节，这在加拿大历史上从未有过。② 通过她的努力，她确实实现了她在宣誓就职时的承诺："我不会因为自己是总督就缩手缩脚，牺牲自己的政治观点，我要在诸如教育、文化政策等问题上大胆表明自己的观点；用自己几十年来积累的经验加强各民族的团结，促进法裔人与英裔人的沟通，当一名勤奋的'花匠'，做一个加拿大历史上从未有过的总督。"③ 在对外关系方面，她走访了多个国家，虽然由此产生的高额支出招致了质疑和批评，但这些外交活动为加强加拿大与世界其他国家和地区的联系，提升加拿大的国际形象起到了重要的推动作用。

在2005年伍冰枝卸任时，在欢送仪式上，时任总理马丁、众议院以及参议院议长均向伍冰枝表示了敬意。马丁在欢送会上将总督旗授

---

① 飞翼：《加拿大第一位华人女总督伍冰枝》，《武汉文史资料》，2000年第5期，第14页。
② 《伍冰枝：华人女总督的传奇之路》，中国台山政府公众网，2008年3月22日，http://www.cnts.gov.cn/Disp.Aspx?ID=17366&ClassID=388，2014年5月6日登录。
③ 飞翼：《加拿大第一位华人女总督伍冰枝》，第15页。

予了伍冰枝，高度赞扬了伍冰枝在任职期间的努力。马丁在声明中表示，"她的贡献、她的风范，深深地感动了加拿大人，自1999年任职以来，她不辞辛苦地巡视加拿大各地，接见加拿大各族裔人民，把他们团结在一起，共享我们的团结和多元化。"马丁还宣布将斥资1000万加元成立以伍冰枝命名的加拿大公民学会。参议院院长海斯也赞扬伍冰枝为加拿大历史上最出色的总督之一。①

作为一个以难民身份移民加拿大的华人，在短短几十年的时间内，伍冰枝就以自己的努力和能力获得了加拿大政界和社会的认可，成为国家最高元首，这不仅是伍冰枝个人所取得的成绩，也是汉民族移民加拿大历史上的重要事件。

五、加拿大汉民族移民的贡献

加拿大作为一个移民国家，无论是在殖民地时代还是独立之后，其国家建设和发展的不同时期都离不开移民的贡献。汉民族作为较早移民加拿大的群体，也在不同的历史时期为该国的经济、政治和社会的各方面发展做出了自己的贡献。

（一）早期移民与加拿大的开发

汉民族早期移民，尤其是契约工和赊单工，对于加拿大西部的发展是不可或缺的。他们从事矿山开采、铁路修建、餐饮、洗衣、小商业等工作，总理麦克唐纳曾对早期移民对加拿大建设过程中的作用和贡献给予了充分的肯定，他认为，"中国移民忠诚、本分、和平、守法、节俭而聪明"，②他们的劳动为当时西部的社会、经济、基础建设等各方面的发展奠定了基础。

汉民族早期移民多从事矿山开采和铁路修建工作，作为矿工，他们为加拿大西部的开拓和发展铺垫了道路，创造了巨额财富。据统计，

---

① 《华裔伍冰枝卸任加总督，被赞最出色总督之一》，世界华人网，2005年9月28日，http://www.wuca.net/doc-9337.html，2014年5月6日登录。

② 李东海：《加拿大华侨史》，第141页。

从1858年弗雷泽金矿被发现之后的数年间，该金矿产值达3600多万加元，①其中很大一部分是由华工所创造的。每个华工所采金的价值在1861年为634加元，1862年为648加元，1863年为889加元，1868年为992加元。②然而，通过采矿所创造的财富几乎与矿工无关，除去支付旅费、利息、食宿费用等等开支，矿工所剩收入无几。

有少数从金矿开采中获得积累了一些资本的汉民族早期移民开始开办企业，成立了一些为金矿提供基础设施的公司，从事以小型机动或手推的货车为工具的运输业，其中有一家公司在维多利亚市发展成为该市的第二大企业。③

作为修建太平洋铁路的主要劳动力，汉民族早期移民做出了巨大的牺牲。19世纪60年代以前，加拿大西部的不列颠哥伦比亚地区还很荒凉，交通运输极为不便。当时的加拿大既需要迅速发展西部地区，也需要防止西部的不列颠哥伦比亚独立，因此建立一条从西至东横贯大陆的铁路势在必行。在当时北美广袤土地上人口稀少的情况下，汉民族劳工对于缓解劳动力市场的紧缺状况起到了极大的作用，而且他们又具有吃苦耐劳的优良品质，尤其是在铁路修建过程中，其优势得到了最大限度的体现。他们被雇佣来从事太平洋铁路最为险峻的路段，弗雷泽河谷"从耶鲁到里屯的58英里路段，山体全是坚硬无比的花岗岩，直上直下，深深的河谷中激流飞溅。要在悬崖峭壁上开凿出15条主要隧道，最长的一条有1600英尺长。工人们在几乎没有立足之地的绝壁上凿洞，搭上栈道以便点炮崩山"。④从弗雷泽河上游开始到穿过落基山脉的路段基本全部由汉民族工人完成。由于地势险峻、过度劳累、医疗条件差等原因，许多华工死亡。至1885年铁路全线建成时，共有1500多名华工献出了生命。⑤因此，完全可以说，没有早期来到

---

① 黄鸿钊：《加拿大华人社会的变迁》，第79页。
② 陆国俊：《中国的华侨·美洲》，第40页。
③ [加]杰弗里·卡尔顿：《加拿大与华人移民》，周添成译，《南洋资料译丛》，1988年第4期，第101页。
④ 席越：《每英尺铁轨下就沉睡着一个中国人——一条铁路的叙述史》，《世界文化》，2015年第1期，第51页。
⑤ 陈翰笙主编：《华工出国史料汇编》（第七辑），第338页。

加拿大的汉民族劳工,加拿大横跨大洲的铁路是不能在如此短暂的时间内修建起来的。汉民族对加拿大早期西部的开发、国家的统一起到了不可或缺的作用。

在结束了采矿和铁路修建工作后,一些汉民族移民离开了加拿大,但大多数选择留下,并转行从事家庭服务、鲑鱼罐头业、园艺业和洗衣业等职业。在农业、园艺业等方面,早期汉民族充分利用移民之前在农业方面的经验和技能,在温哥华、多伦多等地创办农场,经营水果、蔬菜。祖籍龙归(今属广州)的茹金垣于1905年到达加拿大,在温哥华般拿比市开荒,创办了新泰生园,种植各种蔬菜,后来其子茹容均于20世纪60年代赴加接管农场,扩大规模,增加品种,新泰生园发展史被载入该市百周年纪念特刊中,以示对其在农业方面贡献的认可。①

汉民族移民的到来不仅为早期加拿大的发展提供了充足廉价的劳动力,还带来了高额收入。1885年通过的《华人入境条例》规定向华人征收人头税,并且在几年内连续提高赋税额度,这为加拿大政府带来了相当可观的收入。连同一小部分离境登记税,从1886年至1923年禁止时期开始时,加拿大政府在此两项共向8.1万名华人征收2300万加元。②仅1914年的前三个月,华工缴纳人头税就达2637000加元,除去各项相关开销,盈余多达743909加元。③该项收入不可小觑,对经济正在开始迅速发展的西部地区来说,如此庞大的一笔收入无疑是经济和社会发展的巨大推动力。据说维多利亚市的省政府联合大厦便是用此项开支建造。④

(二)二战后汉民族移民的贡献

第二次世界大战的爆发改变了世界格局,也促使加拿大修改对华移民政策。此后汉民族移民加拿大在人口结构、受教育程度、职业分布等方面均呈现出较大变化,为加拿大社会所作出的贡献也有别于早

---

① 龚伯洪编著:《广府华侨华人史》,第237—238页。
② 黄昆章:《加拿大平反华人人头税》,第114页。
③ Bureau of Statistics, *Canada Year Book*, 1914, p. 678.
④ 沈已尧:《海外排华百年史》,第45页。

期移民。

在二战期间,汉民族移民为反法西斯战争的胜利捐献财物,甚至贡献出了生命。加拿大在1939年9月10日参战。战争中,中国和加拿大是并肩作战的盟友,在加的汉民族移民也积极参军,为反法西斯战争贡献力量。加拿大有500多名华侨华人参军,①在加拿大军队中服役,赴亚洲地区作战。祖籍广东香山的雷昆照于1942年参加加拿大皇家空军,1944年作为轰炸机飞行员被派往英国,在第30次飞往欧洲执行任务时牺牲。加拿大政府为纪念他,于1998年12月把温哥华市以北山区一个湖泊命名为"雷昆照湖"。②在战争期间,加拿大的华人社区也慷慨解囊,对战争进行捐助。加拿大华侨华人共捐助约500万美元,中华会馆要求全体会员购买加拿大和中国的战时债券,其间共购买了大约1000万美元的"加拿大胜利债券"。③在渥太华,华人人均捐款额超过了所有其他族群。此外,华人裔群在造船厂和其他工厂工作;为军队提供粮食。他们为加拿大和中国所在盟国最终获得战争的胜利贡献了自己的力量。

20世纪60年代加拿大新的移民政策实施后,汉民族移民在各行业均有出色表现,推动着加拿大社会和经济的发展。当代加拿大汉民族的职业分布已经非常广泛,包括诸如金融保险、国际贸易、科学教育、法律医疗等主要领域。据统计,目前在管理领域、商业、金融、行政领域以及自然和应用科学领域,都有10%以上的华人从业者。从事医疗领域的华人比例近6%,与该行业全国整体从业比例相近;从事社会科学、教育、政府服务和宗教领域工作的有8.3%。上述几类职业相加比例高达56.8%。④有一半以上的华人裔群从事高层次的工作,不仅提高了从业者自身的经济收入和社会化程度,他们在各方面所表现出的才能和潜力也获得了移入国社会的认可。

此外,汉民族中商业移民人数的比例在二战后逐渐增加,为加拿

---

① [加]杰弗里·卡尔顿:《加拿大与华人移民》,第105页。
② 龚伯洪编著:《广府华侨华人史》,第238页。
③ [加]杰弗里·卡尔顿:《加拿大与华人移民》,第105页。
④ 王奕轩、陆毅茜、宗力:《从统计数据看当代加拿大华侨华人的人口特征》,第42页。

大的经济注入了新的活力。他们投资兴建了现代化的购物中心（如多伦多的太古广场和新地平线中心）、连锁超市（如遍布加拿大的"大统华"超市）、连锁餐馆等，还有的从事金融保险、房地产和旅游业等行业。截止到2010年，高达20%的华人移民为商业移民，其中企业家移民为7.5%，投资移民10.5%，自雇移民1.3%。① 企业家和投资移民以香港和台湾移民为主，他们涉足商业，成为华人商业发展的主力，为加拿大尤其是华人人口相对较多的省份和城市的商业发展贡献了力量。其中不列颠哥伦比亚省受益最多。1991年加拿大国民生产总值出现负增长，而香港投资移民集中的不列颠哥伦比亚省因主要得益于香港资金的大量涌入，而没有发生经济危机现象。②

此外，加拿大汉民族移民中的精英人士积极参政议政，为加拿大的政治发展做出了自己的贡献，尤其是在1947年废除《排华法案》后，华人终于获得了选举权和被选举权，自此之后，华人在加拿大联邦政府、省政府和市级政府中的参政人数逐渐增加。这既是华人获得平等地位的具体表现，也展示了中国移民的才能；既使加拿大少数群体的声音能够得到充分表达，也使加拿大的多元文化政策得到了彰显。

在联邦政府中，祖籍广东恩平的郑天华于1957年代表保守党在温哥华参加国会竞选，挫败了自由党国防部部长，成为加拿大国会第一位华裔国会议员。③ 1974年李桥栋成为第二位华裔国会议员，1993年陈卓愉当选，成为第三位华裔国会议员，他也是第一位被委任为联邦政府内阁部长的华裔。1997年，梁陈明任成为加拿大历史上第一位华裔女国会议员。此后，麦鼎鸿、庄文浩于1997年、黄美丽于2004年、邹至惠于2006年、黄陈小萍于2008年、杨萧慧仪、梁中心、徐正陶、柳劳林、梅佑璜于2011年成功当选国会议员。1999年，伍冰枝任加拿大第26届总督，成为该国历史上第一位华裔总督。

在省政府中，黄景培于1987年成为安大略省第一位华人省议员，

---

① 王曙光：《多伦多华人商业的发展演变及其社会影响》，《华侨华人历史研究》，2014年第4期，第25页。
② 黄昆章：《加拿大的香港移民》，《华侨华人历史研究》，1996年第4期，第14—15页。
③ 周有恒：《郑天华 加拿大第一位华裔国会议员》，《文史天地》，2011年第9期。

并出任该省能源厅厅长,成为全加第一位进入政府内阁的华裔。截至目前,加拿大历史上先后出现了三位华人省督,他们分别是,不列颠哥伦比亚省省督林思齐、阿尔伯塔省省督林佐民和曼尼托巴省省督李绍麟。2014年,安大略省选举中的三名华裔候选人陈国治、黄素梅以及初次参选的大陆新移民董晗鹏,全部成功当选,创下同一届议会中华裔议员人数之最。在2014年10月举行的安大略省新一届市镇选举中,有60多名华裔候选人竞选市长、市议员、区域议员和教育委员职位,有16人胜出,打破了历年华人参选人数的记录,也成为华人获选最多的一届。①

在市级政府中,华人的参政情况更加积极。在多伦多少数群体参政情况中,华人就有10个议员席位,人均席位0.44个。②

他们在加拿大社会和经济生活中的出色表现也赢得了加拿大联邦政府和地方政府的肯定与认可。历任加拿大总理都对华人所具有的优秀品质、为加拿大的历史发展所做出的贡献和牺牲表示过赞赏。1976年至1990年间,有19名华人获得加拿大最高级勋章——加拿大勋章。1971年至1988年间,有8位热心公益事业的华人获得维多利亚市"荣誉市民"称号。③

六、加拿大汉民族移民的特点

汉民族移民加拿大既与汉民族移民美国有许多相同之处,也有其独有的一些特点。从1858年汉民族开始移民加拿大直到1967年限制时期结束的一个多世纪中,移民加拿大的汉民族总体来说有如下几个共同特点。首先,来源地相对集中,绝大多数来自中国广东的三邑和四邑地区,且家境贫困者居多。其次,抵达地和居住地集中,基本在加拿大西部的不列颠哥伦比亚省,该地至今仍然是华人人口大省,拥有

---

① 王燕云:《加拿大华人参政》,《人民日报海外版》,2015年1月2日第008版。
② 曹云华、张彦:《中国的海外利益:华侨华人的角色扮演》,《暨南学报(哲学社会科学版)》,2012年第10期,第20—26页。
③ 黄鸿钊:《加拿大华人社会的变迁》,第82页。

全国31.2%的华人人口。① 第三，大多数移民为短暂居留，希望能够尽快积累资本，衣锦还乡。其原因主要是移民政策不允许中国移民归化入籍，该政策导致汉民移民不愿融入当地文化，其认同感仍以中华民族为主，乡土观念强烈，也由此逐渐形成了各种华人社团组织以及遍布主要华人聚居城市的"唐人街"。第四，受教育程度普遍偏低，因此绝大多数移民作为廉价劳动力来到加拿大，从事技术含量低、劳动强度大、社会认可度低、收入少的职业。

20世纪60年代加拿大移民政策调整之后，汉民族移民出现了一些新的特征和趋势。移民在人口数量、性别比例、年龄结构、来源地、居住地、受教育程度、职业分布、政治参与等等方面均有了很大变化。因前文已有详细论证，此处不再赘述。

但无论是早期还是晚近时期，汉民族移民加拿大都有一个重要的共同特点，即，他们在北美地区的流动以及移民目的国加拿大对华移民政策的制定和演变均与加拿大的南部邻国美国密切相关。最早到达加拿大的汉民族劳工不是来自中国，而是来自美国；当美国对华工移民颁令禁止时，他们缴付人头税来到加拿大。20世纪60年代美加两国对华移民政策进入平等时期后，加拿大成为汉民族移民美国的跳板。每年都有大量移民移出加拿大，前往美国。此种现象不仅仅为中国移民所特有，总体而言，加拿大对于许多来自世界其他国家和地区的移民来说，也是移民美国的跳板。据统计，在1840年至1940年间，约有200万在加拿大出生的人移民美国。1870年至1895年间，加拿大接受移民人数为140万人，移出人数为190.7万人，人口入不敷出。1896年至1914年间，情况稍好一些，移入人口为300万人，移出人口为130万人。这些离开加拿大的人口，大多数移民到美国。② 1965年的美国新移民法规定南北美各国每年移入美国人数不得超过4万名，这才使加拿大的人口安定下来。

---

① 王奕轩、陆毅茜、宗力：《从统计数据看当代加拿大华侨华人的人口特征》，第45页。
② 沈已尧：《海外排华百年史》，第59页。

第四节　小结

位于北美地区的美国和加拿大在对华移民政策方面的演变上遵循了基本相同的历史发展轨迹，均是始于自由移民时期，之后随着汉民族劳工和移民人口数量的增加、当地经济发展的需求、劳动力市场的变化先后经历了禁止时期和限制时期，在20世纪60年代后才因种族主义政策的基本结束而进入到平等时期。

两个国家在对华移民政策方面的发展进程之所以如此相似，主要有两个原因。第一个原因，也是最主要的原因，是美国和加拿大两国作为新大陆上的"新兴"国家，历史发展进程基本相同，都经历了殖民、联邦的组成及扩张、两次世界大战、历次经济危机等等。基本相同的政治体制、经济发展状况、人口组成等决定了两国在对华移民政策方面采取了基本相同的政策导向。对于两国来说，20世纪60年代均是对华移民政策的重要转折时期。在20世纪60年代现代移民政策出台之前，两国实行的都是具有浓厚种族主义色彩的对华移民政策。汉民族移民北美恰逢制度化种族主义时期，[①] 政府通过剥夺公民权、禁止移民、对职业竞争进行限制等等途径，将种族主义制度化，并使之服务

---

① "制度化种族主义"（institutional racism）在20世纪六七十年代被学界广泛使用，成为当时讨论种族问题使用频率最高的术语之一。曾经作过奴隶的黑人政治家道格拉斯是最早从理论方面倡导对制度化种族主义予以研究和重视的分析家，早在1818年，他就指出，黑人已经不止是某一个白人的奴隶，他们在一定程度上已经成为整个社会的奴隶。道格拉斯的论述并没有在学界或政府机构引起多大反响，直到20世纪60年代，一些黑人学者和社会活动家才渐渐深化了对"制度化种族主义"的论述。学生非暴力协调委员会主席、"黑人权力"的倡导者斯托克里·卡麦克（Stokely Carmichael）和政治学教授汉密尔顿（Charles V. Hamilton）于1967年明确提出了"制度化种族主义"这一术语并对其含义进行了解释，他们认为，"制度化种族主义"与"个人种族主义"（individual racism）的概念刚好相对，是指种族主义被根植于社会的主要制度之中，种族歧视远远超出白人种族主义者个人的行动范围，而成为一种社会制度。美国和加拿大相比，制度化种族主义要更为显见，从1896年"普莱塞诉弗格森案"（Plessy v. Ferguson）一直到1954年的"布朗诉托皮卡教育局案"（Brown v. Board of Education of Topeka），制度化种族主义共存在了半个世纪的时间。相比之外，加拿大的制度化种族主义因其实行多元文化政策而显得更为隐性。参加石毅：《从家长制到自由放任——美国政府种族政策研究》，第三章。

于社会经济的发展。正如彼得·李在分析加拿大的对华移民政策时所说的,"通过剥夺一个种族的政治权利和公民权,便基本上限制了被歧视的种族进行讨价还价的权利,从而降低了他们在劳动力市场上的价格和社会上的地位,反之又为'分裂'的劳动力市场找到根据"。① 由此种族主义制度和劳动力市场的需求相互作用,汉民族移民成为其受害者。

两国对华移民政策发展进程相似的第二个原因,是美国作为北美大陆最先独立并获得发展的国家,在对华移民政策上起着引导作用。不仅是对加拿大,对其他具有类似历史发展脉络的国家,比如澳大利亚、新西兰等国也都有重要的影响。加拿大的移民政策在几个重要的转折时期均受到了美国的影响。

对于美加两国而言,汉民族移民的到来在不同历史时期均为不同地区的开发、建设和发展贡献了力量。无论是早期的矿业开采、铁路修建、社会服务业还是近几十年的科技行业、文化教育、医疗卫生、商业等领域,汉民族移民及其后裔都为这两个移民国家做出了不同程度的贡献,他们在北美所获得的经验、资本以及取得的成就在全球化的今天也为中国和美加两国的关系以及中国的发展起到了重要的桥梁和促进作用。

---

① Peter S. Li, *The Chinese in Canada*, p. 183.

第4章

大洋洲的汉民族移民

第一节 大洋洲汉民族移民概况

大洋洲是世界上最小的一个洲,共有14个独立国家。大洋洲也是世界上常住人口最少的一个洲,共有人口3800多万。[①] 汉民族与大洋洲的交往历史悠久,郑和下西洋时期,船队就曾到达斐济。汉民族移民大洋洲始自19世纪40年代末,澳大利亚发现黄金矿藏,汉民族开始以契约劳工的身份进入大洋洲各地。之后虽然由于种族主义意识形态和国家政策的影响,汉民族移民曾在20世纪上半叶数量大幅度减少,但总体来说,汉民族移民大洋洲基本从未中断。20世纪70年代澳大利亚和新西兰开始实行多元文化政策,汉民族移民开始以平等的身份进入大洋洲各国,并在所在国开始享有平等待遇。

20世纪70年代末改革开放以后,中国和大洋洲各国的交往日益频繁。大洋洲由于位于亚太地区,又是亚太经济合作组织的倡导者,因此在全球化与区域合作两种趋势互相角力的语境下扮演着尤为重要的

[①] United Nations, Department of Economic and Social Affairs, Population Division, *World Population Prospects: The 2012 Revision*.

角色。与此同时,大洋洲一些国家的矿产和石油等自然资源丰富,在能源日益紧缺的情况下,受到许多国家的关注,他们将在推动亚太和世界经济复苏与增长中发挥日益重要的作用。有鉴于此,近些年来中国与大洋洲国家在人员往来、双边及多边贸易、能源合作等方面建立起更加紧密的关系。双方领导人接触频繁,中国国家领导人先后访问澳大利亚,达成了建立面向21世纪的长期稳定、互惠共利的战略伙伴关系的共识。在经贸方面,中国和大洋洲国家也搭建起持久的伙伴关系。2002年,中国和澳大利亚建交30周年时,双边贸易额已达200亿澳元,中澳两国于当年签署了250亿澳元的天然气合同。2007年两国贸易额达到575亿澳元,中国超过日本成为澳大利亚最大的贸易伙伴。①

大洋洲国家移民政策调整、多元文化政策实施、中国改革开放后社会经济的发展、中国与大洋洲日益频繁的多层次、全方位的交往互动,这些因素均为新时期汉民族移民大洋洲提供了有利的外部环境,移民人口始终保持在较大规模。

目前汉民族在大洋洲的主要居住地和移民目标地为澳大利亚和新西兰,两者相比,澳大利亚对于研究汉民族移民史又更为重要。其重要性主要体现在以下几点,首先,澳大利亚是亚太移民体系中一个重要的移民输入国,20世纪80年代之后,更成为汉民族移民的主要目标国之一。目前澳洲华人人口已有近90万,为澳大利亚第三大少数民族移民族群。其次,作为传统的移民国家,其移民政策受到西方其他移民大国,如美国和加拿大的影响,研究汉民族移民澳大利亚的历史及所在国的相关政策,对于我们更好地把握目前仍为汉民族移民主要目标国的移民政策发展历史、现状并准确预测未来将起到重要作用。第三,由于移民政策是澳大利亚的一项基本政策,与澳大利亚的国家主权、对外关系、对内政策等息息相关,因此对汉民族移民澳大利亚的研究,尤其是新移民的研究,将有助于巩固发展两国关系,及时调整

---

① 张秋生:《加强大洋洲、南太平洋地区华侨华人问题研究的新思考》,《东南亚纵横》,2012年第9期,第35页。

中国相关的侨务政策,推进中澳两国和亚太地区的经济文化社会交流,为中国的大周边外交服务。有鉴于上述三个原因,本章将集中讨论澳大利亚的汉民族移民。大洋洲其他国家和地区虽有汉民族散居,但总体来说人数少,规模小,因此在本章暂不详细论述。

第二节　澳大利亚的汉民族移民

一、澳大利亚汉民族移民概况

澳大利亚联邦面积769.2平方公里,最早居民为当地土著人口。1770年英国航海家詹姆斯·库克(James Cook)抵达澳大利亚东海岸,宣布英国占有这片土地。1788年1月26日英国流放到此的第一批犯人抵达悉尼湾,英国开始在澳大利亚建立殖民地,后来这一天被定为澳大利亚国庆日。1900年7月,英国议会通过《澳大利亚联邦宪法》和《不列颠自治领条例》。1901年1月1日,澳大利亚各殖民地改为州,成立澳大利亚联邦,1931年成为英联邦内的独立国家。1986年,英议会通过《与澳大利亚关系法》,澳大利亚获得完全立法权和司法终审权。[①]

根据澳大利亚统计局提供的数据,截至2014年6月,澳大利亚人口为23490700人,[②] 至2015年3月估计人口为23767910人,[③] 其中以英国和爱尔兰移民及其后裔为主,占人口总数的74%;其次是来自亚洲国家的移民及其后裔,占总人口的5%;当地本土居民占2.7%。[④]

就人口发展趋势而言,从19世纪淘金时期开始,澳大利亚人口迅速增长,到1901年联邦成立时,人口达到400万。20世纪上半叶,由

---

① 《澳大利亚国家概况》,中华人民共和国外交部网站,2014年9月,http://www.fmprc.gov.cn/mfa_chn/gjhdq_603914/gj_603916/dyz_608952/1206_608954/,2015年3月7日登录。

② Australian Bureau of Statistics, "3101.0 - Australian Demographic Statistics, Jun 2014", December 18, 2014, http://www.abs.gov.au/ausstats/abs@.nsf/mf/3101.0/, 2015-03-07.

③ Australian Bureau of Statistics, "Population Clock", March 7, 2015, http://www.abs.gov.au/AUSSTATS/abs@.nsf/Web+Pages/Population+Clock?opendocument, 2015-03-07.

④ 《澳大利亚国家概况》,中华人民共和国外交部网站。

于医疗卫生条件的改善,人口死亡率的下降,人口的自然增长开始成为澳大利亚人口增长的重要原因。1945年二战结束后,新移民政策的制定和自然增长使得澳大利亚人口增长迅速,2000年后移民人口增长更加明显。① 整个20世纪人口增长率基本保持在1%以上,1971年甚至达到3.44%。② 从1911年第一次人口普查至今,澳大利亚百年间国外移民一直是澳大利亚人口增长的最主要原因,战后新移民政策的制定鼓励国际移民,20世纪70年代澳大利亚开始实行多元文化政策,移民及其后裔的权利和地位得到进一步保障,不同文化的发展得到鼓励,也刺激了移民数量的增加。目前国际移民占到澳大利亚人口增长的58%。③ 澳大利亚统计局发言人卡尔顿表示:"传统上而言,澳大利亚移民人数比例很高。但当前移民人数比例达到了1800年代后期,即淘金潮以来的最高水平。"④

就澳大利亚人口分布而言,澳大利亚人口城镇化程度较高。100年前,澳大利亚只有40%的人口居住在各州首府及联邦首都,墨尔本是当时的最大城市,人口约有50万。1911至1945年间,悉尼人口增长速度加快,总计增长人口80万,到1945年时人口数量达到150万,成为当时澳大利亚最大的城市。2001年至2011的10年间,布里斯班人口增长率达到27%,成为澳大利亚各州首府当中人口增长最快的一个城市。截至2011年,约有85%的澳大利亚人口居住在城镇,其中70%居住在各州首府及联邦首都,使澳大利亚成为目前国际上人口城镇化最高的国家之一。⑤ 在所有州和地区中,西澳大利亚人口增长率最高,达到2.2%,塔斯马尼亚最低,为0.3%。⑥

汉民族移民澳大利亚始于19世纪中叶,当时澳大利亚的开发,尤

---

① Australian Bureau of Statistics, "3105.0.65.001 - Australian Historical Population Statistics, 2014", September 18, 2014, http://www.abs.gov.au/AUSSTATS/abs@.nsf/mf/3105.0.65.001, 2015-03-07.
② 《澳大利亚人口数量2014—2015年 澳大利亚最新人口统计》,人口网,2014年12月17日,http://www.renkou.org.cn/countries/aodaliya/2014/1730.html,2015年3月7日登录。
③ Australian Bureau of Statistics, "3101.0 - Australian Demographic Statistics, Jun 2014".
④ 《45万中国人移民澳大利亚 过去10年数量翻番》,人口网,2015年2月5日,http://www.renkou.org.cn/countries/aodaliya/2015/2648.html, 2015年3月7日登录。
⑤ Australian Bureau of Statistics, "3105.0.65.001 - Australian Historical Population Statistics, 2014".
⑥ Australian Bureau of Statistics, "3101.0 - Australian Demographic Statistics, Jun 2014".

其是牧羊业，需要大量劳动力，而从1840年开始，早先作为主要劳动力的英国流放犯人不再被输送至新南威尔士，因此从1841年开始雇佣汉民族劳工。19世纪50年代，维多利亚和新南威尔士发现金矿，汉民族开始赴澳大利亚东部地区淘金，移民人口迅速增加。当时的汉民族移民多来自传统的移民输出地区，即中国东南沿海省份。与之相伴的是迅速崛起的反华排华种族主义势力，因此汉民族移民数量在19世纪晚期时锐减，到1901年澳大利亚联邦成立时，华人即成为被禁止入境的人口，直到20世纪60年代新移民政策出台。新政策强调澳大利亚和亚洲国家的密切关系，由是，汉民族移民澳大利亚才开始逐渐有所增加。20世纪70年代中国的改革开放和澳大利亚多元文化政策的实施开启了汉民族移民澳大利亚的迅速发展时期，此后来自中国两岸四地的人口数量不断增长，来自中国大陆、中国香港和中国台湾的新移民总数从2001年的23万人增至2011年的42万多人，① 到2015年初已达45万，十年翻了一番。② 大量新移民的到来使得澳大利亚华裔总体数量也快速增加，由2001年的55.7万人增加至2011年的86.6万人，占总人口的百分比也相应地由3%增长到4%。③

随着20世纪90年代以来澳大利亚"面向亚洲"的地缘政治转型，随着中国国家实力影响力的不断扩大，中国和澳大利亚之间的经济文化交流发展更为迅速，人员往来更加频繁，汉民族移民澳大利亚也出现了一些永久离境及回流等新现象，有待学界进一步讨论。

二、汉民族移民澳大利亚的历史过程

"南方大陆"（Terra Australis）是欧洲探险家发现的最后一块大陆，由它得名的澳大利亚，作为新兴移民国家，与美国和加拿大等移

---

① Australian Bureau of Statistics, "2011 Census of Population and Housing, Expanded Community Profile", 2012; Australian Bureau of Statistics, "2001 Census of Population and Housing, Time Series Profile", 2003.

② 《45万中国人移民澳大利亚 过去10年数量翻番》，人口网。

③ Australian Bureau of Statistics, "2011 Census of Population and Housing, Expanded Community Profile"; Australian Bureau of Statistics, "2001 Census of Population and Housing, Time Series Profile".

民国家相比历史要短得多，相应的其移民成分也单纯得多。在库克船长18世纪下半叶抵达澳大利亚东海岸之后不久，英王便决定将难于监管的犯人送到澳大利亚，以解决英国国内监狱过于拥挤和美国革命对英国带来的威胁。1788年1月，载有第一批移民的"第一舰队"（First Fleet）共11艘船只抵达澳大利亚，在最终抵达的1336人中，有754名罪犯及其子女，299名海军及其家属，269名船员，14名官员及旅客。[1] 由此可见，早期澳大利亚移民中大部分是被英国流放的犯人。流放囚犯的政策一直持续了80年，到1868年结束时，共有16万名男女囚犯来到澳大利亚。[2] 从18世纪90年代起，自由移民开始进入澳大利亚。到19世纪20年代，一些军官、士兵和释放囚犯从政府手中获得土地，将其经营为农场。由于土地价格低廉且工作机会充足，一些愿意来此冒险开发的移民开始大批从英国前往澳大利亚。到19世纪50年代淘金热开始之前，自由移民人数比例和囚犯人数比例已基本相当。[3]

19世纪20年代开始的牧场和畜牧业的发展需要大量的劳动力，但到来的自由移民和犯人都无法满足这一需求。1829年，有人提议在新南威尔士雇佣华人、印度人和太平洋岛上的土著居民，但由于次年英国涌进大量移民，因此该方案并未执行。到1840年，英国犯人不再被运往新南威尔士，出于对劳动力的需要，1847年7月，澳大利亚牧场主招募的第一批华工从厦门出发，驶抵悉尼，由此开启了汉民族移民澳大利亚的进程。自此之后，随着世界政治格局和经济格局的发展，随着中国和澳大利亚国内政策的变化，前往澳大利亚的汉民族人口在不同的历史时期多有起伏，全球化时期则达到了前所未有的规模。

总的说来，汉民族移民澳大利亚的历史可以划分为自由时期、限制时期、禁止时期和平等时期四个阶段。

---

[1] Mollie Gillen, *The Founders of Australia: A Biographical Dictionary of the First Fleet*, Sydney: Library of Australian History, 1989, p. 28.

[2] 《澳大利亚历史》，http://www.australia.cn/about/history，2014年9月20日登录。

[3] "Immigration", *Australian Encyclopedia*, East Lansing: Michigan State University, 1958, p. 66.

（一）自由时期（1847年至1855年）

汉民族自由移民澳大利亚的时间很短，主要原因在于澳大利亚成为英国殖民地并开始吸引移民的时间较晚，且澳大利亚的早期经济发展对汉民族移民来说并没有太多吸引力。与此同时，在他们到达澳大利亚的东部地区不久，当地便爆发了排华事件，因此自由移民时期不仅时间短，人口规模也很小。

1847年，从厦门前来的120名汉民族契约工乘坐英国远洋轮最终到达悉尼，随即被送至当地和周边的采珠厂、牧羊站和建筑工地。1849年，又有270名华工从厦门前往澳大利亚。[1] 然而，引进的汉民族劳工并不满足于在牧场工作，因此自愿出洋至澳大利亚的人数并不多。1850年澳大利亚人口总数为405356人，其中来自亚洲的人口不超过3000人，即使以素来华人占非欧洲人口的一半的比例估算，华人人口也不过在1000多人。[2]

1851年既是澳大利亚历史上的重要拐点，也是汉民族移民澳大利亚历史发展进程中的重要时刻。该年，曾到美国加州淘金并大获成功的爱德华·哈格雷夫斯（Edward Hammond Hargraves）在新南威尔士发现了黄金矿藏，到1851年底，仅维多利亚就开采黄金249000盎司，[3] 由此开启了澳大利亚的淘金热。这在澳大利亚发展史上是一件大事，在此之前澳大利亚的人口数量很少，也没有丰富的可供出口的贸易产品。发现黄金后，澳大利亚人口大量增加，从1851年的43万人增加到1871年的170万人，[4] 澳大利亚由此开始成为一个多族群的社会，工商业也随之发展，澳大利亚在几十年内即迅速发展成世界产金大国。

金矿的发现吸引了大批移民的到来，也包括许多华人，他们将墨尔本称为"新金山"。从1851年开始，大批华人淘金者开始前往澳大

---

[1] 阮西湖：《澳大利亚民族志》，西宁：青海人民出版社，1987年版，第160页。
[2] 沈已尧：《海外排华百年史》，第65页。
[3] Earnest Scott, *A Short History of Australia*, Oxford University Press, 1950, p. 176.
[4] Kathryn Wells, "The Australian Gold Rush", February 11, 2015, website of Australian government, http://www.australia.gov.au/about-australia/australian-story/austn-gold-rush, 2015-02-22.

利亚，其中有许多仍沿袭之前的做法，从厦门出发。据澳大利亚派驻厦门领事统计，赴澳人数在1851年时已达1438名，1852年增至2666名。①但与此同时，在1851年厦门发生了一场大规模的反英运动，在接下来相当长的一段时间内，由厦门出发赴澳大利亚的汉民族劳工数量锐减，从中国本土前往澳大利亚的汉民族移民由厦门改为主要来自于珠江三角洲地区，包括从汕头、广州和香港出发的移民人口。此外，还有一些从海外，如新加坡、马来西亚前往澳洲的汉民族劳工，其中又以闽籍汉民族为主。1855年，有11493名华人到达墨尔本，②使得当年维多利亚的人口数量达到了澳大利亚发现金矿之前整个大陆的人口数量。③他们基本都集中在采金业发展较快的地区，凭借自己的采矿技术和工作精神取得了一席之地。但是，同在美国的汉民族矿工所经历的境遇相仿，大批汉民族华工到来，他们能够吃苦耐劳，工资低，许多金矿矿主争相雇佣，引发了欧洲移民的嫉妒和仇恨，当地的反华排华事件随之发生，汉民族移民与欧洲移民之间的冲突也逐渐凸显。

（二）限制时期（1855年至1901年）

19世纪50年代中期，汉民族矿工大批到来。他们纷纷前往新南威尔士和维多利亚的金矿。1854年，在维多利亚金矿采金的华人有2341人，到1857年底，已有3万多人，1858年至1859年达到4.2万人。④短时期内华工人数迅速增长对当地社会所带来的冲击与在英国其他殖民地，如美国和加拿大基本相同，基于种族主义思维定势和争夺资源等权力—冲突理论视角，⑤殖民地迅速产生了针对华人这一来自不同种族、具有不同文化特征的群体的质疑和反感，并进而由偏见升级成为歧视。

在一个多族群社会，群体间的嫌恶情绪多萌芽于民众之中，进而

---

① 沈已尧：《海外排华百年史》，第67页。
② Jean Gittins, *The Diggers From China: The Story of Chinese on the Goldfields*, Melbourne: Quartet Books Australia, 1981, p. 128.
③ Earnest Scott, *A Short History of Australia*, p. 189.
④ 沈已尧：《海外排华百年史》，第67页。
⑤ 石毅：《从家长制到自由放任——美国政府种族政策研究》，第10—16页。

引发政府行为。19世纪中期澳大利亚汉民族所遭遇的情形也是如此。排华情绪最初产生于白人民众,且出现在金矿较为集中的殖民地及其邻近地区,如维多利亚、新南威尔士和南澳大利亚,随后逐渐蔓延至昆士兰等殖民地。第一次针对汉民族移民的抗议活动发生在维多利亚重要的产金地本迪戈(Bendigo)。20世纪50年代中期本迪戈已吸引了大批的汉民族移民。1854年7月,当地的白人举行大会,决定采取集体行动,把全部华人驱逐出金矿。次年,殖民政府开始组织专门机构对华人移民的经济和生活状况进行调查。负责此次调查的"金矿场皇家委员会"(Royal Commission on Gold Fields)在向议会提交的报告中建议限制华人入境,同年6月,维多利亚议会通过《华人移民法案》(*Chinese Immigration Act 1855*),对乘船抵达维多利亚的华人数量进行了严格限定。该法案规定,凡经登记的船只,每10吨位可以搭载1名华人,超额搭载华人如被发现,船方将被处以每超额一人最高10镑的罚款。除此之外,华人入境还需缴纳10镑入境税,如逃避上税被发现,除补齐税款外,还将被处以最高20镑的罚款。① 这是澳大利亚历史上第一部排华法案,其主要目的是严格限定华人入境人数,然而由于当时各殖民地在移民问题上尚未采取联合行动,因此许多赴澳大利亚的汉民族淘金者选择从邻近的南澳大利亚登陆,之后从陆路进入维多利亚,以逃避缴纳10镑的入境税。1875年上半年,即有14486名华人乘船抵达南澳大利亚的吉程湾(Guichen Bay),并由此上岸,通过陆路来到达维多利亚金矿。②

  首部排华法案收效甚微,面对大量偷渡逃税涌入的华人,来自欧洲的白人矿工日益感到威胁和不满。1857年维多利亚又通过法案,向华人征收居住税,税金为每月1镑。同年7月,大约100名欧洲矿工在南澳巴克兰河谷(Buckland Valley)集会,并于7月4日对当地的2000多名华人进行公开劫掠和驱逐,焚毁华工的营房,迫使绝大部分华人

---

① "Chinese Immigration Act 1855", Museum of Australian Democracy, http://foundingdocs.gov.au/resources/transcripts/vic4_doc_1855.pdf, 2016-05-10.

② 沈已尧:《海外排华百年史》,第67页。

离开巴克兰矿场。① 反华情绪迅速蔓延，1860年12月，新南威尔士爆发了蓝屏窟排华事件（Lambing Flat Riot），并一直持续了10个月之久，有年纪稍大的华工被活埋。其间最为严重的一次骚乱发生在1861年7月，约2000名白人矿工手持矿铲和手镐，劫掠了矿场的华人移民，大约250名华人矿工受重伤，绝大多数华人矿工财产被洗劫一空。②

白人群体的反华声势迫使殖民地政府不得不采取措施限制华人入境，南澳大利亚于1857年通过了与维多利亚《华人移民法案》内容基本一致的限制华人法案，新南威尔士于1861年颁布了《限制和管理华人移民法案》（Chinese Immigration Restriction and Regulation Act）。至此，澳大利亚东南部的三个殖民地采取了共同措施，防止华人移民从相邻殖民地登陆并逃避入境税。

位于澳大利亚北部的昆士兰在19世纪70年代初也发现了丰富的黄金矿藏。虽然昆士兰最早发现金矿是在1851年，随后也出现了一些砂金矿，但并未引发大规模的淘金热。1871年12月24日，年仅12岁的澳大利亚原住民丘比特·莫斯曼（Jupiter Mosman）在查特斯堡（Charters Towers）发现了金矿，并随即出现了淘金热潮。查特斯堡由此迅速发展成为昆士兰的第二大城市，到19世纪80年代末期，人口已达到3万人。然而由于此次发现的矿藏储量小，不易短时间内获利，因此这次淘金热持续时间很短。

1872年，詹姆斯·穆里根（James Mulligan）在昆士兰的帕尔默河（Palmer River）又发现了金矿，随后的开采证明该金矿储量丰富，因此从1873年开始，淘金者蜂拥而至。这是昆士兰殖民地持续时间最长的一次淘金热潮，在接下来的三年中，大约有2万名淘金者到达该地。当时澳大利亚东南部三个殖民地容易开采的金矿数量已经越来越少，加之这些殖民地陆续实行了限制华人入境的措施，因此大批汉民族淘金者开始转而进入昆士兰。当时该地的矿业生产条件非常艰苦，周围时

---

① Myra Willard, *History of the White Australia Policy to 1920*, London: Routledge, 1967, pp. 24—26.
② "Lambing Flat Riot", National Museum of Australia, http://www.nma.gov.au/collections/collection_interactives/endurance_scroll/harvest_of_endurance_html_version/explore_the_scroll/lambing_flat_riots, 2015-03-10.

有土著人砍杀白人和华工的事件，但迫于生计，还是有大量的汉民族劳工由中国本土和澳大利亚其他地方移民至昆士兰。从1874年5月至1875年4月的一年间，昆士兰殖民地政府共发给华人开矿执照1736份，1876年达到7000份，1877年有10000名华人抵达昆士兰，[①] 使该年华人总人口达到约18000人，[②] 而相比之下，当年来自欧洲的淘金者人数却只有1400人。[③]

此次淘金热被可以被看作昆士兰金矿开采发展史上最为重要的事件，昆士兰人口因此大幅增长，城镇化发展迅速，黄金生产为殖民地政府带来了源源不断的收入。但与此同时，大批汉民族矿工的涌入也促使殖民地政府迅速修改相关法规，对汉民族的入境和居留进行限制。1875年，昆士兰政府向香港提议，希望香港拘留所有驶往距离帕尔默河金矿很近的库克敦（Cooktown）的船只，希望由此从源头上断绝汉民族向昆士兰的移民。1876年，昆士兰规定华人开矿需要支付比白人更高的执照费。1877年，昆士兰参照澳大利亚其他殖民地的做法，通过了限制华人法案，次年对其进行修正，规定除由亚洲人或非洲人自己发现的金矿，其他任何新开矿场在最初3年内华人不得参与。与此同时，为了减少昆士兰华人的数量，殖民地政府开始鼓励华人回国，规定如果华人在拘留期间无犯罪记录，或未曾增加昆士兰政府的负担，3年内离境可退还入境时缴纳的入境税。上述在入境、离境和居留等环节所进行的立法活动使进入昆士兰的汉民族数量大大减少，1877年至1888年间总共只有550名华人到达昆士兰。[④]

在维多利亚、南澳大利亚、新南威尔士和昆士兰先后立法对汉民族移民入境和开矿进行限制的过程中，各殖民地开始加强合作，反对英国干涉、争取更多自主权的民族主义情绪也在不断膨胀。早在1867年，澳大利亚的开国者亨利·帕克斯爵士（Sir Henry Parkes）便在一

---

① 沈已尧：《海外排华百年史》，第70页。
② Barry McGowan, *Fool's Gold: Myths and Legends of Gold Seeking in Australia*, Sydney: Lothian Books, 2006, p. 165.
③ 沈已尧：《海外排华百年史》，第70页。
④ 同上，第70页。

次州际会议上提出以联邦形式将各殖民地紧密联系起来的时机已经到来。① 1881年1月，在帕克斯爵士的召集下，各殖民地在悉尼再次召开州际会议，集中讨论如何处理华人人口日益增多的问题。虽然帕克斯承认中国人拥有辉煌的文明，是伟大的民族，但他仍然以保护自身民族发展和子孙利益为由，积极推动各殖民地以各种形式排斥汉民族的到来，并由此受到拥戴。在此次会议上，除西澳大利亚外，所有代表均同意各殖民地采取统一行动，通过新法案以限制华人进入澳大利亚。新南威尔士和维多利亚希望继续使用原有的限制华人法案，南澳大利亚、塔斯马尼亚和新西兰希望借用昆士兰1878年的限制华人法案。②

由于华人在澳洲大陆各殖民地间的移民活动，进入西澳大利亚进行金矿开采和珍珠开采的华人以及进入塔斯马尼亚岛进行金矿和锡矿开采的华人数量不断增加，这两个地区也分别于1886年和1887年通过了限制华人法案。1888年州际会议的召开，在限制华人问题上将各殖民地联合起来，通过议案，一方面限制华人，另一方面也借华人问题向英国政府表明了摆脱英政府羁绊的态度。1888年会议针对华人提出的议案规定，任何船只赴澳每500吨可搭载1名华人；禁止华人在澳大利亚各殖民地之间进行人口流动；要求英国政府通过外交途径与中国政府交涉，使中国政府禁止华人入澳；要求英国政府禁止香港和新加坡两个殖民地准许华人入澳。③

1888年的州际会议是澳大利亚各殖民地首次联合限制华人，从华人移民的出口、入口和在澳华人的人口流动等方面对华人进行的限制，华人人口迅速减少，1888年在澳华人人口约为5万人，④ 到1901年澳大利亚独立时已减少至30074人。⑤ 此次州际会议不仅是华人移民澳大利亚历史发展过程中的重要事件，它也标志着澳大利亚的民族主义意识

---

① "Sir Henry Parkes", Dictionary of Australian Biography, http://gutenberg.net.au/dictbiog/0-dict-biogP-Q.html#parkes1, 2015-03-20.
② 沈已尧：《海外排华百年史》，第71页。
③ 同上书，第74页。
④ 同上书，第74页。
⑤ "Table 8.7 Population(a), sex and country of birth, states and territories, 1901 Census", 3105.0.65.001 Australian Historical Population Statistics, 2014, Australian Bureau of Statistics.

的觉醒，为澳大利亚摆脱英国走上独立道路奠定了基础。

此次会议之后，各殖民地议会主要关心的议题便是如何禁止华人甚至亚洲人入境。与此同时，澳大利亚的种族主义情绪也越发高涨，到处充斥着"华人、黑鬼和欧洲穷光蛋统统滚出去"的言论①。1896年的州际会议决定，扩大1888年决议的适用范围，将限制入境的人口有华人扩大到除澳大利亚土著、非洲人和太平洋岛民的所有有色人种，新南威尔士、南澳大利亚和塔斯马尼亚也相继通过了限制有色人种的法案。1897年，殖民大臣张伯伦提出了《纳塔尔法案》(Natal Act)，对申请移民的个体进行教育水平测试。该法案规定，移民申请者如果不能用欧洲文字正确填写移民申请书并签字，即被视为不合格移民而不得入境。②该法案原本在南非纳塔尔使用，但同作为英国的殖民地，澳大利亚也借用过来，使其成为澳大利亚独立后"白澳政策"的重要组成部分。

在澳大利亚各殖民地先后对汉民族移民进行限制的历史语境下，已在澳大利亚从事矿产开采、珍珠开采等职业的汉民族移民也以自己特有的方式——成立各种社团组织——加强团结，努力维护自身利益。这也是世界各地的海外汉民族在移民目标国维持国家和民族认同、获得生存和发展的重要辅助手段。早在1854年，墨尔本的广东新会和四邑的移民先后建立了"冈州会馆"和"四邑会馆"，维多利亚西南部汉民族劳工集中之地巴拉腊特(Ballarat)的"四邑会馆"也于同年建立起来。现存最完整的澳洲早期华人会馆资料便是1854年《墨尔本四邑会馆简章》。它对会馆的宗旨、组织结构、活动范围和经费筹措及使用等方面做了明确的规定。其后在澳大利亚其他地区的汉民族移民也建立了以地缘和业缘为纽带的社团，如成立于1861年的布里斯班致公总堂，成立于1875年的悉尼公义堂，成立于1885年的达尔文华安会馆，成立于1898年的悉尼四邑会馆、1906年的悉尼洪圣宫和1909年在

---

① Keith McConncochie, David Hollinsworth & Jan Pettman, *Race and Racism in Australia*, Wentworth Falls: Social Science Press, 1988, p. 76.
② 沈已尧：《海外排华百年史》，第75页。

南澳阿德雷德的中华商会等。[①] 它们在澳大利亚汉民族移民遭受限制和禁止的时代为移民提供了心理、经济等方面的支持，为汉民族文化在当地的延续和发展起到了不可或缺的重要作用。

（三）禁止时期（1901年至1966年）

汉民族移民澳大利亚历史上的禁止时期始于1901年，该年，澳大利亚获得独立，不仅殖民地的民族主义诉求得到了实现，国家对于处理种族和民族关系的社会目标也得以确立。

1901年，澳大利亚联邦政府宣布成立，第一届联邦议会在墨尔本举行。该次会议的主要议题仍然围绕华人和亚洲移民进行，并最终出台了持续半个世纪的"白澳政策"。该项政策从澳大利亚建国伊始便在白人和非白人之间画上了清晰的种族界限，它主要通过三项法案得以体现，它们均于1901年获得通过并于1902年1月获得英国皇室批准生效，分别是《邮政电信法案》（The Post and Telegraph Act）的第15款、《移民限制法案》（The Immigration Restriction Act）和《太平洋诸岛劳工法案》（The Pacific Islander Labourers Act）。三项法案希望通过禁止有色人种入境、驱逐有色人种出境等手段，实现人口结构、社会文化、宗教信仰等方面的同质性，实质是建立白人为绝对主导的澳大利亚。

《邮政电信法案》第15款规定，凡是装运澳大利亚邮政材料，即受联邦资助的船只，只能雇佣白人雇员。该条款所体现的精神与19世纪八九十年代盛行的民族主义相契合，强调"澳大利亚人的澳大利亚"。

议会两院于1901年12月17日又通过了《太平洋诸岛劳工法案》。该法案规定从1906年底开始驱逐来自太平洋岛屿的劳工移民，除1879年9月1日之前已经来到昆士兰的船员以及1901年《移民限制法案》中特批的人员之外，所有来自太平洋岛屿的劳工移民均需离境。该法案还同时规定，来自太平洋岛屿的劳工移民在1904年3月31日之前仍然可以进入澳大利亚，但其身份必须是"契约劳工"。该法案获得通过

---

① 张秋生：《澳大利亚华人社团的历史考察》，《华东师范大学学报（哲学社会科学版）》，1997年第4期，第56页。

时，澳大利亚境内来自太平洋岛屿的劳工移民主要聚居在昆士兰和新南威尔士的北部，人口数量约为1万人，按照《移民限制法案》规定，其中只有700人符合特批居留的资格。遣送工作从1906年底开始持续到1908年年中，昆士兰移民局太平洋岛屿部也于1908年7月31日宣布撤销，遣送工作彻底结束。据官方统计，最终得以留在澳大利亚的太平洋诸岛移民人口为1654人，但有研究表明实际人数要比官方统计多一些，大约为2500人。①

在《太平洋诸岛劳工法案》获得通过的一个星期后，国会两院又于12月23日通过了《移民限制法案》，该法案是澳大利亚"白澳政策"的一系列法案中最为核心的一项，但同时也是种族主义表达地最为隐晦的一项。《移民限制法案》并未将人种作为是否能够移民澳大利亚的衡量标准，而是沿用了《纳塔尔法案》的内容，将教育水平测试作为入境的重要参考。该法案规定，入澳的移民必须能够正确听写由联邦工作人员读出的长度50字的欧洲文字段落，联邦工作人员有权在移民入澳的第一年内随时进行该项测试。1932年的修正案将一年延长至五年，联邦工作人员可以在移民入澳的五年内随时进行测试，且测试次数不限。② 在1902年至1903年间，该项测试总共进行了805次，只有46人顺利通过。在1904年至1909年间所进行的554次测试中，有6人通过。1909年之后直到1958年《移民限制法案》废止，无一人通过，被测试的移民全部被拒绝入境或是被驱逐出境。③

除进行教育水平测试之外，该法案还对违法入境行为的惩罚进行了详细规定：凡违禁入境者，处六个月以下监禁，之后驱逐出境。如能够找到两名担保人，且每人交付50镑保证金，则可获得政府的临时许可，在澳大利亚居留一个月。凡是载运或协助"违禁移民"的船只，

---

① "Pacific Island Laborers Act 1901", Museum of Australian Democracy, http://foundingdocs.gov.au/item-did-15.html, 2015-03-20.

② "Immigration Restriction Act 1901", Museum of Australian Democracy, http://foundingdocs.gov.au/resources/transcripts/cth4ii_doc_1901a.pdf, 2016-09-13

③ "Immigration Restriction Act 1901", Museum of Australian Democracy, http://foundingdocs.gov.au/item-sdid-87.html, 2015-03-20.

一经发现，船主将被处以每非法承载一人罚款100英镑的处罚。①

《移民限制法案》在1901年获得通过后由于1905年、1908年、1910年、1912年和1925年多次修订，涉及更多的方面，如澳大利亚总督随时可以以人口过剩为理由，制定某种移民的入境港口规定，等等。

上述三项法案的通过使"白澳政策"在澳大利亚联邦得以政策化、法律化，之后的数次修订也使"白澳政策"日臻完善，基本完全阻塞了汉民族和其他有色人种移民澳大利亚的路径。

基于种族主义意识形态的"白澳政策"随着世界反法西斯战争的结束和殖民地解放运动的进行而受到质疑和挑战，二战期间日本海军和空军对澳大利亚所造成的威胁也使澳政府意识到因为地缘的关系，澳大利亚必须重塑与亚洲国家的关系。此外，从20世纪50年代起，大批来自希腊、土耳其和意大利等国家的移民进入澳洲，其人数增长迅速，很快便超过了之前已经定居当地的汉民族移民。基于上述种种原因，从20世纪50年代开始，澳大利亚开始修改其移民政策，使其逐渐减少种族主义色彩，变得更加开放和包容。

1956年，澳大利亚对入境许可和移民规划制度进行了修改，规定已经居住在澳大利亚的非欧洲人，有资格归化入籍；公民的直系亲属可以获得永久居留的入境许可；高度符合移民资格的申请者可以获得"临时入境许可"及"无定期"居留的权利。次年又规定，获"临时入境许可"，在澳居留15年以上者，可以归化入籍。1964年放宽了对混血后裔入境的规定。②

民众的改革思潮与政府的移民政策向呼应，开明人士及团体，如"移民改革协会"（Immigration Reform Association）通过出版、结社等方式让民众更深刻地认识"白澳政策"的种族主义本质，共同推动了更为平等多元的移民政策的制定。这些措施和政策为极少数得以留在澳大利亚的汉民族移民及其子女来提供了获得平等地位的可能性，为汉民族移民平等时期的到来奠定了基础。

---

① "Immigration Restriction Act 1901", Museum of Australian Democracy, http://foundingdocs.gov.au/resources/transcripts/cth4ii_doc_1901a.pdf, 2016-09-13.

② 沈已尧：《海外排华百年史》，第80页。

20世纪50年代至60年代也是澳大利亚汉民族移民经济转型的重要时期。20世纪50年代之前,在澳汉民族主要是由劳工移民、其后裔和到澳大利亚投靠他们的亲朋好友组成,他们受教育程度低,也不具备经济实力,因此职业分布主要集中在矿山和工厂,也有部分人从事服务性行业,如开小餐馆、理发店、洗衣店或做其他的生意,这些也都是汉民族移民海外的传统行业。50年代之后,澳大利亚汉民族人口结构开始发生改变,二代逐渐成长起来,与此同时,受过良好教育或者具有一技之长的新一批汉民族移民开始到来。他们不再继续从事早期移民的工作,转而根据自己的教育背景和专长兴趣,进入科学技术、工程、医疗卫生等行业,有的从商,并逐渐取得了一席之地。汉民族移民所从事职业、行业和产业的变化也同时促使澳大利亚政府重新对汉民族移民进行评估并及时调整移民政策。

(四)平等时期(1966年至今)

1966年3月9日澳大利亚总理霍特宣布的新移民政策标志着汉民族移民澳大利亚平等时期的到来。新移民法借鉴美国和加拿大的移民政策,强调基于人道主义的家庭团聚以及有利于澳大利亚社会、经济和文化发展的高素质移民挑选。与此同时,澳大利亚政府也更加意识到加强与亚洲国家关系的重要性,并将之体现在新的移民法案当中。

对于非欧洲裔移民澳大利亚,该法案涵盖了四个方面的规定。

1. 鼓励家庭团聚。该法案规定,非欧洲裔澳大利亚公民的配偶、未成年子女、年老的父母、未婚夫(妻)以及已经拥有或即将拥有永久居留权的英籍公民,均可以公民资格入境。

2. 持临时入境许可入澳的非欧洲人,在澳大利亚居住满五年后,可先申请永久居留资格,再行归化入籍。

3. 对于澳大利亚的发展可能会有所助益、能够融入澳大利亚社会的合适的移民者可以为自己及妻子、子女申请临时入境许可,居住满五年后,可先申请永久居留资格,再行归化入籍。这些合适的移民者包括:澳大利亚所缺少的专门技术人才、在艺术、科学或其他领域成就卓著者、有相关部门或机构聘任担任重要职位且无他人能担当者、在澳大利亚长久工作并担任行政、技术等专业工作的人才、在其本国从事大型商贸活动并可能惠及澳大利亚者、在贸易或其他方面能够为澳大利亚的海外利益提供特殊或长久帮助者、曾居澳或与澳大利亚人有关系且有意长期居于澳大利亚者等等。

4. 除游客和学生外，该法案还规定相关部门将为公司职员、专业技术人员、赴澳接受治疗或进行宗教学习人员、运动员和演艺界人士等提供一定数量的临时居留许可。①

1966年的新移民政策虽然鼓励非欧洲裔人口的家庭团聚和高素质移民入境，但总的来说，由于禁止时期汉民族基本毫无机会移民澳大利亚，因此能够利用家庭团聚的政策规定入澳的汉民族人数也极少。

20世纪70年代是澳大利亚政府处理种族与民族关系社会目标的重要转折时期，②也是汉民族移民澳大利亚人口数量开始迅速增加，新移民特征逐渐开始显现的时期。澳大利亚政府对于新型族群关系的建构始于20世纪70年代初期的多元文化政策。随着移民来源地逐渐多样化，人口成分复杂化，社会多元的趋势越来越明显，为了构建和谐的处理族群关系的社会目标，澳大利亚政府于1973年正式提出实行多元文化政策。多元文化政策改变了以往以种族和移民来源地为核心的移民政策，不仅如此，它更强调不同文化和族群的平等和多样性，并要求政府对这种多样性采取适当的保护和鼓励措施，"它的作用不在于移民选择，而是将个人和社会为一个整体，从这个角度来管理文化异同所产生的后果。"③ 从此之后，政府开始逐步推行多元文化主义，并在1989年的"悉尼95全球多元文化会议"期间发表了"一个多元文化的澳大利亚国家议程"，对多元文化政策做出了明确的界定，并将多元文化政策确立为基本国策。其要点主要包括，首先要求公民将澳大利亚的利益和前途放在首位，遵守国家的基本制度和法律，其次，每个人

---

① Keith M. Archer, *Year Book of the Commonwealth of Australia*, Commonwealth Bureau of Census and Statistics, No. 52, 1966, p. 220.

② 一个国家处理族群关系的社会目标是指国家如何设计族群关系的发展目标，以及国家和社会如何共同构建并实现这一设计。

③ 王铁志、吴金光：《澳大利亚的多元文化政策》，《民族研究》，1996年第1期，第48页。

在表达自己特有的文化及信仰的同时，必须尊重他人的价值观和文化；第三，在法律、就业、教育、医疗、福利等方面使每个人享有同等机会；同时还要充分利用多元文化资源，尽量发挥每个人的长处。①

在多元文化政策的框架下，澳大利亚政府积极倡导并贯彻实施无歧视性移民和入籍政策，彻底从法律和制度层面取消了白人澳大利亚的种族主义政策。除此之外，中国同澳大利亚于1972年12月21日正式建立外交关系，为汉民族移民以平等身份移民澳大利亚并获得相应权利提供了保障。

1973年通过的国籍法修正案规定，凡是在澳大利亚居住满三年，品行良好，英语能力合格，具有公民的责任感和神圣感并愿意永久在澳大利亚居住者均可以申请归化入籍。②1975年1月，澳大利亚开始实行无歧视性入境政策，在此之前，英国和爱尔兰的公民赴澳大利亚无须从任何机构获批，但此后除因澳大利亚与新西兰两国政府签订了互惠旅游协议，两国公民可自由进出对方国家之外，其他来自世界任何国家和地区的移民均需遵循统一标准，不受种族、民族和宗教因素的影响。③上述更为开放、多元的政策体系为汉民族移民提供了有利的政策保障，与此同时，20世纪70年代欧洲一些国家经济情况好转，欧洲移民人口数量减少，已在澳大利亚定居的欧洲移民也有许多选择回到祖籍国，澳大利亚人才流失现象严重，这为汉民族新移民的到来提供了充足的空间。

澳大利亚现行的移民政策源于1979年1月1日开始实施的积分制度，该制度与加拿大的积分制度相似，需要分别对移民申请者的"经济因素"和"个人因素"进行打分，两项各占50分，两项需各自达到30分才有可能移民。其中"经济因素"包含9项，有居留权者可得6分，所需人才可得14分，有财产带入者可得6分。此外还有年龄、工作安排等项目。"个人因素"包含10项，教育程度最高可得4分，英语程度最高可得5分，独立能力可得6分。此外还有准备程度、个人仪表、家

---

① 张秋生：《澳大利亚华人社会的现状与前途》，《世界民族》，1999年第2期，第42页。
② R. J. Cameron, *Year Book Australia*, Australian Bureau of Statistics, No. 62, 1977 & 1978, p. 125.
③ Ibid., p. 121.

庭团聚等项目。澳大利亚公民的直系亲属只要身体健康，品行良好，无须遵循积分制度，直接申请，获批即可移民。①此后澳大利亚的移民政策屡有调整，但仍然实行积分制度，只是不同分项的分数配比有所不同。

20世纪70年代之后，澳大利亚移民政策全面转型，多元文化政策的兴起为汉民族移民提供了平等的入境和归化机会；越来越强调移民选择的技术标准吸引了大批非欧美裔移民，包括许多来自中国两岸四地的移民。同时期汉民族移民的输出地中国也由于改革开放和对公民出国政策的放松而经历了向澳大利亚移民的快速发展时期。1976年后，澳大利亚政府先后共接纳了9万名印支难民，其中华裔约7万多人，约占80%。到1980年，全澳洲的华人裔群人口已达15.5万，多集中于大城市。从分布情况来看，新南威尔士州约有7万，其中约有6万人聚居在悉尼；维多利亚州约5万，其中约4万集中在墨尔本；昆士兰州和南澳、西澳两州各有约1万人，其中约7千人分别聚居于各州的首府。②

20世纪80年代中期之后，澳大利亚政府的移民政策更趋完善，移民局公布了经国会核准的移民计划，每年度可以接收8万至16万来自不同国家的移民。在对移民总数作出规定之后，澳大利亚政府又制定了一系列鼓励商业投资移民和技术移民的政策。这些新的政策和调整使得20世纪80年代之后，移民澳大利亚的汉民族在人口结构方面呈现出一些新的特征。从新移民的来源地看，他们以来自中国大陆移民为主，以来自中国香港、中国台湾的移民为其次，此外还有来自澳门及新加坡等东南亚国家的华人。而大陆新移民的来源地也呈现出多元化的趋势，他们来自国内各省市，改变了二战之前以南部沿海省市汉民族移民为主的传统。从新移民的定居地来看，他们多分布于澳大利亚经济较为发达的城市和地区，以悉尼为首府的新南威尔士州和以墨尔本为首府的维多利亚州仍是首选的移民定居地。从移民的年龄和性别

---

① 沈已尧：《海外排华百年史》，第83页。
② 颜清湟：《澳大利亚华人的历史、现状与将来》，《华侨历史研究》，1987年第1期。

结构来看，新移民人口仍然较为年轻，平均年龄约为39岁，比澳大利亚人口的平均年龄略高。女性移民的比例不断上升，约占华人移民总人口的54%。[①] 从受教育程度来看，汉民族移民总体受教育水平较高，这主要归因于留学生数量和商务移民数量的增多。这与改革开放初期形成了对比，当时来自大陆的汉民族移民主要是劳工移民，但随着澳大利亚移民政策的调整和中国移民整体教育水平和技术层次的提高，技术移民不断增加，在2008至2009年度，中国已成为澳大利亚仅次于印度和英联邦国家的第三大技术移民来源国。[②] 这为汉民族移民在澳大利亚的职业分布的优化和经济收入的上升具有重要的影响。

在汉民族的移民群体构成方面，新移民中商业移民和留学生群体数量较之以往有较大的增加。澳大利亚政府一直高度鼓励商业投资移民。1987年10月，澳政府颁布了新的商业移民计划，该计划规定从1988年6月1日起，每年从世界各地吸收1.2万名商业移民入境，每个商业移民申请人至少需要在澳投资50万澳元。移民局还针对投资移民进行了评分办法的调整，规定凡投资200万澳元可得80分，投资150万澳元可得70分，投资100万澳元可得65分，投资75澳元可得60分，如果尚未选定适当的投资项目，可以通过购买同等数额的国家债券以获得与商业投资移民同样的待遇。[③] 这一新的商业移民计划对亚洲人，尤其是香港人青睐有加。2012年7月，澳大利亚政府设立重大投资移民签证188C，签证获得者在完成500澳元的投资之后，每年只需在澳居住40天或四年累计居住160天即可获得永久居留权。在此移民计划框架下，来自香港、台湾、中国大陆、马来西亚等东南亚国家和地区的华人商业移民逐渐开始改变澳大利亚社会的族群分层。

20世纪80年代中期以来，随着改革开放的深入进行，澳大利亚汉民族留学生的数量开始迅速增加。1989年6月20日前抵达澳大利亚的中国留学生人数高达19000名，1994年澳大利亚政府决定给予这些留

---

① 张秋生、张荣苏：《当代澳大利亚华人新移民基本社会特征分析——以澳大利亚移民局、统计局官方统计资料为据》，《东南亚之窗》2011年第3期，第52页。

② 同上，第54页。

③ 杨力：《澳洲华人新移民的崛起》，《福建论坛》，1996年第4期，第48页。

学生及其家属约9500人，总计28500余人以永久居留权，其余中国留学生8000余人如符合年龄、资历等条件，也可获准永久居留，因此在20世纪90年代中期来自中国大陆的汉民族留学生数量达到了高峰。①目前，中国已成为澳大利亚教育行业的第一大市场，2014年赴澳就读的中国留学生达到15.3万名，占赴澳就读总人数（近60万）的四分之一，主要来自上海、北京、广东、福建地，赴澳就读主要集中于高等教育领域。包括中国留学生在内的国际学生的大量涌入也为澳大利亚带来了高额收入，根据澳大利亚统计局最新数据显示，2014年海外学生共为澳大利亚教育业贡献166亿澳元的收入，成为史上最高纪录。教育业已经成为继铁矿石产业、煤矿产业、天然气产业之后的国内第四大涉外创收产业，2014年仅教育国际化就为澳大利亚国内新增加了10万个工作岗位。②这些以来自中国大陆为主的留学生基本上是准移民，其中相当一部分留学的目的就是为了移民。

此外，在汉民族的新移民中，从20世纪末开始，出现了一种新现象，即，永久离境或回流情况日渐增多，逐渐形成一股离境潮。1995—1996年，澳大利亚包括两岸四地的华人移民永久离境人数为1783人，2000—2001年突破4000人，2003—2004年突破6000人，2009—2010年突破9000人，就离境人口的绝对人数和增长幅度来看，以源自中国大陆的移民为最，2000—2011年的十年间，大陆籍华人永久离境人数为40045人，增幅138.5%。就永久离境人口与移民人口比例来看，以香港籍移民比例最高，大陆籍最低。以永久离境人口年龄来看，25岁至54岁之间的人口构成离境人口的绝大多数，自2005年以来一直占总数的三分之二左右。③永久离境人口数量的增加与中国新时期经济、政治和社会的发展有很大关系。香港、台湾对于人才的吸附能力以及大陆地区深厚的发展潜力对澳大利亚汉民族移民产生了巨大的吸引力，中

---

① 张秋生：《20世纪八九十年代澳大利亚华人新移民的社会特征——以澳大利亚移民部有关历史档案资料为据》，《历史教学（高校版）》，2007年第3期，第77页。
② 奥新：《澳大利亚留学生贡献166亿 中国学生为"大金主"》，《人民日报海外版》，2015年2月7日，第5版。
③ 颜廷：《近年澳大利亚华人新移民离境与回流分析——以澳大利亚移民部相关数据资料为研究中心》，《东南亚研究》，2014年第5期，第90—91页。

国对于人力资源的竞争优势逐渐显现,此为澳大利亚汉民族移民回流或永久离境的主要原因。永久离境人口以及回流中国两岸四地人口为最近二十年两国人口流动的新现象,由此也产生了一批在两个国家之间均保留着资产和人际关系的两栖人口。该类人口群体的形成和存在表明中国在全球人力资源竞争中的实力正在增强,这对于缓解中国脑力劳动者流失非常有益,但同时也促使中国更加重视人才流动,调整人才引进战略,提升中国的竞争力和吸附能力。

1966年澳大利亚新移民法案的颁布和20世纪70年代初开始施行的多元文化政策为汉民族移民澳大利亚提供了较为平等的政策保障。多元文化政策建立在文化相对主义的基础之上,作为一种意识形态,它对澳大利亚白人种族主义的思想和价值体系提出了挑战,促使欧洲裔澳大利亚人重新思考国家的历史和未来。作为一种社会实践,它改变了澳大利亚的移民、归化等影响人口构成的政策以及教育、就业等社会政策。对非欧洲裔的移民来说,他们从多元文化政策中获得了更多的机会和发展空间。

然而,20世纪70年代澳大利亚政府处理族群关系社会目标的改变并未彻底将种族主义清除殆尽。斯坎伦基金会的调查数据显示,2007年有9%的澳大利亚人因肤色、种族或宗教因素遭受过歧视,2009年这一数字上升到10%,2010年和2011年进而上升至14%。[①] 种族歧视不仅存在,而且有逐年加重的趋势。2009年6月的一份调查也显示,85%的澳大利亚人承认自己的国家存在种族偏见。[②] 在近几年的族群冲突中,印度裔移民比其他族群遭受到更多的歧视甚至袭击。据维多利亚警方数据,截至2008年7月的12个月中,共有1447名印度裔人士曾经遇袭。[③] 汉民族移民在澳大利亚遭遇种族主义言论袭击的事件也时有发生。除此之外,所谓的"偶然种族主义"(casual racism)更使诸多移

---

① 《澳大利亚人权委员会发起反种族歧视行动》,新华网,2012年8月24日,http://news.xinhuanet.com/world/2012-08/24/c_112842330.htm,2015年3月4日登录。

② 陈小方,《澳大利亚与印度关系陷入紧张》,光明网,2010年1月7日,http://www.gmw.cn/01gmrb/2010-01/06/content_1033112.htm,2015年3月4日登录。

③ 《印度赴澳大利亚留学生遭种族仇杀 印举国声讨》,中国新闻网,2010年1月5日,http://www.chinanews.com/gj/gj-yt/news/2010/01-05/2053932.shtml,2015年3月4日登录。

民受到危害。澳大利亚联邦反种族歧视专员蒂姆·苏佛马萨恩（Tim Soutphommasane）在对"偶然种族主义"进行定义时说道，"你不一定要被暴打一顿或者是恶言辱骂才算是遭受种族主义……偶然种族主义是在工作场所、公交系统或邻里之间瞬间发生的，会造成真正的伤害。它比暴力形式的种族主义轻微，伴随着偏见和歧视，但真的非常有害，会帮助人们形成对他人的印象……真正的问题在于，它可能令对方觉得自己是二等公民，令人们觉得自己有权利以种族为由去羞辱他人。"[①] 作为澳大利亚亚裔群体的重要组成部分，汉民族移民在该国享有完全平等的公民权和人权仍面临种族主义的阻碍。

三、汉民族移民中的杰出人物——心脏移植技术先驱张任谦

张任谦（Victor Peter Chang）是澳大利亚著名的心脏外科医生，现代心脏移植技术的先驱。

张任谦的父母均为在澳大利亚出生的华裔，20世纪30年代在上海居住。张任谦于1936年在上海出生，抗日战争爆发后曾举家几经迁移，在内地和东南亚地区短暂居住。1953年移居澳大利亚，在悉尼大学医学院学习医学，并于1962年获得悉尼大学医学学士学位和外科学学士学位。在悉尼圣文森特医院实行两年，后又经过在英国和美国的深造后，张任谦于1972年回到圣文森特医院，与当时在澳大利亚尝试进行了第一例心脏移植手术的医生共事。

1980年抗排异药物的出现在很大程度上增加了心脏移植的成功率，张任谦认识到心脏移植手术的发展前景及其将为患者所带来的希望，因此开始游说当时澳洲的政治人物和商人，为圣文森特医院的心脏移植研究筹集资金。经过多方筹措，1984年，在张任谦的倡导和主持下，圣文森特医院成立了"国家心脏移植中心"（The National Heart

---

[①]《联邦专员呼吁打击偶然种族主义》，澳洲新快网，2013年10月22日，http://www.xkb.com.au/html/news/aozhoushizheng/2013/1022/114270.html，2015年3月4日登录。

Transplant Unit）。同年2月,他为一名中年男子进行了心脏移植手术,并首次获得成功。自此之后,张任谦曾为澳大利亚和东南亚各国心脏病患者成功完成过近300例心脏移植手术、心肺移植手术和单肺移植手术,[①] 并为人工瓣膜研究以及后来的人工心脏研究奠定了基础。在他的带领下,圣文森特医院的"国家心脏移植中心"已成功完成1200例心脏移植手术和心肺移植手术。[②]

不仅如此,他还广泛活跃于中国大陆和香港以及印度尼西亚、新加坡和马来西亚等东南亚国家,成立了"澳华医学教育与科研基金会"（The Australasian-China Medical Education and Scientific Research Foundation）,用以资助东南亚国家的医生、护士和学生到澳大利亚工作、学习,以在归国后更好地为当地患者服务。与此同时,张任谦还帮助圣文森特医院的医师访问中国、新加坡和印度尼西亚等国家,与当地的医生、护士和医院管理人员进行深入交流。

为了表彰张任谦在心脏医学研究方面的杰出贡献,1984年澳大利亚总督向其颁发了"澳大利亚前进奖",这是澳大利亚公民的最高荣誉奖。同年,张任谦被《澳大利亚人日报》读者评选为"1984年度最伟大的澳大利亚人"。1986年,他被英国女王授予澳大利亚最高荣衔AC勋衔。[③]

1991年张任谦不幸遇害后,为了纪念张任谦在心脏外科领域所做出的杰出贡献,1994年2月15日在澳大利亚总理保罗·基廷的主持下,悉尼圣文森特医院成立了"张任谦心脏研究所"（The Victor Cardiac Research Institute）,致力于"心脏肌肉疾病的预防、诊断与治疗"研究。该研究所的成立获得了澳大利亚社会各界的广泛关注。张任谦生前曾为做心脏搭桥手术的澳大利亚传媒大亨克里·帕克（Kerry Packer）作为赞助人捐赠300万澳元给该研究所,澳大利亚公众也向研究所捐款

---

① Victor Chang Community Service Award, http://www.crc.nsw.gov.au/awards_and_events/chinese_community_service_awards/award_categories/documents/victor_chang, 2015-03-07.

② "Dr. Victor Chang, AC", The Victor Cardiac Research Institute, http://www.victorchang.edu.au/home/about/victor-chang/, 2015-03-07.

③ 张秋生:《澳大利亚华人社会的现状与前途》,第42页。

200万澳元。① 该研究所已成为澳大利亚心脏医学研究的重镇。

张任谦作为澳大利亚汉民族移民的后代，在中国出生，在澳大利亚受教育，事业成功后其成就惠及澳大利亚和中国，成为连接澳大利亚、中国和东南亚国家人民的友善大使。在其逝世后，澳大利亚总理约翰·霍华德于1999年在"澳大利亚最杰出人物大奖"（People's Choice Awards）的颁奖典礼上宣布张任谦为"本世纪最伟大的澳大利亚人"，② 这也表明了张任谦在其专业领域所做出的贡献受到了澳大利亚政府和社会的普遍认可。

四、汉民族移民与澳大利亚的发展和建设

与东南亚等传统汉民族移民目标国相比，汉民族移民澳大利亚的历史相对很短，即便是与美国和加拿大等移民国家相比，汉民族到来也较晚。但是，汉民族在澳大利亚历史发展进程中的作用却并未因此而减弱。与移居其他国家的汉民族相同，澳大利亚汉民族移民无论在早期还是近代均对澳大利亚的开发和发展做出了应有的贡献。

除此之外，汉民族还为早期澳大利亚各殖民地争取独立起到了助推作用。研究族群认同的人类学家认为，无论是一个个体还是一个国家，其身份认同在很大程度上取决于他的对立面。③ 在汉民族移民到达澳大利亚之前，各殖民地在人口构成方面成分较为简单，仅包括白人移民和澳大利亚土著居民。随着汉民族移民的集中到来，白人移民的"对立面"开始出现，正是在汉民族移民这面镜子的作用下，白人移民开始逐渐形成族群意识和族群认同。④ 如前文所言，从19世纪后半叶开始，澳大利亚各殖民地正是在反华排华问题上开始合作，加强了联

---

① The Victor Cardiac Research Institute, http://www.victorchang.edu.au/home/about/, 2015-03-07.
② 《华裔医生获世纪最伟大澳大利亚人殊荣》，《华声报》，1999年11月26日，http://news.sina.com.cn/world/1999-11-26/35388.html，2015年3月7日登录。
③ Dru C. Gladney, "Relational Alterity: Constructing Dungan (Hui), Uygur, Kazakh Identities across China, Central-Asia and Turkey", *History and Anthropology*, Vol. 9, No. 4, 1996, pp. 445-477.
④ 王立新：《在龙的映衬下：对中国的想象与美国国家身份的建构》，《中国社会科学》，2008年第3期。

系，逐渐走向一致，并推进了民族主义的萌发和壮大，最终促使澳大利亚各殖民地走向了独立。

澳大利亚作为多元文化政策执行较为成功的国家，自20世纪70年代之后倡导并实施尊重不同文化传统和范式的政府政策。汉民族作为儒家文化的重要继承者和传承者，他们的到来为澳大利亚的多元社会带来了多样的文化以及多样的语言和技术。传统上由欧洲文化居统治地位的澳大利亚，正越来越受到亚洲文化的影响。汉语（普通话）已经取代意大利语成为澳大利亚仅次于英语的第二大语言。[①] 随着亚太地区经济以及其他领域合作的深入发展，澳大利亚与中国的双边关系也变得日益密切，尤其是经贸往来。汉民族移民所带来的文化因素将为澳大利亚开展与中国及亚洲其他国家贸易提供了有利条件。

汉民族作为移民也积极参与了澳大利亚的政治建设。早在20世纪初期汉民族移民澳大利亚仍处于禁止时期时，就有华人参政，如曾在1913年当选澳大利亚联邦上议院议员的朱俊英。此后陈天福于1966年出任达尔文市市长，成为担任市长职务的第一位华人。20世纪80年代之后，随着澳大利亚多元文化政策的推行并普遍为民众所接受，汉民族移民参政议政的积极性和主动性也受到鼓励，出现了多位进入澳大利亚政坛的优秀人物。1988年，祖籍广东的何沈慧霞成功当选新南威尔士州上议院议员，成为澳大利亚有史以来的第一位华人州议员，也首开少数群体妇女参政的先例。作为亚裔社区和多元化政策的递延人，她反对种族歧视，争取种族平等。1991年她又受霍克政府的委任担任全国土著和好委员会委员，上任后经常深入澳洲中部沙漠地带和西部腹地的原住民聚居区，进行实地考察，并及时向政府反映他们的诉求。1990年，余瑞莲成功当选南澳大利亚州上议院议员；1984年，邝鸿铨成功当选达尔文市市长，成为全澳有史以来首位首府级市的市长，[②] 并于1988年获得蝉联；1991年，著名华裔建筑设计师曾筱龙作为劳工党的首席候选人，在悉尼市政府改选中脱颖而出，与市长仅一

---

① 《澳洲2011年人口普查总人口超2150万 中文汉语成第二大语言》，人口网，2014年10月4日，http://www.renkou.org.cn/countries/aodaliya/2014/535.html，2015年3月8日登录。

② 1966年陈天福当选达尔文市市长时，该市还未成为首府市。

票之差，当选为悉尼市副市长。这是澳大利亚第一大城市的首任华裔副市长。他还担任澳华工会的顾问，大力弘扬中华文化，义务主持扩建装修悉尼的中国城，兴建澳华疗养院、天后宫灯华人社区的公共建筑，得到包括汉民族移民在内的当地人和悉尼政府的信任，并获得英国女王办法的O.A.M.荣誉奖章。①2001年客家移民黄英贤当选为澳大利亚联邦参议员，成为澳大利亚历史上第一位进入联邦国会的华裔女性。2007年工党领袖陆克文上台执政，黄英贤被任命为气象和水资源部长，成为首位进入内阁的华裔和亚裔女部长。②汉民族移民积极参政对于有助于促进澳大利亚多元文化政策的实施形成了良性互动，客观上也促进了包括华侨华人在内的各少数群体对政治的关注和参与度，同时对汉民族融入并认同于社会主流起到了有益的作用。

澳大利亚勋章获得者，著名作家艾瑞克·罗斯（Eric Rolls）在其1996年出版的重要作品《澳大利亚华人史（1888—1995）》（*Citizens: Flowers and the Wide Sea*）中将华人移民视为澳大利亚历史发展过程中的重要群体，书中充分肯定了华人对澳大利亚社会发展的巨大贡献。这是国外学界有关澳大利亚华人移民研究的一个标志性变化，表明澳大利亚学者也已经开始承认汉民族移民对于澳大利亚历史发展所做出的重要贡献。

随着澳大利亚华人裔群人口和整体实力的增长，澳大利亚政府也开始公开认可华人裔群的历史贡献，并且越来越重视华人社区的作用。1996年3月，澳大利亚联邦政府竞选期间，代表自由党—国家党联盟参加竞选的霍华德曾亲临"中国城"发表竞选演说，并表示将在华人社区发展自由党支部，以争取华人的支持。澳大利亚联邦政府移民与民族事务部部长鲍格斯也在1996年初"澳华工会"举办的一次集会上高度评价华人移民对澳大利亚所起的积极作用，并敦请与会的华人代表尽快加入澳大利亚国籍。③

---

① 庄炎林主编：《世界华人精英传略（大洋洲与非洲卷）》，北京：百花洲文艺出版社，1994年版。
② 耿学鹏：《黄英贤成为首位华裔部长》，《羊城晚报》，2007年11月30日。
③ 张秋生：《二战后澳大利亚华人的参政历程》，《世界民族》，2002年第4期，第33页。

第三节　小结

澳大利亚和新西兰均为英联邦成员,是大洋洲的主要国家,也是汉民族移民大洋洲的主要目标国。在建立在英国殖民地基础上的西方主要国家中,澳大利亚和新西兰是接收汉民族移民较为晚近的国家,略晚于美国和加拿大。虽然从地缘政治方面看,亚洲和大洋洲关系更为密切,但从移民的历史发展过程来看,汉民族移民移居大洋洲的人口规模仍远小于北美,甚至欧洲。

从政府的相关政策层面来看,尤其是在多元文化政策开始实施之前,澳大利亚和新西兰对汉民族移民的几乎所有重要政策均仅仅跟随美国的步伐,这也是其他前英国殖民地国家的共同特征,包括加拿大、南非在内的国家在转折性政策方面基本比较同步,无论是限制还是禁止还是平等时期,均以美国为起始。但是,澳大利亚和新西兰的多元文化政策对于有意愿移民的汉民族潜在移民来说却是有很大的吸引力,加之两国在近十几年来坚持融入亚洲的政策,中国和澳、新两国在政治、经济技术合作与贸易、文化、教育和科技交流、军事以及其他方面均有较为频繁的联系和往来,中澳友好省州(城市)已达94对,[①] 中新已达32对,[②] 这也为汉民族移民提供了较为宽松的移民环境和融入社会主流的可能性。

[①] 《友城统计——澳大利亚》,中国国际友好城市联合会,http://www.cifca.org.cn/Web/SearchByZhou.aspx?guojia=%b0%c4%b4%f3%c0%fb%d1%c7,2015年3月29日登录。

[②] 《友城统计——新西兰》,中国国际友好城市联合会,http://www.cifca.org.cn/Web/SearchByZhou.aspx?guojia=%d0%c2%ce%f7%c0%bc,2015年3月29日登录。

第5章

欧洲的汉民族移民

第一节 欧洲汉民族移民概况

由于地理位置的缘故，汉民族移民欧洲相比移民邻近的亚洲而言，无论从规模和时间上看，都要少得多和晚得多。汉民族移民欧洲的历史依照移民的规模、移入地的重大历史事件及社会影响以及与移入地的文化涵化程度等因素可以分为如下几个历史时期。第一是以异族小群体的形象始现于欧洲的开端时期，这一时期起自中欧人员的最初交往，下至20世纪20年代告一段落。第二个历史时期在时间跨度上始于20世纪30年代的世界性经济大危机，止于战后冷战对峙形成时期。这一时期的汉民族移民兢兢业业地在艰苦奋斗中追求新的崛起，在错综复杂的政治环境中，埋头置业，积蓄力量，孕育着经济的腾飞。第三个历史时期从冷战结束持续至今，伴随着欧洲统一进程，欧洲汉民族移民不仅在不同层面上加速欧洲各国侨团之间的交往、协调与合作，而且在欧洲乃至世界华人裔群的舞台上均表现得空前积极、主动，他们正自觉不自觉地通过一系列内外整合，追寻、开拓新的发展天地。[①]

---

① 李明欢：《欧洲华侨华人史》，北京：中国华侨出版社，2002年版，第51—52页。

早期推动汉民族移民欧洲的因素概括而言有以下几种类型。第一是19世纪中叶之后，伴随着欧洲的殖民主义势力对中国的入侵，大量居住于东南沿海的华人被雇佣为水手，成为进入西欧的第一批汉民族劳工移民。对于这一批移民的动因，李明欢认为就起源而论，无论是传教士的活动为契机，或是因远洋公司的招募为媒介，汉民族移居西欧肇始于西欧资本主义列强进行的远东扩张、贸易和掠夺，是其意想不到的副产品。① 由于殖民势力对中国劳力甚至战时劳力补充的需要，大批中国劳工以水手、战时劳力的身份进入欧洲，除了大量被战后遣返之外，也有少数以"跳船"等方式定居下来。无论是哪种情况，这些都非移民主体本身的移民愿望，而是被殖民主义和帝国主义不平等的经济和文化交流所裹挟的结果。如此事实再次证明：中国近代移民潮，不是中国社会本身正常发展的内在要求，更不是中国对外扩张的需要，而是西方殖民者对中国劳动力掠夺的结果，故而从流向到方式都在相当程度上被动地受制于西方。② 当然，这一时期也间杂着以外交和勤工俭学的方式去往欧洲的汉民族人口，这种人口迁移的现象虽非出于被动，但由于人数太少，因此并不能改变这一时期移民的主要动因。

第二种移民的动因是追寻商机的主动移民类型。这一时期出现在二战之后，欧洲重归和平宁静，百废待兴，很多香港农民发现了一个发展餐馆业的巨大商机，因此纷纷移入欧洲寻找机会，发财致富。这一时期的移民主体主要以港台华人为主。

第三种移民的动因根据彭轲（Frank N. Pieke）的观点是政治因素，他认为，政治因素对于推动或制止华人移民的作用，也是不容低估的。他举例说明，自从1974年之后，尤其是中国实行改革开放以来，从中国大陆移民西欧的人数迅速增加，但在西欧大陆国家中，荷兰和比利时华人社会的主体仍然是香港人，华人社会通行的语言仍然是粤语，德国华人社会的情况也多少与此相类似。③

---

① 李明欢:《战前中国人移居西欧历史考察》,《华侨华人历史研究》,1999年第3期。
② 丘立本:《从世界角度研究近代中国移民问题刍议》,《世界历史》,1986年第3期。
③ 彭轲:《欧洲华侨华人概况》,李明欢译,《华侨华人历史研究》,1997年第2期。

汉民族移民进入欧洲之后，因为所处的社会政治和文化环境在国别之间存在的差异，其自身也呈现出不同的文化涵化图景以及不同的社会融入模式。围绕移民在欧洲的生存、社会发展以及身份认同的社会过程，衍生出如下几种阐释模式。

第一种是社会发展论，这种论点以历史作为叙事的背景，以发展的眼光论述华人的经济、政治地位、素质得以普遍提升和改善的历史过程。比如李明欢以欧洲华人的素质作为考察对象，论述自20世纪八九十年代以来，欧洲华人素质明显提高的方方面面。根据她的调查，目前"在欧洲各大学、研究所、各大公司、银行几乎都有华人在工作"。在英国，根据1985年的统计，全英华人中有2%（约3000—4000人）是专业人士，包括医生、律师、建筑师、银行家、股票经纪人、经理总裁、教师以及大学教授等。在荷兰，印尼华裔总数约7000人，其中具有某种专业头衔者近千人，几占七分之一，其整体文化水准之高，连荷兰人也难望其项背。[①]

第二种有关华人融入当地社会的研究模式类似于人类学的社区功能研究。这类研究主要分析华人社团的类型、功能、运作方式及其在社会融合中的作用。比如王春光认为，华侨华人社团在华人世界中扮演着一个关键性的角色——拟村落化，这样就提供了一个非常重要的社会生活和活动空间。他们凭借着原有的历史经验和记忆，将社团当作村落来经营和管理，在社团内进行博弈和地位实现，在一定程度上缓解了他们在移入国的边缘化感受，缓解了因失落而对主流社会的抱怨。因此这一类华人社团有着多样的、综合性的社会属性，是一个村落式的我群社会。[②]

第三类研究集中在欧洲华人移民及其母语传媒的关系上。这一类研究通过华文报业的对比研究，分析不同国家华人社会中华文传媒的异同特点，从而在更深层次上，探讨基于同一中华民族文化大背景下

[①] 李明欢：《战后西欧华人社会发展变化初探》，《华侨华人历史研究》，1992年第1期，第69页。
[②] 王春光：《华侨华人社团的"拟村落化"现象——荷兰华侨华人社团案例调查和研究》，《华侨华人历史研究》，2010年第3期。

相同的文化诉求和发展规律。①

第四种研究主要探讨欧洲华人裔群与当地社会的互动模式,包括政治参与、经济冲突和社会文化心态的冲突等方面。刘宏以2010年大选为核心,考察了当代华侨华人社会与政治参与,作者对于英国华人参政的未来道路与政策考量有着如下几个方面的思考。首先,从社区活动做起,因为社区活动是提高个人在社区、党内和媒体知名度的重要途径,并最终能为未来参选打下良好基础。其次是强化华人政治团体的制度化程度,最后必须加强华人社会之间的沟通与合作。② 邓兰华则考察了俄罗斯华人华企的现状及其与当地经济的冲突,认为华人华企在俄罗斯留学、工作、打工、做生意已经颇具规模,颇有成效。这是当前中俄两国友好关系的象征,也是中俄两国人民作为邻居,经济互通有无,互利互惠。华人华企在俄罗斯的存在,既有发展自己、惠及当地人的一面,又由于各种原因与当地人发生冲突的一面,但双方都应尽量求大同、存小异,把注意力放在共同努力、共同发展的大方向上,才能互惠双赢。③

除对上述具体领域和问题的探究,关于欧洲华人裔群研究的另外一种理论范式主张以欧洲整体的眼光研究欧洲华人裔群。这一研究范式又可分解为以下两个不同的、但又是相辅相成的问题:其一,对两个或多个欧洲国家进行比较,是否有助于认清欧洲华人裔群发展的总体趋势?其二,在这块大陆上是否存在这一个以泛欧洲为基础的华人社会或华人文化。显然,随着欧洲一体化进程的加剧,有必要放开理论的视野,从比较研究的角度厘清欧洲华侨华人社团、组织和身份意识等方面所体现的泛欧洲的共同特质。尽管这一方法在具体操作实践中(比如案例分析、理论的推衍等等)还需要进一步定量和定性,但

---

① 戴楠:《欧洲华人移民及其母语传媒研究——以英、法两国华人社会为例》,载王晓萍、刘宏主编:《欧洲华侨华人与当地社会关系:社会融合·经济发展·政治参与》,广州:中山大学出版社,2011年版,第77页。
② 刘宏、侯佳奇:《当代英国华人社会与政治参与:以2010年大选为中心》,载王晓萍、刘宏主编:《欧洲华侨华人与当地社会关系:社会融合·经济发展·政治参与》,第126—127页。
③ 邓兰华:《俄罗斯华人华企的现状及其与当地经济的冲突》,载王晓萍、刘宏主编:《欧洲华侨华人与当地社会关系:社会融合·经济发展·政治参与》,第147页。

是它也显示出了一种"多元一体"（unity in diversities）的理念。这一范式的倡导者认为，对不同欧洲国家华人裔群进行比较研究，显然比逐一国家的剖析更有深度。此外，华人文化在寻求经济机遇、精英管理企业中究竟起着什么样的作用，一直是个众说不一的问题，倘若对全欧洲的华人经济模式进行比较研究，显然有助于我们对此问题加深认识。[①]

总之，不管是哪种研究范式，如今日益发展壮大的欧洲华人裔群的研究标志着欧洲华人裔群在经济、社会乃至政治领域所产生的作用和持续的影响力。这一群体的存在一定程度上改变了欧洲的社会观念和族群观念，丰富了人们的文化认知和文化包容甚至历史的记忆方式。未来欧洲华人裔群的发展具有更加光明的前景。这具体表现在如下几个方面。

第一，兢兢业业创业，促进华侨社会经济发展。

在20世纪后期，在西欧的英、法、荷、德等国，当地华人裔群在70年代业已奠定的经济基础上，兢兢业业地在有限的空间拓展事业；在南欧的意大利、西班牙和葡萄牙等国，80年代之前的当地华人经济微不足道，但在80年代后却展现出勃勃生机，进入突飞猛进的新时代；在东欧，90年代华人经济在当地异军突起，80年代至90年代大批进入当地的中国新移民，从一无所有开始，逐渐营建了一片令世人瞩目的新天地。[②]此外，汉民族移民在欧洲的经营方式也由从前的餐饮业向服装、皮革、服装业、外贸等领域拓展，形成了多元的经济模式。根据章志诚的调查，华人在法国所经营的皮革业，已冲破犹太人垄断的局面。温州人在巴黎三区开设的皮包商店约有200家，占法国皮包店的五分之二。随着近年来华人移民人数的增多，不少来自大陆的新移民逐步从中餐业转变过来，步入金融、保险、金银首饰、房地产、电脑、会计事务、律师事务等行业，扩大经济领域，发展经济事业。[③]

第二，整合群体差异，传播中华文化。

---

① 彭轲：《欧洲华侨华人概况》。
② 李明欢：《欧洲华侨华人史》，第594页。
③ 章志诚：《近20年来欧洲华侨华人经济的变化》，《八桂侨刊》，2002年第3期，第31页。

移入欧洲的中国移民虽然都被赋予一个笼统模糊的华人社会的身份，但因移民不同的区域背景、教育程度以及行业差异乃至性别的不同，内部实则会呈现出"四分五裂"的身份认同。然而求同存异一直是华人社会增强内部凝聚力的发展方向。而传播和弘扬传统中华文化一直是汉民族移民社会内部认同的重要纽带。根据周用敦的观点，传播中华文化的载体与形式包括华人裔群文化扎根的良田沃土唐人街、华人裔群文化依托的重要组织华族社团（含宗乡会馆）以及华人裔群文化魅力获得生动展示的华族文化节。① 此外，以汉民族为主体的华人裔群成为中外文化交流的使者，成为中华文化传播的主体。依靠这一主体，中国文化在欧洲传播的主要路径和方式包括饮食文化的传播以及华文教育的传播。根据郭剑波的研究，浙南华侨华人在欧洲的华文教育渐入佳境，目前已在法国巴黎、西班牙马德里、奥地利维也纳、比利时布鲁塞尔创办了30多所中文学校。中文学校是当地传播华文的主力军，推动了中外文化交流，为中华文化和当地文化的融合起到重要作用。②

随着欧洲华人裔群社会融入度的提高，华人社会展示出了新的形象，这一转变潜移默化地改变着西方对于华人裔群专事餐馆服务行业的刻板认知。以西班牙的华侨华人形象的转变为例。很多西班牙中国问题专家对于旅西华人裔群的新变化很有体会。西班牙胡安·卡洛斯国王大学庞迪我中国文化中心秘书长费利佩·德巴萨认为"谈到华侨华人时，西班牙普通民众往往会简单地把他们与中餐馆、食品店和百元店联系在一起，但事实上，华侨华人企业的多样化发展趋势正越来越明显地呈现，正在进入时尚业、新能源、通讯业、媒体业以及互联网产业等，很多企业在各自的领域中都闯出一片天地。"③ 显然，欧洲华人裔群在经济方面的多元发展以及传统与现代、中与西兼顾的文化包容性极大促进了欧洲华人裔群各项事业的积极发展。

---

① 周用敦、林卫国：《试探有关华侨华人文化的一些问题》，《华人华侨历史研究》，1995年第4期，第41页。
② 郭剑波：《浙南华侨华人与中欧文化交流》，《浙江师范大学学报》，2013年第4期，第12页。
③ 丁大伟：《华侨华人在西班牙展现新形象》，《人民日报》，2013年4月30日，第3版。

综合上述欧洲华人裔群几个方面的论述，本章将按照汉民族移民移入的国家分别从移民的历史、移民的动因、现有的研究范式以及汉民族移民社会、政治、经济、文化当下发展状况等多个维度论述汉民族移民在欧洲的历史演变的轨迹，试图勾勒出一幅完整的图景。汉民族移民大量移入并产生一定社会影响的国家，如英国、俄罗斯、法国、荷兰等，将单独加以论述，对于南欧、东欧一些汉民族移民数量相对较少的国家和地区，本章将其概括为南欧地区和东欧地区并分别加以论述。

第二节 俄罗斯的汉民族移民

汉民族移民在俄罗斯发展变迁的轨迹从时间上看可以分为三个不同的历史时期。第一是沙俄时期，这一时期的移入的主要是劳工，主要移入的区域是俄罗斯的远东地区。第二个历史时期是苏联时期，这一时期的移民迁移行为大都受到战争、各种政治因素甚至种族主义的影响，多呈现出一种强制性的迁徙模式。第三个历史时期是苏联解体至今。从汉民族移民的流入区域来看，沙俄时期的汉民族移民主要集中在俄罗斯的远东地区，在第二、第三个历史时期才逐渐散布到包括远东地区在内的欧俄地区，并且移民数量逐渐呈现出上升的趋势。鉴于上述汉民族移民不同历史时期和不同地理区域所呈现出的迁移特点，本节主要从俄罗斯的远东地区和欧俄地区分别论述汉民族移民的历史和现实。

汉民族移民出现在俄罗斯远东地区的历史始于19世纪六七十年代，在近150年的历史中，远走他乡的中国人活跃在商贸、建筑、采矿、农业等行业，为远东地区的社会经济发展做出重大贡献。① 由于俄罗斯远东地区地广人稀，所以历史上一直有大量的中国和朝鲜移民涌入这里。据统计，俄罗斯远东地区的中国人口从1989年的1742人增长到

---

① 黄定天、赵俊亚:《俄罗斯远东地区中国移民状况述论》,《人口学刊》,2006年第5期,第9页。

2001年的23.7万人。① 此外，需要说明的是，尽管俄罗斯远东地区不属于欧洲的范围，但是这一区域的汉民族移民的活动和发展轨迹是俄罗斯汉民族移民社会和历史的重要组成部分，而且有关远东地区移民的历史、现状、问题以及对策的研究是一个非常重要的学术问题，因此本节将其纳入重要的考察和论述范围。

一、俄罗斯远东地区的汉民族移民：历史及现实

（一）沙俄和苏联时期

俄罗斯远东地区面积为620万平方公里，人口约810万（1991年），可谓地广人稀。19世纪下半叶，沙俄政府开始大规模开发远东，因劳动力严重缺乏，从六七十年代开始，沙俄的国营企业和私营企业就开始从中国山东等省招募华工来此开采金矿、修建军用设施和乌苏里铁路，其中汉族居绝大多数。华工主要居住在滨海地区，小部分散布于阿穆尔和北部地区。② 中俄签订《中俄北京条约》时，滨海州大约有2000至3000华人，其中固定居民900人，其余人游走于这一地区，从事采金、淘金、渔猎。到1869年，华人增加到了2007人。19世纪90年代，沙俄开始修筑西伯利亚大铁路，因铁路经过地区人口稀少，近3万名季节性华工出现在符拉迪沃斯托克、哈巴罗夫斯克、尼古拉耶夫斯克以及南乌苏里等几个城市。③ 1917年前，俄罗斯远东地区的华工主要集中在资源开采和加工、运输、通讯、建筑、贸易、农业和服务性行业。据统计在1913年华工占远东采金业劳动力总数的92.5%，占森林工业劳动力总数的67.1%，占码头行业劳动力总数的57.8%，占乌苏里铁路劳动力总数的53.3%，占阿穆尔河流域船舶修造业劳动力总数的32.8%。④

---

① 崔亚平：《从历史经济学的角度分析俄罗斯远东地区的中国移民》，《人口与经济》，2003年第6期，第34页。
② 黄定天、赵俊亚：《俄罗斯远东地区中国移民状况述论》，第9页。
③ 陈碧笙：《世界华人华侨简史》，第302页。
④ 李敏：《俄罗斯远东地区中国移民的发展及现状》，《齐齐哈尔大学学报》，2010年第2期，第25页。

汉民族劳工的涌入造成沙俄政府的恐慌，一方面，远东地区资源丰富，人力稀缺，亟须招募包括华工在内的大量外来劳力的开发和建设。然而另一方面，沙俄政府对外来劳力存在戒备心理，特别是伊犁事件之后中俄关系恶化，沙俄政府加强了对这一地区中国移民的管控。

1917年十月革命之后，远东地区一部分华人参加了工人赤卫队和红军，他们很多人在远东地区活动，他们当中由中国劳工组成的中国军团参与了对白军的斗争，在苏联红军史上留下了光辉的一页。远东地区并入苏维埃政权之后，部分华人留在这一地区，组成了一定规模的华人社会。及至1926年，远东地区约有7万多中国移民，他们在这个地区的人口增长率比十月革命前减少了3.8%，但在远东地区的经济社会发展中继续担任着重要角色，基本上属于体力劳动者。[1] 随后苏联政府开始实施禁止中国和朝鲜人流入苏维埃领土的决议。1928年，在沙俄时代曾几次对乌苏里地区的中国人做过考察，给沙俄政府提过建议并参与驱逐中国人的阿尔谢尼耶夫，就远东地区的黄种人问题，给苏共（布）远东边区委员会递上了一份报告。报告中提出："在当代，从经济上建设保卫边区要比武力抵制重要得多；于中国东北和朝鲜毗邻地区，要防止中国和朝鲜的自由移居者；这些地区要住满来自西伯利亚和苏联欧洲部分的移民……"虽然苏联政府并未完全执行阿尔谢尼耶夫的建议，但此后对于远东地区外国劳工的驱逐却也是不争的事实。这一驱逐或者"清洗"的历史跨度很长，经过20世纪30年代的大规模驱逐行动，大约有8000人被强制迁出，1万多人被捕。[2] 另据1937年1月苏联人口普查数据显示，当时远东地区中国移民降为24589人，相当于1926年数量的三分之一。此后，由于军事、政治等方面的原因，苏联禁止中国人进入远东地区，并大规模驱逐中国人出境，这种局面一直持续到苏联解体前夕。[3]

---

[1] 亚历山大·拉宁：《中国移民在俄国——中国移民对俄国远东发展的贡献》，李宏为译，《历史档案》，1994年第2期，第136页。

[2] 刘涛、卜君哲：《俄罗斯远东开发与华人华侨（1860—1941年）》，《延边大学学报》，2010年第2期，第61页。

[3] 黄定天、赵俊亚：《俄罗斯远东地区中国移民状况述论》，第10页。

有关这一时期苏联的"排华"现象有较为详实的资料可供佐证。有一位叫作黄佳的中国人说他在苏联解体后去过外兴安岭，在那里遇到了三位中国老人，其中一位已八十多岁，叫张德魁，他"见到我们两位中国人，哇哇大哭，'可见到中国亲人了！'他已经有半个世纪没看到从中国来的人。"张德魁等中国人是1938年从海参崴被驱逐出来的。妻子和孩子被驱逐到哪里去了，是死是活，他们都不知道。他们8名中国男人被发配到高寒地带，存活下来的只有3人。① 当然这一状况在从20世纪80年代开始已经得到了明显改善。1989年11月，苏联最高苏维埃通过一项声明，承认对一些在斯大林时期遭受强迁的民族的镇压行动是非法的、犯罪的。苏联解体后，一些俄罗斯学者开始涉足这一长期被封禁的领域，他们发掘了一些档案资料，访问了一些仍然健在的受害者，写成了有限的但是很有价值的文章。②

（二）俄罗斯时期

1986年7月28日，戈尔巴乔夫到邻近中国黑龙江省的远东地区视察，并在符拉迪沃斯托克发表了重要讲话，主要内容是改善苏中关系。这是苏联高层一个具有标志性意义的举动。同时，戈尔巴乔夫要求逐步开放符拉迪沃斯托克，以加快经济和社会发展。以此为新的起点，苏联边境地区和我国边境地区的贸易快速升温。③ 在俄罗斯远东人口数量大量减少的同时，中国、朝鲜等国家的移民却大量涌入这里。据统计，俄罗斯远东常驻的中国人口持续增长：从1989年的1742人到1990年的1.5万人，1993年的10万人，1996年的20万—30万人，2001年的23.7万人。④

两国关系正常化以来，人员之间的往来交流空前活跃，大批的中国

---

① 《斯大林清洗30万远东中国人》，21CN，2012年7月5日，http://news.21cn.com/history/lishijiaodian/2012/07/05/12296798.shtml，2015年2月2日登录。

② 李随安：《评〈中国人在俄罗斯〉兼论其他》，《华侨大学学报（哲学社会科学版）》，2010年第4期。

③ 张持坚：《苏联客机遭劫持迫降中国农田中》，《南方都市报》。转引自《现代快报》，2008年11月2日，http://kb.dsqq.cn/old/html/2008-11/02/content_65796279.htm，2015年2月3日登录。

④ 崔亚平：《从历史经济学的角度分析俄罗斯远东地区的中国移民》，第34页。

游客、投资经商者和求学深造的中国人纷纷前往俄罗斯,形成了新的移民高潮。俄罗斯远东地区成为中国劳动移民的目的地。约三分之二的中国建筑工人和务农人员都去往远东和西伯利亚地区,与在莫斯科从事商业贸易的50%的华人相比,远东地区从事商业贸易的华人仅占1/3。

在远东地区的华人主要从事以下几种行业。

一、农业。俄罗斯远东地区人口稀少,土地资源不能有效利用,为毗邻的黑龙江农业人口提供了难得的机会。他们所从事的劳务包括荒地开垦、各种粮食作物和蔬菜的种植、畜牧养殖、农产品加工、森林采伐等多个领域。根据黑龙江省农委公布的数字,截至2004年,全省共有3.4万人次到俄罗斯从事农业种植、畜牧养殖业综合开发。全省已有20多个县市在俄罗斯建立境外种植业、养殖业基地,开发项目60个。其中种业项目40个,在俄种植大豆、玉米、蔬菜等面积达35万公顷。①

二、商业。俄罗斯在重工业、航空业以及军事工业等领域一直处于世界领先地位,但在轻工业等领域却异常薄弱,因此需要大量进口包括家电、纺织品、服装等在内的中国商品。据学者调查,目前俄远东地区的商品八成来自中国。由于双方经贸合作规模的扩大,也为远东地区创造了众多就业机会。据统计,仅在乌苏里斯克市的市场上,就有上千名中国人在经商。这个市场不仅为当地俄罗斯居民提供了大量廉价商品、蔬菜和水果,而且还为俄罗斯人提供了更多的就业机会。②

三、建筑业。由于建筑业危险性高,工作异常辛苦,因此大多数俄罗斯人都不愿意介入,而主要是农民出身的中国建筑工人迅速占领了这一领域。在远东地区的建筑工程通常都是由中国的建筑公司来完成的。据统计,1993年中国建筑工人在阿穆尔州完成了合同金额55亿卢布的建筑安装工程,同年,黑龙江省瑞驰建筑公司承建了滨海边疆乌苏里斯克银行大楼,1996年又在符拉迪沃斯托克修建了海关物资基地。③

总之,俄罗斯远东地区的中国人用自己的勤劳、智慧和汗水建设

---

① 陆路:《中国人去国外种地》,《侨园》,2005年第1期,第14页。
② 李靖宇、林靖:《俄罗斯远东区域开发中的中国移民问题探讨》,《西伯利亚研究》,2012年第2期,第22页。
③ 李传勋:《俄罗斯远东市场研究》,北京:社会科学文献出版社,2004年版,第276页。

这片土地，他们在农业、商业、建筑业等各个行业为当地市场的繁荣、物资的充盈以及经济的发展贡献者自己的力量，为远东地区的经济发展做出了不可磨灭的贡献。当地的俄罗斯人逐步意识到当地经济的繁荣离不开中国人。俄外交部驻赤塔州的代表曾说："如果我们把这里的中国人都赶走，那么70%的老百姓都将穿不上裤子。"[①] 由此可见以汉民族为主的中国移民在当地社会的重要性。当然，他们在发展当地经济、促进社会繁荣的过程中，不可避免地要受到种种猜忌，在俄罗斯市场引发讨论的"中国移民问题"甚至"中国威胁论"在远东地区同样存在，有时也显得异常尖锐，这些问题将在本节第二部分详细加以讨论。

二、俄罗斯汉民族移民的社会、文化融入：问题与前景

（一）社会、文化融入

社会和文化融入是一个较为长期的过程，有时类似于一种文化涵化（cultural assimilation）的过程。文化涵化是指移民群体在目前的移入地定居生活之后，主动或者被动地放弃一些移出地的传统习俗从而造成的思维方式、举止行为的改变，也就是获得一种对移入地文化的适应性。当然，这一过程同时受客观和主观两种因素的影响。从主观角度而言，移入群体是否接受移入地的价值观念、生活方式、人际关系和交往方式，是认同还是抵触，都制约着社会和文化融入的程度。根据各种数据统计和移民签证类型的分析，俄罗斯的汉民族移民由于大多都是工作签证移民，他们从内心并不愿意成为俄罗斯公民，这当然制约着他们接受、认可和融入当地社会文化的程度。从客观因素来看，相当大一部分俄罗斯人具有一种排外的心理，针对华人的排外事件在历史上也屡见不鲜，不管这些心理是无知或是偏见，它所形成的刻板化形象也制约着背负这一刻板形象的汉民族移民在当地社会和文化的融入程度。

---

① 沈殿成：《俄远东地区的中国人》，《侨园》，2005年第5期，第9页。

造成汉民族移民在俄罗斯社会融入程度较低的一个重要因素还跟这一移民群体的文化素质有关。根据中俄学者的研究，从地区上而言，大部分中国移民都来自于中国的黑龙江、吉林、辽宁和内蒙古自治区经济发展比较迟缓的地区①，中国东部沿海发达地区的移民相对较少。此外，大约75%的中国移民都是从中国的小城市和农村地区来俄罗斯的，很大程度上由于这些地区人口众多，失业人数和贫困人数的规模很大，②他们大都接受的教育程度相对较低，且语言不通，社会融入程度当然不会太高。俄罗斯科学院远东研究所学者拉林有关俄罗斯华人移民的社会问卷调查研究也得出了与上述分析大致相似的结果。拉林一共调查了900名华人移民，约60%左右的华人移民来自乡镇及农村，约50%的人出国前从事的职业是农民工或工人，53%的人几乎不能用俄语来进行阅读和交流。由于社会融入程度不高，有59%的移民认为俄罗斯政府对中国移民态度一般甚至不完全友好，特别值得一提的是，近50%的中国移民都指出曾经受到过俄罗斯人的侮辱和谩骂。③显然，遭受这种侮辱和谩骂这种极端的经验表明这一群体所受到的排斥性，这既有自身主观的原因，如教育程度等，也有客观的原因，比如俄国本土的排外主义等等。

很多研究成果表明，相对于美国"大熔炉"式的较为多元和包容的由移民不断造成的社会和文化的多元主义模式，俄罗斯民族有着较为强烈的排异性，这也是造成在俄汉民族移民社会和文化融入度不高的一个客观原因。美国社会一开始就是一个由移民组成的国家，文化的多元和包容既是历史发展的积淀，也是社会治理的现实需要。与此相对应的"大熔炉"的理论其实是对这一历史和社会现实的反映。中国学者于国政在谈到俄罗斯的排异性时指出：

---

① 朱显平、李天籽：《俄罗斯东部开发及其与我国东北振兴互动发展的思路》，《东北亚论坛》，2008年第5期。
② 朱秀杰：《1991年以来俄罗斯的中国移民构成分析》，《人口学刊》，2010年第3期，第32页。
③ [俄]拉林：《俄罗斯的华人移民——社会问卷调查研究》，阎国栋译，《华人华侨历史研究》，2009年第3期。

"俄罗斯民族是一个排他性很强、兼容性比较差的民族。正是由于这一民族特性,'唐人街'在世界很多国家的城市都可以存在并能与当地居民相安无事,而唯独在俄罗斯被视作洪水猛兽,甚至一块'中国村'的牌子也使他们疑云四起。旅美华人有几百万,仅旧金山一市就有43万人,而暂居全俄罗斯的中国人数不超过50万人,远东地区只有5万至6万人,就使他们惊恐万分,掀起轩然大波。如果说美国是一个'碾碎民族差别的大磨坊'或一座'民族熔炉'的话,那么俄罗斯就是一座'把守严密的大城堡'或一个'蛰赶异蜂的大蜂巢'。"①

俄罗斯官方针对移民的社会调查也得到了同样的结果。2009年11月13日《俄罗斯报》刊载文章《逐渐到来,逐渐留下》,文章援引了俄罗斯科学院的"侨民在俄罗斯:社会测试"项目的调查数据,该项目综合了2008年调查的422份问卷样本以及2009年的606份样本。这篇文章揭示了俄罗斯民众的排外性格:他们普遍对外来人持厌恶态度,在回答"自己所居住的地区是否愿意接受'外来人'"这一问题时,54%的受访者表示拒绝接受,48%受访者更进一步表示,哪怕"外来人"仅仅是临时居住,也不会被接纳。纵然中俄官方交往密切,但是接受访问的俄罗斯人中,有半数表示不愿与中国人为邻。② 对于世界其他对于外来移民持更为包容态度的国家而言,俄罗斯人的排外性在一些中国学者看来可能有以下两种因素。首先,俄罗斯人对安全的认知与世界大多数国家是不一样的。原因可能是800年前蒙古人的征服和随后两个世纪的殖民统治给俄罗斯民族留下了痛苦的集体记忆。另一个因素是,国土的极其辽阔和人口数量的有限形成的矛盾持续困扰着俄罗斯人,使他们一直有"人口威胁论",特别是"黄种人威胁"的焦虑。③ 这一分析相当独到,并且从一种他观的视角弥补了俄罗斯本土学者囿

---

① 于国政:《俄罗斯远东地区与中国关系的制约因素分析》,《东欧中亚研究》,2002年第4期,第65页。
② 《调查显示:半数俄罗斯人不愿与中国人为邻》,新华网,2009年11月19日,http://news.xinhuanet.com/overseas/2009-11/19/content_12488614_1.htm,2015年2月6日登录。
③ 李随安:《评〈中国人在俄罗斯〉兼论其他》。

于自观的局限所产生出的一些有失偏颇的判断。

总之,包括在俄罗斯的中国移民在内的外来移民的社会和文化融入问题事实上是人类一种内外有别的心理图式和分类体系,这是人性的一个普遍的特点。英国人类学家玛丽·道格拉斯(Mary Douglas)在其《肮脏与洁净》一书中是这样描述内与外、肮脏与洁净的分类体系的。她说,和内与外相关的洁与不洁的仪式创造了经验的统一性(unity in experience),这些仪式不但不是对宗教中心的偏离,反而是补过和赎罪的积极手段。各种象征性的解决方案通过仪式被设计出来并公开地加以展演,由此很多互不相关的元素被联系在一起,不同的经验也被赋予意义。可见,在日常的各种社会实践中,个体的经验总是异质杂陈的,因此,个体和群体必须面对的一个主要困境就是如何梳理这些纷繁芜杂的经验,将其纳入到一个统一有序的经验体之中。从某种程度而言,宗教的中心就是这样的有序的经验体,所以我们在考察宗教的属性或者形态的时候,完全不必假定这是某种理性的逻辑、共同体的精神或者善的知识的超验的运作。我们应该关注的是,世俗的社会经验是如何通过洁与不洁的仪式被梳理、整合,相互发生联系并最终成为一个意义和有序的经验体系的。所以道格拉斯相信,对越轨(transgressions)行为加以区分(separating)、净化(purifying)、限定(demarcating)以及惩戒(punishing)的观念,其主要的作用就在于对并不连贯统一的经验有体系地加以规范和制约。只有夸大内与外、相关和无关、男和女、赞同和反对之间的区别,一种秩序的外观才得以创造出来。①

显然,尽管道格拉斯是在论述宗教中心主义的内外分类体系和认知图式,但是这种内外有别的分类模式同样适合于种族中心主义试图界定肮脏(外来的)与洁净(内部的,具有文化同质性的)的思维心性。从某种程度而言,俄罗斯的中国移民因为是外来的,所以也是潜在的"污染源",是必须加以限定和警惕的群体。另一方面,剧烈社会

---

① Mary Douglas, *Purity and Danger: An Analysis of Concepts of Pollution and Taboo*, London: Routledge, 2002, pp. 3-5.

变迁对于原有的俄罗斯这一"意义和有序的经验体系"的冲击也要求更加极端的"文化清洗"行为，以便更好地维护族群内部的认同意识，这也是社会、文化、经济、政治变迁的背景对于这一群体生活产生影响的很好例证。由于这种内外有别的分类体系的存在，也就引发了汉民族移民与当地社会的种种冲突，形成了一种冲突中寻求融合的社会和文化融入模式。

（二）在冲突中寻求融合

融合过程中的冲突就表现为中国学者研究中所提及的"中国移民问题"，从众多的这一类文章来看，相关的问题确实很多，既有经济的、也有社会的和文化的。这些问题有些是人为夸大，有些是媒体炒作，但确实是我们在考察融入过程中不可能绕开也应该正视的。俄罗斯莫斯科大学的邓兰华教授考察俄罗斯华人华企的现状并且将华人华企在俄市场上的冲突类型分为六类，第一类是与俄罗斯新的历史发展阶段国家方针政策的冲突；第二类是与莫斯科市场文明化、规范化进程的冲突和维护城市秩序、改变城市面貌的冲突；第三类是与贪官污吏的冲突；第四类是与当地企业、商人市场的利益的冲突；第五类是与西方企业争市场所引发的冲突；第六类是社会文化心态的冲突。① 强晓云将国际移民与国家形象关联起来，论述了少数在俄中国移民的国民素质的缺失对于负面国家形象之间的关系，她认为，除去本土的强烈民族主义和排外情绪之外，俄罗斯社会对国家形象的评判基础是对移民现实的认识，一旦认为中国移民的生产生活活动会对俄罗斯安全构成威胁，俄罗斯民众会将对移民反感模式转化为对中国国家形象的误读。而极少数中国移民行为举止的不检点、国民素质的缺失，少数移民的违法犯罪、客观存在的非法移民现象又推动了俄罗斯民众对中国移民和国家形象的负面看法的形成。②

---

① 邓兰华：《俄罗斯华人华企的现状及其与当地经济的冲突》，载王晓萍、刘宏主编：《欧洲华人华侨与当地社会关系：社会融合・经济发展・政治参与》，第137—146页。

② 强晓云：《试论国际移民与国家形象的关联性——以中国在俄罗斯的国家形象为例的研究》，《社会科学》，2008年第7期。

另外，根据2004年俄罗斯科学院远东历史考古和人种学研究所在俄罗斯滨海边疆区、哈巴罗夫斯克边疆区、阿穆尔州和犹太自治州做了一次大范围社会舆论民意调查。结果显示46%的俄罗斯人把所谓"中国的扩张政策"作为对俄罗斯利益及其远东领土的第一位威胁。有54%的俄罗斯人对是否同意中国在俄罗斯远东进行扩张的说法持肯定态度，40%的俄罗斯人认为中国向俄罗斯远东地区扩张的主要内容是领土扩张，31%认为是人口扩张，27%认为是经济扩张。[1] 总之，"中国威胁论"似乎成为普通俄罗斯人对于华人移民问题的基本态度。

于晓丽对于俄罗斯的"中国移民问题"的主要内容进行了细致的梳理，将其主要内容概括为以下几个方面：其一，中国正在有计划有目的地对俄实施人口扩张，中国移民在远东大量聚居并以非法方式购买不动产，想以和平方式占领远东；其二，俄罗斯境内中国移民的数量已达几百万人，中国移民的存在已打破俄东部地区民族和人口结构的平衡，威胁上述地区的主权；其三，中国移民挤占了当地人的工作岗位，俄东部地区的居民因之被排挤出居住地；其四，中国移民从事影子经济活动使俄遭受巨大损失；其五，中国移民的存在加剧了当地的犯罪形势；其六，中国移民给俄带来疫病和威胁。[2]

如果说强晓云的移民素质与国家形象之关联性的分析是在移民群体内部找原因，那么于晓丽的分析则是从外部，也就是从媒体、官僚机构的片面宣传和报道这一"客观"作用下，这些所谓的"问题"是如何被放大并且被毫无批判和反思地接受的。从某种程度而言，这事实上是一个对某一群体"污名化"（stigmatization）的过程。如何来看待这一污名化背后的文化生产机制以及媒体的放大效应呢？我们还是要回到道格拉斯经典的肮脏与洁净的分类体系的论述上来。

道格拉斯认为通常情况下，我们是在用先验图式的概念来考察不同群体之间的分类。她认为，当一个观察者（perceiver）的感官面对外部事物的刺激的时候，总会选择地接收那些我们感兴趣的，而我们

---

[1] 自曲伟：《俄罗斯民意测验对中国的看法值得注意》，《西伯利亚研究》，2004年第5期，第4页。
[2] 于晓丽：《俄罗斯远东"中国移民问题"论析》，《华侨华人历史研究》，2006年第4期。

的兴趣又受到一种具有倾向性的模式的支配，这种模式有时被称作先验图式。可见，我们的先验图式作为一套分类和过滤的体系，总会在第一时间将那些我们认为无序和失范的事物界定为不洁、肮脏、外来或者危险而加以拒斥，因为它们可能会引起既定的认知模式的混乱和对立。文化在这一意义上获得新的定义，文化不再是某种能发挥作用的制度或体系，而是某一社区公共的、标准的价值观念，在调节着个体的经验。文化就类似于一种基本的分类体系，是事先为个体提供的一套参照系或者一种积极应对的模式，通过它将各种观念和价值体系有条不紊地组织在一起。[①] 此外，值得注意的是，文化的形成在于其总要面对各种无序和失范的挑战，而文化简而言之就是应对这些挑战的一套既定的价值体系和大多数个体普遍的先验图式。从某种程度而言，文化相对于肮脏、外来、危险等事物和观念而存在，也就是说，俄罗斯的极端的民族主义相对于外来的群体而存在，此时传统和文化的功能不在于调节社区的各种组织和人际关系，而在于帮助社区的大多数个体应对任何对既定的思维范式的挑战，帮助他们积极主动地将这些无序和不洁的东西要么拒斥在基本的分类体系之外，要么将其辩证地纳入自己的体系之内。现代性在某种程度上就意味着某种无序和失范，对于社区既有的价值观念形成对立和挑战，某种文化的分类机制因此被激发出来，以帮助个体设计出合理的应对策略。简而言之，就是内与外的分类体系，这同时也是移民问题的文化机制的建构模式。正是在这一意义上，我们一方面要辨清移民问题的真实性，另一方面也要说明这些问题得以产生的机制。

显然，由于内与外的分类体系的存在，也由于两种不同的文化机制的运作逻辑及其背后不对称的权力关系，使得外来移民的生产和生活一开始就是在两种文化体系的冲突和碰撞中来加以安排。尽管有这样或那样的问题出现，但是解决问题的办法也同样存在，冲突也是融合和包容的一个过程、一种方式。经济上的互利双赢、文化上的友好交流和彼此理解也是在俄移民发展的一个重要的向度。

[①] Mary Douglas, *Purity and Danger: An Analysis of Concepts of Pollution and Taboo.* pp. 45-48.

（三）汉民族移民俄罗斯的前景

正如上文业已指出的那样，尽管俄罗斯的中国移民在社会和文化融入中面临各种问题，但是这也是融合的一种形式。随着对于本地文化的了解，这种背井离乡的"流放者"式的文化拒斥心态和身份认同意识也必然将逐步转向移民对于移入地文化的认同意识，当然这是一个比较漫长的过程，各种心理的身份认同层面发生的变化也是逐步发展的过程。所以，问题尽管存在，但前景依然光明。

这种前景体现在以下几个方面。首先，中俄两国的经济贸易是移民现象出现的一个重要原因，这是出于两国经济发展的现实需要，由此产生的人员往来不但是正常现象，同时也必将成为一种常态，发展经济的客观需要将促使移民问题得到良性的解决。根据邓兰华的研究。在2000年普京就任总统后，俄罗斯政治经济逐渐稳定，国力逐渐恢复，居民生活水平不断提高，华侨华人企业在俄罗斯的事业发展也有了比较好的前提条件，中俄之间的贸易势头越来越好。近10年来中俄贸易额持续快速增长，1999年两国的贸易额才57亿美元，2002年为93亿美元，到2008年便达到了568亿美元。中俄贸易发展如此迅速是两国经济持续增长的结果，当然在俄华侨华人企业为此也做出了自己应有的贡献。现在在俄罗斯经营的华侨华人企业与20年前比有很大的变化。这变化总体上是向着务实、成熟、自信、实力迈进。①显然，经济发展和贸易往来的客观需要合理地促进了两国人员的往来，随着一批高素质人员的到来和在相关领域开展工作，特别是很多国企和大企业外派人员的到来，必将潜移默化地改变在俄华人移民的形象。

对于俄罗斯远东地区的移民问题，很多学者也意识到，应该以劳务输出实现该地区劳动力资源的合理利用。李靖宇等学者认为，劳务输出是解决区域内富余劳动力的可靠出路，有利于加强区域基本建设和经济全面发展进程，对于加强国内外经济交流也具有重要意义。实

---

① 邓兰华：《俄罗斯华人华企的现状及其与当地经济的冲突》，第133页。

践表明，俄罗斯远东地区是一个具有重要战略意义的综合经济区域。从20世纪90年代初期开始盛行起来的中俄边境贸易、地方贸易和向俄罗斯输出中国劳务人员等合作形式，已经对两国的边境地区经济发展起到了积极推动作用。目前，双方在远东地区农业开发、建筑工程等领域的劳务合作潜力仍然很大。①

除了经济发展和贸易往来所促进的人员合理交往这一重要因素之外，中俄两国学术界对于移民问题的持续关注和相关研究项目的开展必将为大众理性看待这一现象提供智力支持。俄罗斯学者波尔加可夫回顾了俄罗斯学界针对中国移民问题所开展的课题研究，这些研究主要集中在以下几个方面。第一，汉学观。这种研究视角是指俄罗斯汉学家在分析中国移民问题时，通常都把它放到中俄国家关系的大环境中去探讨，采用大量的中文资料，并尽量做出不带偏见的、冷静分析。第二、地区论。这一类研究主要是通过这种规范的方式来批评莫斯科或联邦中央，那就是他们在远东地区以及中国移民问题上缺乏明确的政策。第三是人口统计学。这一方面的学者认为，俄罗斯的中国移民是一种很正常的补偿，作为应对俄罗斯人口下降的一种对策，除非引入中国人，否则广袤的西伯利亚和俄罗斯远东地区不会得到真正意义上的开发与发展。②

上述三种论点都显示出了学术界应有的反思和批判的态度。汉学观是从文化的角度，借用观他而知我的研究视角，分析偏见与敌视产生的原因。而地区论则是注重与中心相对的边缘地区经济发展、资源开发、人员流动的事实需要。人口论则是从人口学的角度提出俄罗斯广袤土地与人口不足的矛盾以及现实的解决之道。这些研究，如果逐渐进入到政府的决策层面，假以时日必将在一定程度上促进汉民族移民问题的解决和移民形象在公共空间的改善。

中国学术界对于俄罗斯的华人移民问题也做出了自己有益的思考。其中一个主要的研究方法和视角是文化层面的。邓兰华认为两国

---

① 李靖宇、林靖：《俄罗斯远东区域开发中的中国移民问题探讨》，第22页。
② [俄]弗拉基米尔·波尔加可夫：《俄罗斯中国新移民现状及其课题研究》，陈小云译，《华侨华人历史研究》，2005年第2期。

在文化方面事实上是有很多共同之处的,中俄两国首先是近邻,自古以来人民之间就有相互交往和相互影响的积淀。俄罗斯文化虽然源于欧洲,但是受以中国文化为主体的东方文化影响很大。中国20世纪全方位受过苏联的影响,几代中国人都是读着俄罗斯(苏联)的文学作品成长起来的,不少中国人有着浓重的俄罗斯情结。因此两国人民的文化、习俗有不少相似之处。① 显然,从文化的角度而言,由于文化的相互交流,由此衍生出的情感和情结是跨文化交流的纽带和基础。中俄之间的这种文化纽带的作用出于历史原因,又有现实需要,其重要性与经济贸易的往来同样重要。

强晓云也认为文化的因素和文化的交流有助于促进国家形象的提升,并认为中国国家形象在俄罗斯的全面提升是在2006年至2007年中俄互办国家年活动之际。如果说,2006年"中国的俄罗斯年"活动属于"请进来"的国家形象塑造手段;那么,2007年"俄罗斯的中国年"则属于"走出去"的手段。通过举行中国国家展等一系列活动,不仅增进了俄罗斯民众对中国的了解,更是提升了中国的国家形象。② 文化的交流配合着经济和贸易的往来,在促进国家形象提升的同时,也改善着移民的形象。文化所具有对于多元性的包容显然会极大促进汉民族移民在俄罗斯的社会和文化融入的程度。

在国际化背景之下,人员的流动将会是一种常态。中俄两国由于地缘关系使得历史上经济、人员以及文化的交流从未中断,在当代社会中,跨越国界的移民群体和移民文化使得这种历史的交往关系有了新的发展,同时也带来新的问题。身份认同意识、离散、社会和文化融入问题等都将呈现出当代的特点。边境和国界不会成为人员往来的屏障,文化交流的灵活性和变通性足以应对任何僵硬教条的移民规则和法令,只有顺应这些新的移民群体的文化特点,才能产生出有助于两国经济、文化交往的共识并增加政治的互信并达至双赢的局面。借用俄罗斯学者拉林的观点:前往俄罗斯的中国移民将会不可避免地增

---

① 邓兰华:《俄罗斯华人华企的现状及其与当地经济的冲突》,第146页。
② 强晓云:《试论国际移民与国家形象的关联性——以中国在俄罗斯的国家形象为例的研究》,第68页。

长,并将在俄罗斯的社会生活中发挥越来越大的作用。俄罗斯政府应该严肃地对待"中国移民问题",能友善地、坚定地把中国移民活动纳入国家的轨道之中。① 这当然是学者的严肃思考和美好愿望,但同时也说明俄罗斯的汉民族移民的前景将会越来越好。

总结俄罗斯的汉民族移民情况,其中既有历史的因素又有现实的因素。从历史方面来看,中俄两国相互毗邻,有着漫长的国境线,两国的交流互动源远流长。从现实方面来看,俄罗斯地广人稀,劳动力稀缺,中俄边境口岸的经济和贸易往来需要大量中国移民的参与,事实证明,俄罗斯特别是远东地区的经济发展离不开以汉民族为主的华人裔群的贡献,这也是双方越来越认可的观点。未来的华人裔群依照发展经济的需要还将呈现出上升的趋势,这对于中俄的文化交流和友好合作将具有重要意义。

第三节　西欧的汉民族移民

西欧在地理位置上是指欧洲西北部,大西洋东岸的地区。这一地区的国家有英国、爱尔兰、荷兰、比利时、卢森堡、法国和摩纳哥。由于这一地区所包括的英国和法国在内的老牌资本主义国家在经济和文化方面所具有的世界性辐射力和影响力,在历史上较早成为汉民族移民较多的区域。从历史上看,早在17世纪就已经有汉民族到达西欧地区,随传教士学习西方的语言、历史文化并进行神学研究。19世纪末20世纪初,中国关闭的大门被西人的坚船利炮轰开,双方人员因经济、军事和文化方面的交流显著增长。现存可查的英国官方关于旅居英格兰及威尔士的华人人口的统计资料,最早出现于1851年,其中显示1931年英国华人的人数为1934人。② 第一次世界大战结束后,根据法国学者廖遇常的估计有3000战后留在法国的华工是第一批旅法移

---

① 李随安:《评〈中国人在俄罗斯〉兼论其他》。
② 转引自 David Parker, "Chinese people in Britain: Histories, Futures and Identities," in Gregor Benton & Frank N. Pieke eds., *The Chinese in Europe*. London: Macmillan, 1998, p. 69.

民。① 到1935年西欧汉民族移民群体已达到38000多人。② 时至今日，进入英、法两国的汉民族移民已分别形成大约40万人的规模，在欧洲各国中属于华人移民人数较多的国家。

从社会层面来看，西欧的汉民族移民也经历了不同的历史发展时期，从18、19世纪初海员、劳工所形成的带有消极负面因素的团体，发展到今日拥有自身的经营和生计方式、拥有自己的社团和社区组织、兴办华文传媒并且拥有自身历史记忆和文化传承方式的群体，这期间是一个漫长曲折、历经磨难的发展过程。第一次世界大战结束之后，留居法国的华工，开始时多受雇于法国工矿企业，后有部分人渐渐转向开餐馆、开洗衣店或摆摊卖货。他们主要聚居于巴黎西郊的工业城镇，形成了法国最早的汉民族移民社会。③ 李明欢将战前西欧华人社会的特点总结为：第一，起步晚，发展慢、规模小；第二，这一时期主要以浙江青田人和温州人构成西欧华人社会的主体；第三，到欧洲去挣钱形成"慕欧尚侨"的社会氛围，并产生连锁移民的效应。④ 需要指出的是，由于到欧洲经营小本生意的多是广东、福建沿海地区的汉民族，因此他们在西欧所形成的社会带有极强的血缘宗亲和地域乡情的互助形式，有的可能演变成依据行业、地域而形成的特定的帮会。这些血缘和地缘组织一方面有助于海外汉民族移民交流情感，同时也利于共同应对陌生环境谋生的不易。

时至今日，在西欧的华人裔群人口持续增长、社会日益繁荣、社会地位不断提高，社会形象不断改善，已经今非昔比。华人裔群的自信也不断增强，这首先表现在中国文化在当地的传播方面。在英国，华人裔群近年来与当地社会的沟通和交流不断得以加强，侨胞们大力传播中华文化，努力提升华人形象，积极参与公共事务，取得了很大的成绩。⑤ 华人裔群社会地位的提高也表现在强烈的参政议政上。在法

---

① [法]廖遇常：《法国华人一百年》，法国共忆协会，1994年版，第5、12页。
② 徐斌：《欧洲华侨经济》，台北：台湾"侨务委员会"，1956年版，第5—6页。
③ 李明欢：《战前中国人移民西欧历史考察》，《华侨华人历史研究》，1999年第3期。
④ 同上。
⑤ 李其荣：《欧洲华侨华人社会的趋势变化和主要问题》，载王晓萍、刘宏主编《欧洲华人华侨与当地社会关系：社会融合·经济发展·政治参与》，第31页。

国，华人裔群对法国政治的关注程度明显提高，越来越多的新生代华人开始参与法国政党的竞选活动，投票率也呈上升趋势。这表明旅法华人裔群在努力融入当地社会、表达自身诉求、维护自身合法权益方面，迈出了重要一步。①

在经济方面，西欧华人裔群的谋生方式、所从事的行业也发生了翻天覆地的变化。18、19世纪在西欧的华人裔群主要是来自中国东南沿海的居民，他们大都是一些流动的小商小贩，在异国他乡艰难谋生。到了20世纪初随着各地"中华会馆"和"唐人街"中国社区的成立，餐馆业、洗衣房以及杂货店成为移民从事的主要行业。如今在法国、英国和荷兰的汉民族移民除了传统的中餐业之外，还从事服装加工、皮革、批发货行、进出口贸易、食品工业、农场、超市等领域，呈现出兴旺发达的景象。

汉民族移民以族群性、社群性和身份认同为标志的文化特质的表述与呈现在历史的变迁中也发生了巨大的变化。首先是移民形象的变化。1817年英国一份关于饮食业的报告中描写到，伦敦的沙德维尔（Shadwell）地区住满了"外国水手"，报告还用侮辱性的语言说他们是"中国人、希腊人及该类肮脏人物"。②总是戴着有色眼镜看待移民的英国新闻媒体以夸张的笔法，将20世纪初在英国的中国移民与鸦片、赌博联系在一起，之后又宣扬华工问题，称华工夺了英国工人的饭碗等等，因此在英国人中留下恶劣的印象。③二战之后，尤其70年代以来，随着西欧华人裔群的发展壮大，中国国力的提升，华人裔群文化自觉意识的增强，华人形象有了很大的改观。2010年英国首相布朗在首相府专门为华人裔群举行招待会，高度评价他们对英国社会的贡献和作用。伦敦及英国各地的新春庆祝活动已成为品牌活动，得到英国

---

① 李京生：《法国华人参政新局面》，《侨务工作研究》，2008年第4期，第48页。
② [英]珍妮·格尼，《旅英华人大事记》，《丝语》，1988年2月号，第49页。
③ 陆伟芳：《新闻媒体眼中的华人移民形象——20世纪上半叶的英国华人》，《华侨华人历史研究》，2002年第2期，第51页。

各级政府的支持,受到当地民众的喜爱。①

其次在文化传播的方式上已经发生了很大的变化。早期在西欧的汉民族移民主要借助"中华会馆"、"唐人街"以及各种大大小小的社团作为文化传承和传播的载体。而文化传播的主体则主要是有着血缘和地缘关系的群体,文化传播的空间过于狭小。如今在英国、法国等主要西欧国家的华人裔群已经在报业、电视等各种传媒中传播中华文化,成为连接海外华人的纽带并成为展示中华文化的重要窗口。从1907年由欧洲华人裔群自己创办的华文报刊《新世纪》周刊问世以来,②华人裔群在西欧的传媒格局发生了翻天覆地的变化。在英国最早发行的周报《华商报》,每期36版,因其广告信息量大、方便生活,而成为很多华人移民每周必读的报纸。《华商报》于1996年创刊于德国法兰克福,现有德国版、意大利版、捷克版、芬兰版和英国版等6个版别,每期发行总量为16万份。③

总之,西欧的汉民族移民从17世纪开始远走他乡到异国谋生,移民社会不断发展,人口不断壮大,经济、社会和政治地位不断提高,为当地的社会和经济的发展做出了自己的贡献。共同的文化传统和历史意识作为联系当地汉民族移民的纽带在国际政治经济的变迁中也在不断调整自身的身份认同和文化的社会展演策略,这条文化之根在历史和社会的剧烈变迁和震荡中不曾失落和湮没。本节将主要以西欧三个国家,即荷兰、英国和法国为考察对象,论述汉民族移民在这三个国家社会、经济、文化交往的历史演变过程。

---

① 《刘晓明大使在英国侨界欢迎招待会上的讲话》,中华人民共和国驻大不列颠与北爱尔兰联合王国大使馆,2010年3月30日,http://www.fmprc.gov.cn/ce/ceuk/chn/sgxx/sfhd/t676475.htm,2015年2月7日登录。
② 孙兴盛:《欧洲华文报刊世纪谈》,《国际新闻界》,1994年第4期,第37页。
③ 戴楠:《欧洲华人移民及其母语传媒研究——以英、法两国华人社会为例》,载王晓萍、刘宏主编《欧洲华人华侨与当地社会关系:社会融合·经济发展·政治参与》,第85页。

一、荷兰的汉民族移民

（一）早期的荷兰汉民族移民

所谓早期的荷兰华人移民这一概念年是指20世纪之前以各种方式来到荷兰逗留、居住、从业的汉民族移民。最早来荷兰的华人，是一个很难考释的问题。荷兰汉学家包乐史（Leonard Blussè）所著的《中荷交往史》一书记述了一位叫恩潜的华商大约于1600年搭商船抵达荷兰，并在荷兰接受基督教洗礼。①李明欢也认为，华人移民荷兰的起始年代，的确难以查考。根据她收集到的资料，在荷兰国内正式出版物中，最早提及华人在荷兰（不含荷属东印度）的文章见于1861年的《荷兰年刊》。这篇题为《中国人使阿姆斯特丹又添异彩》的文章作者，说他第一次在阿姆斯特丹看到拖着长辫走在阿姆斯特丹街上的中国人大约是在1830年前后。②最早抵达荷兰的汉民族移民人数极为稀少，且可能是从事丝绸、瓷器或者经营南洋土特产生意的商人，还有一种可能是来荷属东印度留学以学习西洋文化的汉民族子弟。根据廖建裕的考证，后一类早期来荷的汉民族在荷属东印度，这些"土生华人子女最早接受的西方式教育，是在1863年之后建立于爪哇的荷兰教会学校"，③之后这些学生去往荷兰或经商或学习也是很有可能的事情。

19世纪以后，随着荷兰在远东贸易的开展和种种对外的掠夺活动，船员和商贩成为去往荷兰的汉民族移民。在亚洲至荷兰阿姆斯特丹和鹿特丹两大主要港口的航线上，很多华人充当水手，最后以"跳船"的方式留在荷兰。根据荷兰轮船公司的档案记载，从1898年起，始有华人船员受雇于该公司，至1915年，受雇华人船员已增至2165人，占船员总数的8.5%。约在同一时期，有一群特殊的小商贩群体也去往包括荷兰在内的欧洲等地，贩卖各种雕刻品和棉织品，并且构成了早期

---

① [荷]包乐史：《中荷交往史》，庄国土、程绍刚译，路口店出版社，1989年版。
② 李明欢：《华人移民荷兰开端考》，《八桂侨史》，1993年第1期，第31页。
③ [新]廖建裕：《爪哇土生华人政治》，李学民等译，北京：中国友谊出版社，1986年版，第14页。

在荷汉民族移民的主体。最早抵达荷兰的小商贩主要来自浙江温州和山东。自1876年温州被辟为商埠后,逐渐不断有温州人出国经商,他们出国后几乎都是辗转两三个国家最后才定居荷兰的。[1] 除了来自浙江的小商贩外,20世纪初在荷兰还活跃着一些来自山东的商人。1898年,德国强行租占山东青岛,此后,陆续有山东人到德国做生意,有的将分公司开到了与德国相邻的荷兰。从1910年到20年代末,在荷兰先后出现过8家由山东商人开设的进出口贸易公司。[2]

在此期间去往荷兰谋生的另一个群体是来自浙江青田一带的汉民族移民。青田位于浙南山区,"九山半水半分田,","无鱼盐商贾之利,无畜牧贩卖之饶。"[3] 然而这一代的青田石雕作品日臻完善,进而名扬天下。1853年,青田石雕首次被送往南美路易斯参加国际展出,获荣誉奖。1893年至1899年间,青田石雕作品又先后三次被送往欧洲,参加在意大利、法国举办的国际博览会。[4] 青田人借助青田石雕在国际上的声誉,开始了向国外的谋生之路。当然,20世纪之前的汉民族商贩由于人数不多,并且是在西欧诸国辗转售卖,因此难以形成较大的华人社区、会馆以及能够产生影响的移民社会。大规模的荷兰汉民族移民浪潮的出现应该是在20世纪初期。

(二)20世纪以来的荷兰汉民族移民

荷兰学者池莲子将20世纪以来的荷兰华人移民史分成三个阶段。第一阶段包括20世纪初至二战期间的几十年,主要有三批移民,第一批大部分是来自印尼的华裔留学生。第二批为华人船工移民。第三批是来自广东、福建的贫苦农民,还包括珠江三角洲一带的破产农民和小手工业者。第二阶段是二战后至80年代。第三个阶段是所谓的"新移民"时期,也就是1989年之后的移民潮,这批移民包括大批自费、

---

[1] 李明欢:《华人移民荷兰开端考》,第32页。
[2] [荷]黑克:《华人移民在荷兰》,荷兰,1936年版,第42页。转引自李明欢:《华人移民荷兰开端考》,第33页。
[3] 徐上政:《益灾记》。转引自周望森:《青田石雕及其社会历史意义探析》,载陈学文主编:《浙江华侨历史研究论丛》,内部刊印,1991年,第92页。
[4] 李明欢:《欧洲华侨华人史》,第93页。

欠费的留学生，一般文化素质都比较高。① 下面分别就在荷兰汉民族移民的社会、经济和文化在三个阶段的表现和变迁加以论述。

第一批到达荷兰的印尼华裔留学生掀起的这股移民浪潮是有其背后的原因的，鸦片战争之后，长期闭关锁国的清政府不得不习洋务以重振国力，"师夷长技以制夷"成为中国人去往欧洲国家学习的主要动力。特别是1894年中日甲午战争之后，"风气大开，疆吏以开中西之学为急务，总署亦以遣人出洋学习为要图。"② 在此种出洋留学的背景下，大批中国学生进入欧洲，出洋留学，成为新潮。根据李明欢的考证，时至19、20世纪，荷兰已形成一个庞大的人口数以百万计的华人社会。伴随着宗主国与殖民地之间的各种经济、人员交往，也有一些华人从荷属东印度移居荷兰。到了20世纪初，从荷属东印度到荷兰留学的华裔青年学生成为一个日渐突出的组成部分。③ 据1911年统计，是年在荷兰学习的荷属东印度华裔学生总数约20人，1920年增加到50人以上，时至1930年前后，在荷兰各高等院校学习的荷属东印度华裔学生共有188人，另外还有67人在荷兰的中学学习。④ 根据荷属东印度华裔留学生团体"中华会"的统计资料，从该会成立的1911年起，至德国占领荷兰前的1940年止，先后共有约900名荷属东印度华裔学生进入荷兰各高等院校学习。⑤

这批来到荷兰的中国学生，类似于今天在美国出生的ABC（American Born Chinese），他们本身由于是第二代、甚至是第三代出生在荷属东印度的殖民地移民，因此大多不会讲中文。他们移民到荷兰之后，面临一个非常困扰的身份认同问题。一方面，他们在体表特征上无疑是黄种人，但是内心却急于摆脱当时欧洲"华人"普遍的社会地位低下的境况。这使得他们一方面想要尽快学习西方的商科和工科以尽快融入当地社会和文化之中，一方面在华人社会中寻根问祖。这种身份的困

---

① [荷]池莲子：《荷兰华人的历史、现状及问题》，《汕头大学学报（人文科学版）》，1998年第3期。
② 梁启超：《日本横滨中国大同学校缘起》，《饮冰室文集》（卷17）。
③ 李明欢：《欧洲华侨华人史》，第149页。
④ [新]廖建裕：《爪哇土生华人政治》，第14—27页。
⑤ Kees van Galen：《无源之水：来自印尼的华人》。转引自李明欢：《欧洲华侨华人史》，第150页。

扰是这批以学生身份移入荷兰的华人一个较为显著的社会问题。

　　同一时期移入荷兰的华人移民还包括在远洋公司充当水手和船工的汉民族移民。目前有关20世纪初荷兰华人船工的详细信息和数据都是通过1911年6月荷兰海员工会所领导的总罢工这一事件了解到的。1911年6月，全荷海员为争取自身的合法权益举行总罢工，但是海运公司的老板却乘机大量雇佣廉价、听话的华人船工，使得荷兰海员工会领导的罢工几乎没有任何效用。愤怒的荷兰海员转而将怨气撒到华工的身上。这种针对外籍船工的怒火虽然经过了媒体的放大，却使我们有机会间接了解当时在荷兰的华人船工的生活状况、人数、地位等多方面的信息。1911年11月11日，荷兰海员工会月报《瞭望》第一版刊登了一篇题为"黄祸"的文章，作者指责中国船员"一心只想赚钱，对于自己被利用来伤害欧洲工人的利益，竟浑然不觉，麻木不仁。"作者最后意在告诫荷兰海员：务必高度警惕"黄祸"危害，共同采取有效措施，坚决反对荷兰轮船公司雇佣中国船员。这一带有歧视性质的排斥华人船工的事件说明当时在荷兰工作的华人船工一定不在少数，否则不可能引起如此大规模的激愤。荷兰轮船公司雇佣中国船员统计的数据也显示，在1901年，轮船公司雇佣的中国船员仅有400人，而到了1912年则已经有1600余人，已经极大地冲击了荷兰船员的主体地位。

　　越来越多的华人船工和劳工进入荷兰，势必形成类似于"唐人街"一类的中国社区，以便自我保存，这一类社区也就形成了华人船工、劳工和小商小贩的特有的社会、文化机制。鹿特丹作为荷兰船运业中心，形成华人社区也就是常理之中的事了。鹿特丹南部的嘉顿特拉（Katendracht）19世纪末还是一片荒凉的村庄，仅有几条船，居民不太多。1931年1月留在鹿特丹的华人，大部分聚居在此。据当时统计，有华人1306人，后来人们将这条街称为"唐人街"，而且据说是当时欧洲最大的唐人街之一。1920年华人最初的华侨会馆就设立在此区——龙月街五号。① 中国城或者唐人街等华人社区为在异域的汉民族移民提供了谋生手段、社会交往模式和文化传承模式，这些手段和模

---

① [荷]池莲子，《荷兰华人的历史、现状及问题》。

式既是移民强化自身身份认同的文化符号,也是促进其融入当地社会的催化剂,二者事实上并不相悖。

首先在谋生手段方面,汉民族移民逐渐经营自己的旅店、客栈,也就是后来遍布欧洲较为著名的"华人水手馆"。"华人水手馆"最初在荷兰的阿姆斯特丹和鹿特丹等较大的港口出现,随后便发展至欧洲各地。根据荷兰学者黑克的研究,鹿特丹卡登区的水手馆发展的顶点是在1931年,是年,仅亚奇街和日里就各有水手馆19家和13家,全区水手馆总数达47家,最大的一家叫"和义水手馆",可接待客人大约200人。① 可以想见,如此众多的"水手馆"通过招揽生意从而凝聚起社会关系网络。这种社会关系网络将每一个在异国他乡谋生的人按照各自的身份——或亲戚或同乡联系起来,形成血缘乡情的社会格局。这一社会格局在强化内部自我认同意识的同时,在外部的人看来(荷兰的新闻记者、卫生检疫官员以及学者)仍然是带有人情关系、具有明显东方异国情趣的社区,居于其中的人的行为都充斥着潜在的危险性并且总是同脏乱差、暴力和犯罪联系在一起,这些文化的断片勾连在一起就形成了较早的对中国劳工、船员和小商小贩特有的歧视性的刻板印象。

二战结束之后,荷兰经济快速发展,包括餐馆业在内的各种社会行业服务的需要显著增加,此一时期进入荷兰的汉民族移民主要从事餐馆经营行业。根据荷兰餐饮协会的统计,20世纪50年代中期,全荷兰像样的中餐馆约有数十家;1960年增加到225家;1970年发展到618家,同期中餐馆在全荷兰各类餐馆中所占比例也从1960年的12%上升到1970年22%。② 进入20世纪80年代以来,随着移民国际化趋势的发展,大批汉民族移民来到荷兰,他们当中既有留学生,也有随着同乡来异国他乡发财致富的打工者,并且大多数人都在中餐馆打工。然而随着20世纪末欧洲经济的不景气,中餐馆的生意也是每况愈下,造成这一群人较大的流动性。

---

① Frederik van Heek, *Chinese Immgranten in Nederland*, Leiden: E. J. Brill, 1936, pp. 50-51.
② 荷兰皇家餐饮食业公会:《荷兰中餐饮业形象调查》,1997年,第16—17页。转引自李明欢:《欧洲华侨华人史》,第429页。

经过一个多世纪的筚路蓝缕的艰苦与努力，荷兰的华人社区和各种社团已经深深地植入了当地的社会和文化之中，发挥着各种整合的功能、社会交往的功能和维系身份认同和历史意识的功能。而随着人口跨越边界（国界）的流动已在全球成为一种常态，近年来在荷兰华人社区流动、工作和生活的华人也会越来越多，这也是历史发展的一种常态。对于那些已经在荷兰社会中扎下根来的汉民族移民而言，社区和社团发挥着类似于"乡村社区"的功能。王春光认为荷兰华人社团已经出现了一种"拟村落化"的现象，事实上就是对这种社区功能的较为独特和重要的认识。他认为，拟村落化为华人裔群提供了一个非常重要的社会生活和活动空间。他们凭借着原有的历史经验和记忆，将社团当作村落来经营和管理，在社团内进行博弈和地位实现，在一定程度上缓解了他们在移入国的边缘化感受，缓解了因失落而对主流社会的抱怨，这在一定程度上降低了华人裔群与主流社会的对抗性。[①] 显然，在某种程度上，这些华人社区和社团也就形成了一种"共同体"的作用，共同体内部尽管也竞争、也博弈，但也遵循共同的规范和制度，从而较为协调一致地整合共同体成员的社会展演和日常生活的言辞和策略，从而使得华人社区能够生生不息、枝繁叶茂。

二、英国的汉民族移民

（一）二战之前的英国汉民族移民

与荷兰印支留学生为第一批移民不同的是，英国最早的汉民族移民是海员和船工。造成这一独特移民现象的是英国东印度公司在南亚和东亚地区所展开的殖民统治和商品贸易。自从1773年开始，东印度公司的远洋航船就频繁进入中国，开始臭名昭著的鸦片贸易，从中获取暴利。这一时期东印度公司可能已经开始招募华人水手，这些华人水手也就有可能随着远洋货轮去往英国的各大港口，但却没有相关的历史文献记录。相关的历史记录一直到了19世纪中后叶才出现，1865

---

① 王春光:《华侨华人社团的"拟村落化"现象——荷兰华侨华人社团案例调查和研究》。

年,利物浦船主豪特兄弟的海洋轮船公司的"鸭加门号"停靠在黄埔江边,并从1893年起雇佣华人船员。① 显然,随着越来越多的廉价且吃苦耐劳的华人水手的招募,越来越多的华人来到英国。根据英国人口调查资料的显示,1901年在英国居民中有387个华人;到1911年增加到1319人,其中海员为480人。随着大量的人员到来,为海员提供服务的餐馆、洗衣店和廉价的寄宿公寓也就应运而生,假以时日,同样能够形成大大小小、规模不等的中国城或唐人街。与荷兰的情况相同,此时英国规模不等的"中国人聚居区"主要集中在一些较大的港口城市,其聚居和服务的对象大多是来自中国的海员。

1914年第一次世界大战爆发之后,欧洲各国面临劳工短缺的境况。出于战争的需要,英国继法国之后,开始大规模招聘华人劳工,主要从事造船、木工、矿工以及机器装配工等工种。从1916年到1918年期间,英国共从中国招募了10万华工,并将其送到英国所辖各战区。一战期间,在英国的华工命运的悲惨和生活的困苦可想而知,虽然招募华工条款明确规定华工不得直接参战,但是他们中相当多的人直接在战地进行各种服务工作,从挖战壕、运弹药、掩埋尸体,几乎无所不包,很多人甚至殒命战场。战争结束后,根据中国驻英国公使馆统计,当时在英军服务的华工中,有名有姓的死亡者达9900人,实际上,根据战后的清点和统计,在法军和英军中的华工死亡和下落不明者接近2万人。② 然而一战之后英国华工的命运并没有得到根本的好转,他们仍然属于被歧视群体。尤其是,一战前后的英国媒体通常将华人污名化和妖魔化,在充满偏见的报道中,华人社区通常和赌博、吸毒(吸鸦片)等违法乱纪现象联系在一起。当然,有关华人的负面报道却从一个侧面为我们展示了一战前后英国早期华人社区和社团的一些特点。根据吴贵竹的研究,伦敦唐人街就是中国人被"画地为牢"的结果。据1913年的统计这两条街上共开设了华人杂货店和中餐馆总

---

① Ocean Fleets LTD, "Chinese Seamen", in *Brushstrokes: A Collection of British Chinese Writing & Drawing*, Liverpool, 1996. pp. 4—5. 转引自陆伟芳:《新闻媒体眼中的华人移民形象——20世纪上半叶的英国华人》,第49页。

② 王敬诚:《拂去历史的蒙尘——悼念长眠在法兰西地下的华工》,《参考消息》,2002年4月2日。

计达30家，华人人口大约在300到400人之间。①

二次大战期间仍然留在英国的华人与英国人民一道度过了一段战争岁月，他们在这一期间对于英国的反法西斯的战争也做出了自己的贡献。1940年德国对英国展开了"空中闪电战"式的狂轰滥炸，在日夜不停的防空警报中，伦敦"中国餐馆大东楼听说还逞强开着，中国水手公寓的人也没移动，但华侨洗衣房却大多关了门，至少12个华侨已葬身在这场闪电战中了。"②从萧乾的描述中可知当时在伦敦的部分华侨仍然在开业，在战争极端残酷的环境中仍然还有华侨活动的身影。此外，还有些华人虽然没有直接参战，但是他们冒着生命危险在穿越大洋的英军和盟军的商船、军舰上服务，为抗击法西斯做出了重要贡献。在二战中，有数以万计在盟军的商船、军舰上工作的华人船员，冒着德军空中飞机轰炸、水下潜艇攻击的危险，穿行于大洋之间，为盟军运送物资、弹药、兵员，甚至直接参加对敌作战，有的船员因所服务的船只被德国炸沉而不幸被俘，受尽磨难。总之，华人船员为反法西斯战争的胜利做出了自己应有的贡献。③另据史料统计，大战期间，许多华人船员就在穿越于大西洋的游轮上工作，据不完全统计，整个大战期间，华人海员因担任盟国海上运输而不幸遇难者，多达7000人以上。④

（二）二战至今的英国汉民族移民

二战结束后，西欧虽然饱受战乱之苦，但在美国的扶持之下，经济迅速复苏。尽管欧洲社会动荡分化为两大对立的阵营，各种意识形态的强化给移民的身份带来更为浓郁的政治色彩，然而跨越边界的群体的移动却并没有因为冷战复杂多变的政治因素而停滞。对于英国的汉民族移民而言，由于香港是英国的殖民地，因此英国华人社会以香港人占据主导地位，这也是历史发展的必然，再加上1949年中华人民

---

① Ng Kwee Choo, *The Chinese in London*, Oxford: Oxford University Press, 1968, p. 15.
② 萧乾：《海外行踪》，长沙：湖南人民出版社，1983年版，第106页。
③ 李明欢：《第二次世界大战期间的旅欧华侨》，《华侨华人历史研究》，2001年第4期，第55页。
④ 刘伯骥：《美国华侨史续编》，台北：黎明文化事业公司，1981年版，第172页。

共和国成立之后，从大陆移居英国的人数急剧减少，因此从20世纪50年代开始，英国的华人移民仍然以来自香港的移民为主。

从20世纪50年代中期开始，在香港新界地区兴起了一股谋生于英国的风气，一批批青壮年争相北上英伦，后续者源源不绝，移民潮在60年代到达高峰。① 究其原因，李明欢认为可以从四个方面进行剖析。首先，香港新界地区面临经济转型而出现的社会动荡，形成促使当地人远涉重洋谋生的巨大推力。其次，大战结束时仍然留居英国的香港人为其亲朋好友移民英国提供了现成的可以借助的迁移纽带。第三，英国与香港两地经济收入呈现出巨大差距，形成吸引香港新移民的巨大"拉力"。第四，港英殖民当局奉行的促进国际移民、减缓本港就业压力的政策，形成"推力"。② 时至20世纪60年代末，据有关调查提供的资料，全英3000家中餐馆（包括小型外卖店）的雇主及从业人员中，90%以上是来自香港的新界人。③ 到了1995年连同这批20世纪50年代开始移入英国的香港居民，再加上早期华人移民子孙，旅英华人裔群人口总数已经超过20万人。伦敦的唐人街见证了这样一个人口快速增长、并且逐渐兴旺发达的历史。20世纪60年代之后，大批新界农民到来，在市中心爵禄街及其附近，拥有上百家中国酒楼和餐馆。他们除了开设餐馆之外，也从事其他行业。据统计，以伦敦唐人街为例，就有中餐馆80多家，另外还有食品超市、书店、理发店、华文媒体、华人咨询机构、中医诊所、旅行社、咖啡馆、房地产公司等等，形成一个完整的华人小经济产业链。④ 华人移民以自己优良的传统，在发家致富的同时，也丰富了当地的文化，促进了贸易的开展。

这一时期旅英华人的社会地位得到了显著的提高。主要表现在两个方面，一是文化的自觉意识空前增强，文化的传播手段日益丰富，这表达了一种从未有过的文化自信。第二，当代华人裔群的社会和政

---

① 李明欢：《欧洲华侨华人史》，第416页。
② 同上，第416—417页。
③ 台湾"侨务委员会"编：《华侨经济年鉴》，台北：台湾"侨务委员会"，1968年版，第452页。
④ 《英国留学生活：伦敦唐人街不可缺》，华人频道，2014年2月21日，http://www.hrtv.cn/newsite/trenjie/bignews/11311.html，2016年10月1日登录。

治参与意识逐渐增强,英国华人裔群参政对于提升自身的地位具有很大的作用。20世纪初,第一批华工和华人海员来到英国的时候,根本不敢想象创办自己的报纸,宣传自身的文化,提升社区的形象。随后一批勤工俭学的中国知识青年来到欧洲,才开办了较早的华文媒体,其中有比较早的如1916年8月15日在法国创刊的《旅欧杂志》,介绍西方现代科学文化知识,沟通旅欧学人与国内的联系。[①] 到了20世纪六七十年代,随着大批的中国移民来到英国,英国的华文媒体呈现出快速发展的趋势。1975年出版的《星岛报》(欧洲版)可以说是第一家以中文读者为对象、以采集和发布新闻为己任的专业性新闻机构,它标志着欧洲华文媒体作为独立的少数族群媒体开始登上历史舞台。[②] 1999年8月,欧洲第一家华语卫星电视台被香港凤凰卫视收购,以"凤凰卫视欧洲台"的台名正式在伦敦开播,并很快进入英国、法国、德国和荷兰四国的在线电视网络,全面覆盖欧洲45个国家。[③] 从第一份有影响力的报刊到覆盖全欧45个国家的卫星电视也就短短10年左右的时间,华文媒体就实现了多元化的快速发展,成为中国文化对外宣传的重要窗口。华文媒体影响的扩大表明华人社区一个重要的咨询、联谊平台的形成,对于凝聚华人身份意识、增加文化自觉意识都具有重要的意义。

英国汉民族移民除了创办报考杂志、电视广播和网络等多种形式的传媒之外,近年来也积极投身于各种社会和政治活动。2010年5月6日结束的英国大选被称为"二战"后英国最为激烈的选举,据BBC中文网的报道,共有八位华裔候选人参加下议院议员的竞选,成为历史上华人参加下议院选举候选人数最多的一次。虽然最终并没有产生英国下议院首位华人议员,但是此次英国华人参政实践却有着不同寻常的意义。英国华人参政计划就是不断通过宣传,让广大华人认识到自身的参政权利,更积极地发出自己的声音,维护自身权利,更好地融

---

① 萧良:《欧洲华文传媒发展的历史轨迹》,《欧洲时报》,2003年5月26日,第18版。
② 程曼丽:《海外华人传媒研究》,北京:新华出版社,2001年版,第236页。
③ 戴楠:《欧洲华人移民及其母语传媒研究——以英、法两国华人社会为例》,载王晓萍、刘宏主编《欧洲华人华侨与当地社会关系:社会融合·经济发展·政治参与》,第87页。

入英国的主流社会中。①英国华人参政热情的出现也来自与日益强大的中国的影响。根据英国华裔参选议员李泽文的看法,"当前英国华人参政现象的高涨,一方面是第二、三代华人素质和教育水平上升的表现,另一个原因则是中国的崛起,与其说中国崛起给了华人信心,不如说给了他们荣耀。"②显然,中国影响力的日益扩大,从某种程度上给了英国华人参政议政的信心和资本。

华人裔群在英国的社会和政治参与程度越来越高,教育程度和素质也越来越高,这是一个普遍的现象。然而,我们不能忽视的是,在英国还有相当数量的中国非法移民。据统计,截至2002年,在英国的中国非法移民约有10万人,他们主要分为三类,第一类是没有任何证件的偷渡者,第二类是持假身份证明入境者,第三类是合法入境却逾期不归者。③这些非法移民分布在英国的各大城市,他们普遍存在语言障碍,难以得到当地法律的保护,大都处境堪忧。目前中英两国政府正在加强合作,共同打击非法移民的现象。

三、法国的汉民族移民

(一) 二战之前的法国汉民族移民

历史上第一次较大规模的汉民族移入法国发生在第一次世界大战期间,他们主要是在中国各地招聘的劳工。1916年,法国军部代表陶履德和中国交通银行经理分别代表中法双方签订"惠民公司招工条款",分别在天津、香港、浦口以及青岛等地招聘大约35000名华工。④另外也有材料显示说,第一次世界大战期间,法国政府通过北洋政府在天津、青岛、澳门等沿海城市招募的华工有14万人,他们主要从事军事工程建筑、军械修理、军品运输等工作,其中不少华工赴前线参战,有近万

---

① 《英国大选与华人参政》,英伦网,2010年4月8日,http://www.bbc.co.uk/ukchina/simp/uk_life/2010/04/100408_ukelection_video1.shtml,2015年2月7日登录。

② 《英华裔参选议员李泽文:我不是英国的奥巴马》,中国新闻网,2010年5月6日,http://www.chinanews.com/hr/hr-ozhrxw/news/2010/05-06/2265294.shtml,2015年2月10日登录。

③ 《英法非法华人移民现状》,《瞭望新闻周刊》,2004年3月29日第13期,第36—37页。

④ 陈翰笙主编:《华工出国史料汇编》(第十辑),北京:中华书局,1984年版,第294—295页。

人在战争中牺牲。有资料显示，1917年2月17日，载有600多名华工的法国游船"阿索斯号"（Athos）在地中海被德国潜艇击沉，其中543人遇难。一战期间遭德潜艇袭击丧生的华工共达752名。[1] 战后华工大部分回国，约3000人流落在法国各地，其中不少与法国女子结婚安家。[2] 这些留下来的华人分别投入以下几种行业：餐馆、修脚店、冶金工业、化学工业和制车工业等。他们对法国社会的介入，改变了法国华人团体的境况。[3] 随后又有相当数量的一批华人来到法国，他们就是来自中国的有思想、有抱负的勤工俭学的中国留学生。

来到法国的中国留学生也是当时留学热潮的一部分。1912年2月，李煜瀛（石曾）、吴玉章等15人在北京发成立了"留法俭学会"，成立"留法预备学校"。11月底，第一批勤工俭学学生乘火车经西伯利亚前往法国。俭学会成立后仅一年，即安排赴法者不下80余人，其他抱俭学宗旨或留学或家居或自由汇集者亦有40余人。[4] 到了1921年，中法大学正式建成并招生。该大学主要从中国招收经由官方甄选的学生，开办25年以来，共招收了473名学生。另外部分留学生分别进入巴黎大学、里昂大学、巴黎高等矿业学院、法国国立工艺专门学校等30多个大专院校学习。[5] 这些赴法勤工俭学的学生包括一大批我国老一辈革命家以及中华人民共和国的领导人，比如蔡和森、陈毅、邓小平、李立三、徐特立、聂荣臻、周恩来、朱德等。这些勤工俭学的学生在法国大多参加了各种政治活动和政治组织，他们中很大一部分加入共产主义组织，宣传马克思主义思想，探寻中国的未来发展路径。后来，由于斗争的需要，大部分勤工俭学学生回到国内，继续从事革命斗争，勤工俭学也就告一段落。

纵观这一时期大量的中国留学生赴法勤工俭学，其数量远远大于

---

[1] 杜莉：《法国第一批华人移民》，《法国研究》，1998年第2期，第202页。
[2] 邢树森：《法国华人经济发展的现状与未来》，《八桂侨史》，1999年第2期，第24页。
[3] [法]廖遇常：《法国华侨华人社会发展的历程》，《华人华侨历史研究》，1991年第3期，第64页。
[4] 舒新城：《近代中国留学史》，上海：中华书局，1928年版，第88页。
[5] 李治华：《里昂中法大学话旧》，《旅法华侨俱乐部20周年纪念特刊，1972—1992》，第73—77页。

欧洲其他国家,① 是有其背景和原因的。这其中的一个原因是因为法国的华工由于在法国的常年生活和工作,为了能够更有效地捍卫自身的利益,相机成立了华工工会、中华工团等组织。这些组织声息相通,为来到法国的中国人提供了一个社会联络与交往的平台,使得他们的生活相对而言比较容易。事实上,旅法工会的积极倡议人之一李石曾后来是发起成立"留法俭学会"的主要成员。华人裔群组织与勤工俭学学生的较大规模涌入之间有着必然的联系。第二个原因是,法国较为彻底的资产阶级革命所提出的"自由、平等、博爱"的理念对于华人留学生而言有着很大的感召力,因此成为他们的理想的留学目的地。

二战期间留在法国继续经商的江浙一带的商人应该在经济上取得了一定的发展。所存不多的历史资料零星记载了这些中国商人在法国的活动和成就。其中有一位叫做罗君芹的富商,留居法国后利用同乡情谊,"不数年间,由茶馆司帐,一进而为古玩行之经理,再进而为来往欧美鉴识古器之巨商,且与东西人应酬往还,莫不斐然可诵,被誉为当时欧洲华商的'奇才'"。② 这些华商遂利用同乡或会馆等场合声息相通,渐成气候。一些华人的商店"其店面之装置,全与西人商店相若",时至20世纪30年代初,全法国总计有中国人开设的古董店五家,出售中国丝绸、瓷器、地毯、南货、药材的大小杂货店约25家。③ 这时期的华人人数没有确切的统计数字,根据陈里特的调查,20世纪30年代前期,在法国的华人裔群人口大约是17000人,他们依据地缘乡情,可能已经形成初步的行业组织或者商业协会,如前文所述的罗君芹等富商的发家致富轨迹。有些可能依据血缘或者同乡关系发展起了初步的华人社区,比如到法国贩卖青田石的江浙一带的小商小贩。总之,两次世界大战期间的华人社区和社团应该都已经有了初步的发展,唐人街或者中国城的雏形已经初步形成。当然,虽然在法国,特别是

---

① 根据法国学者杰拉西莫夫的估计,从1920年代开始,大约有2000名勤工俭学的留学生加入法国华人裔群之中。见[法]卡琳·杰拉西莫夫:《法国移民政策与近五年华人移民》,陈欣译,《华侨华人历史研究》,2000年第1期。
② 吴云:《旅法华人近五十年之奋斗生活》,《东方杂志》1928年第4期,第21页。
③ 陈里特:《欧洲华侨生活》,《海外月刊》,1933年第8期。

巴黎的华商生意有一些起色,一些华人社区和社团也在发展过程之中,但是新的移民高潮还没有随着二战的结束而到来,所以,对于整个法国社会而言,华人裔群在当地经济、社会乃至政治上的地位和影响力还是相当弱小的。

(二)二战之后的法国汉民族移民

二战以后,由于殖民统治的普遍瓦解,殖民地纷纷成立为民族—国家,原有的政治格局和群体的身份认同模式在后殖民时期发生颠覆性的改变。一些群体由于不能适应原居住剧烈的社会和文化变迁和残酷的战争,转而迁往他国,成为一种颇为自然的现象。1954年,法国结束了在越南的殖民统治。随后的越南新政府颁布了一系列的新政策,造成许多越南华侨华人被迫迁移。之后的越南内战,又迫使大批越南华侨华人迁往法国。1975年越南、老挝、柬埔寨发生激烈的政治动荡,使得大批当地的华侨华人从印度支那逃亡法国。据统计,二战之后由于东南亚政治局势的动荡不安和战争等因素引起的"印支"华侨华人迁徙数量达几百万之众,他们当中大约有10余万人最后定居法国,这是二战后进入法国最大的移民浪潮。此外,20世纪70年代末和80年代初,来自香港和台湾的许多汉民族也移民法国。1980年法国华人裔群人口估计为15万至20万人,他们基本上是贸易商、店主、餐馆主、工匠(木工或皮革工)和成衣工。① 可以说1954年以来的"印支"移民浪潮与随后的移民一道改变了这个国家旧有的华人移民格局。

随着中国的改革开放进程,1980年又有一批新的汉民族移民来到法国,他们中有政府正式派遣的留学生,也有自费的学生。另外一派移民则是20世纪80年代以来来自浙江、福建和东北的"新移民",而其中又以来自浙江温州的移民为最,因此"温州人"几乎成了"新移民"的代称。② 值得注意的是,由中国沿海这些地区所引发的移民的"连锁反应"是一个颇为重要的移民现象,也是学术界讨论颇多的一个

---

① [法]卡琳·杰拉西莫夫:《法国移民政策与近五年华人移民》。
② 尹文涓:《法国华人移民的信仰和融入:关于天主教巴黎华人教会的调查》,《福建论坛(人文社会科学版)》,2010年第12期。

问题。尽管学术界现在已经认识到连锁移民有将移民形象刻板化的嫌疑，但是至少从移入地的角度来观察，连锁现象确实是移民潮的一个重要的推力。更为重要的是，由于中国传统的重视血缘、同乡的纽带关系，使得连锁反应既是移民的动因，同时也是结果，对于后者而言，连锁模式同样在很大程度上支配或者制约着移民社区的社会关系和社会交往模式。这也就是为什么当谈及意大利或者法国华人裔群的情况时，我们也可以用"温州人"或者"温州的商业运作模式"来论述这一群体的社会和文化机制以及经商方式。总之，移民的连锁反应所促发的合法和非法移入法国的华人应当都不在少数。

除了连锁效应之外，近年来移入法国的中国"新移民"还有其他一些原因。法国"语言文化辅导协会"提供的数据显示，从1999年3月年至2004年8月共有约27000名新移民的材料。按地域这些人主要来自浙江温州和青田、福建以及东北地区。这三类移民群体又显示出了鲜明的地域性差异，就其移民的原因而言，主要有地域性传统的路径依赖关系、国家制度政策的规制性力量以及市场需求关系的绩效原则。[①]

根据最新的数据统计，目前居住在法国的华人裔群人口有40万，另据法国学者的调查，全法华人裔群有一半以上居住在大巴黎地区，巴黎华人裔群中又有近三分之一居住在巴黎市区内。[②] 数量众多的华人裔群经过漫长的历史过程，已经形成了自己独特的社会、文化和经济网络。从经济方面来看，自从20世纪70年代以来，法国华人裔群取得了很大的发展。目前法国华人裔群从事的主要职业包括餐饮业、皮革业、商业，也有一些从事旅游业、交通运输代理，开办律师事务所等，所从事的行业和职业正在逐步多元化。此外，极少数华人移民家庭子女毕业于名牌大学，成为数学、物理、核能、化学等专业的教师和研究人员。总而言之，华人裔群已经进入法国社会的各个经济和职业领域。[③] 很有意思的是，一种"前现代"的依靠血缘、同乡之谊形成的

---

① 李明欢:《法国的中国新移民人口构成分析——以传统、制度与市场为视角》,《厦门大学学报（哲学社会科学版）》,2008年第3期。
② 萧效钦、李定国:《世界华侨华人经济研究》,汕头：汕头大学出版社,1996年版,第447页。
③ [法]廖遇常:《法国华人经济和职业活动》,杨保筠译,《华侨华人历史研究》,1990年第4期。

社会关系网络在法国华人裔群中仍然颇为普遍,大量的经济活动也依托此网络展开。这一现象已经引起很多研究华人经济行为的学者的注意。廖遇常认为,人们所从事商业活动的经济组织是建立在以信任和互助为基础的家族网络或社会网络之上的。移居他国增强了同源同族的观念,社团成员之间的互助成为一种社会义务。① 李明欢在对近期法国新移民所做的人口构成分析中也谈到,浙江温州、青田地区移民的这种"协助"无论是基于亲情,或是融亲情与市场交易为一体,均普遍存在。② 王春光在考察巴黎温州人的社会融入模式时也注意到,巴黎的温州人表现出极高的生存智慧,他们充分调动自己的潜能和社会资源,选择合适的行业,利用温州人内群体的社会关系资源以及家庭的传统优势,凭借内群体的劳动力市场以及他们过去的劳动和生活习惯等来实现老板梦。③

事实上,在人类学有关经济的研究之中,人类学家对这种独特的血缘乡情整合起来的经营模式已经有了深刻的认识,不论这些群体是移居海外抑或从乡村来到大都市。哈佛大学人类学家白思德(Theodore C. Bestor)通过对日本东京鱼市(Tsukiji Market)家庭商行(family firm)的社会网络关系的考察,从另一个方面阐述了这种与现代理性经济格格不入,并且带有浓重地方习俗烙印的"差异实践"。从17世纪一直延续至今,建立在亲属、同乡、学徒、帮工等机制上的社会关系网络,在现代鱼市中仍然在发挥着重大作用。正是依靠这些传统的家庭作坊式的商行所建构起来的带有地方性和极强的亲属观念的社会和文化网络,东京鱼市发展成为一个全球性的现代化市场。根据白思德的统计,东京鱼市在2001年就创下了47亿美元的海产品交易额,平均每天的海产品交易量达到230万千克。④

上述移民的经济关系和经济活动所带来的必定是身份认同和社会

---

① [法]廖遇常:《法国华人经济和职业活动》,杨保筠译,《华侨华人历史研究》,1990年第4期。
② 李明欢:《法国的中国新移民人口构成分析——以传统、制度与市场为视角》。
③ 王春光、白夏:《温州人在巴黎:一种独特的社会融入模式》,《中国社会科学》,1999年第6期。
④ Theodore C. Bestor, *Tsukiji: The Fish Market at the Center of the World*, Berkeley: University of California Press, 2004, preface.

融入的问题。社会融入首先表现在各种社团或社区适应当地文化、法令的一种组织和运作机制，社会组织的调适性越强，则社会融入程度就越高。事实上，社团或者社区机构既是一些社群组织，同时也是政治团体，它们必定有着自己的政治诉求，在某种程度上，其政治诉求在当地社会的被采纳程度，也是衡量某个群体、社区或社团社会融入程度的标准。法国的华人裔群内部也有较大的差异性，由于来自不同的移出地域，具有各自的身份意识以及历史经验，因而各自的社团组织也呈现出不同的特点。比如东南亚一带的汉民族移民有自己的社团，这些社团因为共同的历史记忆和遭遇，除了惯常的社会关怀、救灾济贫之外，可能更加关心政治。据调查，法国印支华人社团有巴黎印支青年会、旅法湄江联谊会、岭南文娱体育会等等。其中的主体"潮州人"近年来政治参与度高，影响力也日渐显著，成为法国国民议会选举的两派候选人争取的对象。[①] 总之，单从这些社团的名称上我们不难看出鲜明的历史记忆，这种记忆或者"苦难"的经历恐怕也是进入这些团体的必要门槛。这些群体近年来在社会和政治领域表现出浓厚的参与兴趣，也促使了法国的政客在话语表述层面认同他们的遭遇，并用"国民"的字眼来谈论这些侨民的身份，这当然是一种认可，同时也是社会融入的重要标志。

其次是借助法国天主教会融入法国社会。西方宗教是西方传统与文明的象征，外来移民对这一西方文明符码的接受、话语的展示以及社会的展演程度也是衡量这一群体社会融入的重要指标。当然，这其中不排除将其作为一个跳板或者保护伞的"投机"或者"权宜之计"等行为。事实上，早在20世纪20年代，雷鸣远（Vincent Lebbe）神父就在法国成立了旨在帮助中国留学生信仰、学习和生活的"中国留学生中心"。可以肯定，从第一批中国人到达法国开始，其中部分个体接受天主教并将其作为新的身份标识和融入手段的移民不在少数。到了现在，在大巴黎地区同时认可华人与天主教徒身份的移民信徒约有1000人，归属华人堂区的信徒约为600人，定期到华人教堂参加弥撒

[①] 黄振灵:《旅美"印支"华人的形成和发展》,《八桂侨史》,1991年第4期。

的约为350人，华人堂区受洗人数每年也保持10—15人的增长幅度。①可以想见，天主教会作为汉民族移民融入法国社会的一个重要的手段和策略，在未来还将发挥更大的作用。

另外一种社会融入的方式伴随着争取身份合法化这一过程而得以进行。根据研究，法国政府先后采取了三次大规模的身份合法化运动，第一次是1981年3月密特朗当选法国总统之后，政府颁布了以家庭团聚为内容的移民大赦令，共有13余万非法移民身份得以合法化。第二次合法化运动发生在1992年的所谓放宽移民政策行动。第三次合法化运动始于1997年。②显然，每一次移民身份合法化运动事实上都是国家和个体或者群体之间的一种博弈过程，或者说是人类学所谓的共谋（collusion）过程。从国家层面而言，颁布合法化法令，强调非法和合法的僵硬区别，划定界限，制定规范，对号入座是民族—国家权力在场的展演策略。但是制定政策的官僚机构也非常清楚，规范之下是暗流奔涌的个体的能动性，规则和法律的设定就是等着这样的能动性的主体去对其加以挑战。对于等待一个合法身份的"非法"移民而言，他们全部的生存性智慧（living wisdom）就是如何去寻找这些僵硬的法令的缝隙，从而通过群体、社团组织的学习、法律咨询、游行示威等活动向这些条令发起挑战，使其松动，从而达到自己的目的。经历了从"非法"到"合法"这一人类学意义上的"通过仪式"（rite of passage）之后，移民学习了法国的法律、接触到了官僚机制、感受到了国家的在场，可能还锻炼了语言能力，这些都为成为"合格守法"的公民做好了准备，合法身份也是情理中的事情。正是在这一意义上，国家和个体达成了某种默契，并且在这一过程中的博弈更像是一种心照不宣的共谋关系。社会融入度也在一次一次的合法身份争取过程中得到了落实。可以想见，如果对付移民的手段不是将其强制驱离出境，那么法国政府推行的身份合法化运动还会持续下去。

总之，法国华人裔群的社会融入程度最终还是体现在了对政治的

---

① 尹文涓：《法国华人移民的信仰和融入：关于天主教巴黎华人教会的调查》。
② 王春光、白夏：《温州人在巴黎：一种独特的社会融入模式》。

参与热情上，据研究，"2008年法国市镇选举，巴黎市的20个区和巴黎大区市、镇共有18名华人参选。华裔陈文雄当选为巴黎13区区议员兼副区长，颜如玉连任巴黎东郊艾斯波利市政议员兼副市长。"[①] 经济的成功、社团和社区组织的成功最后都会体现在政治的参与热情和参与程度上，这三个重要的指标叠合在一起，也就成为法国华人裔群融入当地社会的重要参照体系。同时他们的社会交往模式也必然随着社会参与程度的提高而不断调适，与社会、历史、经济、政治变迁呈现出对应的关系。

总体而言，无论是荷兰，还是英国和法国，西欧诸国一直是以汉民族为主的华人移民的目的地，也是历史上相对于世界各地较早出现华人生活、工作和学习的地区。作为西方文化和殖民主义的策源地，西欧如英法等国家一直生产着略带不平等权力关系的知识和思想体系，其在殖民时期所推行的带有扩张性和掠夺性的经济和贸易体系将很多华人卷入进来，不管是主动还是被动，他们都进入了这一经济、文化、社会、族群交流互动的关系之中。西欧华人裔群经过几百年的发展变化，在传承中华文明和传统的同时，也努力融入当地社会，为中西文化的交流做出了重要贡献。

第四节 南欧的汉民族移民

本书所谓的南欧从地理范围上而言是指欧洲南部地区，也就是阿尔卑斯山脉以南的巴尔干半岛、亚平宁半岛、伊比利亚半岛和附件岛屿，是位于阿尔卑斯山脉以南的欧洲诸国的统称。其国家包括巴尔干半岛上的罗马尼亚、保加利亚、塞尔维亚、黑山、阿尔巴尼亚和希腊等国，以及亚平宁半岛上的意大利，伊比利亚半岛上的西班牙、葡萄牙和安道尔。当然，在一些表述中巴尔干半岛上的一些国家也被称作东欧国家。

---

① 姚秀芝：《2008年海外华人参政新篇章》，《侨务工作研究》，2009年第4期，第44页。

这一区域在历史学、人类学的学科史中还是一个学术建构的地带，因为位于地中海北岸，因此又被历史学和人类学以"地中海"冠名为区域研究的对象。著名的历史学家布罗代尔《菲利普二世时期的地中海和地中海地区》即是这一区域研究的代表作。人类学则将这一区域的人类学研究称作地中海人类学，并认为这一地区有一种显著的有关思维心性的同质化特点，也就是"文化与耻辱"并重的文化模式。人类学家约翰·戴维斯在《地中海的人民》一书中对地中海的人类学研究这样总结道：地中海人类学的作用和地位非常显著，首先它吸引了早期人类学家的关注，这一田野调查区域产生出重要的思想和研究方法；人类学在这一区域产生了多重的影响，既是早期殖民政策的帮手，也是争取独立的民族主义运动和民族—国家形成的一个因素。地中海人类学的独特之处还在于一个同质化的区域能产生出形态各异的多种政治形式。学者们从有关西班牙、葡萄牙、意大利、希腊、黎巴嫩以及摩洛哥的政治制度的描述中找到很多显而易见的相似之处；在对比有关这些国家庇护制度的描述中，读者们总是禁不住产生一些临时性的推断：比如合作、世袭制度以及村庄政治中议会式的民主因素的不同形式等等。① 当然，这种荣誉与耻辱并重的同质化区域究竟对于华人移民的方式、社会的融入程度、职业的选择、身份认同意识的塑造等方面造成哪些影响，这些影响与西欧等国家又有哪些相似和不同之处，确实是华侨华人研究中一个有意思的话题。

相对于欧洲其他国家，南欧地区汉民族移民的人口数量要少得多。在南欧地区内部，相对而言，意大利、西班牙和希腊又成为汉民族移民分布相对较多的国家。历史上最早见于史料记载的这一区域的华人踪迹多与传教士的活动有关。二战以后，由于东西方意识形态分裂成两大对立的阵营，相当多的汉民族以外交、经商、留学的形式到达巴尔干半岛的罗马尼亚、保加利亚等国家。二战以后，越来越多的汉民族移民来到西班牙、意大利和希腊等地经商，他们在这些国家传

---

① John Davis, *People of the Mediterranean, An Essay in Comparative Social Anthropology*, London: Routledge & Kegan Paul Ltd., 1976, p. 4.

统上主要从事餐饮、艺术品加工等行业。近年来，华人裔群企业的多样化趋势日益明显，正在进入时尚业、新能源、媒体以及互联网等产业。随之而来的是社会的融入度也日益提高。

一、二战之前的南欧汉民族移民

最早到达南欧地区活动的旅行、居住甚至求学的汉民族几乎都与传教士的活动有关。17世纪之交，以欧洲耶稣会创办人之一圣方济各为首的一批耶稣会传教士入华传教。为达到传教的目的，这些早期的耶稣会传教士们与中国的士大夫中交结朋友，并将欧洲的古典哲学、逻辑学、艺术以及自然科学等西洋学术大量译介到中国。[①] 1650年，意大利传教士卫匡国（Martino Martini）挑选了广东香山年仅13岁的郑马诺同行回国，并将其送入罗马公学学习。这可能是目前最早的有关华人也是最早的有关汉民族个体在这一地区活动的史料记载。1707年，山西平阳人樊守义随意大利传教士艾若瑟（Antonio Francesco Giuseppe Provana）去往葡萄牙和意大利，在意大利觐见了罗马教皇克莱孟十一世，并在欧洲旅行和居住达11年之久。[②] 之后这种随传教士西行入欧的汉民族数量有所增加，甚至在意大利还成立了专门培养中国传教士的中国学院。1723年，意大利传教士马国贤（Matteo Ripa）带领谷文耀等四位中国青年赴欧学习教理教义，次年年底抵达那不勒斯。经过八年多的努力，1732年，欧洲第一座中国学院终于在意大利那不勒斯正式成立，第二年谷文耀等人完成学业回国，成为首批留学欧洲并学成回国的留学生。[③]

尽管传教士带到葡萄牙和意大利等南欧国家的中国留学生几乎首开欧洲汉民族移民的先河，但之后移入这一地区的汉民族在二战前是非常稀少的。根据零星的历史文献记载，大约还是可以勾勒出这一地区早期的汉民族移民的图景，并可以将他们分为如下三类。第一类是延续"青田石"神话去往南欧地区的浙江的小商小贩。根据一篇文章

[①] 冯天瑜等：《中华文化史》，上海：上海人民出版社，1990年版，第793—794页。
[②] 黄时鉴主编：《中西关系史年表》，杭州：浙江人民出版社，1994年版，第462—463页。
[③] 同上书，第452—453页。

的描写，希腊华人的历史起源于20世纪初年。当天生富有经商细胞的浙江人（特别是温州人和青田人）穿洲越洋，到达欧洲国家贩卖领带、石雕等小商品时，就有一些浙江华人涉足希腊。但由于希腊经济环境不佳，不便于谋生，加上希腊语不易学，难于立足，所以历年来移居希腊的中国人寥寥无几，直至1951年亦仅有一名姓王的华侨。[1] 尽管在希腊的华人寥寥无几，但可以肯定的是，整个南欧地区20世纪以来一直有来自浙江等地的商人在从事小型的贩售活动，只不过他们流动性强，所以缺乏应有的记载。

还有一些20世纪早期去往南欧国家的中国人是浙江一带的手工艺人和破产农民。以意大利为例，该国的华人移居始于20世纪30年代。据一位老华侨的回忆，最早踏上意大利的一批华人有100多人，他们是来自浙江的泥瓦工和破产农民，从国内徒步穿越西伯利亚，然后经由法国等地辗转到意大利。最初，他们大多来到北部工业城市米兰和手工业发达的波伦那，白天在街头闹市摆地摊，向过往行人兜售领带、梳篦、青田石之类的小物品，之后一部分人开办小作坊，加工钱包、皮夹、腰带等。这一类作坊成立后，相继又有亲属来帮工，陆陆续续来到意大利。[2] 当然，以手工艺人和破产农民身份来到意大利的汉民族移民为数不多，目前也缺乏确切的数字统计，但是就如前文所述，这批来到意大利的华工开设手工作坊生产钱包、腰带一类的商品似乎为日后浙江温州商人在皮革业的生产和经营上埋下了伏笔，打下了基础。

二战前去往南欧地区的零星华人的一种极为可能的身份就是从事外交活动的人员。曾经留学西班牙的上海人张宝清在20世纪50年代的时候碰到一位华裔黄女士，据说在清朝时期就已来到马德里，她精通数国文字，当时在西班牙外交部服务。黄女士的父亲是清朝时期浙江的一位书生，考取功名后被派到外务部门就职。当时清朝驻西班牙公使缺职，所以黄女士的父亲主动申请前往补缺。之后他碰到了一名外籍女子，两人结婚后生下了黄女士和她的姐姐，她们就这样一直留在

---

[1] 王光华：《希腊华人》，《八桂侨刊》，2004年第5期，第37页。
[2] 廖大珂：《意大利华人现状》，《八桂侨史》，1995年第2期。

西班牙。①当然,这种在清朝时期派驻南欧各国的外交人员必定十分稀少,但确实也构成了中国和南欧文化交流史的一部分。这些人虽然人数不多,但由于大多精通两国语言、熟稔两国传统和文化,因此所起到的文化交流作用不容小觑。比如张宝清一书中提到的黄女士不但借助报纸和演讲,在西欧宣扬中国文化,介绍华夏习俗,还出版两册古诗西文译本,此外还撰写《我昨天所住过的中国和我今天所看到的中国》等书,直接在西班牙传播中华文化。②

二战期间到达南欧国家的另一类华人应该是以学生身份出洋留学的人员,这些人中有公派人员,有自费留学,还有的受教会资助。《地中海晓风残月》一书的作者就是这样一位受西班牙教会资助赴西留学的中国学生。根据他的回忆,1949年,西班牙教会决定保送赴西留学的中国学生一共有7人,这批人途经香港,意大利最后到达西班牙,并被分送到各个大学学习。这批留学生在西班牙也有自己的华人圈子,应该说这种华人圈子套用时下流行的话来说就是"精英圈",他们多半是不愿意与其他的作为苦力、工人和小商小贩的华人结交的。张先生所描述的他在西班牙华人社交圈子中的活动,为我们勾勒出了当时旅西"上层"华人生活的一些方面。其中的一类人就是以外交人员身份留在西班牙的华人,他们的标志是住"公使馆",使用"外交官"的头衔参与各种社交活动。另一类是经营餐馆发家致富的中国商人,大多来自浙江省。还有一类华人比较特殊,他们是在西班牙的中国神甫,这些神甫去往西班牙之前大多在中国的教会学校上学,且家境优越,在西班牙不但主持各种弥撒和圣事仪式,有的还开设武馆和餐馆,不但在华人圈子里,在当地社会也颇具名声。③

尽管南欧各国在二战前已经有了华人商人、工人、学生和外交官员活动的"踪迹",但是华人裔群人数仍然十分稀少。根据统计,至1984年,希腊的华人裔群人口约为110多名。1979年全意大利华人裔

---

① [西]米格尔·张:《地中海晓风残月——一个华裔电影人的浮生札记》,北京:新星出版社,2008年版,第49—52页。

② 同上,第60—61页。

③ 同上,第40—46页。

群有203户，人数不足800人。大量去往南欧的华人移民潮出现在20世纪80年代中期以后。

二、20世纪80年代中期以后的南欧汉民族移民

（一）巴尔干半岛诸国的汉民族移民

20世纪80年代以来，随着中国市场经济的发展和改革开放的进一步深入，中国移民前往南欧的人数急剧增加，并在80年代末和90年代初形成一个高潮。这次的移民浪潮主要以外出倒卖商品、渴望发洋财致富的华人为主，因此又可称作大家熟知的"倒爷"潮。1987年，随着中苏之间的陆路开放，两国的边境线上先后成立了15个边境口岸，极大地刺激了中国人前往该区域经商致富的愿望。因为苏东国家与中国都同属一个意识形态阵营，因此借道苏联，然后去往巴尔干诸国经商的华人也逐渐多了起来。出现这一次经商移民潮的原因有两个，首先是意识形态因素，巴尔干半岛很多国家同属共产主义阵营，都是社会主义国家，人们普遍抱着一种不会受到"资本主义"社会歧视的美好愿望去寻求发财致富的机会。第二，南欧或东欧的国家与欧美诸国相比，移民政策相对宽松，获得签证相对容易。比如1990年，中匈两国签订互免签证协议，匈牙利开始成为当时欧洲对中国人唯一免签的国家，随后，匈牙利曾经一度成为大陆新移民的主要目的地。1990年中匈互免签证协议签订后的最初两年，进入匈牙利的中国移民急剧增加，最高峰时达到5万人。① 可见，宽松的移民政策是促使移民潮得以形成的一个重要因素。此外，这一时期前往东南欧国家闯荡的华商倒爷主要看准了这些国家社会转型时期物资匮乏的经济状况，因此可以将中国廉价的商品销往这一地区，从中获利。即便是在政局最为动荡不稳的南斯拉夫，也有华人在经商。20世纪90年代末，位于贝尔格莱德城市新区的"70"号商城，集中了上百家中国商户，成为中国新移

---

① 《一些国家曾经一度给中国开放免签但是结局并不美好》，香港经济网，2014年1月19日，http://www.hkfe.hk/news/data/2014-1-19/75644.html，2014年3月1日登录。

民群体在贝尔格莱德的大本营。①

此外，值得注意的是，这一时期的很多移民主要是以巴尔干国家作为移民的中转站和跳板。西欧和其他南欧国家（比如意大利）仍然是他们理想的目的地，这就给帮人偷渡的各种蛇头提供了罪恶的牟取暴利的机会。2000年12月，意大利警方采取"东方一号行动"，在斯洛文尼亚逮捕了欧洲头号蛇头隆卡里奇。据隆卡里奇供认，仅从1999年底到案发前，该偷渡集团就在欧洲范围内参与偷运了5000名人蛇，获利高达6200万美元，偷渡的主要人群就是中国人。在其落网的时候，警方还解救了被其扣押抵债或当做人质的大约100名中国偷渡客。②

尽管有着各种非法移民的现象，苏东剧变也给汉民族移民潮的流向造成了诸多不稳定的因素，但是20世纪90年代以后留在东南欧国家的华人已经明显站稳了脚跟，生意也有了很大的起色。比如在希腊，20世纪80年代至今是希腊华人的经济振兴期。1982年，雅典有3家中餐馆，资本总金额为50万美元左右。中餐业的进一步发展，带动了与餐馆业相配套的其他经济事业的发展，如食品加工、酿造、冷冻、外贸等。近几年来，随着旅居希腊的汉民族日益增多，他们在事业上也获得了稳定发展，出现了从事运输、旅游、纺织等行业的群体，希腊华人裔群的经济事业正在由低层向高层次发展。③

（二）意大利的汉民族移民

意大利近20年来成为汉民族移民南欧的主要目的地。据统计，从20世纪80年代后期开始，华人裔群人数急剧增加，达1万人以上，其中约300人来自中国台湾，大多为教会神职人员，另有一些是中国香港移居的商人，其余绝大多数是中国大陆移民，他们多数是20世纪60年代前后出生的农村青年人，由于受"文化大革命"的冲击，文化教育程度普遍不高。华人裔群分布的地区也从意大利中北部城市扩散到全意近80个城市，连过去华人一向鲜有涉足的西西里岛如今也有了中国

---

① 李明欢：《欧洲华侨华人史》，第561页。
② 《欧洲头号华人蛇头落网》，《新闻晨报》，2000年12月17日。
③ 王光华：《希腊华人》，第37页。

移民。①华人在意大利从事最多的行业无疑首先是餐馆业。据1985年的统计,全意中餐馆有185家,1998年增至960家,而2001年的一项统计数字则显示:在意大利全国中餐馆已多达2600家,其中米兰400多家,罗马300多家。②华人裔群在意大利所从事的第二个主要行业是皮革以及服装加工业。根据李明欢的研究,战后至20世纪60年代,意大利数百华人主要集中于米兰、博洛尼亚等少数几个城市,几乎全部经营皮革业。20世纪80年代以后,随着意大利多次对业已入境的移民"实施身份合法化行动",数万中国新移民定居意大利,投身皮革加工业成为这批新移民实现致富愿望的一个切实可行的切入点。③当然,从事这一行业的移民也并非一帆风顺地发财致富,其中充满艰辛。这种艰辛首先表现在,这一行业多数是以家庭作坊的方式进行生产,设备落后,工作环境恶劣,有时每天要工作十几个小时以上。其次,由于从事这一行业的中国新移民大多来自浙江、福建一带的农村地区,他们普遍文化程度不高,语言不通,很难融入当地社会之中。华人裔群在当地社会的生活、生产模式往往引起当地民众的不满,一旦不能妥善处理,往往演变成较为极端的排华事件。

除了餐饮业和皮革工业之外,华人裔群在意大利、西班牙、葡萄牙等南欧国家还从事进出口贸易。数据统计显示,1997年,仅在罗马胜利广场一带,业已开张的和正在筹备开张的商行,总计已有近百家,估计每月大约有两百个集装箱从中国进口意大利,营业额十分可观。华人裔群在意大利的贸易商行最著名的当属"周氏贸易集团",经过十多年的艰苦创业,该集团已经设经营、开发、进出口、纺织等五个部门,并且有一座1万多平方米的现代化仓库。20世纪90年代中期,集团营业额每年以20%的速度递增,每年上缴税款达40多万美元,成为意大利华人企业中有名的纳税大户。④华人的贸易也并非一帆风顺,特别是每当意大利国内出现社会、经济危机的时候,华人裔群常常沦为

---

① 廖大珂:《意大利华人现状》。
② 《意大利华侨企业叫当地人又眼红又高兴》,《福建侨报》,2001年9月24日。
③ 李明欢:《欧洲华侨华人史》,第637页。
④ 黄之豪:《宏志铸辉煌》,《人民日报·海外版》,1997年8月13日。

替罪羊的角色。比如希腊债务危机爆发所引发的欧洲主权债务危机在一定程度上对华人经济造成了很大的影响,债务危机使得各国政府出于保护民族经济的需要,往往加大移民治理的力度,以缓解本国民众就业的压力。意大利2009年7月2日通过一项严苛的法律打击非法移民法案,将非法移民视为刑事犯,对触犯者可判处5000至10000欧元的罚款,并立即驱逐出境;接待非法移民住宿的人也可能会被追究刑事责任,父母为新生儿申报户口时,须出示父母的护照或居留证,如果父母是非法移民,新生儿将成为"黑户"。① 为了配合经济危机时期政府的相关法令政策的施行,意大利各地出动税警、宪兵、警察对华人企业进行检查。2011年6月21日,佛罗伦萨周边的华人纺织和皮革工业聚居区企业受到偷税漏税、非法转移资金的指控,70多家华商企业被查,扣押了超过2500万欧元的资产。2012年2月,米兰、那波利、罗马、普托拉等地有500多名税警、宪兵和警察对华人商业区进行税务检查,个别企业由于用工、产品等问题遭到查封,大量商品和生产设备遭到没收。② 可见,华人所开办的企业及从事的外贸业虽然近年来蓬勃兴旺,但是由于地方经济贸易保护主义的存在,甚至极端民族主义和排外主义的存在,其合法权益往往受到侵害,这其中既有经济的因素,又有文化的因素,将二者割裂开来看待,都不利于我们正确理解意大利华人裔群在当地社会和文化融入的情况。

　　欧洲经济危机对以汉民族移民为主的华人裔群在意大利的商业和贸易产生的影响表明,一方面,经济危机是一个外在的客观因素,但是另外一方面,华人裔群在当地生活、工作的方式和文化惯习事实上不但潜移默化地影响着经营的模式,并且也影响自身的社会融入程度。华人裔群在意大利特有的生活、经营、交往模式和社会融入的过程已经逐渐演变成一个备受学术界关注的问题,有学者开始关注意大利的温州华人这一特殊的移民群体,除了澳大利亚学者倡议的"普

---

① 《意大利通过新法案对非法移民穷追猛打》,中国新闻网,2009年7月3日,http://www.chinanews.com/gj/gj-oz/news/2009/07-03/1760613.shtml,2014年3月1日登录。

② 文峰:《欧洲主权债务危机对华侨华人经济的影响及其对策研究》,《东南亚研究》,2012年第2期。

拉托的中国人"研究计划之外,哈佛大学的人类学教授赫茨菲尔德(Michael Herzfeld)近年来也开始关注意大利的温州移民,他为此甚至已经开始学习温州方言。这些以社区田野调查为基础的移民群体研究,其一个重要维度当然是这一群体的身份认同意识以及社会融入的策略。以普拉托的中国人研究为例,普拉托的中国移民以浙江人(温州人、青田人)为多,其中80%以上的中国移民均来自浙江省温州地区。① 进入21世纪,普拉托华人制衣业依然稳步发展,据2001年统计,普拉托以制衣业为主的各类华人企业已达2890家,其中有80多家已发展成颇具规模的集团公司,普拉托这个仅有16万—17万人口的地区,已生活着上万中国人。②

然而,众多汉民族移民的进入不可避免地会产生社会融入的问题,首先,大多数来自浙江温州、青田一带的新移民来到异国他乡,语言不通,可能会呈现出一种自我封闭的趋势,他们的社会交往范围仅局限于亲属和同乡之间,聚居地似乎已经在当地成为一座孤岛和一块飞地。其次,当地人对华人裔群所从事行业的片面和扭曲的"偷税"、"工作环境恶劣"、"噪音扰民"等刻板化印象无疑也加剧了华人裔群自我封闭这一社会事实。政府部门要寻求种种渠道进入这座孤岛,尽管用警察、税警、甚至宪兵的方式比较极端,但始终是交往的一种存在形式,也是社会融入的一种手段。同样,华人裔群在此种对己不利的交往中也逐渐受到磨练,他们开始系统地学习当地的法律,知道如何用法律保障自身的合法权益,从而从封闭的环境中解脱出来。这种自我解脱一开始多少显得有些被动,但是通过与当地主流社会的磨合沟通,对当地文化的习得和体认,这种封闭状态将得到完全主体性的自我激发,从而以一种更为积极的态度融入当地社会之中。

(三)西班牙的汉民族移民

最先来到西班牙的华人是在20世纪初到来的浙江青田籍小商人。

---

① 熊勇、严晓鹏:《多国视角下的意大利普拉托华侨华人研究》,《科学咨询》,2008年第8期。
② 陈鸿鹏:《福建旅意侨领引出一个意大利华人社区》,《福建侨报》,2001年8月9日。

二战结束之后，安徽教会青年信徒16人在西班牙神父率领下抵达西班牙。《地中海晓风残月》中的描述也证实了当时这批学生的教会背景，作者指出，20世纪50年代，头几批来西的学生都是西班牙教会资助留学，学费、书籍、膳宿等一切都由他们安排，自己不用操心，至于零用钱，经多次向梵蒂冈教廷申请后，每个学生或有西币二百元津贴。①继20世纪50年代留学生访西之后，陆续到达西班牙的是从香港、台湾来的侨胞，当时在西班牙的华侨已达到1000多人。中国实行改革开放之后，数以千计的以汉民族为主的华人跨出国门抵达西班牙。1999年，西班牙华人裔群人口达4万人。自从20世纪70年代以来，西班牙的中餐业迅速拓展，1973年，西班牙全国大约有中餐馆200余家。及至1992年西班牙成功举办奥运会以及世界博览会一系列大型国际活动之后，华人的餐饮业也获得了空前的发展。据统计，1992年，全西班牙的华人餐馆总数超过2000家，而且还包括很多投资甚巨、装修豪华、经营有方的大型餐馆。然而，中餐与西餐具有不同的烹调理念和方法，在食材选用和文化观念上均有差异，但此种差异所引发的文化冲突又常常以食物烹饪、加工与消费等诸个环节中的卫生和加工环境问题表现出来。根据报道，西班牙政府1996年开始集中整治中餐馆，主要集中在餐馆卫生以及食品卫生的质量检查上，结果可以想见。这些检查通过媒体的放大，引起了当地人对于华人餐馆和华人食品的恐慌。这种恐慌在人类学家看来恰恰说明了一个群体借助食物的烹饪和消费对另一个群体的文化和社会分类的认知图示。在剑桥大学的人类学家古迪看来，这就是围绕食物的一种文化和知识的生产方式，具体而言就是阶级、品味和格调等文化资本的生产。古迪认为，在欧亚社会中，食物的生产、制作和消费对于等级制有着重大意义，食物是不同等级的人之间的规范主题，由此促成了阶级意识和阶级分化，并且通过恰当的餐桌礼仪形成不同阶层的规范性行为。这大约就构成了文明的一般发展（埃利亚斯语）和良好礼仪的缓慢采纳（布罗代尔语），并不断通过灌输扩大到大众并形成普遍的观念，主要是阶级的观念，在当下

---

① [西]米格尔·张：《地中海晓风残月——一个华裔电影人的浮生札记》，第77页。

更是以一种行为或者生活方式来作为标志（比如中产阶级对于吸烟的态度，现在拒绝吸烟已经成为一种生活方式）。古迪认为，食物和禁忌甚至特色菜肴，是定义伙伴的方式，当然更是定义阶级的方式、定义宗教的方式、定义身份认同的方式。不同的食物、禁忌以及菜肴不但标示着不同宗教的身份和界限，而且随时可能引发暴乱和冲突。[①] 所以，西班牙当地社会围绕中餐馆卫生条件和食品质量所进行的，是一种通过食物来表达对自身群体身份认知的手段和策略，而对自身的认知肯定包含着对于他者的重新界定，而界定的符码就是食物生产过程中所体现出来的那一套或是干净或是肮脏或是格调高雅或是品格低下的自我与他者的分类模式。围绕中餐馆的检查应当作为一个文化冲突的典型范例来加以考察，这恐怕是研究华人裔群以食物的身份和知识以及话语生产为标志的社会融入的一个"另类"的视角。

除了传统的行当餐饮业之外，在西班牙的华人裔群也涉足其他的行业。据1999年统计，在首都马德里从事服装批发和商品批发，并已经初具规模的华人商店有上百家。在旅游业方面，华人旅行社的业务已经从过去代理机票业务发展到如今可以直接为中国赴欧的游客提供全方位旅游服务。根据1998年的统计，西班牙有华人旅行社已经有10家，随着越来越多的华人赴西班牙旅游，华人旅行社的发展势头还会更好。除了上述的餐饮、商品批发、旅游和旅馆行业之外，近年来西班牙华侨华人企业呈现出多样化的发展势头，不少华人开始向时尚业进军。位于马德里市区有一家名叫Mulaya的时尚品牌专卖店，这家时尚连锁店于2003年由一对年轻华人夫妇建立，除了马德里之外，在巴塞罗那、巴伦西亚等多个城市还开设了21家分店。另外一个实例是总部位于马德里郊区的照明设备公司Artesolar，总裁陈胜利说，公司的节能灯客户包括西班牙各级政府机构，甚至西班牙王宫也采购他们的照明系统。目前Artesolar在西班牙全国有17个分部，雇佣员工500人左右，其中绝大多数是西班牙人。[②]

---

① [英]杰克·古迪：《食物、烹饪与阶级》，王荣欣等译，台北：广场出版社，2010年版，第241—249页。

② 丁大伟：《华侨华人在西班牙展现新形象》。

大量以汉民族为主的华人移入西班牙，同样也面临社会融入的问题。这种社会融入的难题一方面是华人裔群内部的问题，另一方面也包括当地社会所抱持的偏见等因素。首先，西班牙华人移民多数从事餐饮、小商品批发零售等行业，技术含量不高，有一些移民本身素质不高，在公共场合的不检点行为常常引起当地人的不满，并进而归咎于整个华人群体。其次华人长期以来埋头经商，不问政治，在公共领域发挥的作用有限，自然也就影响群体的社会融入度。第三是西班牙当地社会对华人社区和群体的偏见从客观上也影响了其社会融入度。根据调查，47%的西班牙人对中国持有负面印象，再加上西班牙媒体屡屡报道旅西华人的负面形象，客观上又助长了这些偏见。尽管如此，在西班牙的华人裔群现在越来越注重与当地社会的融合，他们成立各种社团，为新移民提供社会联谊的平台，并构筑起社会交往的网络。根据报道，西班牙华人组织以商会和同乡会为主，目前在西班牙共有大小侨团120个，另有28所中文学校，5所孔子学院，5个宗教团体和6份中文报纸。这些大小的社团在不同程度上正面积极地推进了中华文化的宣传，对于新移民的社会融入具有重要的推动作用。事实表明，西班牙华人组织的各项文化传播和友好交流活动收到了很好的效果，比如西班牙华侨华人协会作为西班牙最大、最早、最有影响力的侨团，为中西交流与合作作出了积极贡献，每年都得到西班牙政府的经济资助，1999年还被选为外国移民组织论坛执委。2005年以来，该协会被西班牙媒体称为"有突出贡献移民团体"。[①] 总之，西班牙华侨华人社团组织所开展的文化交流、增进理解的各项社会文化活动，终将潜移默化地改变当地人对于华人、华商的刻板印象，将在推动以汉民族移民为主的华人裔群在西班牙的社会融入中发挥更大的作用。

---

① 夏尚忠:《和谐与融入：对欧洲华人批发市场建设的一些看法》，载王晓萍、刘宏主编，《欧洲华侨华人与当地社会关系：社会融合·经济发展·政治参与》，第240页。

第6章

非洲的汉民族移民

第一节 非洲汉民族移民的基本情况

一、古代汉民族与非洲的交往

汉民族移民非洲始于近代,然而,汉民族及其建立的国家与非洲的交往可以追溯到古代,中非关系可谓源远流长。历史学界目前关于中原地区和非洲最早交往的起始年代仍有争议,但总的来说,中原地区与非洲的接触、交往、互动经历了漫长的过程,由早期的间接接触,到后来的民间交往,再到官方往来。

关于早期中原地区和非洲的接触和往来,大致可以分为唐代以前、唐代至元代、明代和清代四个时期。

唐代之前中原地区对于非洲的认识基本都是通过间接渠道获得,双方之间的交往属于间接交往,且仅限于民间层面。学界关于双方早期接触的历史也难以达成一致。有观点认为中非关系史的开端是在汉代以前,早于张骞出使西域,[①] 也有观点认为双边关系始于汉代,当时

---

① 张象:《古代中非关系研究中的几个问题》,《西亚非洲》,1993年第5期。

中国和埃及之间即存在文化交流。① 汉代的典籍中只有一些关于非洲的零星记载，基本语焉不详。但总的来说，在唐代以前，已经有关于非洲的见闻传到中国，双方的特产也已经通过中间商人传入对方地区。

唐代是中国古代发展史上的鼎盛时期，唐王朝疆域更加辽阔，中央王朝与周边游牧民族建立的政权交往更加频繁，唐、宋、元三代中原汉民族对非洲的认识也逐渐加深，并扩展到诸多层面。从唐朝的各种文献和国内外考古发掘来看，中原汉民族地区对非洲的认识实现了从间接到直接的转变。唐朝时期已有人到达非洲，并在文献上留下记载，中原地区和非洲之间也经由阿拉伯商人和居住在马六甲的东非人的商业活动实现了一定规模的间接贸易。唐代有一位名叫杜环的中国人曾在8世纪到达非洲，他或许是第一个用文字记载非洲的中国人。②

宋元时期，中原地区和非洲交往有所加深，文献中提到的非洲地名更多，对非洲一些国家和地区的描述在文献记录中也更为详尽具体。就文献所涉及的内容来看，也已远远不止于简单的地理描述，而是包括了风俗民情、生计方式甚至社会制度。从交往的层次上看，中原汉民族与非洲的交往已包括民间交往和官方交往。在民间交往方面，元代著名民间航海家，被称为"东方的马可·波罗"的汪大渊曾于1330年和1337年两次从泉州出海，经东南亚诸岛到达埃及、摩洛哥、索马里、莫桑比克，甚至远及澳大利亚。在归国后他把两次航海所见记录进行整理，写出了《岛夷志略》。该书为一本古代中外交通地理、经贸志，也是一本古代亚非风俗志，它记述了澎湖、琉球、三岛、麻逸、无枝拔、龙涎屿、交趾、占城、民多郎、宾童龙、真腊、丹马令、日丽、麻里鲁、遐来忽、彭坑、吉兰丹、丁家卢、戎、罗卫、罗斛、东冲古剌、苏洛鬲、针路、八都马、淡邈、尖山、八节那间、三佛齐、啸喷、浡泥、明家罗、暹、爪哇、重迦罗、都督岸、文诞、苏禄、龙牙犀角、苏门傍、旧港、龙牙菩提、毗舍耶、班卒、蒲奔、假里马打、文老古、古里地闷、龙牙门、东西竺、急水湾、花面、淡洋、须文答

---

① 李安山：《20世纪中国的非洲研究》，《国际政治研究》，2006年第4期，第109页。
② 李安山：《非洲华侨华人史》，北京：中国华侨出版社，2000年版，第48—49页。

刺、僧加剌、勾栏山、特番里、班达里、曼佗郎、喃诬哩、北溜、下里、高郎步、沙里八丹、金塔、东淡邈、大八丹、加里那、土塔、第三港、华罗、麻那里、加将门里、波斯离、挞吉那、千里马、大佛山、须文那、万里石塘、小㘃喃、古里佛、朋加剌、巴南巴西、放拜、大乌爹、万年港、马八儿屿、阿里思、哩伽塔、天堂、天竺、层摇罗、马鲁涧、甘埋里、麻呵斯离、罗婆斯、乌爹等地，共100篇200多个地区。该书涵盖经济、人文、地理、风俗、气象等内容，是中原汉民族与非洲民间往来的极好明证。

此外，摩洛哥著名旅行家伊本·白图泰经马六甲海峡，沿越南海岸北上，于1346年来到中国，遍访泉州、广州、杭州等南方沿海城市，并沿京杭大运河到达京城。伊本·白图泰回国后，口述了自己在中国的种种经历和见闻，由摩洛哥苏丹所派的一位学者伊本·犹札整理，将其命名为《伊本·白图泰游记》。该书涉及诸多国家的地理、历史、民族、宗教、民俗等方面，也是研究宋元时代中国与阿拉伯国家关系的重要资料。关于中国部分，该书述及了中国的政治制度、法律制度、经济生活、货币体系、民族风情、建筑风格、地方物产、交通航运等各个方面。①

中原汉民族地区与非洲在当时除民间往来之外，还包括官方往来，如双方互派使节或商人以外交使节的身份进行互访，有文献记录的官方往来在宋代包括1008年中原宋王朝与法蒂马王朝建交并多次互派使臣、1073年东非的俞卢和地国（即肯尼亚的基卢普、格迪两个古城）遣使访华等，关于大食国遣使来访宋朝的记录就有54次之多。② 汉民族建立的中央王朝和非洲之间的和平外交关系已经有所发展。除此之外，宋元时期中央王朝已经与非洲开辟了三条海上航线，分别为中国经印度、亚丁至埃及的北非航线，中国经马尔代夫至东非的航线和中国经索科特拉岛或马拉巴海岸到达马达加斯加的航线。双方的贸易交往在宋元时期得到了迅速发展，各种贸易往来日趋频繁。

---

① [摩洛哥]伊本·白图泰：《伊本·白图泰游记》，马金鹏译，银川：宁夏人民出版社，1985年版。
② 张俊彦：《古代中国与西亚非洲的海上往来》，北京：海洋出版社，1986年版，第111—117页。

明代中原汉民族与非洲的交往更加密切。双方的海上交通线路日渐成熟。三宝太监郑和曾经七次远洋，对于汉民族与非洲的关系发展而言，其积极作用体现在多个方面。首先，郑和下西洋在宋元航线的基础上又开辟了多条抵达非洲的航路，① 这使双方的商贸关系得到进一步加强，将中非民间的商业往来上升为定期的官方关系。其次，它使汉民族对非洲的认识有了质的飞跃，在记述郑和船队航线的文献中，无论是提及的国家和地区数量还是涉及的具体内容都有大量增加。第三，它促使汉民族和非洲一些国家尤其是东非和北非国家的关系得到更为密切的发展，双方经常互派使臣，互送礼品，非洲特有的动物，如斑马和长颈鹿也曾出现在明代出版物《异物图志》和明代画家沈度的作品之中。②

清代前期，中国闭关锁国，与非洲之间的关系也受到影响，远不如明代前期与非洲关系密切之时。官方关系已断绝，由民间交往所取代，双方的贸易关系也由直接贸易转变为间接贸易。在此期间，汉民族地区关于非洲的记述基本分为两类，一类是由去过非洲某些地区的外交官、学者和旅行家根据自己的观察和游历所写，内容多为记述赴非历程、所到之处的地理位置、风俗民情、宗教信仰、政治结构等等，如樊守义（1682—1753）的《身见录》、谢清高（1765—1821）的《海录》、丁廉的《三洲游记》等。另一类记述为国内面对列强瓜分希冀"师夷长技以制夷"的爱国志士、改革家写成，他们警醒于国门被迫打开之际，希望能够搜集西方的各种信息，以使国人更加了解世界、参透西方强大的根源，并探索救国富强的道路。此类作品主要包括林则徐的《四洲志》、魏源的《海国图志》等等。这些作品除记述其他国家外，也涉及了北非、西非、东非、南非和中非不同国家和地区以及西印度洋中一些岛屿、城市、民族等内容。③

---

① 学界对于明代中国同非洲的海上交通航路也有不同的观点。参见李安山：《非洲华侨华人史》。
② 李安山：《20世纪中国的非洲研究》，第109页。
③ 李安山：《非洲华侨华人史》，第75—78页。

二、汉民族移民非洲的基本情况

非洲是世界第二大洲，包括附近岛屿总面积约3022万平方公里，约占地球总面积的6%，占地球陆地总面积的20.4%。人口2011年为1012011000，约占全球人口的15%。① 据联合国经济与社会事务委员会人口司的统计，到2015年7月，非洲人口已达到1186178000人。②

非洲资源富饶，但由于经济不发达，居民贫困，华人在非洲大陆谋生非常不容易。数百年来，一批批华人陆续到达非洲，但定居者与其他大洲相比始终不多。早期强制移民及其后代基本全部归国，自由移民大多也是在旅居一段时间并谋得一些经济收入后选择荣归故里，或者是再移民至其他大洲。因此，非洲一直是汉民族移居海外人口最少的一个州。

据莫次南1929年的统计，全非华侨人数为15692人，其中男性10194人，女性1480人，儿童4018人。主要分布于毛里求斯、马达加斯加、留尼旺和南非，分别为6737人、2403人、1988人和2907人。方积根、胡文英在综合中文和外文资料的基础上，于1985年提出，非洲华侨华人总数约为7.6万人，其中毛里求斯约3万人，马达加斯加约1万人，留尼旺约2万人，南非约1万人。③ 1991年李原、陈大璋在《海外华人及其居住地概况》一书中提出，非洲全部华人为9万人，集中居住在东南部非洲，其中毛里求斯约3.3万人，马达加斯加约1.2万人，留尼旺约2.5万人，南非约1万余人。④ 经过近一个世纪的发展，至2012年底，非洲华侨华人总数估计已超过100万。⑤

---

① "非洲国家人口排名"，世界卫生组织，2015年1月19日，http://www.renkou.org.cn/world/Africa/2015/2505.html，2015年2月28日登录。

② United Nations, Department of Economic and Social Affairs, Population Division, *World Population Prospects: The 2015 Revision*, DVD edition, 2016.

③ 梅显仁:《华人移居非洲溯源》，《八桂侨史》，1998年第2期，第22页。

④ 李原、陈大璋:《海外华人及其居住地概况》，北京：中国华侨出版社，1991年版，第313—331页。

⑤ 李新烽:《试论非洲华侨华人数量》，中国社科院西亚非洲研究所网站，2013年2月5日，http://iwaas.cass.cn/dtxw/fzdt/2013-02-05/2513.shtml#_edn1，2014年2月3日登录。

从汉民族移民非洲的地理分布上看,目前,在非洲60多个国家和地区中,有50多个国家和地区有华人居住,这些国家汉民族移民的人口分布不均,多则超过10万人,如南非、安哥拉和尼日利亚,一般在1000人至10000人之间,如埃及、阿尔及利亚、肯尼亚等20多个国家,有些国家则仅有几十人,如卢旺达等。总的来说,其人口分布呈"大散居,小聚居"的模式。大多数汉族移民分布在非洲东岸和南岸,以及西印度洋的岛屿上,西非、北非比较少,非洲内陆则更少。就具体国家分布而言,截至2012年底,南非有汉民族移民及其后裔约30万人,安哥拉人口增长最快,已达26万,尼日利亚约有20万,这三个国家汉民族移民及其后裔人口约占非洲华侨华人总数的四分之三。此外,华侨华人人口超过3万的国家:毛里求斯、马达加斯加、刚果(金)、加纳、坦桑尼亚和留尼旺岛。这6个国家和地区的共同点是,华人移民的历史较长;区别则在于,毛里求斯、马达加斯加和留尼旺的老侨占华侨华人的绝大多数。[1]

三、汉民族移民非洲的历史分期

总的来说,中国人移民非洲的历史可以分为强制移民和契约华工时期、自由移民时期和新移民三个发展时期。

(一)强制移民和契约华工时期(16世纪末至1910年)

华人最早到达非洲是在16世纪末。早在1593年,就有华人被葡萄牙人运到南非。1654年又有三名中国人被荷兰东印度公司的殖民者从当时荷兰东印度公司的首都巴达维亚运至毛里求斯。[2] 其后陆续有中国人被流放到好望角等地。据荷兰东印度公司在好望角的档案记载,有一位名叫万寿(Wancho)的华人于1660年被从巴达维亚驱逐到好望角,

---

[1] 李新烽:《试论非洲华侨华人数量》,中国社科院西亚非洲研究所网站,2013年2月5日,http://iwaas.cass.cn/dtxw/fzdt/2013-02-05/2513.shtml#_edn1,2014年2月3日登录。

[2] 《史诺先生介绍非洲华侨史概况》,《华侨历史学会通讯》,1982年第2期。

此人被看作是移居非洲的早期有名可考的中国人。[①] 1871年，毛里求斯岛路易港，已经有一个被称为"中国营地"的居住区。[②] 从16世纪末至17世纪中期到达非洲的这些华人应该可以被看作是最早在非洲居住的华人，他们到达非洲的共同渠道是被流放和被驱逐，这也是非洲华侨形成的主要原因之一。

移民非洲的汉民族在很长时间之内都是当地的少数群体，按照民族—国家内部少数群体形成的方式来看，[③] 汉民族在非洲的形成主要源自于强制移民和自由移民。

早期汉民族作为强制移民移居非洲的第一种方式是被流放和被驱逐，而最初的发源地是在印度尼西亚。17世纪中叶以后，荷兰殖民者在印度尼西亚推行排华政策，将当地华侨中的所谓"无业者"进行驱逐，其中"一部分送还中国，一部分流放锡兰岛及好望角"。[④] 此外，一些无力偿还荷兰东印度公司债务和一些因政治原因不受荷兰当局欢迎的华人也被当作囚犯流放到了非洲。这便是非洲最早的汉民族移民。1740年红溪大惨案后，被巴达维亚当局驱逐到非洲的华人数量剧增。他们服刑的时间长短不同，但无一例外都要服极为沉重的苦役，和奴隶一样劳作，与奴隶同等待遇，因此死亡率极高。

强制移民的第二个途径是劫掠拐卖，其根源来自15世纪末开始的海外殖民。欧洲的早期殖民国家，如葡萄牙、西班牙、荷兰、英国、法国等在非洲进行大规模拓殖，殖民地的建立需要大量的劳动力，而当地居民原本数量就不多，殖民者进驻后大量残酷屠杀当地居民，人口数量锐减。在此种情况下，从海外输入劳动力便成为唯一的途径。而汉人则成为殖民者的第一选择。

无论是17世纪中期还是18世纪红溪大惨案之后，在非洲的汉民族一直都被看作勤劳、可靠的劳动力。1656年开普总督范·赖比克就曾

---

① [英]詹姆斯·阿姆斯特朗：《荷兰东印度公司时期好望角华人》，载方积根编：《非洲华侨史资料选辑》，北京：新华出版社，1986年版，第187页。
② 巫乐华主编：《华侨史概要》，第77页。
③ 民族社会学研究认为，一个国家内部少数群体地位的形成方式主要有四种，包括自由移民、强制移民、领土兼并和海外殖民。
④ 李长傅：《中国殖民史》，北京：商务印书馆，1998年版，第162页。

多次索要囚禁在巴达维亚监狱中的中国犯人,称他们是精干的农民,是用处很大的劳动力。汉民族的这些早期强制移民能够吃苦耐劳、能够迅速适应当地气候和环境、掌握各种技能的特质吸引了欧洲殖民者的注意。欧洲殖民者在非洲大规模建立起殖民地之后,便开始通过各种手段从中国攫取廉价劳力。1623年,荷兰一位殖民行政官柯安在写给其上级的信中说到:"世界上任何人也比不上中国人对我们帮助大,我们必须利用季风,派出船只到中国沿海去俘虏尽可能多的人:男的、女的、孩子,确定赎金为每人六十里亚尔。"① 17世纪初,荷兰海盗经常袭扰中国的澎湖、台湾、闽浙等地,劫掠人口,运往南非。

在殖民者内部,非洲的汉民族也成为劫掠对象。1756年英法在印度洋爆发战争后,法国将军德斯坦伯爵攻占了英国人占据的本科埃伦,掠走了那里的华人。据资料记载,被他掳掠的汉人多达300户,并随即被带到法兰西岛,即毛里求斯。之所以要带走这么多的华人,德斯坦在写给上级的报告中进行了说明:"把他们带去对贵岛十分有用,因为他们聪明灵巧,生活简朴。"②

与该阶段相类似的掠取汉人劳动力的方式是契约移民。与移居美洲的早期非洲黑人不同,汉民族的契约移民发生在奴隶贸易之后。③ 19世纪初,英、法等国相继宣布禁止奴隶贸易,殖民者不得不转换方式,打着"自由移民"的幌子,大规模贩运契约华工到非洲,以解决劳动力短缺问题。关于契约工的出洋背景和生活状况前文已有详细论证,此处不再赘述。

当然,在此段时期,也有作为自由移民移居非洲的汉民族人口,该类人口根据移民目的又可分为两种情况。一种情况是为了逃避国内连年的灾荒、战火而被迫漂洋过海。该类移民主要来自广东省,多数原籍为南海、顺德和梅县,也有来自佛山、番禺、开平、新会、四会、

---

① 梅显仁:《华人移居非洲溯源》,第21页。
② 同上,第21页。
③ 在美洲早期发展历史上起到重要作用的黑人,最初是作为契约奴运往美洲的,在18世纪晚期到19世纪初南方诸州开始陆续颁布"奴隶法典"(Slave Code)之前,绝大多数黑人在很大程度上享有人身自由。

宝安、东莞、丰顺、蕉岭、兴宁等县的汉民族人口。除此之外，还有来自福建、上海、山东、江苏、河南、台湾和香港等地的汉民族人口。他们到达非洲后多从事小本生意，在西方殖民者的商行和当地居民之间从事零售商业贸易。另外一些则从事餐馆、手工等行业。另一类自由移民的移居则是由于南非矿藏的发现。该段时期自由移民承接之前的契约移民而来，有的则是在契约期满后仍留在非洲，成为自由移民。19世纪60年代，南非发现了金刚石矿，70年代又发现了金矿。与移民美国的动机相类似，许多华人开始前往南非开矿。1904年5月13日，英国政府与清政府签订了《中英会订保工章程》。南非当年在华招工两万余人，次年达到3.3万人，1906年继续招募了1860人，三年总计在5.5万人左右。此外，还有许多被欧洲殖民者招募到毛里求斯、留尼旺、马达加斯加、刚果、坦桑尼亚。至20世纪30年代，先后到达非洲的华人累计约有10余万人。[①] 他们在非洲从事开矿、修筑公路、铁路、垦荒、农业和种植业。

（二）自由移民时期（1910年至1978年）

自1910年最后一批大规模的契约华工回国，汉民族移民非洲开始进入自由移民时期。这段时间世界格局发展重大变化，经历了两次世界大战，一次全球性经济危机，非洲国家基本获得独立。这些因素均影响着汉民族此间移民非洲以及在非定居汉民族的生存和发展。在此阶段，汉民族大规模移民非洲的浪潮也与国内和国际局势的发展息息相关。20世纪初期中国的内乱和三、四十年代日本侵略中国所带来的灾难引发了汉民族的国际移民。其中许多移民人口到达非洲。

在该阶段，非洲移民的人口结构出现了重要变化，主要表现在两方面：人口总量的大幅度增加和男女性别比例趋于平衡。中国此间移民非洲的人口主要源于中国国内的战乱和日本侵华，为逃避战乱，谋求生计，大批汉民族选择出洋。此外，人口增加还缘于人口的自然增长。20世纪初期以后，来自中国的女性移民人口增加，侨民的家庭

---

① 李安山：《非洲华侨华人史》，第88—125页。

生活趋于正常，且由于坚守养儿防老的传统观念，生育率较高。毛里求斯华侨人口增长最快，在20世纪的前二十年间，每年增加人口约200人。马达加斯加的华侨人口在20年代翻了一番，仅在1926年至1929年间就增长了84%，人口数从1921年的956人增加至1941年的3637人。留尼汪的华侨人口增长额基本保持在每年100多人，到1941年增至3853人。南非华侨人口也从1921年的1828人增至1946年的4340人。[1]

人口变化的另外一个特点是男女比例趋于正常。早期移民由于多为强制移民和契约工，以短暂居留谋求经济利益为主，生存条件恶劣，因此以男性占绝对优势。毛里求斯在1861年是共有华侨1552人，其中女性只有2人。到20世纪初，毛里求斯女性华侨比例仍旧很低，为大约16‰，到1911年该比例提升至近10%，1944年达到37%。在马达加斯加，华侨两性比例也经历了大致相同的发展阶段。1901年，该地有华侨182人，其中女性只有5人，1921年妇女人数达到29人，占华侨总人口的3%，1929年该比例上升为9%，1951年达到29%。[2]

在20世纪上半叶，非洲汉民族所从事的职业及其经济地位也有较大变化。早期自由汉民族移民多为被迫出洋，往往身无分文。到达非洲后依靠先到移民的帮助，从事小规模的商业活动。进入20世纪后，许多移民开始逐渐从零售贸易向多种经济拓展，由小商人向多种职业发展。二战之后，随着世界经济和科技的迅速发展，华人的商业运作模式面临现代化商店的激烈竞争，因此他们开始调整自己的商业结构和经营模式，建立专业化商店和超市。一些汉民族移民开始从事工业生产或投资建厂，如酿酒厂、食品加工厂、日用品生产厂等，或经营农场种植园，由此逐渐出现了一些有影响力的华商。年轻一代的华侨华人开始从事华侨的非传统职业，如工程师、律师、公务员、教师、医生等职业。

---

[1] 李安山：《非洲华侨华人史》，第248—252页。
[2] 同上，第244—248页。

(三)非洲汉民族新移民(1978年至今)

改革开放后,中国和非洲的关系日益加强。20世纪90年代末以来,随着"两种资源、两种市场"战略决策的制定实施,中国大陆企业大规模进驻非洲。与此同时,非洲许多国家也相继放宽了移民政策,出现了中国移民非洲的热潮。在之后的十几年间,非洲大陆的中国新移民人口数量激增,且有继续增长的趋势。然而,关于新移民的确切人口数量,却未有较为一致且被广泛认可的统计数据。究其原因,主要在于非洲国家移民政策相对而言不够完善,人口统计数据不够准确。此外,中国新移民的重要组成部分——劳工移民——流动性较大。这些原因也正是联合国人口司认为国际移民人口数量难以统计的主要原因。

目前不同来源提供的数字之间分歧较大。李鹏涛曾综合各种数据,将老华侨华人与新移民合并计算,认为从世纪之交至2010年,非洲华侨华人数量已由10万增至50万左右。而具体到新移民,他也提出,在非洲大陆国家,南非的中国新移民数量最多,占现有20至30万华侨华人的绝大部分。而其他非洲国家,如尼日利亚、苏丹、安哥拉、坦桑尼亚、阿尔及利亚和毛里求斯等国,截至2006年的华人数量超过1万,基本以新移民为主。纳米比亚在1990年独立时几乎没有华人,到2006年已增至万人。埃塞俄比亚约有5000华人,肯尼亚约有4000华人。[①]李新烽则根据自己在非洲工作八年掌握的资料和访问30个非洲国家了解到的情况以及从非洲国家驻华大使馆、相关新闻报道和非洲侨胞提供的数据,估算认为到2012年底非洲华侨华人的人口总数为100多万。他根据华侨华人人口数量将非洲国家分为四类。第一类国家人口超过10万,有南非、安哥拉和尼日利亚,华侨华人人口分别为30万、26万和22万。第二类国家人口为3万至5万,有毛里求斯、马达加斯加、刚果(金)、加纳、坦桑尼亚和留尼汪等六个国家。第三类国家人口为1000人以上,主要包括埃及、阿尔及利亚、苏丹、埃塞俄比亚、

---

① 李鹏涛:《中非关系的发展与非洲中国新移民》,第25页。

肯尼亚、乌干达、马里、刚果（布）、赞比亚、津巴布韦、纳米比亚、莫桑比克、莱索托和塞舌尔等20个国家。第四类国家华侨华人人口为1000人以下，主要集中在西非地区，其他非洲次区域的国家有突尼斯、摩洛哥、索马里、卢旺达、布隆迪、马拉维、斯威士兰和科摩罗，另有英属圣赫勒拿岛等，总共约为20个国家。[1]

新移民的构成主要包括两类，一类是投资移民，另一类是劳工移民。除此之外，还有少量的留学生，但其分布相对集中，主要在南非、埃及等国。另外还有一些汉民族移民将非洲作为跳板，在经过短暂的停留后再移民至欧洲国家。

1. 投资移民

自中国与非洲各国建交以来，从1964年周恩来总理访问非洲提出的"援外八项原则"，到习近平主席2013年访问非洲三国提出的"非洲梦"，中国一直坚持同非洲的团结合作方针。就中国对非洲国家的投资而言，在总体"走出去"战略的引导和推动下，我国的对外直接投资近些年来有了飞速的发展。根据《2012年度中国对外直接投资统计公报》，我国首次成为世界三大对外投资国之一。就全球市场而言，资源丰富、市场潜力日益显现的非洲成为许多中国企业跨国投资的首选，2000年中非合作论坛开启以来，中非经贸关系日益发展繁荣。2012年中非贸易额近2000亿美元，中国对非洲出口额则达1130亿美元，相当于10年前的20倍，对非洲投资累计超过150亿美元，[2] 对非洲的直接投资在十年内增长了14倍，非洲已成为中国海外第四大投资目的地。[3] 截至2012年6月，在非洲的中国企业已超过2000家，促进了非洲经济的复苏与发展。[4]

中国与非洲的贸易往来，伴随着技术合作和援助工作。《中国与非

---

[1] 李新烽：《试论非洲华侨华人数量》。
[2] 习近平：《永远做可靠评优和真诚伙伴——在坦桑尼亚尼雷尔国际会议中心的演讲》，《人民日报》，2013年3月26日，第2版。
[3] 梁斯琳等：《友好走进非洲——中国对非洲投资的决定因素》，《金融经济》，2014年第10期，第151页。
[4] 温家宝：《深化务实合作，促进共同发展——在第四届中非企业家大会开幕式上的讲话》，《人民日报》，2012年7月19日，第2版。

洲经贸关系报告2010》指出，2010年底，中国与45个非洲国家签订了双边贸易协定，中国对非援助覆盖五十多个非洲国家。中国国内大学和培训中心接待了成千上万非洲学生和工人。中非之间的贸易伙伴关系，不仅是中非经贸联系紧密的表现，更是推动双边经贸关系进一步深化的动力。

非洲以其丰富的资源和巨大的发展潜力吸引着投资者。随着中国国内民间资本的壮大，大批中国人带着资金、技术和商品来到这里，投资领域涉及范围极为广泛，包括农业、建筑、矿业、纺织、钢铁、木材、医疗、餐饮、商贸等各个领域。这些投资移民为当地的发展和人民的生活提供了大量服务。非洲各国都有许多汉民族投资移民开设的批发商城和各种零售商店，规模较大的集中在南非约翰内斯堡，包括中国城、亚洲城、香港城等。这些大型的批发商城成为整个南部非洲地区的贸易中心，辐射至南非及其邻国博茨瓦纳、莱索托、津巴布韦和安哥拉等国。分布在非洲广大乡村从事小规模经营活动的汉民族移民也为当地提供了大量"即使是最边远贫穷地区的非洲居民也够买得起的商品"。[①]

此外，中国新移民在非洲国家开设了诊所，从事医疗卫生工作，其中有许多曾经是援非医疗队队员。从1963年向阿尔及利亚派出医疗队以来，中国已向45个非洲国家和地区派遣医疗队。[②]20世纪90年代以来，一些医疗队员完成工作任务后选择留在当地，开设诊所，主要集中在坦桑尼亚、莫桑比克、赞比亚和博茨瓦纳等国。其他国家的中医诊所发展也比较快，以南非为例，仅在约翰内斯堡就有50多家中医诊所。南非卫生机构的统计资料显示，南非至少有1000名注册中医大夫。[③]他们精湛的医术和热情的服务赢得了当地居民的信任。

2. 劳工移民

在赴非的移民类型中，规模最大的是劳工移民。中国公司在非洲

[①] 李鹏涛：《中非关系的发展与非洲中国新移民》，第26页。
[②] 李安山：《中国援外医疗队的历史、规模及其影响》，《外交评论》，2009年第1期。
[③] 原晶晶：《当代非洲华商的发展战略探析》，《东北师大学报（哲学社会科学版）》，2011年第2期，第212页。

承担的公共建筑工程和大型基础设施项目以及其他各类中国企业在非洲国家的投资带来了大量的劳工移民。2006年，大约有700—800家中国公司活跃在非洲49个国家的不同行业，[①]目前在非洲大陆的中国国有企业和私营企业超过2000家，[②]其中既有大型的国有企业、集体企业，如中兴通讯、华为等，也有中型企业和小型企业。他们所需要的员工和劳动力主要来自当地和中国。在雇佣当地员工的同时，他们也从中国国内招聘或派遣员工，尤其是在基础设施、公共工程、油田和采矿等行业，他们大多为半熟练工，也有少量受雇于金融、电信、媒体、基础设施等大型项目的专业和管理人员。随着中国对非洲投资的增加，中国赴非洲的劳工移民数量也呈激增态势，尤其是从事承包工程和劳务合作人员的数量增加迅速。他们有的是通过直接的政府间协议前往非洲，而大多数则是通过得到政府许可的私人劳务输出公司或者亲属、同乡等非正式社会网络前往非洲。

一些最初的劳工移民，在劳工协议结束后，选择继续留在非洲当地从事某种职业，或者通过非正式社会网络将更多的亲属、同乡带到非洲，从而由劳工移民转换成为投资移民。1996年，河北省保定市所辖的定州市吕家庄村80多位农民，随北京一家水利工程公司到赞比亚修建拦水工程，在修建过程中他们发现当地有大量肥沃的土地闲置，就产生了在那里种地的想法。1998年，这80多位农民向保定市办理了相关手续，把家人和亲戚朋友也接到了赞比亚，在其居住的地逐渐形成了一个"村落"——"保定村"。他们在赞比亚积累了一定财富回国后，在保定当地盖起了小洋楼，又被当地人称为"非洲村"。这些在赞比亚"保定村"的农民通过种地致富后，吸引了越来越多的保定农民前往非洲，在种植蔬菜、农作物的同时，有些人也逐渐涉及商贸、教育、医疗、加工等行业。目前到非洲创业的保定农民达到7000多人，

[①] 周海金：《非洲华侨华人生存状况及其与当地族群关系》，《东南亚研究》，2014年第1期，第81页。

[②] 李星、周骁毅：《中国对非洲制造业投资：问题与对策》，《国际经济合作》，2012年第7期，第58页。

在非洲17个国家建立了28个"保定村"。①他们大多数都已成为投资移民。

四、非洲汉民族的经济与职业变化

自1910年以来,非洲的汉民族移民的产业和职业分布发生了较大变化,由零售贸易和种植园经济扩展到多种经济发展模式,汉民族移民的经济地位从无足轻重发展成为许多侨居国的重要经济力量。

非洲汉民族的早期自由移民多为各种原因所迫,不得不出洋谋生,到达非洲之时往往身无分文,需要求助于先前已到达非洲的同乡帮助,多从事零售业,经济情况稍好后多自己经营零售商店,从中国进口货物,由于价格便宜且质量较好,受到非洲当地居民的欢迎。同时,一些汉民族移民也购买非洲当地的一些商品,从一个城市或地区贩卖到另一个城市或地区,但总的来说,早期零售商店的规模都比较小,但由于汉民族移民吃苦耐劳、勤俭节约,慢慢以零售商业为起家,在非洲不同国家生存并稳定下来。

二战之后,汉民族移民的零售贸易逐渐开始面临严峻的挑战。以家庭为单位的零售业已经无法与西方人经营的现代化商店竞争,因此,汉民族商人不得不开始调整自己的商业结构,扩大经营规模,增加商品种类,并逐渐开始建立起专业化商店,留尼汪汉民族经营的超市甚至垄断了某些食品的加工。据统计,1967年留尼汪1.5万名中国侨民控制了791家重要商店。1970年,颁发给华人的营业执照多达3000张,到20世纪80年代初,他们仍然控制着60%的零售贸易。②

在积累了一定的资本后,一些汉民族移民开始进行工业投资,开设工厂,如纺织厂、家具生产厂、食品饮料生产厂、酿酒厂等等,有的开始经营农场种植园和菜园。由此慢慢产生了一批发展稳定、有所作为的华人企业家。汉民族移民的投资经营活动改善了当地人的生活,

---

① 《非洲大陆上的"保定村"》,中国日报网站,2007年4月6日,http://www.chinadaily.com.cn/hqkx/2007-04/06/content_845058.htm,2014年2月8日登录。
② 方积根编:《非洲华侨史资料选辑》,第187页。

提高了当地人的购买力。"中国城"或"中国商店"出售的商品价格低廉、质量上乘,尤其是服装和纺织品。随着越来越多华人服装批发零售店的出现,当地居民的选择范围越来越多,服装价格也越来越能被更多的居民所接受。对于一些年轻的移民,他们也开始拓展自己的职业领域,成为政府公务员、公司职员、工程师、律师、教师、医生等等,也有一些年轻人成为自由职业者,比如,在南非有80%的年轻华人从事自由职业。① 在上述新兴职业中,与医学相关的职业在许多年轻华人中受到欢迎。在留尼汪,华人牙科医生和药剂师占到了全行业总人数的70%。②

非洲的汉民族移民中还出现了一些较为有名的学者和作家。如毛里求斯华人学者雨盖特·李卓凡·皮耐欧(Huguette Ly-Tio-Fane Pineo),她的《西印度洋华侨史》(Chinese Diaspora in the Western Indian Ocean)运用了大量的官方档案资料,对马斯克林群岛、马达加斯加和南非三个地区华人的历史演变和社会结构进行了分析,成为研究西印度洋华人不可或缺的参考书。③ 再如南非的华人学者叶慧芬和梁瑞来,两位女士均为第三代南非华人,前者祖籍为广东梅县,客家人,毕业于南非名校罗兹大学的新闻系,曾担任过《兰德每日邮报》(Rand Daily Mail)和《星期日时报》(Sunday Times)等南非主要报纸的记者和编辑,还曾做过广告撰稿人。她积极参与一些华人社团的活动,早在学生时代就是罗兹大学中国学生社团的秘书长,后担任南非中华总公会的秘书长达14年之久。④ 梁瑞来女士也是第三代南非华人,毕业于南非名校金山大学。两人花费了九年的心血,使用了大量政府和地方档案、华人社区资料和华人组织文件,对中国华人进行了访谈,并在此基础上于1996年完成了南非华人历史研究的具有重要影响力的著作《肤色、困惑与让步——南非华人史》(Colour, Confusion and Concessions: The History of the Chinese in South Africa)。该书是一

---

① 方积根编:《非洲华侨史资料选辑》,第258页。
② 同上,第27页。
③ 李安山:《非洲华侨华人史》,第24页。
④ 《书写南非华人史的中国女性》,《人民日报海外版》,2002年4月11日第5版。

部"自强不息的奋斗史",覆盖的历史阶段从1660年名为万寿的华人被荷兰东印度公司作为罪犯流放到开普殖民地开始,直到南非废除种族隔离制,华人在南非三百年的遭遇得以呈现。内容也涉及南非华人的方方面面,包括华人社区的社会、经济、宗教、文化生活以及南非华人在种族隔离制开始松动后所表现出来的政治热情。出生于留尼汪的华人学者黄素珍(Edith Wong-Hee-Kam)女士曾在留尼汪大学的地区史研究与资料中心任教并从事研究。她经过查询并引证大量官方档案,包括法国的政府文件和留尼汪的地方文件、大量的社区资料和原始图片等,于1996年出版了《留尼汪华人史》(*La Diaspora Chinoise aux Mascareignes: Le Cas de La Réunion*)一书,对留尼汪华人的来源、华人对当地发展的贡献和华人社会结构及社团组织的演变等方面进行了考证和论述,同时书中也涉及了毛里求斯等邻近地区的华人社区。

此外,非洲的汉民族移民中还有不少选择了从政。目前在非洲,少数政治精英通过竞选或任命担任政府或议会职务,成为非洲华人参政的主要方式。在非洲各国和地区政坛均活跃着一批华人政治精英,其中又以南非为典型。20世纪80年代华人霍成坚担任南非总统咨政委员;1996年黄士豪当选为夸祖鲁纳塔尔省新堡市副市长;2004年南非国会选举中,非国大的黄士豪、印卡塔自由党的张希嘉成为南非首批华人国会议员,改写了该国议会没有华人身影的历史。2006年3月,孙耀亨成为约翰内斯堡市首位华人议员。多位华人同时跻身国会,且分属多个党派,既有执政党,又有反对党。华人在南非人口中占0.2%,这四位华人议员在议会400个席位中占了1%。这次竞选结果说明南非华人参政意识的大大增强。此外,其他非洲国家也有华人政治家的身影。如塞舌尔的第一任总统詹姆斯·曼卡姆(中文陈文咸,祖籍顺德)、原警察总监安东尼·加米尔(中文韦怡和,父亲为顺德农民)、原工程部副部长李华荣等都是汉民族。加蓬外交国务部长让·平来温,是第二代华人汉民族,其父为浙江欧海人。在法国海外省留尼汪,曾宪建是法国第一位海外华人议员。此外圣但市副市长和留尼汪省议员李传毫也是华人。尼日利亚华人朱南扬被政府授予"伊凯贾工业区酋长"职位,参与政府决策。在毛里求斯,华人参政更为活跃。旅游部长、万花艺术娱乐部长、检察总长等职务华人均曾担任过。首都路易港的市长职位也多次由华人担任。如1984年当选为路易港市长、1988年当选为国会议员的李国华，文化艺术娱乐部长曾繁兴，前检察总长陈念汀，前任毛里求斯驻法国大使陈凯、已故地方行政部长朱梅麟，被誉为"毛岛出口加工区之父"的毛里求斯大学原副校长林满登教授等也均为华人。① 虽然当地的华人汉民族参政还未形成较大规模，但少数政治精英的良好表现已表明非洲华人参政意识较之从前已大大增强。

在经历了几代人的努力之后，目前非洲的汉民族移民及其后代大多已属于所在国的中产阶级，生活境况比较宽松富裕，从事的经济活动也有单一转向多元，经济力量持续增长，成为所在国重要的经济支柱。

第二节 南非的汉民族移民

一、南非汉民族移民概况

南非共和国位于非洲大陆最南端，在非洲是汉民族移民最多的一个国家。据南非国家统计局于2016年8月公布的人口数据，南非人口共有55908900人，从种族上分主要包括黑人、有色人、白人和亚裔四大种族，分别占总人口的80.7%、8.8%、8.1%和2.5%。② 黑人主要有祖鲁、科萨、斯威士、茨瓦纳、北索托、南索托、聪加、文达、恩德贝莱9个部族，有色人主要是白人同当地黑人所生的混血人种，白人主要为阿非利卡人（以荷兰裔为主，融合法国、德国移民形成的非洲白人民族）和英裔白人，亚裔人主要是印度人（占绝大多数）和华人。③ 2010年统计数据显示，南非共有华侨华人30万人，其中华侨16

---

① 蒋泓峰：《落地生根的非洲华侨华人》，凤凰网，2009年6月27日，http://finance.ifeng.com/news/history/rwpz/20090627/850974.shtml，2014年8月17日登录。

② Statistics South Africa, *Mid-year Population Estimates, 2016*, August, 2016.

③ 李安山：《非洲华侨华人史》，第24页。

万人，华人14万人，其中新移民有10万人，他们多来自广东、台湾和福建三地，在华侨华人总数中分别占到50%、20%和10%，绝大多数为汉民族移民。①

南非的汉民族移民又可分为老侨和新侨。老侨主要是指20世纪初来自广东顺德、南海、梅县等地的移民及其后代。南非老华侨多采取传统方式经营杂货店或开设中餐馆。中餐馆散布各地，数目繁多，水平参差不齐。华人的商业活动一般从小生意做起，范围遍布南非的边远地区以及所有农村地区和移民聚居区，经营手段灵活，实物交易亦普遍，各种货物基本能满足顾客的日常需要。这些商贸活动为发展南非的国内外贸易、沟通南非城乡之间的联系作出了重要贡献。新侨主要来自中国大陆，包括上海、福建、广东、北京、四川、黑龙江、辽宁等省市，他们在南非主要以经商为主，从事饮食、商贸、电子、建筑、渔业等行业。他们中不少人从事进出口贸易，或者旅游业，也有人开诊所、办工厂，但规模一般较小。除此之外，还有来自台湾、香港的新移民，他们主要是投资和技术移民，其经济活动超出了原来华侨华人经济的范围，以经营纺织、电子、电脑、电器等行业为主。

南非共有华侨华人社团60多个，② 其中有60%以上集中在中国驻约翰内斯堡总领馆区内（豪登省、自由州），主要包括南非杜省中华公会、豪登省台湾商会、南非杜省华侨联卫会所、南非粤港澳总商会、自由省台湾商会、约堡文化中心、自由省华人联合会等。中国驻开普敦总领馆领区（西开普省、东开普省、北开普省）是南非华侨华人的第二大聚居地，主要社团包括西省中华会馆、东省中华会馆、伊丽莎白港梅侨工会、开普敦中华联谊基金会、南非之友等。③ 华人社团自始至终都在南非华人社会生活中发挥着重要作用。早期的南非华人社团，多是基于血缘与地缘关系建立起来的，比如同乡会、互救会、宗亲会等，在社团内部守望相助、平衡利益、共谋发展。但是由于社团基于

---

① 华侨华人蓝皮书编委会，王志章执笔：《全球华侨华人：中国国家软实力建设中一支不可或缺的力量》，载丘进主编：《华侨华人研究报告（2012）》，第11页。
② 同上，第11页。
③ 朱慧玲：《非洲侨情及其特点》，《八桂侨刊》，2002年第1期，第42页。

血缘和地缘，彼此之间因语言、历史等方面的差异，很难团结一致。现在的南非华人社团已发展成为跨缘的华人共同体，他们积极沟通当地政府和社会各界人士，有效保障了华人在南非的生存和发展，保障了华人的合法权益。

  南非的华文教育也经历了较大的历史变迁。在种族隔离时代，华人子弟无法进入白人公立学校读书，华侨们开始自发兴建自己的学校，这便是南非华文教育的开端。20世纪50年代以前，南非有13所华文学校，但后因经费和生源不足等种种原因，有8所学校在创办几年后停办，之后也仅剩3所，他们是约堡华侨国定学校、伊丽莎白港中华学校和比勒陀利亚斐京华侨公学。20世纪50年代以后，继续开办的华文学校总体上规模得到扩大，学生人数增多，教学质量逐步提高。南非各侨团也开始开班中文班，如中华文化中心中文班、华心文教基金中文班、国际佛光会斐京协会普贤分会中文班等。华文教育在中国改革开放后有了较快发展。1990年，南非比勒陀利亚的华侨公学建起了新校舍，约翰内斯堡的国定学校则承担了中国与南非文化交流的重担，中国大陆新移民也在南非开办了一所华文学校。[①] 1998年1月1日中国和南非正式建交，为华文教育提供了新的发展机遇。随着中国经济的腾飞，国家影响力增强以及中国和南非经贸往来的频繁，汉语在南非成为热门语言，加之中南两国政府的大力推动，近几年来内在需求和外部推动共同开启了南非华文教育的新篇章。2007年，暨南大学和中山大学先后分别与罗德斯大学和开普敦大学携手共同建立了两所孔子学院，以满足南非广大华侨华人和中文爱好者的需求，受到当地华侨华人的热烈欢迎。之后厦门大学和斯坦陵布什大学于2008年、福建农林大学与德班理工大学于2013年又建起了两所孔子学院。除此之外，中国在南非还建有开普数学科技学院孔子课堂和威斯福中国孔子课堂等两个孔子课堂。[②] 上述华文教育机构均为非营利机构，通过办学、开设讲座、向南非当地贫困学校提供各种形式帮助、筹办汉语比赛以及举

---

  ① 贺鉴、黄小用：《非洲华文教育浅探》，《比较教育研究》，2001年第12期。
  ② 国家汉办关于南非孔子学院的相关介绍，http://www.hanban.edu.cn/confuciousinstitutes/node_10961.htm，2015年1月26日登录。

办南非中华文化节等等活动，增进了南非人们对中国语言文化的了解，传播了中国文化，有助于树立良好的海外华人形象。

南非的华文媒体主要集中在约翰内斯堡地区，主要有三家，即《华侨新闻报》、《南非华人报》和《非洲时报》。其中《华侨新闻报》是非洲大陆上第一份民营的华文报纸，也是南非最有代表性的华文报刊。创办于1994年，创始人祖籍山东潍坊、生于台湾的冯荣生先生，是南非华人媒体的先驱者。《华侨新闻报》作为南非第一家面向旅南侨胞为主的媒体，开辟了彩虹之国华文传媒的先河。后来由南非著名华裔军火商、台湾侨胞甘居正先生和南非华裔国会议员陈阿蕙女士短暂接手；2013年初，在中国政府及国有传媒机构的关心和支持下，终于促成了由现任社长林丹鸣（笔名龙吾）先生、发行人王云榕女士为首的董事会全盘并购华新传媒集团所有股权。目前为南非最具影响力的华文报纸之一。①《南非华人报》创刊于1999年，是由中国非洲工程协会、南非上海工商联谊总会、南非粤港澳工商总会、南非学生学者联合会等侨团组织携手，从属于这些侨团组成的南非华人报业集团股份有限公司创办。其宗旨为宣扬中华文化、服务南非华人。②定位是"三华"：即华人办的、给华人看的、用的是华文。由于全新的办报背景，该报逐渐扩大为祖国大陆在南非全侨的报纸，因此被侨界视为"自己的报纸"。该报同时在博茨瓦纳、莱索托、斯威士兰等4个国家发行，发行量不断上升，超过《华侨新闻报》，居南非侨报之首。③《非洲时报》是南非华文传媒新秀，创办于2005年，主要发行对象主要为20世纪90年代以来移民到南非的中国大陆新移民，同时它也是首份面向全非洲发行的华文报纸。该报是由南非爱国侨胞、全非和统会副会长吴少康、

---

① 《南非第一家华文媒体〈华侨新闻报〉成立20周年》，南非华人网，2014年8月10日，http://www.nanfei8.com/huarenzixun/shetuanhuodong/2014-08-10/10845.html，2015年1月26日登录。

② 《世界华文传媒网上论坛》，中国侨网，http://www.chinaqw.com/node2/node116/node117/node163/node820/node835/node940/userobject6ai64493.html，2015年1月27日登录。

③ 《南非华人报定位三华》，新华网浙江频道，2006年7月13日，http://www.zj.xinhuanet.com/magazine/2006-07/13/content_7508098.htm，2015年1月27日登录。

南非紫荆会会长陈玉玲和南非福建同乡会会长李新铸共同出资创办。①该报坚持一个中国原则,秉承客观、公正、准确、及时的报道方针,立足侨社,服务侨民,沟通侨胞与祖国联系、促进华侨华人融入当地主流社会、弘扬传统文化。②

二、汉民族移民南非的历史分期

(一)汉民族移民南非的开端(1658年至1904年)

南非是一个非常特殊的国家,其特殊性主要表现在它的发展历史。南非作为一个在欧洲殖民地基础上发展起来的国家,曾先后经历过荷兰、法国、英国等西方国家的长期殖民统治,这些西方国家在南非创造了一个多板块式的欧洲文化。③汉民族移民南非的历史进程也与南非的历史演变密切相关。

汉民族最初到达南非有研究显示是早在明朝郑和下西洋时期。欧洲地图家弗拉·毛罗在1459年所绘的世界地图上,有两段注记中也提到中国帆船(Junk)从印度起航,在郑和第六次下西洋期间,曾进入南非海域,甚至到达好望角附近。

汉民族与南非有据可考的接触是在17世纪中叶南非成为荷兰殖民地之后。17世纪末期,荷兰在非洲南部的开普殖民地初具规模,需要大量的劳动力来对殖民地进行开发,但欧洲移民并不热衷于亲自开拓殖民地,因此从1657年开始,荷兰东印度公司开始从爪哇输入12名马来奴隶,1658年又从西非海岸运来228名黑人奴隶。④但他们均缺乏农业技术训练和专业技能,无法满足开普殖民地生产和建设的需要,因此东印度公司开始考虑从爪哇输入侨居该岛多年、有熟练的农业技

---

① 《非洲时报》,载夏春平主编:《世界华文传媒年鉴:2006》,北京:中国新闻社、世界华文传媒年鉴社,2007年版。

② 《南非华文媒体〈非洲时报〉庆祝创刊五周年》,中国新闻网,2010年5月2日,http://www.chinanews.com/hr/hr-fzhrxw/news/2010/05-02/2259075.shtml,2015年1月27日登录。

③ [美]塞缪尔·亨廷顿:《文明的冲突与世界秩序的重建》,周琪等译,北京:新华出版社,2002年版,第32页。

④ 郑家馨:《17世纪至20世纪中叶中国与南非的关系》,《西亚非洲》,1999年第5期,第28页。

并善于种植水稻等农作物的中国劳动力。

1658年,东印度公司将若干囚犯作为奴隶从巴达维亚遣送至南非,其中有为数极少的华人。他们多因欠债未还而获罪,当时在巴达维亚的华人大多来自福建,因此首批来到南非的汉民族也有可能主要是来自中国福建。1660年被流放到南非的华人万寿被从巴达维亚驱逐到好望角。此后,南非作为流放地,接受了数千名来自巴达维亚等地的犯人,但其中华人数量很少,年均只有1至2人。他们在南非当地被看作是无偿的高效劳动力,常被用来从事渔工、泥瓦工和竹篾工使用。也有一些华人犯人在刑满释放后因种种原因留在南非,成为最初的"自由华人"。据统计,1750年在南非共有16名自由华人,均为男性。他们多从事小本的经营活动,如面包店、杂货店等。① 除刑满释放后留居南非的自由移民外,还有部分汉民族自由移民,他们主要来自中国广东省和东南亚国家。

1806年,英国人开始侵入南部非洲,以资本主义工业为基础的英国人和以农牧业为主的布尔人(即南非的荷兰人后裔)旋即发生了冲突。1815年英国人在维也纳会议上正式接管开普殖民地,布尔人被迫迁徙到德兰士瓦和奥兰治。便开始接管后不久,英国殖民者便开始为殖民地缺乏高效的廉价劳动力担忧。19世纪初,英国东印度公司通过驻广州商馆买办从广东、澳门偷运华工至南非。1815年,驻广州的英国人私招一批工匠乘英国皇家船,到南非的西蒙斯敦修建教堂,这批工匠后来定居下来。② 自此之后的几十年中,英国殖民者通过非法手段将一些华工运往开普殖民地。他们在抵达南非后多从事木匠、泥瓦匠、花匠、厨师等工作。③

19世纪60年代末,南非奥兰治河流域发现金刚石矿,1884年德兰士瓦的维特沃特斯兰德(Witwatersrand,简称兰德)发现金矿,1886年开采,两地出口经济飞速发展,尤其是兰德矿区,以约翰内斯堡为

---

① 郑家馨:《17世纪至20世纪中叶中国与南非的关系》,《西亚非洲》,1999年第5期,第29页。
② 龚伯洪编著:《广府华侨华人史》,第33页。
③ Melanie Yap & Dianne Leong Man, *Colour, Confusion and Concessions: The History of the Chinese in South Africa*, Hong Kong: Hong Kong University Press. 1996. pp. 6-9.

中心，面积广大。由此在西方掀起了一股黄金热，英国、德国、法国、荷兰和美国的资本家纷纷用来投资生产，同时也带来了对劳动力需求的激增，开矿、修路、建厂、生产经济作物等等都需要大量廉价劳动力。虽然当时也有大量来自美国、澳大利亚、威尔士、英格兰等国家和地区的非投资者来到南非淘金，然而19世纪90年代当地法律规定，居留14年才有正是居民资格，加之金矿赋税高，又有专卖权等限制，南非生活昂贵，因此劳动力还是非常缺乏。1870年，开普殖民地立法议会首先批准农场使用华工。金矿的发现无疑在华人当中继美国、加拿大、澳大利亚和新西兰之后再次掀起一股淘金热潮。两矿的开发也吸引了毛里求斯岛上的华人，据统计，1880年至1903年仅从毛里求斯的圣路易港进入南非开普港、伊丽莎白港、阿尔戈阿湾、东伦敦和德班等五个港口的华人就有454人。①

1902年，英布战争结束。于当年签订的《弗里尼欣条约》（Treaty of Vereeniging）确立了英国的统治地位，布尔人所建的德兰士瓦和奥兰治自治邦归英国管辖。战后的南非吸引了大批投资，但也再次引发了对廉价劳动力的大量需求。在这种情况下，南非的矿业资本提出了从中国引进劳工的建议，由此开启了契约华人时期。

表5　早期南非华侨华人人口统计表（1693—1896年）

时间（年）	人数	身份
1693	5	犯人
1725	2	移民
1727	17	犯人
1743	38	移民
1750	16	移民
1760	14	移民
1770	5	移民
1774	3	移民

① 方积根编：《非洲华侨史资料选辑》，第265—226页。

续表

时间（年）	人数	身份
1775	3	移民
1814	23	劳工（私人雇佣）
1815	25	劳工（政府雇佣）
1875	75	劳工（政府雇佣）
1876	53	劳工（政府雇佣）
1881	18	劳工
1882	126	劳工
1896	608	劳工

资料来源：

1. 李安山：《非洲华侨华人史》，北京：中国华侨出版社，2000年版，第163页，第562页。

2. 方积根编：《非洲华侨史资料选辑》，北京：新华出版社，1986年版，第35页。

（二）契约华工时期（1904年至1910年）

汉民族移民南非的这一时期始自1904年《中英会订保工章程》，结束于1910年最后一批华工离开南非回到中国，总共历时七年。

正如有学者所说的，英布战争是一场没有胜利者的战争。英国殖民者所接手的是一个被战争所蹂躏的德兰士瓦，战后重建以及金矿业的发展都需要大量劳工。但是在是否雇佣华工的问题上，矿业资本家和殖民地官方并未在最初就达成一致。

矿方要求英国殖民部门解决劳动力缺乏的问题，并派罗斯·史金纳（H. Ross Skinner）到世界各地调查，寻找劳工。1903年，他遍访美国加州、加拿大、马来半岛、日本和中国。回到南非后即发布了他的调查报告，报告认为，中国是最可能找到令人满意的劳工的地方，但是同时，美国和加拿大两国的经验表明东方人不可同化，不适宜变为公民，因此雇佣中国劳工可以通过"契约工"的形式进行，限制其到达后迁移他处，并不得更换职业，约满即行遣返，这样可以避免以后可能出现的社会问题。① 史金纳的报告为之后几年契约华工进入南非的途径进行了设定,这也是英国殖民者总结在美国、加拿大等殖民地产生的移民问题之后,所进行的较为周到的考虑。也正是因为当时殖民者对华工的进出严格控制,才未能使华人在南非形成较大的人口规模,避免了之后南非实行种族隔离之后有可能面临的种族歧视。

其实在史金纳的报告公布之前,南非其他群体,包括白人社会和居留南非的印度人就已经有所顾虑。开普殖民地立法院于1903年7月开始进行反华宣传,1904年通过《排华法案》,该法案共36款,规定任何华人,除已入英国国籍者,不得进入或在殖民地居留;华人从殖民地一处移往他处均须向地方官员报告;任何人不得与未持有总督特许证的华人有任何贸易往来或租赁房屋;地方官员有权搜查华人在殖民地的任何住所等等。② 纳塔尔殖民当局也公布了1904年《过境移民法》,限制中国劳工进入纳塔尔,同时要求自由华人出入均需携带居住证明。③ 史金纳的报告发表后,在南非社会更是引起一片哗然。

然而,矿业资本家坚决主张招用华工,他们运用各种策略,着力描述华工的优点:

"不信教的中国人头脑特别发达。他们有美国北方人的冲劲和机智,有犹太人的理财和经商能力,有苏格兰人的冷静和获得欲,有土耳其人的忍耐和中庸秉性,可谓集大成于一身。他们像骡子一样坚韧有力,有像鸵鸟一样的食欲和消化能力,和火车头一样的持恒特质。"④

英国议会在1904年2月至3月期间对输入华工问题进行了三次辩论,最终于1904年批准了《德兰士瓦劳工输入法案》(*Transvaa Labor Importation Ordinance*)。中英双方在对该法案中的具体规定进行商谈

---

① 沈已尧:《海外排华百年史》,第126页。
② Melanie Yap & Dianne Leong Man, *Colour, Confusion and Concessions: The History of the Chinese in South Africa*, p. 63.
③ Ibid., p. 135.
④ 沈已尧:《海外排华百年史》,第126页。

后，在清政府的退让下，双方于1904年5月13日在伦敦签订了《中英会订保工章程》。这是1860年《中英北京条约续约》后中英两国间第一次协议华工出口问题。

1904年5月25日，载着1052名华工的"特威戴尔号"从香港出发，于6月18日抵达南非德班。除出行前逃走的两名华工和路上丧失的三名华工之外，其余华工均安全抵达。上岸经过三天时间的体检，通过检查的1006名华工乘列车于6月22日抵达约翰内斯堡的矿厂工作。① 自此之后，契约华工赴南非工作的规模的数量不断增加。

在1904至1910年间，迁移至南非的契约华工主要来自中国北方，尤其是山东、河北和河南，许多华工集中到芝罘（今山东烟台）和秦皇岛两地出发。据统计，1904年至1906年，南非德兰士瓦共招华工63811名，其中从秦皇岛出发华工人数总计43258名，烟台出发华工人数总计14675名，天津出发华工人数总计4137名。② 在德兰士瓦，华工人数增加迅速，1904年至1910年期间，约有6.4万名契约华工来到德兰士瓦，③ 其中基本上全部都是汉民族契约劳工。

华工在南非适应力很强，许多华工在三年内付清了旅费后仍愿意留在南非，《中英会订保工章程》，三年期满后可在延续三年，但是，1906年德兰士瓦起草的自治宪法对此有了新的规定：1906年12月6日以后不得再发许可证，也不准再次延长契约。1907年3月21日在德兰士瓦立法院的开幕会上，保守派博撒将军（General Botha）表示要尽早完成华工遣送工作。6月他又在立法院上强调，华工契约满期，不得延长，必须遣返。④

1907年7月，契约届满的2000名华工乘船回国，最后一批华工与1910年2月28日离开南非回到中国，至此，结束了契约华工移民南非的时期。

---

① 沈已尧:《海外排华百年史》，第128页。
② 吴凤斌:《契约华工史》，南昌：江西人民出版社，1988年版，第416页。
③ 中外史学家对于契约华工的人数有不同的看法，具体可参见李安山:《非洲华侨华人史》，第108—115页。
④ 沈已尧:《海外排华百年史》，第129页。

（三）1910年至1949年期间的汉民族移民

从研究国际移民的"推"力角度来看，这一时期汉民族移民海外的直接原因是中国国内的不稳定状况，中华民国建立之后，接踵而至的是长期的军阀混战。20世纪30年代，日本侵略中国更使国内民不聊生。这是迫使中国国内汉民族大量移民海外的直接导因，因此这一时期也是汉民族移民非洲人数迅速增长的时期。就非洲整体而言，从1911年至1949年，非洲华侨社会经历了两次人口增长高潮。第一次是由内乱所引发，从民国初年到20世纪初期。第二次日本侵华引起，由20世纪30年代后期持续至20世纪40年代。①

这段时期汉民族移民南非呈现出一些新的特征，主要表现为总人数的增长和妇女人口的迅速增加。在这近半个世纪，移民的男女性别比例有较大改变，妇女的比例迅速增加。这与契约华工时期的情况大不相同。契约华工来非洲的目的只有一个：赚钱，他们没有在南非长期居留的愿望。《中英会订保工章程》也明确规定了工作年限，因此，像早期移民美国等国家的契约华工一样，男性华工往往选择将家眷留在国内，只身前往异国他乡，并希冀着三五年之后可以衣锦还乡，与家人团聚。因此早期南非的汉民族移民人口也呈现出这样的特征，正如表6所示，基本全都是男性。然而男女比例在20世纪第一次人口增长高潮时期便发生了较大变化，女性移民在移民总数中所占的比例由20世纪初期的大约1%增加到1921年的18.6%，到1946年增加至43.2%。② 妇女移民人口的增长对人口变化所带来的一个重要影响就是人口自然增长率的提高，再加之汉民族子孙满堂、多子多福、养儿防老等传统观念的影响，女性移民的生育率比较高。

---

① 李安山：《非洲华侨华人史》，第242—243页。
② 同上，第246页。

表6 1904年和1911年南非华人人口统计表（单位：人）

1904年			
居住地	男性	女性	合计
开普敦	1366	14	1380
纳塔尔	161	4	165
德兰士瓦	907	5	912
总计	2434	23	2457
1911年			
开普敦	804	19	923
纳塔尔	161	11	172
德兰士瓦	905	5	910
总计	1870	35	1905

资料来源：

1. 李安山：《非洲华侨华人史》，北京：中国华侨出版社，2000年版，第132—133页。

2. Melanie Yap & Dianne Leong Man, *Colour, Confusion and Concessions: The History of the Chinese in South Africa*, Hong Kong: Hong Kong University Press, 1996, p.177.

在这段时间，移民南非汉民族移民的境遇仍然比较艰难。从1910年南非联邦成立，南非政权一直掌握在阿非里卡人（布尔人）手中。1914年南非国民党成立，之后的几十年的大部分时间里，均为右翼国民党掌握政权，种族歧视制度得到了越来越坚决和严酷的实施。1924年至1948年间南非政府制定了数以百计的歧视非白人的法律法令，其中有十几项是针对华人和印度人的。虽则如此，南非汉民族移民仍然以顽强的精神，在南非开拓自己的天地，谋求生存的机会。在包括南非的绝大部分非洲地区，汉民族移民所从事的主要职业仍然是经商。他们或为店主，或为店员。通过自己的辛勤劳作，慢慢地积累财富，不断发展，并将自己在中国国内的亲友接到南非，因此这一时期内汉民族南非移民在经济方面基本进入了稳步增长的良性循环时期。①

（四）二战之后的南非新移民

二战结束后，南非的中国移民逐步增多。1945年至1952年间，从中国大陆移民南非人数有346人，1953年至1962年间有7人，1963年至1973年间共有17人，1974年有49人。除中国大陆之外，从1970年开始，中国台湾、香港开始有移民进入南非。1976年台湾与南非建立所谓"外交关系"后，有为数不少的台商前往南非，进行贸易或投资设厂。也就是从这一年起，南非对华人移民的人口统计开始按来源地分为大陆、台湾地区和香港地区三种。②20世纪80年代末，台湾地区向南非移民达到高潮，成为当地华人移民的主要来源，仅1990年就高达1442人。1984年以后，南非成为香港地区心目中仅次于加拿大、美国和澳大利亚的第四个移民目标国。随后几年，香港居民每年前往南非的人数达1000户。③

1998年，中国和南非正式建立外交关系，双边贸易合作和文化交流得到加强，从而为汉民族移民南非提供了有利条件。20世纪90年代初，大陆新移民数量逐渐增多。至1994年，南非华人人数约为3万人，其中老华侨7000余人，来自大陆、香港的新移民约为7000至8000人，来自台湾的新移民约为1.5万人。1998年以前，大陆通过正常渠道到南非经商的人数较少，当地的华商以来自台湾和香港为主。④

20世纪90年代末以来，"两种资源、两种市场"战略决策的制定实施带来了大陆赴南非新移民人数的迅速增长。经济全球化最直接的表现形式便是国际贸易。中国与南非两国贸易关系发展迅速。2010年，中南双边贸易额达256亿美元，比建交之初增长了16倍。⑤2011年，双

---

① 李安山：《非洲华侨华人史》，第261—262页。
② 同上，第472—473页。
③ 王望波、庄国土编著：《2008年海外华侨华人概述》，北京，世界知识出版社，2010年版，第63页。
④ 同上，第64页。
⑤ 李佳佳：《南非希望与中国展开多样化贸易合作》，中非合作论坛，2011年11月29日，http://www.fmprc.gov.cn/zflt/chn/zfgx/zfgxjmhz/t882381.htm，2016年10月1日登录。

边贸进出口总值达到454.3亿美元，同比增长76.7%。①南非已成为中国在非洲的第一大贸易伙伴。中国与南非之间突飞猛进的双边贸易成为两国人口流动的重要推动力。

据南非海关移民局统计，目前在南非生活、工作的华人超过30万人，主要是20世纪80年代南非实施鼓励投资移民和技术移民政策后，来自中国大陆和港台等地的技术和投资移民，其中以来自福建、广东和台湾的移民居多，分别占到总数的35%、20%和20%。②尤其是近年来，南非平均每年增加中国大陆新移民约1万人，新移民占南非华侨华人总数的80%，总数已经超过20万人。这些新移民多集中居住于大约翰内斯堡地区，约占南非汉民族移民的95%，而约翰内斯堡市则集中了南非60%以上的华侨华人。20世纪90年代中期以来，这里兴建了许多批发商城，比较著名的有中国城、香港城、百家、中国商贸城、中非商贸城、东方商城、非洲商贸、红马商城等八大商场。约翰内斯堡地区无疑是南非华人新移民的发展模式最典型的例子。中国新移民在南非多以经商为主，从事商品的批发和零售，经营商品种类繁多，包括服装、箱包、鞋帽、布料、五金等小商品，另外一些新移民则从事进出口贸易、餐饮等行业。总的来说，在南非从事商业活动的华人新移民可以大致分为两类，一类是国内各大公司派驻南非的商务代表，另一类是个体经营者。

三、汉民族移民南非的杰出人物

移民南非汉民族中的杰出人物在不同历史阶段对南非社会、经济、政治的发展，对中国革命、建设的发展，对中非友好关系的发展都做出了重要贡献。有的先进分子曾积极参与推翻清王朝的斗争，有的进

---

① 海关总署：《2011年我国进出口超3.6万亿美元 贸易顺差比上年收窄14.5%》，海关统计资讯网，http://www.chinacustomsstat.com/aspx/1/Information/Infor_Detail.aspx?t=1&Id=5656，2012年1月10日，2016年10月1日登录。

② 《南非华侨华人概况》，中国侨网，2014年4月21日，http://www.chinaqw.com/hqhr/2014/04-21/1146.shtml，2015年1月28日登录。

行了多年的募捐活动，有的积极推动了南非与我国的正式建交，有的在新时期通过回乡投资等途径促进中国经济的发展。

（一）近代中国民主革命的先驱杨衢云

杨衢云，原名合吉，又名飞鸿，字肇春，号衢云，福建人，1861年12月生于香港。1890年起杨衢云开始积极从事革命活动，具有浓厚的国家民族意识。1892年3月，杨衢云与南非另一爱国人士谢子修之兄、我国航空先驱谢缵泰为核心，与陈芬等五位爱国人士成立了辅仁文社，结社救国。但这个社团还不具备反清的革命性质，"大体上还是一个致力'新学'和社会活动的研究团体"。①

1894年11月，孙中山在檀香山成立"兴中会"，1895年1月，孙中山抵达香港，召集杨衢云等人商议扩大兴中会组织事宜，杨衢云支持兴中会的政治主张，于是决定取消辅仁文社，携原辅仁文社成员谢缵泰、周昭岳一起加入香港兴中会。2月香港兴中会总部建立。之后，孙中山与杨衢云等人多次商议起义计划，杨衢云作为兴中会的重要领导者，主要负责后方接应和财政事务，筹集军饷，购运军械以及联络会党。②

然而不幸的是，广州起义由于准备工作不足以及参加者之一朱淇的哥哥朱湘的告密而为官方获悉，杨衢云随即遭到港英警方和清政府的悬赏通缉。他通过关系逃出香港，到达西贡，之后又漫游新加坡、印度等国家，继续从事革命活动，在许多城市设立了兴中会分会。1896年，杨衢云和另一位名叫靈的革命党人一起来到南非。抵达南非后，他积极联络华侨，宣传革命思想，动员当地华侨支持并参加反清革命运动，并在约翰内斯堡、彼得马里茨堡设立了兴中会分会。③

1897年离开南非后，杨衢云先后到达香港和日本，与孙中山再次筹备起义，并决定于1900年在广东省惠州三洲田发动起义，之后沿海

---

① [美]薛君度:《黄兴与中国革命》，杨慎之译，长沙:湖南人民出版社，1980年版，第34—36页。
② 李吉奎:《杨衢云与近代中国民主革命》，《中山大学学报（社会科学版）》，1997年第6期，第98页。
③ 同上，第99页；李安山:《非洲华侨华人史》，第217—218页。

东进，直趋厦门。但起义因杨衢云的错判而告失败，杨衢云再次遭到清政府的通缉。然而，此次他并未选择出洋暂避，而是慨然道："男儿死则死矣，何避为。"① 清政府在得知杨衢云留在香港后，于1901年1月10日派凶手在其授课教室将其刺伤，次日宣布不治，年仅40岁。

关于杨衢云对于兴中会的贡献，似乎所知之人并不甚多，普遍认为孙中山是核心人物。正如有学者所认为的："虽然孙中山创立兴中会已为众所周知，但是，担任该会会长将近五年之久的杨衢云所起的重要作用，却极少受到注意。"② 但事实上，杨衢云的历史功绩是不能抹杀的，他组织了我国近代第一个研究西学的爱国学术团体——以"尽心爱国"为座右铭的辅仁文社。当他悉知兴中会的历史使命之后，便开始为之筹划、募捐、购械，并在东南亚、南非等地扩大了兴中会的影响。杨衢云从事革命活动的时间虽然很短，却是近代中国民主革命早期历史发展中的重要先驱。

（二）中南两国的"民间大使"苏华杰

在中非友好关系中，在非洲的汉民族作用不可忽视。特别值得一提的是移民南非的汉民族，自1994年新的南非共和国成立后，在台湾当局与南非有"外交"关系的复杂形势下，在南非的汉民族侨民积极活动，推进了南非与我国的正式建交。南非著名爱国华侨企业家苏华杰就是其中一例。

苏华杰，祖籍陕西，生于广东，早年在泰国创业，1975年到达南非，创办了南非祥发国际集团，是著名的南非爱国华侨企业家，南非南中贸易促进会会长。多年来，他致力于促进南中经贸、文化与社会等方面的交流，被称为"民间大使"。《世界华人名录》称他为"南中经贸合作第一人"。

对于中国和南非之间的贸易关系，苏华杰认为，两国必须以行动来促进中南经贸，而且自己必须身先力行。因此，在改革开放之初，

---

① 冯自由：《中华民国开国前革命史（上编）》，上海：中国文化服务社，1946年版，第126页。
② [美]薛君度：《黄兴与中国革命》，第37页。

他便到中国大陆开展进出口贸易，以经贸接触为切入点，充当了中南贸易的垦荒者。

1991年，中国外经贸部在他的帮助、策划下，在南非成立了"长城集团"。这是中国政府第一个在南非土地上注册的集团公司。1992年9月，苏华杰成为南非工商企业界第一位到中国投资的企业家，并先后在中国大陆设立了4个机构和11个企业，包括房地产、电子、广告、餐饮、物业管理、教育基金等。其中西安房地产从1996年至1998年连续三年被评为西安市纳税大户。他支持国内高等教育，捐款成立基金会；组织全体员工带头捐款救助失学儿童，全力支持中国对非洲问题的研究。

为了进一步促进中南贸易，把中国产品推向非洲，他在南非注册了南非华金国际集团，成为中国41家国有大型企业在南非及非洲的独家总代理。华金集团已成功地将多种中国产品打进非洲市场。其中中国镁锭和钨粉、氧化钼和钼铁、各类耐火砖等在南非市场占有很大的份额，取得了很好的业绩。2002年11月，苏华杰先生在香港注册了中国华杰国际投资集团有限公司，对环保、矿产品、航运、高新科技的6000多个项目进行了大量的调研，到2005年6月，已筛选出35个项目，7月向国务院有关部门递交了报告，在报告中建议用可降解材料取代塑料，消灭"白色污染"。中国国务院有关部门很快就下发了《关于同意中国华杰国际投资集团全额投资组建"中国(国际)环保包装及材料产业生产基地项目"的批复》。①

苏华杰对推进中南经贸关系所做出的贡献也赢得了南非各界的尊重。即使在中国和南非建交之前，每次苏华杰前往南非企业巨子——哥伦布不锈钢公司洽谈生意时，该公司都会为他的到来升起五星红旗，这在一个尚未与中国建交的国家是绝无仅有的。

苏华杰既是中南经贸合作的第一人，也是奔走于两国公共外交事业一线的企业家。在促进中国和南非贸易发展和中国南非建交过程中，

---

① 《苏华杰：中国和南非两国贸易往来的"民间大使"》，中国侨网，2005年12月27日，http://www.chinaqw.com/news/2005/1227/68/10839.shtml，2014年8月16日登录。

苏华杰做出了大量贡献。中南建交后，他更是投入大量时间和财力支持两国间的民间往来。仅建交前后的五年多中，他在南非接待了30多个中国高级别的代表团，精心安排约4000人次的咨询和访问。为中国了解南非、了解非洲，为发展中非人民的友好关系，为促进中国与南非、中国与非洲的政治、外交、经贸、文化、学术交流做了大量的工作。

四、汉民族移民对开发南非的贡献

汉民族移民南非对于当地的经济发展、政治格局变化、双边关系以及汉移民社会本身的影响都是不容忽视的。

早期的契约华工自1904年第一批被运往南非，到1910年南非殖民当局遣返几乎所有华工为止，虽然只有七年，但这些契约华工的到来却对南非社会的改变起到了重要的推动作用。

契约华工对南非的社会经济发展起到了重要的促进作用。契约华工制度兴起于西方资本主义上升发展时期，西方在海外拓殖以及奴隶贸易和奴隶制度的废止构成了对劳动力的极大需求，在这一背景下，契约华工及时补充了世界各地经济发展所需要的劳动力，促进了当地生产力的发展，开发了当地经济，为西方资本主义的繁荣和发展做出了重要贡献。就南非而言，契约华工的到来使兰德的矿业获得迅速的发展。以1898年英布战争前矿业最为发达的一年作为比较对象，1905年矿地雇工增加了77.15%，矿产价值也由1898年的84775000美元增加到115720000美元，增幅达到36.63%。[①] 与1904年上半年相比，1905年兰德的矿井数目增加了1500个，生产价值增加了23247825美元。[②] 他们在金矿的辛勤开拓将约翰内斯堡及周围地区由莽莽野林变成了世界上最大的黄金产地和南非的经济中心，在1904至1906的两年间，使得南非金矿的矿产值升居世界第一。英国政府认为"华工在南非采矿业

---

① 张芝联：《1904—1910年南非英属德兰斯瓦尔招用华工事件的真相》，《北京大学学报》，1956年第3期，第91页。

② 同上，第92页。

最困难的时期做出了贡献"。①

近代之后汉民族移民对南非的贡献也主要体现在经济方面。总的来收,近代之后非洲华人的经济呈稳步发展态势,华人经济的发展首先是对南非的贡献,其次才是对其祖国和家乡的贡献。与其他非洲国家相比,南非情况比较特殊,因为多年来南非实行种族歧视政策,对汉民族移民的经济发展有所阻碍。然而,汉民族移民却想方设法在夹缝中求生存求发展,并且取得了相当不错的成绩。南非华人中有大约四分之一的人口年收入超过12000兰德,76.4%的人口年收入超过6000兰德,基本属于富裕阶层。②

五、南非汉民族移民的特点

与其他大洲的许多国家相比,汉民族移民南非的时间较短,移民人口数量也较少。早期韩非汉移民与前往其他英国殖民地的汉民族经历相似,均始于契约工,但由于南非的英国殖民政府已经吸取了美国和加拿大劳工输入过程中的一些经验教训,因此,在对汉民族契约劳工的管理方面相对而言制度更加完善,管理更为严格。由于南非发展历史中相当长的时间实行种族隔离政策,在南非的汉民族移民也受到该政策的影响,无法享有平等的公民权利,这也是诸如美国和澳大利亚等种族主义政策曾经盛行一时的国家所共有的特点。

改革开放后,汉民族移民南非呈现出一些传统移民国家所没有的特点。非洲并不是中国移民传统的移民目的地,但是,就新移民而言,南非却是大陆新移民的主要移民目标国家之一。近些年来,大陆新移民数量迅速增长,从1994年的7000多人增加到2010年的近10万人,这充分表明了汉民族移民对该国的青睐。然而,与其他一些国家,如欧美和东南亚国家相比,南非对汉民族移民的吸引力更多的是遍地的

---

① 桑艳东:《契约华工在南非(1904—1910)——兼论南非华、印侨工之比较》,《华侨华人历史研究》,2001年第1期,第63页。

② 李安山:《非洲华侨华人史》,第480页;Linda Human, *The Chinese People in South Africa: Freewheeling on the Fringe*, Pretoria: University of South Africa, 1984, pp. 52-55。

商机，而非其他政治、文化和社会因素，因此，南非的许多汉民族移民并不想"落地生根"，他们在该国的生存和发展始终处于矛盾的情感之中。短暂居留的心态也使他们采取了不同于赴他国移民的文化适应策略。① 汉民族移民在居住模式、社会交往、婚姻择偶等方面仍然局限于华人族群。正如陈凤兰在南非进行田野调查时受访者所说的"南非毕竟不是我们中国人的地方，这里只是工作、挣钱的地方而已。"② 因此南非的汉民族移民虽然人口总数不算少，但目前基本还处在边缘地位。

第三节 毛里求斯的汉民族移民

一、毛里求斯汉民族移民概况

毛里求斯共和国位于非洲大陆以东、印度洋西南部，包括本岛及罗德里格岛、圣布兰登群岛、阿加莱加群岛、查戈斯群岛（现由英国管辖）和特罗姆兰岛（现由法国管辖）等属岛，面积2040平方公里（包括属岛面积175平方公里）。③ 至2016年7月1日，约1263747人，主要由印度和巴基斯坦裔、克里奥尔人（欧洲人和非洲人混血）、华裔和欧洲裔组成。④ 2010年毛里求斯共有华侨华人约4万人，其中华侨约3万人，华人约1万人，其中中国大陆新移民约1万人。⑤ 他们半数以上都居住在首都路易港。在老侨中，梅州籍移民约占90%，南顺人约占

---

① Edna Bonacich, "A Theory of Middleman Minorities", in Norman R. Yetman & C. Hoy Steele eds., *Majority and Minority*, Boston: Allyn and Bacon, Inc., 1982, pp. 270-281.

② 陈凤兰：《文化冲突与跨国迁移群体的适应策略——以南非中国新移民群体为例》，《华侨华人历史研究》，2011年第3期，第48页。

③ 《毛里求斯国家概况》，中华人民共和国外交部网站，2014年3月，http://www.fmprc.gov.cn/mfa_chn/gjhdq_603914/gj_603916/fz_605026/1206_605874/，2015年1月29日登录。

④ Statistics Mauritius, "Population and Vital Statistics, Jan–Jun 2016", August 2016, http://statsmauritius.govmu.org/English/Publications/Pages/Pop-and-Vital_Stats_Jan-Jun16.aspx, 2016-10-01.

⑤ 华侨华人蓝皮书编委会、王志章执笔：《全球华侨华人：中国国家软实力建设中一支不可或缺的力量》，载丘进主编：《华侨华人研究报告（2012）》，第11页。

10%，大多已加入毛里求斯国籍。最早来毛里求斯的汉移民为福建人，其次是南海顺德人，最后是客家人。但随着历史的发展，福建移民越来越少，南海顺德人多移民去了马达加斯加，客家人最终占了该国汉民族移民人口的绝大多数。① 近十多年来中国内地的新移民多来浙江。此外，也有许多来自中国香港、中国台湾和东南亚的汉民族移民毛里求斯投资办厂，他们多为投资移民。

毛里求斯现有华人社团共100多个，各种类型的社团均有较长的发展历史。目前共有同乡社团、宗亲社团、综合性社团、文化教育社团、妇女社团和宗教团体等六类社团。

同乡社团以地域和方言区为依托，主要包括毛里求斯最有影响力的华人社团仁和会馆、南顺会馆、客属会馆以及一些以商务为主形成的同乡社团，如嘉应馆、高阳馆、岭南馆、梅江馆等。其中历史最悠久的是南顺会馆，成立于1859年，主要由顺德、南海籍移民组成，目前会员有3000多人，它也是毛里求斯华人社团中产业最多的一个组织。② 宗亲社团在各种社团中数量最多，他们除主持春秋二祭外，也捐款救济贫苦族人，并组织联谊活动。影响力比较大的宗亲社团包括陇西堂李氏宗亲会、林氏集义会（林家馆）和吴氏自治会等。综合性社团的职能比较多元，涉及商务、社会福利、文化教育，甚至领事和调停。其中有影响力的包括成立于1908年的华商总会、③ 华人社团联合会、华谊会以及晚近成立的毛华协会等。其中华人社团联合会成立于1988年，最初是由18个华人社团经过民主协商联合组成。文化教育社团主要包括毛里求斯华侨书报社，这也是该国历史较久的一个社团，成立于1926年。此外还有新华学校董事会、毛里求斯中国文化中心、中华文化中心、新中校友会、新中同学会等。不同的文化教育社团通过组织各种活动、开办学校等方式研究文化事业、传播中华文化、对于构建中国文化软实力起到了重要作用。妇女社团主要包括华人妇女

---

① 石沧金:《衰微中的坚持与努力——毛里求斯华人社会发展动态考察与分析》,《东南亚研究》,2014年第1期，第91页。

② 同上，第93页。

③ 华商总会成立之初名为华商公所，是为维护当时已在毛里求斯商界崛起的华商利益而成立。

联合会、冰威廉妇联会和华光妇女联合会。这些女性组织的宗旨主要在于保护妇女权利、谋求妇女福利，同时也参与华人社会福利救济公益事业。宗教团体中较为重要的有关帝庙董事会、华人天主教会、明德中心、华人基督教会、新老仁和会馆神场以及南顺会馆属下天后庙、诚正佛堂、德佛堂、天坛、创道佛堂以及观音莲社等等。这些宗教团体为汉民族文化传统在毛里求斯的继承和发扬起到了重要的维系和推动作用。①

尽管目前毛里求斯的华人社团有100多个，但真正活跃而又有重要影响力的大概有只有8个，包括：华人社团联合会、仁和会馆、南顺会馆、华商经贸联合会、华联俱乐部、客属会馆、新中校友会和毛中友好文化协会。②它们对于团结华侨华人，弘扬中华文化，融入主流社会，促进两国人民友谊等方面做出了重要贡献。

毛里求斯的汉民族移民非常重视教育事业，当地的华文教育始于20世纪初期。1911年，一些客籍华侨从广东梅县请来一位教师，开始开办华文私塾。③1912年由客家人创办了"读唐书"的新华学校，这不仅是非洲第一所全日制华文学校，也是非洲规模最大的华文学校之一，曾有学生上千人。目前该校主要开办周末补习班，是毛里求斯规模最大的周末中文学校，2012年曾入选国务院侨100所海外华人教育示范学校。④到20世纪20年代，当地又建立了一批华人学校，对学生进行孙中山的"三民主义"教育。与此同时，随着广府人（主要包括来自广东省南海、顺德及其附近区县的人）人口的增多，他们也开始筹建自己的学校。1928年，培英学校为广府人所建立。20世纪60年代初，毛里求斯共有10所华文学校，其中新华中学和中华中学在当地影响力颇大。⑤2004年，毛里求斯政府采取了一项新的教育改革方案，将包括汉语在内的东方语言考试成绩纳入小学六年级的考试总分。这无

---

① 林金枝：《毛里求斯的华人社团》，《八桂侨史》，1995年第2期，第37—40页。
② 石沧金：《衰微中的坚持与努力——毛里求斯华人社会发展动态考察与分析》，第94页。
③ 同上，第95页。
④ 《中国驻毛里求斯大使出席新华学校成立100周年活动》，新华网，2012年9月11日，http://news.xinhuanet.com/overseas/2012-09/11/c_123700510.htm，2015年1月29日登录。
⑤ 许永璋：《毛里求斯的华工和华侨》，《河南大学学报（社会科学版）》，1993年第1期，第94页。

疑极大地促进了当地的华文教育。2014年初，毛里求斯共有23所小学和10所中学开设汉语课程，中国文化中心还设有5个汉语班，[①]另有三所社团开办的汉语补习学校，即新华学校、华夏学校（毛里求斯中文教师联合会创办）和光明学校（前新华学校校长林碧芳创办）。[②]毛里求斯政府的教育政策和中国经济、文化影响力的增加在过去十几年间促进了华文教育的发展，这些学校和补习班为当地的华人和毛里求斯人提供了学习汉语和中华文化的机会，也为传播中国文化起到了一定的作用。

毛里求斯的华文媒体主要在报业领域比较活跃。第一份华人报纸《毛里求斯华文报》创刊于1895年，用中文发行，它不仅是毛里求斯最早的华人报纸，同时也是非洲最早的华人报纸。随着毛里求斯华人在当地逐步站稳脚跟，他们又陆续开办了《中华日报》、《中央日报》、《华侨商报》、《华侨时报》、《新商报》、《镜报》、《华声报》等等。这些报纸媒体在过去一个世纪中也历经艰辛，目前仅剩下三家华文报纸，即《中华日报》、《华侨时报》和《华声报》。这三家华文报纸目前也面临着较大困境，主要原因是在毛里求斯的华人人口本身就较少，在这4万人中能够看懂中文的又只有几千人。[③]三家报纸能在受众数量如此之小的市场中发展确实有些举步维艰。

二、汉民族移民毛里求斯的历史分期

（一）汉民族移民毛里求斯的开端（1760年至1904年）

与非洲大陆许多国家和地区一样，毛里求斯的发展历史也充斥着

---

① 毛里求斯的中国文化中心成立于1988年，是中国文化部在海外建立的第一个中国文化中心。
② 石沧金：《衰微中的坚持与努力——毛里求斯华人社会发展动态考察与分析》，第95页。
③ 杨茸：《非洲华文媒体的现状及发展态势——以毛里求斯华文媒体的发展和前瞻为例》，载世界华文传媒论坛组委会：《国际话语体系中的海外华文媒体——第六届世界华文传媒论坛论文集》，香港：中国新闻出版社，2011年版，第360页。

汉移民的身影。早期的移民也几乎都是契约劳工。①

1715年，法国殖民者占领毛里求斯岛，并将这一用荷兰王子莫里斯的名字命名的岛更名为"法兰西岛"。1760年，法国人将英法战争期间被法国作为人质从东南亚地区掠来的约300名华人运到毛里求斯，并强迫他们在种植园劳动。法国人原想迫使他们从事农业生产，但这些早期强制移民以经营商业不谙农事为由，拒绝合作，法国人只好于次年将他们遣返。1762年，法国人又直接从中国运来一批华工。1783年，有132人由广州被招募运到非洲毛里求斯岛，是为到非洲最早的一批广府华侨，其中有鞋匠、铁匠、木匠、裁缝师共19名技工。在18世纪80年代，法国不断从中国运送劳工到毛里求斯。在广州代为毛里求斯招工的法商夏尔·德斯坦曾提到，1783年开往法兰西岛的英国、丹麦和法国的船上，有3000多名中国人。②

在英法战争中，英军于1810年占领毛里求斯，1814年的巴黎条约将该到正式划为英国殖民地。在东南亚担任过英国驻扎官的法夸尔被任命为毛里求斯第一任总督。基于在东南亚的殖民经验，他认为华人在开发殖民地过程中通常可以扮演极为重要的角色，因此他极力主张从中国引进劳工，并提出了一些稳定华人移民的政策，其中包括制定适用于华人移民的法律，以能吸引华人移民，并留住他们。1817年，毛里求斯的路易港已经有一个面积不是很大的被称为"中国村"的居民区，当地的华人领袖福建华侨陆才新已开始在此定居，并建立了一些商店。③但是在当时，清政府对中国人出洋的做法仍持坚决的反对态度。然而，到了19世纪20年代，毛里求斯岛上甘蔗种植园业和制糖工业的发展迫切需要大量的廉价劳动力，而废除奴隶贸易和奴隶制威胁着甘蔗种植园的发展。1821年，陆才新由当地殖民政府总督授权，到广州招募华工，后由广肇会馆、嘉应会馆先后担保推荐一批人赴毛里

---

① 关于早期毛里求斯汉移民的性质，中外学者有不同意见。美国学者莱利·鲍曼（Larry Bowman）认为华人史作为自由移民来到毛里求斯的，只用印度移民是契约劳工。英国学者菲利普·斯诺（Philip Snow）也持相同意见。但北京大学的李安山教授认为早期来到毛里求斯的华人几乎全部是契约劳工。

② 李卓凡：《西印度洋华侨史》，1981年，转引自方积根编：《非洲华侨史资料选辑》，第121页。

③ 李安山：《非洲华侨华人史》，第134页。

求斯开发。①他于1826年12月3日返回毛里求斯，带回5名中国人，他们的名字是黄宝（Whampoo）、韩凯（Hankee）、恩格银（Nghien）、哈克金（Hakhim）和阿兴（Ahim）。②

1829年，英国驻毛里求斯殖民政府引进了第一批契约劳工，共400名华工和500名印度工人。然而，他们在毛里求斯受到了极不人道的待遇，有的雇主不履行契约规定的义务，有的对华工进行虐待，这引起了华工的持续反抗，包括罢工、消极怠工、从种植园逃跑等等方式，最终迫使殖民地政府将他们遣返回国，而所需费用均由种植园主承担。这使种植园主在随后的十年里对使用契约华工失去了兴趣。1840年，由于印度政府对招募方式不满意，停止了向毛里求斯输出契约劳工。种植园主只好再次赴东南亚招募华工。1840年10月至1843年7月，毛里求斯种植园主到新加坡和槟榔屿招募约3000名华工回毛岛，大多是马来半岛的粤、闽籍华工，到达路易港后，大部分被分配到造船厂和码头当工人。③

从1760年华工第一次来到毛里求斯至1800年，共有约5000名契约华工到毛岛，占到至非洲华工人数的83%。从1801年至1850年间，毛里求斯从加尔各答、新加坡等地共招募了契约华工约12000名，占赴非华工总人数的70.6%。华工成为毛里求斯岛所招农业工人的主要成分。④

然而，自此之后，在非洲其他殖民地开始大量接纳契约华工之时，殖民者的代理商由于难以找到所需的妇女份额，最后逐渐停止了对于华工的招聘工作。之后的汉民族移民逐渐变为以自由移民为主体。

（二）自由移民时期（1860年至1949年）

虽然移民毛里求斯的契约华工人数锐减，但是汉民族自由移民的数量从19世纪60年代开始却大量增加，其主要原因是清政府移民政策和毛里求斯英国殖民政府移民政策所进行的调整。

---

① 龚伯洪编著：《广府华侨华人史》，第33页。
② 李安山：《非洲华侨华人史》，第134页。
③ 龚伯洪编著：《广府华侨华人史》，第33页。
④ 李安山：《非洲华侨华人史》，第121页。

1859年起，广州地方官员发布公告，允许外国人招募契约华工，从1860年起，中国人出海移民至其他国家和地区已经合法化。再加之19世纪60年代之后中国国内，尤其是南部地区局势混乱，大批难民涌向国外，由此出现了清末华人移民海外的高潮期，移民非洲的人数也呈上升趋势。

在毛里求斯，1877年，殖民政府取消外国移民入境须事先经过批准的规定，由此大批汉民族移民开始迁入。1871年毛里求斯的华人为2284人，1881年则达到3549人。①自由移民的大规模到来为自身的就业带来了困难，19世纪70年代恰恰又是南非金矿被发现的年代，因此，一些移民至毛里求斯但又难于找到工作的汉民族移民又转道移民到了南非德兰士瓦或其他临近岛屿。

这些早期赴毛里求斯的汉民族自由移民，连同那些契约期满但不愿回国的华工，慢慢在首都路易港定居下来，靠自己的辛勤劳动和克勤克俭积累资本，开始从事小规模的经商活动。毛里求斯最早的华人领袖陆才新、将毕生精力贡献给当地华人福利事业的亚方·唐文（Affen Tank Wen）经历的创业历程也大致如此。

到19世纪末，汉移民在商界的实力已经十分明显，700名中国零售商控制了食品商业，为当时的37.1万名居民服务。1901年，毛里求斯的华人共3515人，其中2858人从事经商活动，占总人口的81.3%。毛里求斯的85家大商号中，有5家是华人商号。②1901至1910十年间，毛里求斯从中国大陆和香港的进口总额达到1610828卢比。③

20世纪上半叶是汉民族自由移民赴非洲人口增长较快的时期，其中毛里求斯的华人人口增长最快，每年增加200人左右。④商业仍在他们所从事的职业中占有相当重要的位置，但是，相对于移民其他非洲国家的汉民族来说，该国从事商业的汉民族人口在20世纪上半叶呈逐渐下降趋势。到1921年，毛里求斯的华商占华人的比例由1901年的

---

① 李安山：《非洲华侨华人史》，第132页。
② 同上，第144页。
③ 方积根编：《非洲华侨史资料选辑》，第128页。
④ 李安山：《非洲华侨华人史》，第248页。

81.3%下降到了56%，1929年为41.7%，1931年为41.1%，到1944年，该比例下降到了33.2%。① 在此，我们需要将毛里求斯的汉移民放到国际移民研究的背景，以有效解释这一现象产生的原因。

毛里求斯从殖民地时期开始，便是以甘蔗种植和蔗糖生产为重要的经济支柱，这一产业的发展状况直接影响着当地汉民族移民的生存和商业运行状况。在19世纪中叶，毛里求斯基本上确定了自己在国际蔗糖市场上的地位。第一次世界大战将生产甜菜的欧洲地区沦为泥沼，蔗糖在国际市场上的价格一路飙升。毛里求斯虽然蔗糖业技术落后，但在国际市场上仍然能维持较高的份额。然而，战后不久的经济危机为该国的蔗糖业带来了灾难性的打击，20世纪30年代中期，该国的经济已经衰退了75年。② 正是由于国际经济危机的影响，生活在毛里求斯的汉民族移民才在20世纪上半叶也度过了较为艰难的发展时期。

（三）二战之后及毛里求斯新移民

二战之后的几十年中，汉民族移民非洲的人口数量呈上升趋势，进入毛里求斯的汉民族移民人口也比较多。该国华人人口由1944年的9701人上升到1952年的16459人，仅八年就增长了近7000人，到1972年，华人人口总数达到22817人。之后，华人人口总数稳定上升，1976年开始突破30000人，③ 1996年突破40000人，目前维持在40000人左右。④

虽然20世纪上半叶的汉民族移民在毛里求斯的商业发展受到经济危机的冲击，但经商仍是该国华人的传统职业。20世纪50年代至60年代，该国的汉民族集中于服务业，如开设餐馆等。由于移民成分和背景的逐渐多元化以及全球贸易的发展，该国汉民族移民的职业也逐渐实现了多元化。除经商之外，毛里求斯的华人还开设工厂，其中在

---

① 李安山：《非洲华侨华人史》，第255页。
② Larry W. Bowman, *Mauritius, Democracy and Development in the Indian Ocean*, Colorado: Westview Press, 1991, p. 26.
③ 其中只有1983年华人人口总数又跌至3万以下，为28039人。
④ 李安山：《非洲华侨华人史》，第564页。

五六十年代主要集中于大型酒厂，生产以蔗糖为原料的朗姆酒。当时该国的大型酒厂有12家，其中有11家为华人开设。此外，华人经营的工厂还生产其他产品，如火柴、胶鞋、肥皂、木器等。①

20世纪70年代中国香港和中国台湾赴非洲国家的投资移民数量大大增加。与此同时，毛里求斯政府开始调整经济结构，决定发展以出口为导向的工业，以增加外汇收入，同时增加工人的就业机会。在内外两种力量的共同作用下，20世纪70年代之后该国的华人在出口工业方面有了较大的发展。毛里求斯政府建立了一个工业自由区，它是一个出口加工区，政府辅之以政策优惠，如在租地期限、申请手续、利润免税、免除配额、关税优惠、申请入籍等等。这为华人在出口工业方面的发展提供了很好的契机。他们先后在加工区创立了纺织、成衣、化妆品、罐头食品、糖果饼干、塑胶等工厂，多达30余家。20世纪90年代在工业上的投资达到50亿卢比。工业自由区的设立使原来只有单一蔗糖农产品出口的毛里求斯又增加了60%的工业制成品出口。②这些政策反过来也大大刺激了香港地区、东南亚和台湾地区华商的投资。到20世纪90年代，在毛里求斯的华人工业已逐渐发展成两部分，一部分是传统工业，如肥皂、火柴、牙膏、蜡烛、饼干、酿酒等工业，共有60多家。另一部分是新兴工业，如电子、电器、纺织、成衣等，约有20多家。

毛里求斯政府从20世纪70年代开始实行的多元化产业政策。经过30年的发展，逐步形成糖业、出口加工业、旅游业和金融服务业四大经济支柱，实现了经济快速发展，被誉为"毛里求斯奇迹"。在世界经济论坛2013—2014年"全球竞争力排名"中，毛里求斯位居148个经济体中的第45位，在非洲国家中排名首位，超过南非（第53位）。③

中国与该国建交以来，中毛经济技术合作与经贸往来持续发展。两国政府签有税收协定及其议定书、经济技术合作协定等，并于1985年成立经济、技术和贸易合作混合委员会。2011年，中毛贸易总额

---

① 萧次尹：《非洲华侨经济》，台北：海外出版社，1956年版，第103—111页。
② 李安山：《非洲华侨华人史》，第486页。
③ 《毛里求斯国家概况》，中华人民共和国外交部网站。

为6.31亿美元,同比增长24.6%,其中中方出口6.2亿美元,同比增长24.9%,进口0.11亿美元,同比增长10.6%。① 这些均为毛里求斯汉移民的发展提供了良好的外部环境和机遇。

三、汉民族移民毛里求斯的杰出人物——朱梅麟

朱梅麟(Moilin Jean Ah-Chuen,1911—1991),祖籍广东梅县,毛里求斯第二代汉民族移民,其父于1870年从梅县来到毛里求斯定居。朱梅麟31岁当选为毛里求斯华商总会主席,是毛里求斯的华人巨商,在华人中享有很高的威望。1941年太平洋战胜爆发后,同盟国在印度洋的唯一前哨阵地毛里求斯直接受到日本的威胁,那里的汉民族移民奋起保卫自己的家园。在朱梅麟的倡议下,当地汉民族移民建立了一支自卫队,名为"华人保家大队",后即编入国家正规部队。与此同时,为援助中国政府抗击日本侵略者,汉民族移民募集资金,购买军械,援助给中国。朱梅麟被任命为华人抵抗基金会主席。② 此时,毛里求斯政府认识到了朱梅麟的领导才能,于是特别任命他为"供应委员会"成员。时值日本海军对毛里求斯实行封锁,"供应委员会"负责计划岛上居民的供应,涉及大家的衣食供给,事关重大。在华人商会和商店的大力协助下,居民的供给工作组织得非常成功。朱梅麟同时还是"战时委员会"的成员。

战争结束后,由于毛里求斯人民在反法西斯战争中表现英勇顽强,再加之国际上民族独立运动高涨,英国政府不得不给予毛里求斯更多的自由,殖民地机构也因此得以变革,这为汉民族移民的参政议政提供了机会。1948年,朱梅麟作为华人社会的代表成为立法议会的议员,正式开始了政治生涯。1953年,他第二次被任命为立法议会议员,1959年再次连任。作为汉民族移民,朱梅麟也为当地的华人社会能够在议会中保持相当的代表权做出了重大贡献。通过他的不懈努力,最

---

① 《中国同毛里求斯的关系》,中华人民共和国外交部网站,2014年3月,http://www.fmprc.gov.cn/mfa_chn/gjhdq_603914/gj_603916/fz_605026/1206_605874/xgxw_605880/,2015年1月27日登录。

② 方积根编:《非洲华侨史资料选辑》,第325—326页。

终毛里求斯岛被划分为40个选区,每个社团因此都有机会在议会中有适当的代表。1963年,他以中毛团结为旗帜,参加了路易港海滨区的竞选活动,并获得了成功。1967年,他在路易港东区和滨海区组成的大选区重新当选。在选举后产生的民族团结政府内,朱梅麟被任命为地区管理部长,直到1976年卸任。① 在经济发展方面,他积极建言毛里求斯政府摆脱单一经济限制,发展多种经济,为毛里求斯当今的经济发展规划作出了重大贡献。

朱梅麟于1991年去世,享年82岁。毛里求斯政府为感念他为推动民主、发展经济作出的贡献,特于1998年发行印有朱梅麟头像的25卢比钞票,以示纪念。

四、汉民族移民与毛里求斯的经济社会发展

同许多赴其他国家的汉民族移民一样,毛里求斯的汉民族移民在开发毛里求斯的过程中起到了重要的作用。

19世纪,毛里求斯的甘蔗种植园和糖业生产发展迅速,在此过程中,中国的契约劳工是主要的劳动力。正如英国总督法夸尔所说:"我们是中国移民的主要既得利益者。"② 这些契约劳工在期满后,有的选择回到新加坡、槟榔屿等他们原来侨居的地方,有的选择到留尼汪、马达加斯加或南非等地谋生,有的选择留在毛里求斯,继续做工或从事其他职业。为了留住中国劳工,法夸尔还采取了一些措施来留住中国契约工人,其中包括提供修建庙宇的土地、建医院、修公墓以及倡导宗教信仰自由等等。③

在自由移民时期,毛里求斯的汉民族移民为当地的商业发展和人民生活的便利和改善起到了不可或缺的作用。他们工作勤奋,彼此之间紧密合作。在自由移民的早期,他们大多数都是只有少量资本的小

---

① 董悦华:《1910年以来的非洲华人及其与中国的关系》,《山东师大学报(社会科学版)》,1994年第2期,第50页。
② 方积根编:《非洲华侨史资料选辑》,第122页。
③ 同上,第122页。

商人，只能通过勤俭节约、精打细算和勤勉的工作才能维持生计。但是，他们的商业活动却为当地居民提供了便利条件。正如一名英国议员在19世纪晚期所说的："凡是你看到有克里奥人通过的地方，你一定会看到那儿有一家华人商店。"① "哪里出现新的居民区，中国人就到哪里，把日用品带给当地居民。"② 他们经营面包、米、食用油等等生活必需品，当地居民的日常生活已离不开华侨商人。

除从事商业活动之外，一些汉民族移民还供职于当地政府和社会团体，或从事医生、律师等职业，或从事金融、传媒、制造业以及高端产业。许多移民因在该国的贡献而获得毛里求斯政府和社会的认可。1925年，华人陈金开办了"圣路易工厂"，他在当地第一个尝试用香蕉和其他本地水果酿酒，经过多次试验，获得了成功，他的酒在当地广受欢迎。③ 1981年，毛里求斯《周末报》连载了专题文章，其中写道"自从独立以来，华人在工业方面的贡献是决定性的。我们可以举爱德华·林发教授的突出贡献为例，他是自由贸易区的主要发起人之一。在科学方面，毛里求斯大学的青年研究人员，其中有让·克洛德·李遂芳，对我国的能源研究取得了可喜的成果。另外一些人对建筑学做出了他们的贡献（研究适合毛里求斯情况的建筑艺术），对地区合作等方面也做出了他们的贡献。"④

由于汉民族移民的商业活动，他们也为国家缴纳了大量的营业税，为该国的财政收入贡献了力量。此外，由于毛里求斯早期汉移民有许多来自于东南亚国家，留下来的早期移民及其后裔与东南亚还有千丝万缕的联系，因此，在毛里求斯同东南亚一些国家的商业和经济合作方面，汉民族移民也起着十分重要的作用。也正是由于他们的独特贡献，汉民族移民在倡导多元文化的毛里求斯得到了应有的重视和尊重，华人的社会地位也在逐步提高。春节已成为毛里求斯的法定节假日，该国25卢比的钞票成面所印肖像也是客家人朱梅麟。此外，为了表示

---

① 方积根编：《非洲华侨史资料选辑》，第129页。
② 同上，第128页。
③ 许永璋：《毛里求斯的华工和华侨》，第94页。
④ 方积根编：《非洲华侨史资料选辑》，第53页。

对华人的重视，毛里求斯每届政府都保留一个部长职位给华人，如朱梅麟曾任地方行政部长，李国华曾任旅游部长、钟律芳曾任司法部长，曾繁兴曾任文化部长，邓学升曾任青年和体育部长，他也是2006年出席中非合作论坛北京峰会的48个非洲国家代表中唯一一位华人部长，现任旅游和休闲部部长的杨尊绍也是汉民族移民。

2013年，毛里求斯政府通过其官方渠道对外公开推出了新五年投资蓝图，即《2013—2017公共部门投资规划》（Public Sector Investment Programme 2013-2017/PSIP），勾画了接下来的五年内国家不同部门、行业发展的政策框架，提出了经济、社会基础建设的关键需求。根据该规划，部分在建项目、前期政府批准的新建项目和拟议中的项目均列入其中，预计总投资将达2140亿卢比（约合71亿美元），其中未来五年公共部门估计需要投资1390亿卢比（约46亿美元）。而占规划总投资80%的份额将用于三个主要领域，分别为经济事务（道路、港口、机场和能源）、民生事业（水务项目为主）及可持续毛岛建设（环保和污水处理）。这无疑为中国企业和公司在毛里求斯发展的良好机遇。中国承包工程公司进入毛里求斯市场逾二十多年历史，为促进当地基础设施建设和就业做出了贡献。虽然该国市场有限，但随着此类投资规划付诸实施，其中涌现出的新的机遇也将呈现在中国企业和移民的面前。①

五、汉民族移民毛里求斯的特点

从移民的总体进程来看，汉民族移民毛里求斯与汉民族移民其他非洲国家，甚至世界其他国家的历史进程有许多相似之处，但又有其特殊之处。

毛里求斯的汉民族移民始于契约华工，之后经历了自由移民等不同时期，国际形势、中国的国内局势等等也从多个方面影响着汉民族移民毛里求斯的历史。但是，由于毛里求斯国土面积小等原因，与许

---

① 《毛政府新五年投资规划为我承包工程提供机遇》，中华人民共和国驻毛里求斯共和国大使馆网站，2013年5月7日，http://mu.mofcom.gov.cn/article/ztdy/201305/20130500117256.shtml，2015年1月31日登录。

多其他国家相比,该国的汉民族移民数量基本保持相对稳定状态,有些年份呈下降趋势,在毛里求斯的华人社团也趋于萎缩,包括在当地影响力较大的客家文化也正在逐渐衰落。其主要原因一方面是因为毛里求斯的华侨华人文化和血缘已高度本地化,另一方面,华人人口也大量外迁至非洲其他国家或西方国家。

2013年8月29日,中国和毛里求斯签订《中华人民共和国政府和毛里求斯共和国政府关于互免签证的协定》,并于当年10月31日正式生效。根据协定,缔约一方持本国有效护照的公民,在缔约另一方入境、处境或者过境,停留不超过30天的,免办签证。[①] 这一协定大大便利了中国游客去往毛里求斯。根据毛里求斯统计局公布的数据,2014年1月毛里求斯累计接待国外游客约9.6万人,其中中国游客超过6700人,同比增长298.7%,超过南非成为该国第三大游客来源国。[②] 2015年,毛里求斯累计接待外国游客115.17万人次,其中来自中国大陆游客8.96万人次,同比增长41.4%。根据毛里求斯国家统计局2016年9月公布的数据,2015年9月至2016年9月期间,中国在102个游客来源国家和地区中排名第六。[③] 但是,游客的到来并不十分有助于当地华人移民和移民社团的发展,更何况毛里求斯面积较小,虽然政府倡导多元文化,但华人的大规模涌入估计也不会受到当地人的欢迎,而如果没有大规模新移民的加入,该国的华人社会仍将持续衰微。其进一步的发展结果或许就是更多的汉民族移民从毛里求斯再次移民到其他国家。

[①] 《中国政府与毛里求斯政府签署互免签证协定》,中华人民共和国驻毛里求斯共和国大使馆网站,2013年9月3日,http://www.ambchine.mu/chn/xwdt/t1072365.htm,2014年7月8日登录。

[②] 《今年一月中国赴毛岛旅客人数增长近3倍》,中华人民共和国驻毛里求斯共和国大使馆网站,2014年2月14日,http://mu.mofcom.gov.cn/article/jmxw/201402/20140200488612.shtml,2014年12月26日登录。

[③] 此处的数据以及排名仅指中国大陆,因为毛里求斯国家统计局的统计数据中是将大陆、香港特别行政区和台湾分别进行统计。就2016年9月公布的游客来源国排名而言,台湾排名第46,香港排名第50。Statistics Mauritius, "Monthly Tourism Statistics, September 2016", http://statsmauritius.govmu.org/English/Publications/Pages/Monthly-Tourist-Arrival.aspx, 2016-10-10.

第四节　小结

就汉民族移民非洲的而言，总体来看，其移民历史的发展经历了强制移民、契约华工、自由移民和新移民四个发展时期。虽然与其他一些大洲、国家和地区相比，汉民族移民非洲的规模不大，但从17世纪起到现在未曾中断过。而在清政府被推翻后，在整个20世纪，可以说中国与非洲的关系最为特殊，因为这好似一个中国与非洲共命运的世纪，中国和非洲都经历了列强的入侵、瓜分、独立、社会巨变、民族复兴和国家建设。在此期间移民非洲的汉民族与非洲当地的关系友好，一是由于在历史上中国未曾对非洲进行过殖民侵略，非但如此，中国还曾坚定不移地支持非洲的民族解放运动和国家独立斗争。非洲许多国家独立后也接受过中国长期、大量的无偿援助，这为双方维持比较长久的友好关系打下了坚实的基础。与此同时，在非洲的汉民族，无论是投资移民还是劳工移民都对非洲的发展和双边友好关系的发展起到了良好的推动作用。

中国实行改革开放以来，社会迅速发展，在对外交往方面同非洲一直保持着非常好的友好合作关系。2006年1月《中国对非洲政策文件》的发表更是标志着21世纪中国对非政策的日渐成熟。自2009年中国超过美国成为非洲最大的贸易伙伴以来，双边贸易屡创新高，人员往来日益频繁。2014年5月，李克强总理对埃塞俄比亚、尼日利亚、安哥拉和肯尼亚四国进行了正式友好访问。期间，李克强总理在非盟总部发表演讲时提出了"461"中非合作新框架，即以坚持平等相待、团结互信、包容发展、创新合作四项原则为基础，推进产业合作、金融合作、减贫合作、生态环保合作、人文交流合作、和平安全合作等六大工程为目标，并完善中非合作论坛重要平台，打造中非合作升级版。这些在非洲的大手笔在学界掀起了进行非洲研究的新浪潮。

在中非发展的新时期，汉民族新移民也大量移民非洲，他们移民的目的单一。一部分新移民并不想到非洲落地生根，而是希望能够在非洲有所发展，之后回国能有更好的生活。另一些新移民赴非是希望充分利用当地的发展空间，至于最终是否会选择定居，需要看情势而定，包括当地的政治、经济和社会状况，以及中非政治、贸易等关系的整体态势。此外，新移民的来源地也较之前更为广泛。除中国的沿海省份，尤其是广东、福建和浙江等中国国际移民的主要地区之外，其他省份，如山东、河北、河南、湖北、湖南、辽宁、江西等也有大量新移民移居非洲。此外，还有一些已经移民欧洲或非洲国家的汉民族在原居住国因各种原因无法按原定计划继续生活，因此选择移民到非洲国家，或从非洲的某个国家移民至非洲另外的国家。①

---

① 李鹏涛:《中非关系的发展与非洲中国新移民》，第26页。

第7章

拉丁美洲的汉民族移民

第一节 拉丁美洲汉民族移民概况

拉丁美洲全称拉丁亚美利加州，由墨西哥、大部分的中美洲、南美洲以及西印度群岛组成。拉丁美洲是美洲的一部分，包括了一些使用罗曼语族（主要是葡萄牙语和西班牙语）的国家。截至2013年，拉丁美洲的人口已经超过6亿。自从哥伦布发现新大陆以来，拉丁美洲长期受到西班牙殖民主义的统治，先是西班牙殖民地，后来又沦为美国的后院，经济长期停滞不前，社会问题和矛盾较为突出，激进的观念颇为流行。拉丁美洲自然资源丰富，但经济水平较低。本区居民主要以农业生产为主，工业以初级加工为主，国家均为发展中国家。

根据学者的研究，历史上拉丁美洲经历过四次国际移民潮。第一次国际移民潮是西班牙和葡萄牙向新大陆殖民扩张的直接产物，这一过程随着1492年哥伦布"发现"新大陆之后便得以展开。第二次移民潮是16世纪至19世纪从非洲输入黑人奴隶。第三次移民浪潮发生在1870—1940年间所谓"大移民"时期，主要是来自南欧的自由移民。第四次移民浪潮大约起于20世纪70年代，主要是拉美地区向外移民。① 汉民族移民大规模来到拉丁美洲应该是在第三次移民浪潮时期，即鸦片战争以后。伴随鸦片战争的除了中国的闭关锁国的国门被打开之外，大规模的人口流动现象也随之出现。与世界其他国家和地区相比，拉丁美洲的汉民族移民具有以下特点。

首先，第一批鸦片战争之后到达巴西和墨西哥的汉民族移民是取代非洲黑奴的契约华工。1847—1874年之间拉丁美洲输入的契约华工高达50万人，他们没有人身自由，生活和工作环境极端恶劣，处境相当凄惨。形成这一局面的原因当然同移入地，亦即拉丁美洲的人文和经济发展状况密切相关。经济和文化的发展程度一直是决定对移民是否具有吸引力的主要因素，发达国家和地区因此一直是国际移民的主要目的国。拉丁美洲作为欧美的殖民地，经济发展一向低迷。与同时期前往欧洲等国家的移民相比，拉丁美洲的汉民族移民尽管也是华工的身份，但几乎都出于被动的因素，很多人是以"卖猪仔"的方式来到拉美诸国，所谓契约的身份事实上是套在以汉民族为主的华人身上限制其人身自由的绳索。此外，同一时期到达欧洲的汉民族移民不乏身份显赫者，他们当中有清政府的外交人员、神学学生或者经商成功的商人，而拉美诸国却鲜有在社会和经济等方面取得成功的华人成员。直到针对华人的种种限制性条约得以废除，拉美诸国的汉民族移民才逐渐获得社会流动的机会。

其次，拉美诸国与其各欧洲的宗主国相比，还经历了一次反殖民的运动和斗争，这也对汉民族移民产生了诸多影响。拉美诸国的反殖民斗争从19世纪末一直持续到第一次世界大战前夕，独立后的拉美国家逐渐摆脱了独立之初政治混乱和经济无序的局面，进入了一个经济持续增长的发展时期。这就意味着对劳动力的巨大需要，以工人身份移入的汉民族移民人口的数量迅速增加，因此华人移民浪潮与拉美诸国的反殖民独立解放运动息息相关。殖民地国家获得独立之后可谓百废待兴，各项法律和各种制度亟待完善。而拉美国家与其欧洲的宗主

---

① 丘立本：《拉丁美洲与加勒比地区的国际移民——兼论中国移民的生存发展空间》，《华侨华人历史研究》，2007年第1期。

国相比，在移民管理和规范上难免出现很多漏洞，对移民群体的管理相对也比较疏松，这也就为一些"出国捞金"、发财致富汉民族移民在客观上提供了便利条件，因此，拉美国家迅速发展成为汉民族移民的目的地。

第三，与其他国家和地区的汉民族移民一样，拉丁美洲的汉民族移民也组成自己的社团，这些社团根据地缘、功能、性别的不同又分为各种同乡会组织、商会组织、女性团体等等。华人社团在拉美国家无论在形式上、活动上都显得丰富多样，精彩纷呈，这与拉美国家文化特有的奔放、率性多少有些关系。

拉美的移民历史走过了几百年的风雨历程，广大华人经过自己的奋斗逐渐融入当地的社会和文化。近年来，随着中国国力的增强，中国文化在海外传播、交流的力度也逐渐增强，拉美地区的华人裔群一方面秉承中华文化的优良传统，一方面也注重地方性身份的习得，以群体的特殊性承担着文化交流的使命，诠释着不同文化交流互动以及包容的普适性价值观念。

第二节　墨西哥以及大安的列斯群岛的汉民族移民

一、墨西哥的汉民族移民

（一）早期的墨西哥汉民族移民

墨西哥是美洲大陆印第安人古老文明中心之一。闻名于世的玛雅文化、托尔特克文化和阿兹特克文化均为墨西哥古印第安人所创造，是拉丁美洲具有悠久历史与辉煌文明的国家。早在16世纪中叶，就有在西班牙船上做船工的部分菲律宾华侨移居墨西哥，在各地造船、经商和做工。因此，16世纪末墨西哥城就已存在唐人街。来自中国的医生、裁缝、织工、金银首饰匠人以及商人已活跃于该城的经济生活中。①墨西哥独立之后，原本大规模吸引欧洲移民的计划落空，而本国又亟须发展经济，因此迫不得已改变从欧洲吸引移民的政策，转而在包括中国在内的亚洲国家招募劳动力。但是中墨正式签订通商条约和建立外交关系的路径并非一帆风顺，直到1899年，在华盛顿的清政府驻美公使伍廷芳与墨西哥驻美公使阿斯皮洛斯才正式签署《中墨通商条约》，建立了外交关系。清政府考虑与墨西哥建立外交关系的原因在总理衙门的奏章中说得较为清楚，"近年来因美国禁工过严，不得不借以（指通过与墨西哥建交）疏通华民去路。且以该国居民既少，矿土尤多。……非徒为通商招工，并欲招致华民授田开垦，与从前古巴秘鲁等处招工情形迥不相同。前接杨儒奏称，华民赴墨，工值虽廉，而土客可以相安，商税虽重，而开垦之人可以豁免。此约一定，与出洋华民生计不无裨益。"②

从这一有关中墨签订通商条约的奏章中不难看出，清政府与墨西哥建交的初衷是为了"疏通华民去路"，且墨国地广人稀，农业、矿业需要大量劳力。并且墨西哥为了发展农业对开垦之人免除繁重商税，自然吸引华人前往垦田，以利生计。中墨正式建立外交关系显然促进了该国的汉民族移民潮。据统计，1902年3月至1921年商约期满，来到墨西哥的华人不下三四万人。③这一时期的墨西哥华工处境相当悲惨。墨西哥华人历史上留下的所谓"柱死城"便是当地华人裔群深刻且痛苦的"历史记忆"。比如第一个"柱死城"是梅里达。1891年至1898年，墨西哥从香港、澳门等地招募1800名契约华工，从事采矿业和棉花种植业。其中在尤卡坦半岛梅里达地区开荒的华工因山林瘴疠和水土不服，数月间死亡数百人。④显然，墨西哥的汉民族移民是拉美国家中最早到达的，他们为墨西哥的农业、矿业和商业的发展做出了较大贡献。

---

① 白俊杰：《墨西哥华侨华人概述》，载周南京主编：《华侨华人百科全书·历史卷》，北京：中国华侨出版社，2002年版，第341页。
② 《出使美、日、秘国大臣伍廷芳奏墨西哥约款已妥定情形折》。转引自沙丁：《清季我国和一些拉美国家的首次建交及其影响》，《拉丁美洲史论文集》，北京：东方出版社，1986年版，第343页。
③ 陈匡民：《美洲华侨通鉴》，载陈翰笙主编：《华工出国史料汇编》（第六辑），第269页。
④ 白俊杰：《墨西哥华侨华人概述》，载周南京主编：《华侨华人百科全书·历史卷》，第341页。

随着大量华工的到来，他们与当地社会的融入程度和方式也越来越成为一个显著的问题。先前的移民大都为矿工和开垦荒地的劳力，相对而言封闭在矿山和农场，形成一个个颇为孤立的文化地带，与当地社会并没有产生过多交集，所以种族主义情绪和界桩并没有被调动和竖立起来。然而当华工开始积累少量资本，并寻求转向其他服务性行业的时候，两个族群、两种文化和两种生活方式所特有的阶级品味，混杂着族群文化和体质特征上的差异，使得族群关系逐渐复杂起来。当地社会对华人的偏见和敌意也必然随着媒体对华人种种落后的刻板化印象的放大而蔓延开来。驻美中国公使梁诚在给外务部的信函曾经提及华工的职业转型，他在1904年的信函中说，"举沃克丹埠之华侨生业言之，共有商店七八间，皆运中日杂货，销于华人最巨之店。……洗衣间约有十间，餐馆约有十间。"① 由于华人裔群在墨西哥社会中的活动日益深入，他们的负面形象不可避免地被制造出来，成为凝聚本族意识的一个对立面。梁诚在致外务部的信函中提到了一种或许是经过墨西哥媒介表述之后的华人形象，列举了华人的种种陋习。信函中说，今墨国华侨已有数万，种种恶习势所必有，其最著者，如开设烟馆，华洋男女群聚吸食。私立堂号，每因小嫌，辄行械斗，不检细行，败俗伤风等等。②

显然，墨西哥华人的陋习"声名远播"，就连远在美国的公使也叹息懊恼不已，而华人同时期在商业等领域取得的成功却湮没无踪。健康、卫生状况甚至某种疾病通常成为被渲染的对象，往往最能激起当地社会的排外情绪和敌意。直到1972年中墨关系正常化之前，针对华人的暴力排斥现象屡有发生，华人的处境一直不容乐观。墨西哥最为严重的暴力排华事件是1911年托雷翁事件。当年5月13日，墨西哥反政府武装在弗兰西斯科·马德罗（Franciso Madero, 1873—1913）的领导下，向墨西哥北部城市托雷翁发起进攻。当时统治墨西哥的是波菲里奥·迪亚斯总统。托雷翁城是个具有战略意义的铁路交通枢纽城

---

① 《使美梁诚为详陈华工在墨情况事致外务部函》，载陈翰笙主编：《华工出国史料汇编》（第一辑），北京：中华书局，1981年版，第1245页。

② 同上，第1243页。

市，占领这座城市是马德罗军占领整个墨西哥北部地区的关键所在。效忠迪亚斯总统的联邦政府军在两天之后放弃抵抗，撤出托雷翁城，马德罗的军队随之开进城来。随着叛军进城的是一群暴民，他们像蝗虫一样突然出现在托雷翁城内的繁华商业区，大肆屠杀和洗劫那里的中国商户。在10多个小时之间，300多名华人当场被杀死，造成震惊世界的流血惨案。① 总之，在二战之前，汉民族移民的经济和社会地位虽然有所改善，但是仍然时时面临严重的种族歧视，社会融入程度一直不高，这其中自然有其自身的原因，当然也与拉美等地根深蒂固的"种族中心主义"和"排外思潮"密切相关，华人社会融入的路程依然十分漫长。

（二）二战之后的墨西哥汉民族移民

二战之后拉丁美洲的移民人口数量呈现上升的趋势，这主要有两方面的原因。第一，二战以后拉美各国的经济有所发展，急需资金、技术和劳动力，因此对于携带资金的投资移民和拥有一技之长的技术移民尤其欢迎。20世纪70年代以前，拉美国家除了古巴之外还都与台湾国民党当局保持"外交关系"，所以五六十年代，许多国民党军政人员和港台富人便携带资本移居拉美。据台湾方面的统计，20世纪60年代末拉丁美洲华侨总人数已比二次大战前夕增长了4万多人，达到16.5万人。② 第二，拉美移民政策较为宽松。与欧美等发达国家不同的是，拉美国家不实行所谓的配额制。所谓美国实行的配额制是指新进入的移民根据其移出地在美国公民的数量来实行一定的配额限制。根据这一规定，美国将鼓励更多的欧洲特别是西欧的移民，因为这一群体历史上在美国的人口数量最多。拉美国家则没有该类移民政策。20世纪70年代以来，拉美国家对来自中国两岸四地的移民入境的政策更趋宽松，入境的中国人也就越来越多。例如：巴拉圭自1975年以来，为了发展经济，凡申请进入该国者一概照准；墨西哥允许以"游客"身份

---

① 《1911年拉美排华 清朝派军舰护侨墨西哥服软》，中国经济网，2009年8月31日，http://cathay.ce.cn/history/200908/31/t20090831_19903167.shtml，2014年12月28日登录。

② 丘立本：《拉丁美洲与加勒比地区的国际移民——兼论中国移民的生存发展空间》，第7页。

入境，移民再设法办理居留手续。①

1972年，中墨关系正常化，越来越多的汉民族移民来到墨西哥经商、旅游或者探亲访友，这其中很多人慢慢定居下来。近二十年来，墨西哥政府通过鼓励引进外来资金、技术和人才的政策，香港地区、台湾地区工商企业界人士陆续到墨西哥投资设厂，兴办企业，从而形成了中国人移民墨西哥的新高潮。与此同时，20世纪70年代以来，随着中墨关系的正常化，有相当数量的中国公民以旅游探亲名义到墨西哥，不少人逾期不归，成为"非法移民"。到2007年，该国华侨华人约有6万人。②

对于包括墨西哥在内的拉丁美洲华人移民的发展前景。目前学界有两种观点，一种观点认为拉美各国有着一向宽松的移民政策，善待华人，因此有着广阔的发展空间。③而另外一种观点则认为拉美各国移民政策所谓的宽松是对欧洲白人移民而言，针对前者提及的"把华人社会视为当地社会的一部分的观点"，后者反问道，既然华人备受重视，为什么拉美那么大的地方在150年后的今天华侨华人人数还如此之少呢？有学者因此提出，"如果是谈论在拉丁美洲的移民定居的话，就应当分析各国的具体政治经济情况和行业发展状况，摸清机遇与挑战，而不能带着几分浪漫，泛泛地谈论'广阔的发展空间'"。④两种观点中前者分析拉美较为宽松的移民政策，这也是事实，而后者则主张一种实证的研究，注意一种问题意识，才能切实提出具体的发展路径和策略。除了上述两种主张之外，考察墨西哥华人社团的组织、形式和功能也应该是认识拉美各国华人社会的一个有益的途径。

（三）墨西哥的华人社团

根据暨南大学高伟浓的研究，墨西哥华人社团创立于20世纪初

---

① 廖小建：《战后各国华侨华人政策》，广州：暨南大学出版社，1995年版，第255—267页。
② 李安山：《拉丁美洲华侨华人的生存、适应与融合》，载丘进主编：《华侨华人研究报告（2013）》，第160页。
③ 杨安尧：《略谈拉丁美洲的移民环境》，《八桂侨刊》，2000年第1期。
④ 丘立本：《拉丁美洲与加勒比地区的国际移民——兼论中国移民的生存发展空间》，第8页。

期。最早的社团是蒙雷特城的致公堂，创建于1900年，后来的洪门民治党、华侨团体会、中华商会，相继成立于1914年，至1920年共组合为墨西哥华侨总机关，1922年又改组为墨京中华商会，为当时最大的华人社团。除了这些较大的社团之外，20世纪上半叶还出现了一些基于地缘和血缘关系的社团。墨西哥华人社团的出现，顺应了来自故乡侨胞联谊互助的需求，舒缓了异域谋生游子的思乡情愁和心灵孤苦，每逢社团有活动，自然成为侨胞生活中的大事。① 从历史上看，墨西哥华人社团经历过两个发展时期。第一个时期是20世纪初至二战之前。这一时期的华人社团表现出极大的宗亲血缘关系和地域同乡情谊。这一特点之所以形成，主要是因为华人初到异域，几乎没有任何安身立命的技能，大部分人为劳工和矿工，在铁路沿线、矿山或者农场从事繁重的体力劳动，此时社团的认同和联系纽带多以血缘亲属和同乡为基础。最近的材料表明，在墨西哥蒂华纳有四大老侨聚葬的大片墓地，数千座华文墓碑上的碑文，反映出家人的哀思，也忠实地记录着宗亲族氏的关系。② 如此数量庞大的具有宗族墓葬特征的墓地揭示出的是一个曾经较为活跃且极具影响力的异域宗族组织的情况。第二个时期是从二战开始至今，随着华人社会活动领域的拓展，所从事行业的多元化趋向，原本以血缘和地缘为纽带的社团制度必将因融入更为灵活的各种商会组织的因素而逐渐淡化，当然这需要一个过程。第二个时期的社团组织的活动表明，第一时期以维护基本生存权利为使命的华人社团逐渐向弘扬中华传统、树立共同身份意识转变。

现在墨西哥的华人团体除了继续发扬团结乡里的传统功能以外，还设立各种依性别、年龄区分的文化活动和宣传机构，比如妇女会、青年会等等。除了上述组织之外，华人社团也将中华文化学校和博物馆的筹备等工作也纳入进来。根据墨西哥墨西卡利中华会馆前主席欧阳明教授称，当地华人对先侨开埠功绩引以为荣，1986年便成立了"华

---

① 高伟浓：《拉丁美洲华侨华人移民史、社团与文化活动远眺》，广州：暨南大学出版社，2012年版，第81页。

② 刘可伟主笔：《不老的传说，蒂华纳华侨协会百年简史》(2003年初稿)，据圣地亚哥新闻中心，2011年9月14日。

人历史博物馆筹备处"。①博物馆是一个族群启蒙心智之后表述某一群体（比如墨西哥华人）文化功绩、身份认同意识的重要场所，它具有超越地域和血缘偏狭性的特点。因此，该博物馆的成立具有里程碑式的标示作用。此外，作为传承文化的另一个重要机构，学校也是墨西哥华人社团重要的发展对象。总之，墨西哥华人社团的发展历程表明，特定的政治经济造就特定时期的社团文化特点，而社团的文化活动如雨润万物一样，会无声地对政治、经济活动加以一定程度的塑造，墨西哥华人的文化发展尽管还会曲折和漫长，但具有良好的前景。

二、大安的列斯群岛的汉民族移民

（一）古巴的汉民族移民

大安的列斯群岛是西印度群岛中的主要岛群。位于加勒比海北缘。由古巴、伊斯帕尼奥拉（海地）、波多黎各、牙买加4个大岛以及开曼群岛和众多小岛组成，面积约21万平方公里，2013年人口约为3758.2万，占西印度群岛总面积和总人口近90%。②除古巴岛以平原为主外，各岛均多崎岖山地。古巴共和国则包括大安的列斯群岛最大的古巴岛及其附属群岛和青年岛。

古巴于1492年10月被哥伦布所发现，1511年成为殖民地。据1817年人口调查，19世纪初古巴人口共68.8万人，其中西班牙人和土生白人为31万多，黑人为36万多。黑人中有三分之一为自由人，起源为奴隶。古巴的经济和贸易主要依靠向欧美输送蔗糖、咖啡和烟草，也就是是说，其全部的经济和贸易方式都体现着殖民时期种植园经济的特征。

据记载，1847年6月3日，206名契约华工搭乘西班牙货船抵达哈瓦那港，从此开始了汉民族移民古巴的历史。古巴是历史上较早从中国输入华工的国家，由于种植园经济的需要，大量的契约华工从中国

---

① 高伟浓：《拉丁美洲华侨华人移民史、社团与文化活动远眺》，第87页。
② "Greater Antilles", *Encyclopaedia Britannica*, May 28, 2015, https://global.britannica.com/place/Greater-Antilles, 2015-9-20.

来到古巴。虽然是契约华工，但是他们的身份与西班牙殖民者在种植园中使用的黑人奴隶并没有什么两样，劳动繁重，处境凄惨。根据史料记载，自1847年6月至1874年期间，古巴有14.1万名华人，占当时古巴人口的十分之一。①这些劳工都是签订了卖身契的华工，契约的期限为8年，由于他们从事繁重的体力活动，因此又被称为苦力。1870年，古巴政府宣布废除华工的契约，华工从此成为自由民，生活条件和社会地位逐步改善。除了一部分继续从事农业外，相当一部分人成了餐馆、旅店、咖啡馆的主人。19世纪中叶，由于美国歧视移民政策的出台，大批在美汉民族移民从芝加哥移民古巴。1874年，在古巴的华人达到10多万人，哈瓦那华人区成了美洲最大、最繁荣的华人区。当时的桑哈街上除了各种中餐馆和中国商店，还有好几家电影院、戏院和麻将。华人区还建立了中文学校、医院和养老院，并且在哈瓦那的国家公墓里买下了自己的墓地——中华总义山。广大华侨华人为了维护自身的合法权益，于1893年5月建立了自己的组织——中华总会馆，它是拉美国家中历史最悠久、规模最大的侨团之一。20世纪初古巴独立，在中华总会馆的影响下，各类华侨组织纷纷出现。②

1959年卡斯特罗领导的古巴革命胜利后，古巴政府对华人裔群的历史作用和地位十分重视。表现在"立机构、置高官、设班子、定编制、给经费、常活动"等方面。具体来说就是专门设立一个"华区促进会"管理华侨华人事物，由古巴历史学家办公室直接领导（此机构的负责人是古共中央的一名政治局委员）。③古巴华人裔群如此重要的社会地位，是因为华人与古巴红色政权的一段颇为特殊的历史渊源。20世纪50年代末，加勒比海古巴岛上的卡斯特罗兄弟和切·格瓦拉等人领导一批游击队，挑战古巴独裁者巴蒂斯塔政权，数百名华人响应卡斯特罗的革命号召，参加武装斗争，其中有一名叫做莫伊塞斯·邵黄(Moises Sio Wong)的华人影响最大。邵黄将军的祖籍是广东省增城，

---

① 《古巴革命中的客家华人》，海峡之声，2009年3月10日，http://www.vos.com.cn/783/2009-03/10/cms667792article.shtml，2014年12月30日登录。
② 孙光英:《华人在古巴》,《炎黄春秋》，2004年第10期，第70页。
③ 高伟浓:《拉丁美洲华侨华人移民史、社团与文化活动远眺》，第107页。

父亲1895年与前妻关氏离乡背井来到古巴。邵黄在上中学的时候就参加了卡斯特罗领导的"七·二六运动"青年组织的革命活动，参加了反对巴蒂斯塔独裁政权的斗争。1957年7月，邵黄离开首都哈瓦那前往马埃斯特拉山，跟随卡斯特罗在山上打游击，在起义军总部负责后勤给养工作。在山上，他结识了著名的游击英雄格瓦拉，后来参加了格瓦拉领导的解放中部城市圣克拉拉的战役，并且荣立战功。1959年1月古巴革命胜利后，邵黄在古巴革命武装部队领导人劳尔·卡斯特罗的直接领导下工作，担任国家物资贮备局长，负责国家的物资储备和军队的后勤保障，并被授予少将军衔。1992年他开始担任古中友协主席，为中古人民的友好事业做出了贡献。①

然而古巴的汉民族移民虽然在历史上有过相当长一段时间的繁荣时期，但是从20世纪60年代以来，却逐渐呈现出萎缩的趋势。据统计，2003年前后，古巴华人裔群人口只有约7000人，②他们主要居住在首都哈瓦那，少数人仍居住在圣地亚哥。③古巴华人社团的历史演变过程也能很好地说明华人社会发展的跌宕起伏。根据袁艳的研究，1959年古巴革命后实行的国有化改革，使华侨华人经济遭受重创，华侨华人社会也随之衰落，再没复兴。然而20世纪90年代随着中古关系的回暖，古巴官方开始允许甚至鼓励华人历史的叙述和研究。1993年，古巴华人裔群向中古友好协会发起复兴哈瓦那唐人街的请愿，1995年，哈瓦那华区促进会成立，旨在复兴哈瓦那唐人街的经济和文化。④总之，种种迹象表明，在古巴的华人裔群一直致力于传播和保留自身的文化，无论人数的多寡，他们已经成为近现代古巴历史不可分割的一部分。

（二）牙买加的汉民族移民

牙买加是加勒比海的一个岛国，原本是印第安人的居住地，但在

---

① 孙光英：《华人在古巴》，第71页。
② 李安山：《拉丁美洲华侨华人的生存、适应与融合》，载丘进主编：《华侨华人研究报告（2013）》，第160页。
③ 周莉：《古巴华社掠影》，《侨务工作研究》，2004年第5期。
④ 袁艳、张芯瑜：《20世纪上半期古巴侨团述略》，《八桂侨刊》，2013年第1期，第34页。

1494年哥伦布发现该岛不久之后就变成了西班牙殖民地。1655年，牙买加又被大英帝国占领，成为英联邦成员国之一。从1670年到之后的150年期间，牙买加成为著名的蔗糖、朗姆酒和咖啡产地。同古巴一样，这个加勒比海岛国在殖民时期也发展种植园经济，对于劳动力的需求量一直很大。早先在牙买加从事繁重劳动的是来自西非的黑人奴隶。由于受到残酷对待，黑人的起义此起彼伏，大英帝国终于在1834年废除奴隶制度。然而种植园经济对于廉价劳动力的需求仍然存在，正是在这一背景之下，牙买加开始有汉民族移民的进入。

汉民族移民牙买加的历史始于19世纪中叶。从1854年至19世纪80年代，为华工苦力移民阶段，共有三批华工到达牙买加。1854年巴拿马政府将修筑地峡铁路后幸存的472名华工送往牙买加。这批华工在巴拿马时多已身染疾病，到牙买加后又因为待遇不良和水土不服，大部相继死去。1864年约有200多名原在特立尼达和圭亚那种植甘蔗的华工，受雇于美国农垦公司，转到牙买加从事垦殖劳动。这批华工在该岛三年契约期满后，有的继续受雇于种植园或糖厂，有的则自谋生路经营小商店。1884年牙买加种植园主请香港辅政司代募的680名（其中男工501名，女工105名）契约华工从澳门登船，辗转到达牙买加。他们除20余人属广东四邑人外，其余多属广东的东莞、宝安等地的客家人。抵达后，初为种植园或糖厂劳工，后逐渐改营零售商业及各种服务行业。到1945年，牙买加华人裔群人口共约8000人，战后初期中国出现出国热潮时，牙买加华人裔群人口急剧增加。1965年，牙买加华人裔群人口共20974人，其中三分之二以上系在当地出生的华裔。[①]

1978年中国实行改革开放政策以来，牙买加也成为主要来自广东的汉民族的移民目的地。一篇研究东莞黄洞村新移民的文章表明，该村的新移民以谋求更好的生活条件为目的，大量前往南美洲，主要以苏里南和牙买加为落脚点。尽管牙买加社会治安并不是太好，但到来的汉民族移民还是凭借聪明和勤劳而发家致富。[②] 这一新近的移民现

[①] 白俊杰：《牙买加华侨华人概述》，载周南主编：《华侨华人百科全书·历史卷》，第541页。
[②] 苏小美：《奔向中南美洲：东莞凤岗镇黄洞村新移民研究》，《八桂侨刊》，2013年第1期。

象表明，移民偏爱拉丁美洲诸如牙买加这样的小国，除了"慕侨心理"和"发财致富"的念头之外，还因为这些国家移民门槛很低，他们当中的很大一部分是将这一类岛国当作跳板，等待时机成熟即转往美国和加拿大等发达国家和地区。

牙买加的华人社团也经历了一个历史衰变的时期。中华会馆（Chinese Benevolence Society）是华人在牙买加建立的唯一一个为全体华人移民服务的组织。根据口头流传下来的记载，最初有两个中华会馆。一个由陈亚维领导，该会馆因"侨胞不拥护，自行解散"。另一个则是存在至今的中华会馆。[①] 从历史的记载上看，牙买加的各种华人组织，特别是规模较大的中华会馆，在相当长的一段历史时期内都保持着相当的活力。根据李安山的研究，从1928年开始，中华会馆发动华侨以各种方式支援祖国的抗日战争。直到二战结束，这些活动一直是中华会馆的中心活动。中华会馆号召华人社区进行捐助以帮助受伤的士兵、为中国空军购买飞机。在抗日战争期间，牙买加华人共捐款200554英镑。这些行动得到了当时国民政府的高度赞扬。战争结束后，由于出生于牙买加的新一代华人的增加和国际环境的变化，以及中国国内情况的改变逐步导致了华人对中国和牙买加态度的转变；这种转变也在形成华人认同方面发挥了关键作用。中华会馆在其鼎盛期曾有五个下属组织：一所学校、一家医院、一家养老院、一块墓地和一份报纸。华侨公立学校的前身是由致公堂于1920年创办，两年之后暂停。1924年3月，这所华人学校在中华会馆里重新开始招生。由于得到称为"新民俱乐部"的华侨戏剧俱乐部的资助，这所学校也被称为新民学校。1928年，新民学校被中华会馆接管，中华会馆将其重新定名为"华侨公立学校"，并且将其迁往由中华会馆花费2300英镑购买的校址。1944年，华侨公立学校公布新章程，在章程中表明它属于中华会馆（第一条），并且注明学校"遵循祖国教育部的制度"（第三条）。[②]

华人社会和社团组织以及活动的衰退也是势所必然。这除了上

[①] 李安山：《生存、适应与融合：牙买加华人社区的形成与发展》，《华侨华人历史研究》，2005年第1期。

[②] 同上，第42页。

文提到的很多新近移民到牙买加的华人主要是以此为跳板或者中转站，为下一个移民目的地做准备之外，另一个现象是华人同当地人通婚出现的血统的"水土流失"现象。根据高伟浓的研究，牙买加很难出现汉民族妇女移民大量前来的现象，因此这一带华人血统"水土流失"的速度特别快，也即是说，随着新移民不断地续娶当地女子，华人血统越来越少，对于中华传统文化的兴趣也随之降低。[①] 也就是说，随着华人血统的稀薄，华人文化的传播，华人裔群的身份认同意识将被冲淡，相应地华人社团的组织和活动等各方面的活力也会受到影响。在人类学看来，这种血统的流失所产生的对于身份认同意识的修正属于发生在全球人员流动更为密切的背景之下的"流散"现象。身份的生产意味着公共属性，而这一公共属性是创造事物的特殊地带（a special terrain of things），充斥于其间的关系和行为虽然并不全都是公众性的，但是又都具有公众性事物所拥有的真实性或者价值观念等属性。它们既是台下的，私密的，但又是全球性的，其范围包括民族—国家的各种社区、少数群体、社会经济阶层、宗教运动以及全球性的移居扩散。这一地带集中地体现了群体或社区与国家和社会的互动过程，其中充满着各种权力和话语的较量，是身份政治（politics of identity）的运作过程。

包括牙买加在内的华人社团虽然正在经历一种活力衰退的过程，但是其在公共文化这一特殊地带所具有的调适性和展示的多样性策略可能更能为我们提供某一群体身份认同意识在当下的复杂性和多元性，这恐怕也是未来这些地区华人社团研究的重点和亮点。

第三节　南美洲的汉民族移民

南美洲是南亚美利加洲的简称，位于西半球南部，东面是大西洋，西为太平洋。陆地以巴拿马运河为界与北美洲相分，南面隔海与南极

---

① 高伟浓：《拉丁美洲华侨华人移民史、社团与文化活动远眺》，第122页。

洲相望。总面积1797万平方公里（含附近岛屿），占世界陆地总面积的12%，按面积大小排是七大洲中的第四个。南美洲海岸线长28700公里。海岸较为平直，少岛屿和海湾。南美地区原为印第安人的居住地。印第安人创造了灿烂的古代文明，在南美洲大地上建立过不少王国。15世纪后，它们先后沦为西班牙等国的殖民地。殖民统治时期，原有的土著居民遭到侵入，人口逐渐减少，而欧洲白人移入数量又逐年增多。部分印第安人与白人混血。另外，为了适应种植业的需要，弥补印第安人劳动力的不足，从非洲贩入不少黑奴。久而久之，南美洲形成了以白人和印欧混血种人为主的大陆。

从16世纪初开始，随着西班牙、葡萄牙以及后来的英、法和荷兰殖民者激烈争夺和大肆掠夺，原住民印第安人的家园被破坏，古文明遭到摧毁。为补充劳动力的不足，殖民者除了从非洲大量贩卖黑奴之外，已从其他国家特别是亚洲国家引入契约工人，来到这片广袤的大陆上从事开矿、修筑铁路以及种植棉花、蔗糖和咖啡等作物的艰苦劳动。可以说南美洲的汉民族移民是与殖民者对南美洲的掠夺分不开的。本节以南美洲的两个主要国家巴西和秘鲁为例，论述汉民族移民在这两个国家不同历史时期的生产生活、社团组织等形式和特点，以期理解南美汉民族移民的历史及现实。

一、巴西的汉民族移民

巴西是南美洲面积最大的国家。巴西全国面积851.49万平方公里，约占南美洲总面积的46%，仅次于俄罗斯、加拿大、中国和美国，为世界第五大国。巴西种族和文化差异显著。北部和东北部的居民部分是土著，部分具有欧洲或非洲血统。东南地区是巴西民族分布最广泛的地区，该地区主要有白人（主要是葡萄牙后裔和意大利后裔）混血人、非洲巴西混血以及亚洲和印第安人后代。巴西历史上曾有过几次大的移民浪潮，1884至1962年间迁居巴西的移民即达497万多人，主要来自葡萄牙、西班牙、意大利、德国、法国、波兰和阿拉伯国家。亚洲移民多来自日本、朝鲜和中国。2007年，巴西约有130万日本人，

25万华人，主要集中在圣保罗、里约热内卢、巴西利亚、阿雷格里港等地。①

汉民族移民巴西经历过三次高潮。第一次是从1808年葡萄牙国王约翰六世宣布开放巴西并准许外国人移居开始。据统计从1812年至1814年，以"猪仔华工"或者"契约华工"身份到达巴西的中国移民有1410名。第二次高潮是从20世纪中叶开始，此间汉民族移民多来自非洲、美国等地以及中国香港和中国台湾。第三次高潮是从20世纪70年代末开始，大部分是来自中国大陆的新移民，其来源地包括广东、浙江、上海、北京等地。② 到目前为止已成为当今拉美地区华人裔群人口数量最多的国家。

巴西早期的汉民族移民主要是劳工，后来逐步获得一定的自由，在积累了一定的资金后，很多人转而从事经营杂货、餐馆、洗衣等行业。其中最著名的一种行业被称为"提包业"，亦即携带贩卖物品上门兜售。提包业历史上大致经历了四个阶段：第一个阶段主要以这种灵活快捷的商品售卖方式出售珠链首饰，第二个时期主要是售卖绣花台布，之后又售卖黄金珠宝和电器手表。这种提包业是很多华人资本原始积累的方式，等积累一定的资金之后便转入其他行业。③ 巴西华人中小资本经营非常普遍，这主要是因为包括巴西在内的拉美国家不如欧美发达国家大资本竞争激烈，这种较为宽松的环境客观上为汉民族移民在中小资本的经营方面提供了便利，他们在中小资本的经营方面有了一定的起色。以华人餐馆行业为例，20世纪90年代初，德国华人一般餐馆的平均资本额在10万—30万美元之间，稍大的在30万美元以上；但巴西的中国餐馆，大多数在6万美元上下，10万美元则可以开设一间颇具规模的餐馆。④ 因为中小资本经营门槛不高，使得包括巴西在内的很多拉美国家的汉民族移民逐渐在杂货、餐饮、服务行业有了

---

① 李安山：《拉丁美洲华侨华人的生存、适应与融合》，载丘进主编：《华侨华人研究报告（2013）》，第163页。
② 白俊杰：《巴西华人华侨概述》，载周南京主编：《华侨华人百科全书·历史卷》，第35页。
③ 高伟浓：《拉丁美洲华侨华人移民史、社团与文化活动远眺》，第5页。
④ 台湾"侨务委员会"编：《华侨经济年鉴》，台北：台湾"侨务委员会"，1994年版。

较快的发展。

巴西由于华人裔群人口数量众多，因此社团组织无论在类型上还是在数量上在南美地区都是最多的。据统计，巴西华人社团已有近百年历史，2008年，仅圣保罗地区参与捐助四川汶川大地震的侨团、宗教团体、文教团体就超过100多个。这些团体主要分为综合性社团、专业性社团、商业社团、同乡会、青年社团、妇女社团等类型。① 社团形成的一个重要作用除了构成一定的社会交往网络之外，同时还是文化传承和传播的重要载体。巴西的华人社团也越来越显示出其在文化传播和文化交流方面的巨大作用。不论是商业社团、青年社团或是各种专业性社团在开展自身社会活动的同时，事实上都在从事文化交流传播的事业。以便自身的文化能够被更好地了解和喜爱，从而更好地融入当地社会之中。比如巴中工商文化总会就具有这样的功能，该会常务副会长王典兴在代表第四届理监会宣布任期内计划时表示：一是要完成该会永久性会馆的购置；二是要开通中葡文双语网站；三是要组织经贸考察团前往中国投资洽谈；四是要在2011年春节举行一次大型联欢活动，为中巴经贸和文化交流再作新贡献。②

不可否认的是部分巴西华侨华人的身份认同在经历"族际通婚"之后，已经增添了新的元素。2011年7月24日中国新闻网报道了一位巴西华侨混血家庭的情况。这位华侨50多年前从广东来到巴西，并在圣保罗成家立业，现在已经退休，儿子打理着家族企业，孙女是一个中墨混血儿，已经读高中。这位华侨初到巴西的时候是做小作坊，20世纪80年代以后，随着巴西华人越来越多，生意也越来越好。目前，他的家族企业已经涉足多个领域，在东南亚已有分厂，儿子成为当地知名企业家，已与巴西女子结婚成家。如今，随着中国影响力的增强，学习中文的巴西人逐渐增多，这位华人移民的混血孙女也喜欢上了中

---

① 高伟浓、徐珊珊：《巴西华人社团的类型以及发展特色——以20世纪80年代之后成立的社团为主》，《八桂侨刊》，2013年第6期。
② 《巴西巴中工商文化总会庆六周年，第四届理监事就职》，中国新闻网，2010年5月4日，http://www.chinanews.com/hr/hr-st-mz/news/2010/05-04/2261396.shtml，2015年1月3日登录。

文和中国文化。① 这一个家庭可能是很多巴西华侨华人生活的一个缩影，自身的传统文化已经打上了很深的异国文化的烙印，这种文化的多元性和包容性是一个群体融入当地社会的一个重要标志。

如今，巴西华人裔群展现自身文化的方式除了社团组织和活动之外，还包括学校和媒体等多种形式。学校除了借助巴西"汉语热"的势头推广汉语教育之外，还以授课的方式举办武术、气功、书法、绘画等具有中国传统特色的文化培训，传播中华文化。更为重要的是巴西华侨还创办自己的报纸，从多个角度介绍中国的发展模式、发展成就和国情现状等等。由华侨华人创建的《南美侨报》是巴西乃至整个南美洲最大的中文报纸，该报开设了中国经济、政治、社会等版面，2005年以来还开通了网站，并在2008年北京奥运会后，在中文版的基础上增加了葡文版，重点介绍中国的经济发展情况、投资信息等方面内容。②

近些年来，巴西华人裔群的社会融入程度越来越高，华人的社会地位和形象已经越来越正面。近几年，巴西政坛开始出现华人面孔。2007年3月，威廉·巫正式宣誓就职，成为巴西历史上的首位华人国会议员；2010年1月，巴西圣保罗市议会为华人李少玉举行就职典礼，成为巴西第二位走上政坛的华人。③ 巴西的一些华商也因为在经济领域的杰出贡献获颁各种勋章。以汉民族为主的汉人裔群已成为增进中巴政治理解，增进中巴友谊的重要力量。

二、秘鲁的汉民族移民

秘鲁是南美洲西部的一个国家，北邻厄瓜多尔和哥伦比亚，东与巴西和玻利维亚接壤，南接智利，西濒临太平洋。秘鲁在1万多年前

---

① 《巴西华人家族：三代人的变迁》，中国新闻网，2011年7月24日，http://www.chinanews.com/hr/2011/07-24/3205004.shtml，2015年1月3日登录。

② 程晶：《华侨华人与中国软实力在巴西的提升》，《湖北大学学报（哲学社会科学版）》，2012年第6期，第108页。

③ 张红：《200年沉浮：巴西华人的困扰》，《人民日报海外版》，2012年3月2日，第12版。

就有人类活动的足迹,出现过多个文明和印加人创建的印加帝国。1532年,西班牙开始对当地进行殖民统治,被奴役的印第安人主要从事矿藏的开采等活动。目前,秘鲁人口为3081万,居拉美第五位,其中印第安人占45%,印欧混血种人占37%,白人占15%,其他人种占3%。① 官方语言是西班牙语,一些地区通用克丘亚语和其他方言。各民族文化传统的融合在艺术、饮食、文学和音乐等领域创造了多元的表达方式。

自1849年首批75名契约华工抵达秘鲁算起,至今汉民族移民秘鲁已有一个半世纪历史了。从1849年至1974年间,到秘鲁的契约华工多达9万人。② 1872年5月,一艘秘鲁船只"玛耶西"号运载200名契约华工驶往秘鲁途中,由于船只损坏,被迫驶往日本横滨港口,一些不堪受虐的华工跳入海中,此事引起了日美英等国与清政府的注意并进行了调查。由这一事件可知,当时通过这种方式去往秘鲁的契约华工应该不在少数。劳工到达秘鲁后,被卖给企业家和种植园主,在铁路、矿山、种植园等地开始艰苦的劳动。有资料显示,从1849年至1875年间,约有10万名华工在秘鲁从事开矿、筑路和经济作物种植的工作,这在当时应该是一个庞大的移民群体。二战后,特别是1956年普多拉总统上台后,秘鲁政府多次颁布法令,放宽中国人出入秘鲁的条件,于是秘鲁华人裔群的人口数量稳步增长。20世纪70年代约有3万人。20世纪70年代中期,一些华侨华人因政治等原因移往美国和加拿大,人口有所减少。其后局势缓和,又有部分流失的华侨华人回归。与此同时,中国香港移民和来自中南美洲其他国家的不少华侨华人移入秘鲁,人数再次上升,1988年达54万人,其中华侨11万。③ 20世纪90年代以后,秘鲁政府进一步放宽对中国人的入境限制,遂形成中国人移居秘鲁的新高潮。

汉民族移民在秘鲁历史上所从事的行业和经济的发展变化经历过

---

① 《秘鲁国家概况》,中华人民共和国外交部网站,2016年7月,http://www.fmprc.gov.cn/web/gjhdq_676201/gj_676203/nmz_680924/1206_680998/1206x0_681000/,2016年10月1日登录。
② [美]瓦特·斯图图凡特:《秘鲁华工史》,张铠等译,北京:海洋出版社,1985年版,第89页。
③ 国务院侨办侨务干部学校编著:《华侨华人概述》,北京:九州出版社,2005年版,第149页。

以下两个时期。第一个时期从19世纪中叶到20世纪世界经济危机爆发之前，这一时期的汉民族移民从开设小杂货店、洗衣店和饮食店起家，逐渐发展成经营粮食（豆和米）的商业模式。1877年1月18日秘鲁《商报》发表的一篇评论文章认为，中国人事实上成了秘鲁人"饭食的供应者"。① 可见，汉民族移民的经济在当时就已经初具规模。除了粮食生意之外，秘鲁早期汉民族移民还从事零售商业，并且已经有人专营农业。被称为秘鲁知名农业巨子的刘金良，是第一个在秘鲁创办农场的汉民族移民。据报道，1922年刘金良在秘鲁北部的巴加司马育开垦了2300公顷耕地，除种植棉花和稻米以外，兼养牛数千头。② 可见当时汉民族移民所经营的农场已经具有相当的规模。20世纪20年代末，秘鲁同世界其他国家一样也受到世界经济危机的冲击，秘鲁的华人经济也受到巨大的波及，生意的惨淡使得华人裔群人口在1937年减少到7030人。

20世纪30年代经济危机过去之后，秘鲁的华人经济也逐渐有了起色。除经营传统的生意，比如粮食、土产、杂货和批发零售之外，餐馆行业发展迅速。据统计，在20世纪60年代，利马就有中餐馆400多家，资本共达1200万美元，占当地该行业总资本的40%。20世纪70年代后，大大小小的中餐馆，不仅数量多，而且向高档化、专业化、现代化发展。其中以"龙凤酒家"规模最大，占地广达6500平方米，可以容纳3000多人，有厨师40名，服务员300人，资本额80多万元，是拉丁美洲最大的餐馆。③ 除餐馆业之外，汉民族移民还开设塑料、皮革、纺织、饮料、肉类等加工产业，以及从事旅游业和运输业，经济成分呈现出多元发展的良好态势。有学者对秘鲁华人经济做过一个总的分析，认为秘鲁的华人经济力量，如果与东南亚一些国家的华人经济相比较，还是很薄弱的。其原因有多方面，比如新一代华人不愿从商，喜欢在公司、企业当职员和工程技术人员，或在政府机关任职，

---

① 李春辉、杨生茂主编：《美洲华侨华人史》，第157页。
② 袁颂安：《秘鲁华侨概况》，台北：正中书局，1988年版。
③ 杨安尧：《秘鲁华侨华人经济的变化和发展》，《八桂侨史》，1994年第1期，第47页。

做医生的大多受雇于医院。现在经商的华人只占华人总数的30%。① 此外，秘鲁国内的经济停滞不前，社会长期不稳定，也对秘鲁华人经济的发展带来一定的影响。②

在社会地位方面，华人裔群在秘鲁的社会地位比较高，首先体现在他们参政基本没有遇到种族障碍，从秘鲁部长会议主席许会，到秘鲁北方自由省省长陈汉威，都是在秘鲁参政的华人代表人物。藤森任总统的时期，是秘鲁华人从政的高峰。1995年秘鲁议会选举中，有6位华人当选，占总数的5%。此外，具有华人血统的政治家更多，藤森政府中，最多曾有7名部长具有华人血统。在秘鲁，还有不少华人进入军界，比如杨赫脱，就是在警界服务多年后，于1990年获得少将军衔的。③《环球时报》的记者曾就华人融入当地社会作过一番分析，认为华人想要融入当地社会、赢得社会地位，除了努力致富之外，还应在其他方面不断提高。一是遵守当地法律，并学会利用当地法律来保护自身利益。许多华人语言不通，不懂当地法律，自我保护能力较弱。拉美不少国家吏治和司法较为腐败，华人在受到当地一些腐败官吏的刁难时，往往采取"花钱消灾"的办法。现在，阿根廷等国已经有一些在当地接受教育的第二代移民从事律师和会计师等职业，专门吸引华人客户，既保护了华人同胞的利益，也使自己走出了父辈的小圈子。二是以捐赠等多种方式回报当地社会，改善华人裔群的社会形象。捐款是与政府官员建立关系的有效途径，尤其是省、市一级的民选官员和议员，经常要为选区拉赞助、拉投资，以便争取选民。如果捐赠活动操作得当，既可以减免税金，又可以与当地百姓建立感情。此外，从长远看，华人还要学会发挥选票的力量。目前在拉美国家中，除了秘鲁、巴拿马等少数国家之外，其他国家的华人尚不具备参政意识。如果有选举权的华人在聚居区域积极投票，团结一心，必将会成为当地一股不可忽视的重要政治力量，甚至可以选出华人代表，拥有

---

① 李春辉、杨生茂主编：《美洲华侨华人史》，第163页。
② 杨安尧：《秘鲁华侨华人经济的变化和发展》，第48页。
③ 高伟浓：《拉丁美洲华侨华人移民史、社团与文化远眺》，第139页。

代表自身利益的代言人。①

秘鲁华人裔群的社会地位较其他拉美国家偏高既有其历史的原因，也有种族主义因素和排外色彩不浓厚等因素，除此之外，华人裔群在秘鲁开展的多种形式的社团活动也为自身在秘鲁的融入发挥着很大的作用。

秘鲁华人社团历史悠久，今天一般认为，秘鲁最早的华人社团是1860年创立于利马市的"秘鲁古冈州会馆"。其宗旨是：和衷共济，精诚团结；为远渡重洋到秘鲁的同胞提供栖身之处，并设法予以照顾。秘鲁中华通惠总局是秘鲁华侨的全国性总机构，1884年开始筹建，1886年正式成立。创始人为清廷驻秘鲁公使郑藻如。取名通惠总局，意在"通商惠工"。1921年华人发起组织庆贺秘鲁百年庆典委员会，侨胞们踊跃捐款，在利马大公园建大喷水池一座及大理石纪念像和钢质纪念像两座，作为贺礼。1935年1月，为庆祝利马建埠400周年，以秘鲁华侨名义在利马共和公园树立有关秘鲁历史铜像三座。这些举措提高了华人裔群在当地人民心目中的地位，加强了侨社和秘鲁社会之间的联系。② 除了上述历史悠久的华人社团之外，其他类型的华人社团还包括文体类型的社团，如秘鲁中国象棋协会，宗教类型的社团，如利马华侨宣道会，青年与妇女类型的社团，如秘鲁华侨妇女会、秘鲁华侨青年联谊会等等。

华人传统文化除依靠各种社团的联谊活动之外，还需要有海外的教学和文化机构以及华文传媒来推动汉语的普及和中华文化的传播。秘鲁有一所著名的侨校——"中华三民联校"。到2011年，该校有教师130人，学生1280人，在秘鲁全国综合教育水平评比中名列前茅。③这些侨校主要以教授汉语和传播中华文化为主要任务，当然，为了增加学生对于中国传统文化的兴趣，还会举办各种有中国传统特色的文

---

① 范剑青：《秘鲁华人地位高，但在其他拉美国家，华人还没真正融入当地社会》，《环球时报》，2005年3月28日。

② 《秘鲁中华通惠总局》，中山市外事侨务局、中山市港澳事务局网站，2004年11月6日，http://www.zsnews.cn/ZT/ZSQWJ/2004/11/06/645598.shtml，2015年1月4日登录。

③ 《驻秘鲁使馆出席中华三民联校校庆活动》，中华人民共和国驻秘鲁共和国大使馆网站，2011年10月8日，http://www.fmprc.gov.cn/ce/cepe/chn/sghd/t867312.htm，2015年1月4日登录。

体活动，这些活动连同教学为推动中华文化的传播和华人裔群融入当地文化发挥了重要作用。在华文传媒方面，秘鲁有三大华文报社，分别是《秘华商报》、《新世界日报》、《国际日报》。这些报刊都拥有相当大的阅读群体，并辐射到周边国家，成为服务侨团，传播文化的重要窗口。除了传统的华文媒介之外，2007年6月，秘鲁第一华人中文网站"秘鲁通"开通。这个网站由旅秘新侨创建，得到了中国驻秘鲁使馆、旅秘华人社会团体和有关人士的大力支持。[①]

随着华人经济的发展，华人裔群社会地位得到进一步提高。各种华人团体开展的活动在传播文化的同时展现出了一个族群的传统意识和自信心态。这种自信一方面来自对传统文化的某种文化自觉意识，一方面又来自于本土社会文化的接受和包容，这必将推动以汉民族为主的华人裔群更好地融入当地社会之中，以一个特殊族群的言语和社会实践，在日常生活中进行文化传播的事业。

第四节　小结

拉丁美洲地大物博，物产丰饶，自殖民时期以来，一直是人口频繁迁移流动的区域，这一特点造就了拉美各国族际通婚的普遍性和某种程度的种族相对宽容的人文环境。物产丰饶，地广人稀客观上为移民的拓殖提供了物质基础，种族相对宽容为移民更好地融入本土社会和文化做了铺垫。具体而言，这些因素对于汉民族移民的移入提供了如下条件。第一，拉丁美洲的移民环境相对宽松，这主要体现在拉美国家作为第三世界国家，本身没有欧美国家历史上所采取的诸如移民配额制等严格的移民制度，移民政策有利于外来移民的定居、从业和发展。第二，拉美国家在历史上就是一个国际移民的区域，殖民时期以来发生过多次规模较大的人口迁徙活动，包括首批西班牙、葡萄牙

---

① 孟可心：《秘鲁〈新视野〉评出2007年秘鲁侨界十大新闻》，广东侨网，2008年1月3日，http://www.qb.gd.gov.cn/qw2index/2006xwzx/2006xwzxgl/200801030001.htm，2015年1月4日登录。

的白人移民,以及从非洲和亚洲各地掠夺而来的奴隶。直到现在,拉美诸如墨西哥、古巴等国向美国和加拿大等国移民的现象仍然非常普遍。据统计,到2000年,移居美国的外来移民将近3000万,其中55%为拉丁美洲的移民。[①]移民的普遍和历史渊源使得这一区域的人口流动成为常态,在自身向外输出移民的同时,也吸引其他国家和地区的移民前来。第三,频繁的人口迁徙,造成族际通婚等现象,各种语言、文化在一个"大熔炉"中得到涵化,文化的包容性和互补性相对较高,族群之间的包容性也相对较强,客观上为包括华人在内的移民创造了一个宽松的人文环境。

除了上述因素外,拉丁美洲的汉民族移民也通过各种路径提升自身社会地位,加速融入当地社会之中。首先,拉美各国以汉民族移民为主的华人裔群扎根异域,开拓进取,在经济上取得了相当大的成就,经济的成功是其他各项活动开展的重要保障。初次踏上这片异域他乡的早期移民基本上都是不名一文、生活处境极端悲惨、生命毫无保障的契约华工,生存都是一个问题,此时是不会主动去适应和影响当地社会的。时过境迁,华人裔群在经济地位获得极大提升的同时,社会、政治、文化方面的影响力也逐渐得到发挥,这与经济的发展成正比关系。其次,经济的发展,有力地促成了各种华人社团的活动,通过成立社团,加强联系,客观上起到了文化传承和交流的作用,并且也获得了一种必要的身份意识。最后,随着中国的崛起,国家的强盛,客观上也为拉美华人裔群经济、政治、社会和文化的发展起到了有力的促进作用,进一步拓展了以汉民族为主的华人裔群在拉美各国的生存与发展空间。

---

① 丘立本:《拉丁美洲与加勒比地区的国际移民——兼论中国移民的生存发展空间》,第3页。

第8章

结 语

公元前21世纪左右，夏部落在黄河中游河洛流域的黄土地带首先崛起，开启了汉民族的发展轨迹。春秋战国时期，中原地区的夏、商、周、楚、越诸族以及周边的非中原地区民族相互融合，形成汉民族的前身——华夏民族。及至秦始皇时期，华夏民族获得统一，此后汉承秦制，华夏民族发展转化成为汉族。[①]自此之后，作为中国的主体民族，汉族与周边国家和海外其他国家和地区开始有所往来，在此过程中，汉民族移民也开始走出中原地区，甚至出洋，前往其他国家，成为移民海外的开拓者。

在移民海外两千多年的历史发展进程中，汉民族的足迹踏遍各个大洲。随着15世纪末期美洲大陆"成为"世界的一部分，真正意义上的"全球史"才正式启动。劳动力国际人口流动也随着西方国家的海外拓殖和全球贸易的发展而逐渐形成并加速发展。汉民族移民作为劳动力国际人口流动中的重要组成部分，顺应市场的发展趋势，在不同时期以不同规模迁移至世界各地。虽然在不同国家、不同地区，汉民族移民的境遇有所不同，但其移民过程和运行轨迹与全球和区域政治、经济、军事格局的发展变化息息相关，因此在进行汉民族国际移民研

---

① 徐杰舜主编：《中国汉族通史》（第一卷），银川：宁夏人民出版社，2012年版，第186页。

究时，应当将其置于全球或区域语境中加以考察。

目前世界格局正在向多极化发展，中国作为新兴大国正在广泛、深入参与国际和区域建设，期间必然涉及大量人员流动和往来，这为新时期汉民族的国际移民提供了更多的机会和更加宽松的环境。改革开放至今，汉民族移民海外的人口规模逐渐增大，近些年来，也呈现出一些新的发展趋势。

首先，汉民族的移民来源地更加多元化。早期移民多来自中国大陆南部沿海地区以及香港和台湾地区，近些年来，大量移民来自全国不同省、市、自治区，总体上讲来源地更加分散，尽管存在迁移至某个目标国的移民可能多集中来自国内某个地区的情况。

其次，移民目标国也变得更加多元。汉民族国际移民不再仅仅限于有悠久移民传统的东南亚国家，或经济状况较好的发达国家。近些年来，移居非洲、拉丁美洲发展中国家的汉民族移民数量明显上升，这是近十多年来的新现象。去往发展中国家的汉民族多以利用当地的商机或市场潜力为主要目的，或投资或经营或务工，但一般以短期居留为多，少有移民定居的打算。随着中非合作论坛、中拉合作论坛的定期举行，随着中国企业在这些地区的投资不断加大，在未来几十年间，汉民族向这些地区流动的规模仍将继续扩大。

第三，由于中国的迅速崛起，一些本已移居发达国家的汉民族移民开始出现回流的现象。这也是市场这支"看不见的手"在发挥作用。中国市场潜力巨大，所产生的吸引力和吸附力与一些守城国家疲软无力、缺乏生机的经济状况形成对比，吸引着有进取精神的来自世界各地的不同群体，也包括已经移居发达国家的汉民族移民。因此在近十几年在一些发达国家出现了永久离境和回流中国的新现象。

新时期和新形势下汉民族国际移民所出现的新现象已开始受到国际社会和国内外众多学者的关注。研究国际移民中的汉民族，既包括汉民族移民世界不同国家和地区的历史，更为重要的是中国实行改革开放以来的现状。其研究意义，除了更为"终极"的目的，即汤因比在论及历史研究的目的时所提出的历史研究给我们人类一种安全感，同时更为重要的是其具有的现实意义，该研究能够为更为透彻地了解新时期所产生的新现象以及如何应对在此过程中可能出现的危机提供操作性强的建议，并进而为中国文化走向世界发展战略的实施以及有效传播中国声音、构建中国国家形象提供历史借鉴。

当然，研究国际移民中的汉民族相较于研究国际移民中的华侨华人来说，应该说是更细致了一层。在当今海外华人裔群研究尤其是主要移民目的地的研究较为全面和成熟的情况下，汉民族国际移民研究将与少数民族国际移民研究、对来自中国某一地区，如侨乡移民的研究等等领域形成交叉互补。对于研究民族认同、国家认同、文化涵化等都将提供较为新颖的视角。当然，由于国际人口迁移所具有的长期性、流动性、跳跃性等特征，加之不同国家、地区在进行人口统计和出入境人口统计时基本都是根据移民人口的国籍，而非来源国国内的民族身份进行，因此汉民族或者少数民族国际移民在量的研究方面可以参考的可靠数据仍然匮乏。在此种情况下，人类学民族志所进行的更偏重于质的研究无疑将是一种非常有效的补充。尽管民族志研究很难穷尽汉民族移民世界各地所形成的大小社区，但以点带面式的重点项目研究将呈现出一幅比较清晰的"深描式"图景。尤其是对于一些传统海外华人裔群研究相对薄弱的国家和地区，如非洲和拉丁美洲等，此种研究亦将对汉民族移民更快更顺利地融入当地社会和文化提供借鉴，也将为中国对外经济战略的顺利实施提供助益。

参考文献

[美]亚当·麦基翁:《用概念思考华人裔群(1842—1949)》,陈晓光译,载周南京主编:《华侨华人百科全书·总论卷》,北京:中国华侨出版社,2002年版。

[英]彭轲:《欧洲华侨华人概况》,李明欢译,《华侨华人历史研究》,1997年第2期。

T. 克里斯托弗·杰斯普森:《美国的中国形象(1931—1949)》,姜智芹译,南京:江苏人民出版社,2010年版。

安娜李·萨克瑟尼安:《美国新移民企业家调查报告》,侯燕俐译,《中国企业家》,2007年第6期。

奥新:《澳大利亚留学生贡献166亿 中国学生为"大金主"》,《人民日报海外版》,2015年2月7日,第5版。

白俊杰:《巴西华人华侨概述》,载周南京主编:《华侨华人百科全书·历史卷》,北京:中国华侨出版社,2002年版。

白俊杰:《墨西哥华侨华人概述》,载周南京主编:《华侨华人百科全书·历史卷》,北京:中国华侨出版社,2002年版。

白俊杰:《牙买加华侨华人概述》,载周南京主编:《华侨华人百科全书·历史卷》,北京:中国华侨出版社,2002年版。

白寿彝总主编,白寿彝主编:《中国通史》(第一卷),《导论》,上海:上海人民出版社,2004年版。

白寿彝总主编,龚书铎主编:《中国通史》(第十一卷),《近代前编(1840—1919)》(上册),上海:上海人民出版社,2004年版。

包乐史:《中荷交往史》,庄国土、程绍刚译,路口店出版社,1989年版。

蔡仁龙等:《东南亚著名华侨华人传》(第一集),北京:海洋出版社,1989年版。

曹云华、张彦:《中国的海外利益:华侨华人的角色扮演》,《暨南学报(哲学社会科学版)》,2012年第10期。

潮龙起:《美国华人史(1848—1949)》,济南:山东画报出版社,2010年版。

陈碧笙:《世界华侨华人简史》,厦门:厦门大学出版社,1991年版。

陈菲:《现代化事业中的华人华侨与中国的关系》,《八桂侨刊》,2002年第3期。

陈凤兰:《文化冲突与跨国迁移群体的适应策略——以南非中国新移民群体为例》,《华侨华人历史研究》,2011年第3期。

陈汉才:《容闳评传》,广州:广东高等教育出版社,2008年版。

陈翰笙主编:《华工出国史料汇编》(第一辑),北京:中华书局,1981年版。

陈翰笙主编:《华工出国史料汇编》(第三辑),北京:中华书局,1981年版。

陈翰笙主编:《华工出国史料汇编》(第四辑),北京:中华书局,1981年版。

陈翰笙主编:《华工出国史料汇编》(第五辑),北京:中华书局,1984年版。

陈翰笙主编:《华工出国史料汇编》(第六辑),北京:中华书局,1984年版。

陈翰笙主编:《华工出国史料汇编》(第七辑),北京:中华书局,1984年版。

陈翰笙主编:《华工出国史料汇编》(第九辑),北京:中华书局,

1984年版。

陈翰笙主编:《华工出国史料汇编》(第十辑),北京:中华书局,1984年版。

陈鸿鹏:《福建旅意侨领引出一个意大利华人社区》,《福建侨报》,2001年8月9日。

陈匡民编著:《美洲华侨通鉴》,纽约:美洲华侨文化社,1950年版。

陈匡民编著:《美洲华侨通鉴》,载陈翰笙主编:《华工出国史料汇编》(第六辑),北京:中华书局,1984年版。

陈里特:《欧洲华侨生活》,《海外月刊》,1933年第8期。

陈烈甫:《华侨学与华人学总论》,台北:台湾商务印书馆,1987年版。

陈旋波:《华文教育的历史、现状及在世界"汉语热"背景下的境遇》,载丘进主编:《华侨华人研究报告(2011)》,北京:社会科学文献出版社,2011年版。

陈依范:《美国华人》,北京:工人出版社,1985年版。

陈依范:《美国华人史》,北京:世界知识出版社,1987年版。

陈泽宪:《十九世纪盛行的契约华工制》,《历史研究》,1963年第1期。

程晶:《华侨华人与中国软实力在巴西的提升》,《湖北大学学报(哲学社会科学版)》,2012年第6期。

程曼丽:《海外华人传媒研究》,北京:新华出版社,2001年版。

池莲子:《荷兰华人的历史、现状及问题》,《汕头大学学报(人文科学版)》,1998年第3期。

崔亚平:《从历史经济学的角度分析俄罗斯远东地区的中国移民》,《人口与经济》,2003年第6期。

崔志鹰等:《韩国华侨社会调研》,载中国朝鲜史研究会编:《朝鲜·韩国历史研究》(第十四辑),2013年版。

代帆:《东南亚的中国新移民及其影响》,《东南亚研究》,2011年第2期。

戴二彪:《二十一世纪的日本华侨华人》,载丘进主编:《华侨华人研究报告（2013）》，北京：社会科学文献出版社，2014年版。

戴二彪、彭雪：《二十一世纪的韩国华侨华人》，载丘进主编：《华侨华人研究报告（2013）》，北京：社会科学文献出版社，2014年版。

戴楠：《欧洲华人移民及其母语传媒研究——以英、法两国华人社会为例》，载王晓萍、刘宏主编：《欧洲华侨华人与当地社会关系：社会融合·经济发展·政治参与》，广州：中山大学出版社，2011年版。

邓兰华：《俄罗斯华人华企的现状及其与当地经济的冲突》，载王晓萍、刘宏主编：《欧洲华侨华人与当地社会关系：社会融合·经济发展·政治参与》，广州：中山大学出版社，2011年版。

丁大伟：《华侨华人在西班牙展现新形象》，《人民日报》，2013年4月30日，第3版。

董悦华：《1910年以来的非洲华人及其与中国的关系》，《山东师大学报（社会科学版）》，1994年第2期。

杜莉：《法国第一批华人移民》，《法国研究》，1998年第2期。

恩格斯：1894年11月10日恩格斯给佐尔格的信，载《马克思、恩格斯论中国》，北京：人民出版社，1957年版。

范剑青：《秘鲁华人地位高，但在其他拉美国家，华人还没真正融入当地社会》，《环球时报》，2005年3月28日。

方积根编：《非洲华侨史资料选辑》，北京：新华出版社，1986年版。

飞翼：《加拿大第一位华人女总督伍冰枝》，《武汉文史资料》，2000年第5期。

《非洲时报》，载夏春平主编：《世界华文传媒年鉴：2006》，北京：中国新闻社、世界华文传媒年鉴社，2007年版。

冯天瑜等：《中华文化史》，上海：上海人民出版社，1990年版。

冯自由：《中华民国开国前革命史（上编）》，上海：中国文化服务社，1946年版。

弗拉基米尔·波尔加可夫：《俄罗斯中国新移民现状及其课题研究》，陈小云译，《华侨华人历史研究》，2005年第2期。

福建师范大学历史系华侨史资料选辑组：《晚清海外笔记选》，北京：海洋出版社，1983年版。

高伟浓:《拉丁美洲华侨华人移民史、社团与文化活动远眺》,广州:暨南大学出版社,2012年版。

高伟浓、徐珊珊:《巴西华人社团的类型以及发展特色——以20世纪80年代之后成立的社团为主》,《八桂侨刊》,2013年第6期。

耿学鹏:《黄英贤成为首位华裔部长》,《羊城晚报》,2007年11月30日。

龚伯洪编著:《广府华侨华人史》,广州:广东高等教育出版社,2003年版。

龚咏梅:《孔飞力90年代中期以来的新课题——关于海外华人移民史研究》,《探索与争鸣》2004年第5期。

顾海:《十七世纪前东南亚华侨的职业》,《福建论坛(文史哲版)》,1994年第2期。

顾炎武:《天下郡国利病书》(卷96),引傅元初:请开洋禁疏。

桂世勋:《海外华侨华人及其对祖(籍)国的贡献》,载丘进主编:《华侨华人研究报告(2011)》,北京:社会科学文献出版社,2011年版。

郭剑波:《浙南华侨华人与中欧文化交流》,《浙江师范大学学报》,2013年第4期。

郭梁:《两次世界大战之间的东南亚华人移民与经济》,《八桂侨史》,1994年第1期。

郭世宝、唐·德沃兹:《加拿大华人新移民的变迁》,王峥译,《八桂侨刊》,2014年第3期。

郭玉聪、庄国土:《福州赴日新移民的增长态势及其主要原因——以福清市为例》,《南洋问题研究》,2008年第2期。

国务院侨办侨务干部学校编著:《华侨华人概述》,北京:九州出版社,2005年版。

海颠:《菲律宾与中国》,刘聘业译,《南洋问题资料译丛》,1957年第3期。

韩震:《全球化时代的华侨华人文化认同的特点》,《扬州大学学报(人文社会科学版)》,2009年第1期。

郝贵远:《清政府就排华问题与美国的交涉》,载中国美国史研究会:《美国史论文集(1981—1983)》,北京:三联书店,1983年版。

贺鉴、黄小用:《非洲华文教育浅探》,《比较教育研究》,2001年第12期。

贺江枫:《朝鲜半岛的中国租界——以1884至1894年仁川华商租界为个案研究》,"述往而通古今,知史以明大道——第七届北京大学史学论坛"论文集,北京:北京大学,2011年。

《华侨华人百科全书》编辑委员会:《总序》,载周南京主编:《华侨华人百科全书·总论卷》,北京:中国华侨出版社,2002年版。

华侨华人蓝皮书编委会,李明欢执笔:《国际移民大趋势与海外侨情新变化》,载丘进主编:《华侨华人研究报告(2011)》,北京:社会科学文献出版社,2011年版。

华侨华人蓝皮书编委会,王志章执笔:《全球华侨华人:中国国家软实力建设中一支不可或缺的力量》,载丘进主编:《华侨华人研究报告(2012)》,北京:社会科学文献出版社,2012年版。

黄定天、赵俊亚:《俄罗斯远东地区中国移民状况述论》,《人口学刊》,2006年第5期。

黄鸿钊:《加拿大华人社会的变迁》,《史学月刊》,1996年第6期。

黄昆章:《二战后加拿大华人人口结构与经济概况》,《八桂侨刊》,2001年第3期。

黄昆章:《加拿大的香港移民》,《华侨华人历史研究》,1996年第4期。

黄昆章:《加拿大平反华人人头税》,《华人世界》,2006年第8期。

黄昆章:《印尼华侨华人史(1950至2004年)》,广州:广东高等教育出版社,2005年版。

黄昆章、吴金平:《加拿大华侨华人史》,广州:广东高等教育出版社,2001年版。

黄绍湘:《美国通史简编》,北京:人民出版社,1979年版。

黄时鉴主编:《中西关系史年表》,杭州:浙江人民出版社,1994年版。

黄振灵:《旅美"印支"华人的形成和发展》,《八桂侨史》,1991

年第4期。

黄之豪:《宏志铸辉煌》,《人民日报·海外版》,1997年8月13日。

黄宗智:《明清以来的乡村社会经济变迁——历史、理论与现实》(卷三),《超越左右:从实践历史探寻中国农村发展出路》,北京:法律出版社,2013年版。

贾海涛、石沧金:《海外印度人和海外华人国际影响力比较研究》,济南:山东人民出版社,2007年版。

贾益民主编:《华侨华人研究报告(2014)》,北京:社会科学文献出版社,2014年版。

江振鹏、丁丽兴:《嬗变中的"他者"形象:论后苏哈托时代印尼当地社会华族观》,《东南亚研究》,2012年第6期。

杰弗里·卡尔顿:《加拿大与华人移民》,周添成译,《南洋资料译丛》,1988年第4期。

杰克·古迪:《食物、烹饪与阶级》,王荣欣等译,台北:广场出版社,2010年版。

卡琳·杰拉西莫夫:《法国移民政策与近五年华人移民》,陈欣译,《华侨华人历史研究》,2000年第1期。

康海玲:《福建地方戏曲在马来西亚》,《文艺研究》,2004年增刊。

孔飞力:《叫魂:1768年的中国妖术大恐慌》,陈兼、刘昶译,上海:上海三联书店,1999年版。

孔远志:《〈满剌加国译语〉——华人编纂的第一部马来语汉语词典》,《东南亚研究》,1992年第1期。

拉林:《俄罗斯的华人移民——社会问卷调查研究》,阎国栋译,《华人华侨历史研究》,2009年第3期。

李·E.威廉斯:《东南亚华人的过去与现在》,康涛译,《南洋资料译丛》,1978年第4期。

李安山:《非洲华侨华人史》,北京:中国华侨出版社,2000年版。

李安山:《中国华侨华人研究的历史与现状概述》,载周南京主编:《华侨华人百科全书·总论卷》,北京:中国华侨出版社,2002年版。

李安山:《少数民族华侨华人:迁移特点、辨识标准及人数统计》,

《华侨华人历史研究》，2003年第3期。

李安山：《生存、适应与融合：牙买加华人社区的形成与发展》，《华侨华人历史研究》，2005年第1期。

李安山：《20世纪中国的非洲研究》，《国际政治研究》，2006年第4期。

李安山：《中国援外医疗队的历史、规模及其影响》，《外交评论》，2009年第1期。

李安山：《拉丁美洲华侨华人的生存、适应与融合》，载丘进主编：《华侨华人研究报告（2013）》，北京：社会科学文献出版社，2014年版。

李长傅：《中国殖民史》，北京：商务印书馆，1998年版。

李长傅：《中国殖民史》，上海：上海科学技术文献出版社，2014年版。

李长久、施鲁佳：《中美关系二百年》，北京：新华出版社，1984年版。

李传勋：《俄罗斯远东市场研究》，北京：社会科学文献出版社，2004年版。

李春辉、杨生茂主编：《美洲华侨华人史》，北京：东方出版社，1990年版。

李东海：《加拿大华侨史》，台北：自由出版社，1967年版。

李国梁：《再谈华侨华人经济研究的几个问题》，《八桂侨刊》，2013年第1期。

李国卿：《华侨资本的形成和发展》，郭梁、金永勋译，福州：福建人民出版社，1984年版。

李吉奎：《杨衢云与近代中国民主革命》，《中山大学学报（社会科学版）》，1997年第6期。

李京生：《法国华人参政新局面》，《侨务工作研究》，2008年第4期。

李靖宇、林靖：《俄罗斯远东区域开发中的中国移民问题探讨》，《西伯利亚研究》，2012年第2期。

李连广：《1848—1882年华人移民美国原因探析》，《黑龙江教育学院学报》，2005年第6期。

李林林:《日本的外国人政策和法规》,北京:人民法院出版社,1993年版。

李敏:《俄罗斯远东地区中国移民的发展及现状》,《齐齐哈尔大学学报》,2010年第2期。

李明欢:《战后西欧华人社会发展变化初探》,《华侨华人历史研究》,1992年第1期。

李明欢:《华人移民荷兰开端考》,《八桂侨史》,1993年第1期。

李明欢:《战后世界人口的增长与华人海外移民》,《华侨华人历史研究》,1993年第1期。

李明欢:《战前中国人移居西欧历史考察》,《华侨华人历史研究》,1999年第3期。

李明欢:《20世纪西方国际移民理论》,《厦门大学学报(哲学社会科学版)》,2000年第4期。

李明欢:《第二次世界大战期间的旅欧华侨》,《华侨华人历史研究》,2001年第4期。

李明欢:《欧洲华侨华人史》,北京:中国华侨出版社,2002年版。

李明欢:《法国的中国新移民人口构成分析——以传统、制度与市场为视角》,《厦门大学学报(哲学社会科学版)》,2008年第3期。

李明欢:《当代西方国际移民理论再探讨》,《厦门大学学报(哲学社会科学版)》,2010年第2期。

李鹏涛:《中非关系的发展与非洲中国新移民》,《华侨华人历史研究》,2010年第4期。

李其荣:《华人新移民研究评析》,《东南亚研究》,2007年第5期。

李其荣:《新华侨华人的职业结构及其影响因素——美国与加拿大的比较》,《东南亚研究》,2008年第2期。

李其荣:《欧洲华侨华人社会的趋势变化和主要问题》,载王晓萍、刘宏主编:《欧洲华人华侨与当地社会关系:社会融合·经济发展·政治参与》,广州:中山大学出版社,2011年版。

李其荣:《华侨华人在海外传播中华文化新探》,《广西民族大学学报(哲学社会科学版)》,2013年第2期。

李慎明等主编:《2007年全球政治与安全报告》,北京:社会科学文献出版社,2007年版。

李胜生:《加拿大的华人与华人社会》,宗力译,香港:三联书店,1992年版。

李随安:《评〈中国人在俄罗斯〉兼论其他》,《华侨大学学报(哲学社会科学版)》,2010年第4期。

李文治:《中国近代农业史资料》(第1辑),上海:新知三联书店,1957年版。

李小丽:《中国海外移民情况述评》,载李慎明等主编:《2007年全球政治与安全报告》,北京:社会科学文献出版社,2007年版。

李星、周骁毅:《中国对非洲制造业投资:问题与对策》,《国际经济合作》,2012年第7期。

李学民、黄昆章:《印尼华侨史》,广州:广东高等教育出版社,2008年版。

李原、陈大璋:《海外华人及其居住地概况》,北京:中国华侨出版社,1991年版。

李志华:《里昂中法大学话旧》,《旅法华侨俱乐部二十周年纪念特刊,1972—1992》。

李卓凡:《西印度洋华侨史》,1981年,转引自方积根编:《非洲华侨史资料选辑》,北京:新华出版社,1986年版。

梁碧莹:《美国与中国的"苦力"贸易——兼论十九世纪中国旅美"苦力"华工》,《中山大学学报(哲学社会科学版)》,1985年第1期。

梁茂信:《1940—1990年美国移民政策的变化与影响》,《美国研究》,1997年第1期。

梁启超:《日本横滨中国大同学校缘起》,《饮冰室文集》(卷17)。

梁斯琳等:《友好走进非洲——中国对非洲投资的决定因素》,《金融经济》,2014年第10期。

廖大珂:《意大利华人现状》,《八桂侨史》,1995年第2期。

廖大珂:《福建海外交通史》,福州:福建人民出版社,2002年版,第472页。

廖建裕:《现阶段的印尼华族研究》,新加坡教育出版社,1978年版。

廖建裕:《爪哇土生华人政治》,李学民等译,北京:中国友谊出版公司,1986年版。

廖小建:《战后各国华侨华人政策》,广州:暨南大学出版社,1995年版。

廖遇常:《法国华人经济和职业活动》,杨保筠译,《华侨华人历史研究》,1990年第4期。

廖遇常:《法国华侨华人社会发展的历程》,《华人华侨历史研究》,1991年第3期。

廖遇常:《法国华人一百年》,法国共忆协会,1994年。

林金枝:《毛里求斯的华人社团》,《八桂侨史》,1995年第2期。

林联华:《美国华商现状探析》,《亚太经济》,2010年第5期。

令湖萍:《十九世纪中国妇女移民美国动机初探》,《美国研究》,1999年第1期。

刘伯骥:《美国华侨史续编》,台北:台湾黎明文化事业公司,1981年版。

刘宏、侯佳奇:《当代英国华人社会与政治参与:以2010年大选为中心》,载王晓萍、刘宏主编:《欧洲华侨华人与当地社会关系:社会融合·经济发展·政治参与》,广州:中山大学出版社,2011年版。

刘建彪:《对战后东南亚华侨华人再移民现象的探讨》,《八桂侨刊》,2000年第1期。

刘可伟主笔:《不老的传说,蒂华纳华侨协会百年简史》(2003年初稿),据圣地亚哥新闻中心,2011年9月14日。

刘世扬:《清末华侨政策转变初探》,《贵州师范大学学报》,1989年第3期。

刘涛、卜君哲:《俄罗斯远东开发与华人华侨(1860—1941年)》,《延边大学学报》,2010年第2期。

龙大为、张洪云、登高:《从边缘走向主流——新移民与北美华人经济发展新动向》,《华侨华人历史研究》,2011年第2期。

陆国俊:《中国的华侨·美洲》,北京:中国国际广播出版社,2010年版。

陆路:《中国人去国外种地》,《侨园》,2005年第1期。

陆伟芳:《新闻媒体眼中的华人移民形象——20世纪上半叶的英国华人》,《华侨华人历史研究》,2002年第2期。

罗晃潮:《日本华侨史》,广州:广东高等教育出版社,1994年版。

麦礼谦:《从华侨到华人——二十世纪美国华侨社会发展史》,香港:三联书店有限公司,1992年版。

梅显仁:《华人移居非洲溯源》,《八桂侨史》,1998年第2期。

米格尔·张:《地中海晓风残月——一个华裔电影人的浮生札记》,北京:新星出版社,2008年版。

《欧洲头号华人蛇头落网》,《新闻晨报》,2000年12月17日。

潘兴民、陈弘主编:《转型时代的移民问题》,上海:上海人民出版社,2010年版。

彭家礼:《历史上的华工出国》,《近代史研究》,1984年第6期。

强晓云:《试论国际移民与国家形象的关联性——以中国在俄罗斯的国家形象为例的研究》,《社会科学》,2008年第7期。

丘进主编:《华侨华人研究报告(2011)》,北京:社会科学文献出版社,2011年版。

丘进主编:《华侨华人研究报告(2012)》,北京:社会科学文献出版社,2012年版。

丘进主编:《华侨华人研究报告(2013)》,北京:社会科学文献出版社,2014年版。

丘立本:《从世界角度研究近代中国移民问题刍议》,《世界历史》,1986年第3期。

丘立本:《从世界看华人》,香港:南岛出版社,2000年版。

丘立本:《拉丁美洲与加勒比地区的国际移民——兼论中国移民的生存发展空间》,《华侨华人历史研究》,2007年第1期。

丘守愚:《二十世纪之南洋》,北京:商务印书馆,1934年版。

阮西湖:《澳大利亚民族志》,西宁:青海人民出版社,1987年版。

塞缪尔·亨廷顿:《文明的冲突与世界秩序的重建》,周琪等译,北京:新华出版社,2002年版。

塞缪尔·亨廷顿:《我们是谁?——美国国家特性面临的挑战》,程克雄译,北京:新华出版社,2005年版。

桑艳东:《契约华工在南非(1904—1910)——兼论南非华、印侨工之比较》,《华侨华人历史研究》,2001年第1期。

涩谷司:《日本的唐人街》,乔云编译,《南洋资料译丛》,2013年第3期。

沙丁:《清季我国和一些拉美国家的首次建交及其影响》,《拉丁美洲史论文集》,北京:东方出版社,1986年版。

商务印书馆编译所编:《国际条约大全》,北京:商务印书馆,1924年版。

沈殿成:《俄远东地区的中国人》,《侨园》,2005年第5期。

沈红芳:《全球经济衰退对东南亚经济的影响及危机应对》,《南洋问题研究》,2000年第3期。

沈立新主编:《华侨华人百科全书·社区民俗卷》,北京:中国华侨出版社,2000年版。

沈已尧:《海外排华百年史》,北京:中国社会科学出版社,1985年版。

石沧金:《衰微中的坚持与努力——毛里求斯华人社会发展动态考察与分析》,《东南亚研究》,2014年第1期。

石毅:《从家长制到自由放任——美国政府种族政策研究》,北京:中国社会科学出版社,2007年版。

石毅:《美国早期来华传教士与美国的中国学》,《外交评论》,2014年增刊。

《史诺先生介绍非洲华侨史概况》,《华侨历史学会通讯》,1982年第2期

《书写南非华人史的中国女性》,《人民日报海外版》,2002年4月11日第5版。

舒心城:《近代中国留学史》,北京:中华书局,1928年版。

宋哲美:《林绍良传》,香港:香港东南亚研究所,1983年版。

苏小美:《奔向中南美洲:东莞凤岗镇黄洞村新移民研究》,《八桂侨刊》,2013年第1期。

孙光英:《华人在古巴》,《炎黄春秋》,2004年第10期。

孙兴盛:《欧洲华文报刊世纪谈》,《国际新闻界》,1994年第4期。

台湾"侨务委员会"编:《华侨经济年鉴》,台北:台湾"侨务委员会",1968年版。

台湾"侨务委员会"编:《华侨经济年鉴》,台北:台湾"侨务委员会",1994年版。

谭天星:《现代中国少数民族人口境外迁移初探——以新疆、云南为例》,《华侨华人历史研究》,1995年第2期。

唐慧:《印度尼西亚历届政府华侨华人政策的形成与演变》,北京:世界知识出版社,2006年版。

田涛、邓秦:《大清律例》,北京:法律出版社,1999年版。

童家洲:《浅析林绍良对印尼经济的贡献》,《八桂侨史》,1995年第2期。

瓦特·斯图凡特:《秘鲁华工史》,张铠等译,北京:海洋出版社,1985年版。

王波:《肯尼迪总统的黑人民权政策研究》,上海:上海人民出版社,2002年版。

王春光:《华侨华人社团的"拟村落化"现象——荷兰华侨华人社团案例调查和研究》,《华侨华人历史研究》,2010年第3期。

王春光、白夏:《温州人在巴黎:一种独特的社会融入模式》,《中国社会科学》,1999年第6期。

王赓武:《"华侨"一词起源诠释》,载王赓武主编:《东南亚与华人——王赓武教授论文选集》,北京:中国友谊出版公司,1987年版。

王赓武主编:《东南亚与华人——王赓武教授论文选集》,北京:中国友谊出版公司,1987年版。

王光华:《希腊华人》,《八桂侨刊》,2004年第5期。

王焕芝:《新时期华侨华人文化的特征》,《教育评论》,2008年第

1期。

王嘉惠:《林绍良：印尼红顶商人的财富历程》,《中国林业产业》,2012年第8期。

王敬诚:《拂去历史的蒙尘——悼念长眠在法兰西地下的华工》,《参考消息》,2002年4月2日。

王立新:《在龙的映衬下：对中国的想象与美国国家身份的建构》,《中国社会科学》,2008年第3期。

王丽芝:《加拿大华人移民政策的演变及其原因》,《华侨华人研究》,1989年第1期。

王曙光:《多伦多华人商业的发展演变及其社会影响》,《华侨华人历史研究》,2014年第4期。

王铁崖:《中外旧约章汇编》(第一册),北京：三联书店,1957年版。

王铁志、吴金光:《澳大利亚的多元文化政策》,《民族研究》,1996年第1期。

王望波、庄国土编著:《2008年海外华侨华人概述》,北京,世界知识出版社,2010年版。

王望波、庄国土编著:《2009年海外华侨华人概述》,北京：世界知识出版社,2011年版。

王希:《多元文化主义的起源、实践与局限性》,《美国研究》,2000年第2期。

王燕云:《加拿大华人参政》,《人民日报海外版》,2015年1月2日第008版。

王奕轩、陆毅茜、宗力:《从统计数据看当代加拿大华侨华人的人口特征》,《华侨华人历史研究》,2014年第4期。

王志章:《全球华侨华人：中国国家软实力建设中一支不可或缺的力量》,载丘进主编:《华侨华人研究报告（2012）》,北京：社会科学文献出版社,2012年版。

王志章、陈晓青:《北美地区华侨华人族群研究》,载丘进主编:《华侨华人研究报告（2011）》,北京：社会科学文献出版社,2011年版。

魏安国:《从中国到加拿大》,许步曾译,上海:上海社会科学出版社,1988年版。

温家宝:《深化务实合作,促进共同发展——在第四届中非企业家大会开幕式上的讲话》,《人民日报》,2012年7月19日,第2版。

文峰:《欧洲主权债务危机对华侨华人经济的影响及其对策研究》,《东南亚研究》,2012年第2期。

巫乐华主编:《华侨史概要》,北京:中国华侨出版社,1994年版。

吴崇伯:《论印尼华人企业集团的经济转型与新进展》,《东南亚研究》,2008年第2期。

吴凤斌:《契约华工史》,南昌:江西人民出版社,1988年版。

吴凤斌等编:《东南亚华侨通史》,福州:福建人民出版社,1994年版。

吴云:《旅法华人近五十年之奋斗生活》,《东方杂志》1928年第4期。

习近平:《永远做可靠评优和真诚伙伴——在坦桑尼亚尼雷尔国际会议中心的演讲》,《人民日报》,2013年3月26日,第2版。

席越:《每英尺铁轨下就沉睡着一个中国人——一条铁路的叙述史》,《世界文化》,2015年第1期。

厦门大学南洋研究所:《南洋问题译丛》(一),1963年版。

夏尚忠:《和谐与融入:对欧洲华人批发市场建设的一些看法》,载王晓萍、刘宏主编:《欧洲华侨华人与当地社会关系:社会融合、经济发展、政治参与》,广州:中山大学出版社,2011年版。

向大有:《试论少数民族华侨华人问题——现状与历史的分析》,《八桂侨史》,1993年第3期。

向大有:《试论少数民族华侨华人问题——不容否认和忽视的领域》,《八桂侨史》,1993年第4期。

向大有:《20世纪海外华侨华人沧桑巨变》,《八桂侨刊》,2000年第2期。

萧次尹:《非洲华侨经济》,台北:海外出版社,1956年版。

萧良:《欧洲华文传媒发展的历史轨迹》,《欧洲时报》,2003年5

月26日,第18版。

萧乾:《海外行踪》,长沙:湖南人民出版社,1983年版。

萧效钦、李定国:《世界华侨华人经济研究》,汕头:汕头大学出版社,1996年版。

《辛丑各国和约十二款》,载商务印书馆编译所编:《国际条约大全》,北京:商务印书馆,1924年版。

邢树森:《法国华人经济发展的现状与未来》,《八桂侨史》,1999年第2期。

熊勇、严晓鹏:《多国视角下的意大利普拉托华侨华人研究》,《科学咨询》,2008年第8期。

徐爱玲:《欧洲与美洲华商财富分布》,载贾益民主编:《华侨华人研究报告(2014)》,北京:社会科学文献出版社,2014年版。

徐斌:《欧洲华侨经济》,台北:台湾"侨务委员会",1956年版。

徐继畬:《瀛环志略》(卷2),《南洋群岛》,上海:上海书店,2001年版。

徐杰舜主编:《中国汉族通史》(第一卷),银川:宁夏人民出版社,2012年版。

许金顶:《近现代福清侨乡两次移民浪潮初探》,《华侨大学学报(哲学社会科学版)》,2002年第4期。

许爽:《试论林绍良企业集团的发展特点》,《东南亚纵横》,2005年第11期。

许永璋:《毛里求斯的华工和华侨》,《河南大学学报(社会科学版)》,1993年第1期。

许又声:《总结新经验,完善新机制,探讨新举措——在"国外侨务工作经验交流会"上的讲话》,《侨务工作研究》,2009年第3期。

薛君度:《黄兴与中国革命》,杨慎之译,长沙:湖南人民出版社,1980年版。

亚历山大·拉宁:《中国移民在俄国——中国移民对俄国远东发展的贡献》,李宏为译,《历史档案》,1994年第2期。

颜清湟:《澳大利亚华人的历史、现状与将来》,《华侨历史研究》,

1987年第1期。

颜廷:《近年澳大利亚华人新移民离境与回流分析——以澳大利亚移民部相关数据资料为研究中心》,《东南亚研究》,2014年第5期。

杨安尧:《秘鲁华侨华人经济的变化和发展》,《八桂侨史》,1994年第1期。

杨安尧:《略谈拉丁美洲的移民环境》,《八桂侨刊》,2000年第1期。

杨刚、王志章:《美国硅谷华人群体与中国国家软实力构建研究》,《中国软科学》,2010年第2期。

杨力:《澳洲华人新移民的崛起》,《福建论坛》,1996年第4期。

杨茸:《非洲华文媒体的现状及发展态势——以毛里求斯华文媒体的发展和前瞻为例》,载世界华文传媒论坛组委会:《国际话语体系中的海外华文媒体——第六届世界华文传媒论坛论文集》,香港:中国新闻出版社,2011年版。

姚秀芝:《2008年海外华人参政新篇章》,《侨务工作研究》,2009年第4期。

伊本·白图泰:《伊本·白图泰游记》,马金鹏译,银川:宁夏人民出版社,1985年版。

《意大利华侨企业叫当地人又眼红又高兴》,《福建侨报》,2001年9月24日。

《印度尼西亚共和国总统关于印度尼西亚共和国国籍证明书的1980年第2号指示》,载周南京等编:《印度尼西亚华人同化问题资料汇编》,内部资料,1996年。

尹文涓:《法国华人移民的信仰和融入:关于天主教巴黎华人教会的调查》,《福建论坛(人文社会科学版)》,2010年第12期。

《英法非法华人移民现状》,《瞭望新闻周刊》,2004年3月29日第13期。

于国政:《俄罗斯远东地区与中国关系的制约因素分析》,《东欧中亚研究》,2002年第4期。

于琬、李唯、骆克任:《二十一世纪的美国华人》,载丘进主编:《华侨华人研究报告(2012)》,北京:社会科学文献出版社,2012年版。

于晓丽:《俄罗斯远东"中国移民问题"论析》,《华侨华人历史研究》,2006年第4期。

袁颂安:《秘鲁华侨概况》,台北:正中书局,1988年版。

袁艳、张芯瑜:《20世纪上半期古巴侨团述略》,《八桂侨刊》,2013年第1期。

原晶晶:《当代非洲华商的发展战略探析》,《东北师大学报(哲学社会科学版)》,2011年第2期。

原晶晶、杨晓强:《印度尼西亚华人及其资本发展现状》,《东南亚纵横》,2011年第6期。

詹姆斯·阿姆斯特朗:《荷兰东印度公司时期好望角华人》,载方积根编:《非洲华侨史资料选辑》,北京:新华出版社,1986年版。

张红:《200年沉浮:巴西华人的困扰》,《人民日报海外版》,2012年3月2日,第12版。

张俊彦:《古代中国与西亚非洲的海上往来》,北京:海洋出版社,1986年版。

张秋生:《澳大利亚华人社团的历史考察》,《华东师范大学学报(哲学社会科学版)》,1997年第4期。

张秋生:《澳大利亚华人社会的现状与前途》,《世界民族》,1999年第2期。

张秋生:《二战后澳大利亚华人的参政历程》,《世界民族》,2002年第4期。

张秋生:《20世纪八九十年代澳大利亚华人新移民的社会特征——以澳大利亚移民部有关历史档案资料为据》,《历史教学(高校版)》,2007年第3期。

张秋生:《加强大洋洲、南太平洋地区华侨华人问题研究的新思考》,《东南亚纵横》,2012年第9期。

张秋生、张荣苏:《当代澳大利亚华人新移民基本社会特征分析——以澳大利亚移民局、统计局官方统计资料为据》,《东南亚之窗》,2011年第3期。

张象:《古代中非关系研究中的几个问题》,《西亚非洲》,1993年第5期。

张芝联:《1904—1910年南非英属德兰斯瓦尔招用华工事件的真相》,《北京大学学报》,1956年第3期。

章志诚:《近20年来欧洲华侨华人经济的变化》,《八桂侨刊》,2002年第3期。

赵尔巽:《清史稿》(第383卷),北京:中华书局,1976年版。

赵和曼:《试论海外少数民族华人的若干特点》,《南洋问题研究》,2004年第1期。

赵小建:《重建家园:动荡中的美国华人社会(1940—1965)》,上海:复旦大学出版社,2006年版。

珍妮·格尼:《旅英华人大事记》,《丝语》,1988年2月号。

郑家馨:《17世纪至20世纪中叶中国与南非的关系》,《西亚非洲》,1999年第5期。

郑民:《华侨概念、定义问题初探》,载郑民、梁初鸿主编:《华侨华人史研究集》(一),北京:海洋出版社,1989年版。

郑民、梁初鸿主编:《华侨华人史研究集》(一),北京:海洋出版社,1989年版。

中华人民共和国国家统计局:《2010年全国第六次人口普查主要数据公报(第1号)》,2011年4月28日。

周海金:《非洲华侨华人生存状况及其与当地族群关系》,《东南亚研究》,2014年第1期。

周莉:《古巴华社掠影》,《侨务工作研究》,2004年第5期。

周敏:《美国华人社会的变迁》,上海:三联书店,2006年版。

周南京:《华侨华人问题概论》,载周南京主编:《华侨华人百科全书·总论卷》,北京:中国华侨出版社,2002年版。

周南京等编:《印度尼西亚华人同化问题资料汇编》,内部资料,1996年。

周南京主编:《华侨华人百科全书·法律条例政策卷》,北京:中国华侨出版社,2002年版。

周南京主编:《华侨华人百科全书·历史卷》,北京:中国华侨出版社，2002年版。

周南京主编:《华侨华人百科全书·总论卷》，北京：中国华侨出版社，2002年版。

周宁:《孔教乌托邦》，北京：学苑出版社，2004年版。

周望森:《青田石雕及其社会历史意义探析》，载陈学文主编:《浙江华侨历史研究论丛》，内部刊印，1991年。

周用敦、林卫国:《试探有关华侨华人文化的一些问题》,《华人华侨历史研究》，1995年第4期。

周有恒:《郑天华 加拿大第一位华裔国会议员》,《文史天地》，2011年第9期。

周振鹤编著:《汉书地理志汇释》，合肥：安徽教育出版社，2006年版。

朱东芹:《东南亚华侨华人社团的历史与现状》，载丘进主编:《华侨华人研究报告（2011）》，北京：社会科学文献出版社，2011年版。

朱国宏:《论中国人口的国际迁移》,《人口学刊》，1987年第2期。

朱国祯:《涌幢小品》（卷二），转引自罗晃潮:《日本华侨史》，广州：广东高等教育出版社，1994年版。

朱慧玲:《韩国华侨社会的变迁与特点》,《华侨华人历史研究》，1996年第2期。

朱慧玲:《东北亚华侨社会的现状及其未来》,《华侨华人历史研究》，1997年第1期。

朱慧玲:《东北亚华侨华人经济的变迁》,《八桂侨史》，1997年第3期。

朱慧玲:《新疆籍华侨华人在西亚》,《八桂侨史》，1999年第4期。

朱慧玲:《非洲侨情及其特点》,《八桂侨刊》，2002年第1期。

朱杰勤:《十九世纪中期在印度尼西亚的中国华工》,《历史研究》，1961年第3期。

朱杰勤:《中国古代海舶杂考》，载朱学勤编:《中外关系史论文集》，郑州：河南人民出版社，1984年版。

朱杰勤:《东南亚华侨史》，北京：高等教育出版社，1990年版。

朱杰勤主编:《美国华侨史》,广州:广东高等教育出版社,1989年版。

朱显平、李天籽:《俄罗斯东部开发及其与我国东北振兴互动发展的思路》,《东北亚论坛》,2008年第5期。

朱秀杰:《1991年以来俄罗斯的中国移民构成分析》,《人口学刊》,2010年第3期。

朱学勤编:《中外关系史论文集》,郑州:河南人民出版社,1984年版。

庄国土:《"华侨"一词名称考》,载郑民、梁初鸿主编:《华侨华人史研究集》(一),北京:海洋出版社,1989年版。

庄国土:《清初到鸦片战争前夕南洋华侨人口结构》,《南洋问题研究》,1992年第1期。

庄国土:《中南半岛四国华人同化浅议》,《东南亚研究》,1996年第1期。

庄国土:《论中国移民东南亚的四次大潮》,《南洋问题研究》,2008年第1期。

庄国土:《东南亚华侨华人数量的新估算》,《厦门大学学报(哲学社会科学版)》,2009年第3期。

庄国土:《世界华侨华人数量和分布的历史变化》,《世界历史》,2011年第5期。

庄国土、张晶盈:《中国新移民的类型和分布》,《社会科学》,2012年第12期。

庄国土等:《华侨华人分布状况和发展研究》,《侨务工作研究》,2010年第4期。

庄炎林主编:《世界华人精英传略》(大洋洲与非洲卷),北京:百花洲文艺出版社,1994年版。

自曲伟:《俄罗斯民意测验对中国的看法值得注意》,《西伯利亚研究》,2004年第5期。

12 Stat. 340, Act of Feb. 19, 1862.

25 Stat. 504, Act of Oct. 1, 1888.

27 Stat. 25, Act of May 5, 1892.

32 Stat. 176, Act of April 29, 1902.

33 Stat. 428, Act of April 27, 1904.

59 Stat. 659, Act of Dec. 28, 1945.

60 Stat. 339, Act of June 29, 1946.

60 Stat. 975, Act of Aug. 9, 1946.

Archer, Keith M., *Year Book of the Commonwealth of Australia*, Commonwealth Bureau of Census and Statistics, No. 52, 1966.

Australian Bureau of Statistics, "2001 Census of Population and Housing, Time Series Profile", 2003.

Australian Bureau of Statistics, "2011 Census of Population and Housing, Expanded Community Profile", 2012.

Bancroft, Hubert H., *The Works of Hubert Howe Bancroft*, Vol. 14, Hardpress Publishing, 1890/2013.

Barber, James D., *The Presidential Character: Predicting Performance in the White House*, Englewood Cliffs, New Jersey: Prentice-Hall, 1985.

Begg, Alexander, *History of British Columbia: From its Earliest Discovery to the Present Time*, Toronto: William Briggs, 1894.

Bemis, Samuel F., *A Diplomatic History of the U.S.*, 5th ed., New York: Holt, Rinehart & Winston, 1965.

Bestor, Theodore C., *Tsukiji: The Fish Market at the Center of the World*, Berkeley: University of California Press, 2004.

Bobo, Lawrence D. & Ryan A. Smith, "From Jim Crow Racism to Laissez-Faire Racism: The Transformation of Racial Attitudes", in Wendy F. Katkin et al. eds., *Beyond Pluralism: The Conception of Groups and Group Identities in America*, Urbaba & Chicago: University of Illinois Press, 1998.

Bonacich, Edna, "A Theory of Middleman Minorities", in Norman R. Yetman & C. Hoy Steele eds., *Majority and Minority*, Boston: Allyn and

Bacon, Inc., 1982.

Bowman, Larry W., *Mauritius, Democracy and Development in the Indian Ocean*, Colorado: Westview Press, 1991.

Brauer, Carl M., *John F. Kennedy and the Second Reconstruction*, New York: Columbia University Press, 1977.

Bureau of Statistics, *Canada Year Book*, 1914.

Cameron, R. J., *Year Book Australia*, Australian Bureau of Statistics, No. 62, 1977 & 1978.

Choo, Ng Kwee, *The Chinese in London*, Oxford: Oxford University Press, 1968.

Coppel, Charles A., *Indonesian Chinese in Crisis*, Kuala Lumpur: Oxford University Press, 1983.

Davis, John, *People of the Mediterranean, An Essay in Comparative Social Anthropology*, London: Routledge & Kegan Paul Ltd., 1976.

Degler, Carl, *Out of Our Past: The Forces That Shaped Modern America*, New York: Harper, 1959.

Douglas, Mary, *Purity and Danger: An Analysis of Concepts of Pollution and Taboo.* London: Routledge, 2002.

Foster, John W., *Exclusion of Chinese Laborers, 1904*. The speech given in U.S. Senate in 1902.

Fullbrook, David, "Chinese Migrants and The Power of *guanxi*", *Asia Times Online*, July 30, 2004.

Gillen, Mollie, *The Founders of Australia: A Biographical Dictionary of the First Fleet*, Sydney: Library of Australian History, 1989.

Gittins, Jean, *The Diggers From China: The Story of Chinese on the Goldfields*, Melbourne: Quartet Books Australia, 1981.

Gladney, Dru C., "Relational Alterity: Constructing Dungan (Hui), Uygur, Kazakh Identities across China, Central-Asia and Turkey", *History and Anthropology*, Vol. 9, No. 4, 1996, pp. 445—477.

Gordon, Milton M., *Assimilation in American Life*, New York: Oxford

University Press, 1964.

Heek, Frederik van, *Chinese Immgranten in Nederland*, Leiden: E. J. Brill, 1936.

Higham, John, *Strangers in the Land*, New York: Atheneaum, 1963.

Human, Linda, *The Chinese People in South Africa: Freewheeling on the Fringe*, Pretoria: University of South Africa, 1984.

"Immigration", *Australian Encyclopedia*, East Lansing: Michigan State University, 1958.

Lee, Everett S., "A Theory of Migration", *Demography*, Vol. 3, No. 1, 1966, pp. 47—57.

Li, Peter S., *The Chinese in Canada*, Toronto: Oxford University Press, 1988.

Lin, Jan, *Reconstructing Chinatown: Ethnic Enclave, Global Change*, Minneapolis: University of Minnesota Press, 1998.

McConncochie, Keith, David Hollinsworth & Jan Pettman, *Race and Racism in Australia*, Wentworth Falls: Social Science Press, 1988.

McFerson, Hazel M., "'Racial Tradition' and Comparative Political Analysis: Notes Toward a Theoretical Framework", *Ethnic and Racial Studies*, 1979, Vol. 2, No. 4, pp.477—497.

McGowan, Barry, *Fool's Gold: myths and legends of gold seeking in Australia*, Sydney: Lothian Books, 2006.

McKeown, Adam, "Conceptualizing Chinese Diaspora, 1842 to 1949", *Journal of Asian Studies*, Vol. 58, No. 2, 1999, pp. 306—337.

Mevey, Ruth T., ed., *Indonesia*, New Haven: HRAF Press, 1963.

Murray, Robert K., *The 103rd Ballot: Democrats and the Disaster in Madison Square Garden*, New York: Harper & Row, 1976.

Ocean Fleets LTD., "Chinese Seamen", *Brushstrokes: A Collection of British Chinese Writing & Drawing*, Liverpool, 1996.

Odo, Franklin, *The Columbia Documentary History of the Asian American Experience*, New York: Columbia University Press, 2002.

Parker, David, "Chinese people in Britain: Histories, Futures and Identities," in G. Benton eds., *The Chinese in Europe*. Houndmills: Macmilan Press Ltd., 1998.

Ravenstein, Ernst G., "The Laws of Migration", *Journal of the Royal Statistical Society*, Vol. 48, No. 2, 1885, pp. 167—235.

Ravenstein, Ernst G., "The Laws of Migration", *Journal of the Royal Statistical Society*, Vol. 52, No. 2, 1889, pp. 241—305.

Riggs, Fred W., *Pressures on Congress: A Study of the Repeal of Chinese Exclusion*, New York: Columbia University Press, 1950.

Riley, Russell L., *The Presidency and the Politics of Race Inequality*, New York: Columbia University Press, 1999.

Royal Commission on Chinese Immigration Report, Ottawa, 1885.

Scott, Earnest, *A Short History of Australia*, Oxford University Press, 1950.

Statistics Mauritius, "Monthly Tourism Statistics, September 2016", http://statsmauritius.govmu.org/English/Publications/Pages/Monthly-Tourist-Arrival.aspx, 2016-10-10.

Statistics South Africa, *Mid-year Population Estimates, 2016*, August, 2016.

Sung, Betty Lee, *A Survey of Chinese-America Manpower and Employment*, New York: The Prague Press, 1976.

Survey, December, 1993.

"Table 8.7 Population(a), sex and country of birth, states and territories, 1901 Census", 3105.0.65.001 Australian Historical Population Statistics, 2014, Australian Bureau of Statistics.

Takaki, Ronald, *Strangers from A Different Shore: A History of Asian Americans*, New York: Back Bay Books.

The Institute of International Education. *Open Doors 2011: Fast Facts*. 2011.

U.S. Bureau of Census, *History Statistics of the United States, Colonial*

Time to 1957, Washington: Government Printing Office, 1960.

U.S. Bureau of Immigration, *Annual Report of the Commissioner General of Immigration to the Secretary of Labor, 1940—1950*, Washington, D. C.: U. S. Government Printing Office.

U.S. Department of Commerce, *Statistical Abstract of the United States*, Washington D.C.: the U.S. Government Printing Office, 1999.

U.S. Department of Justice, *Annual Report of the Immigration and Naturalization Service, 1946*, Philadelphia: Immigration and Naturalization Service.

U.S. Department of Justice, *Annual Report of the Immigration and Naturalization Service, 1949,* Philadelphia: Immigration and Naturalization Service.

U.S. Department of Justice, *Annual Report of the Immigration and Naturalization Service, 1947—1950*, Philadelphia: Immigration and Naturalization Service.

United Nations, Department of Economic and Social Affairs, Population Division, *World Population Prospects: The 2012 Revision*, New York. 2013.

United States Census Bureau, "U.S. Census Bureau Announces 2010 Census Population Counts—Apportionment Counts Delivered to President", December 21, 2010.

Wickberg, E. & G. Johnson, *From China to Canada*, McChilland and Stewart Limited, 1982.

Widgren, Jonas & Philip Martin, "Managing Migration: The Role of Economic Instrument", *International Migration*, Vol. 40, No. 5, 2002.

Willard, Myra, *History of the White Australia Policy to 1920*, London: Routledge, 1967.

Yap, Melanie & Dianne Leong Man, *Colour, Confusion and Concessions: The History of the Chinese in South Africa*, Hong Kong: Hong Kong University Press. 1996.

Zlotnick, Hania, "Introduction: Measuring International Migration:

Theory and Practice", *International Migration Review*, 1987, Vol. 21, No. 4, Special Issue.

Zlotnick, Hania, "The Concept of International Migration as Reflected in Data Collection Systems", *International Migration Review*, 1987, Vol. 21, No. 4, Special Issue.

《1911年拉美排华 清朝派军舰护侨墨西哥服软》，中国经济网，2009年8月31日，http://cathay.ce.cn/history/200908/31/t20090831_19903167.shtml，2014年12月28日登录。

《45万中国人移民澳大利亚 过去10年数量翻番》，人口网，2015年2月5日，http://www.renkou.org.cn/countries/aodaliya/2015/2648.html，2015年3月7日登录。

《澳大利亚国家概况》，中华人民共和国外交部网站，2014年9月，http://www.fmprc.gov.cn/mfa_chn/gjhdq_603914/gj_603916/dyz_608952/1206_608954/，2015年3月7日登录。

《澳大利亚历史》，http://www.australia.cn/about/history，2014年9月20日登录。

《澳大利亚人口数量2014—2015年 澳大利亚最新人口统计》，人口网，2014年12月17日，http://www.renkou.org.cn/countries/aodaliya/2014/1730.html，2015年3月7日登录。

《澳大利亚人权委员会发起反种族歧视行动》，新华网，2012年8月24日，http://news.xinhuanet.com/world/2012-08/24/c_112842330.htm，2015年3月4日登录。

《澳洲2011年人口普查总人口超2150万 中文汉语成第二大语言》，人口网，2014年10月4日，http://www.renkou.org.cn/countries/aodaliya/2014/535.html，2015年3月8日登录。

《巴西巴中工商文化总会庆六周年，第四届理监事就职》，中国新闻网，2010年5月4日，http://www.chinanews.com/hr/hr-st-mz/news/2010/05-04/2261396.shtml，2015年1月3日登录。

《巴西华人家族：三代人的变迁》，中国新闻网，2011年7月24日，

http://www.chinanews.com/hr/2011/07-24/3205004.shtml，2015年1月3日登录。

《秘鲁国家概况》，中华人民共和国外交部网站，2016年7月，http://www.fmprc.gov.cn/web/gjhdq_676201/gj_676203/nmz_680924/1206_680998/1206x0_681000/，2016年10月1日登录。

《秘鲁中华通惠总局》，中山市外事侨务局、中山市港澳事务局网站，2004年11月6日，http://www.zsnews.cn/ZT/ZSQWJ/2004/11/06/645598.shtml，2015年1月4日登录。

陈小方：《澳大利亚与印度关系陷入紧张》，光明网，2010年1月7日，http://www.gmw.cn/01gmrb/2010-01-06/content_1033112.htm，2015年3月4日登录。

《非洲大陆上的"保定村"》，中国日报网站，2007年4月6日，http://www.chinadaily.com.cn/hqkx/2007-04-06/content_845058.htm，2014年2月8日登录。

《非洲国家人口排名》，世界卫生组织，2015年1月19日，http://www.renkou.org.cn/world/Africa/2015/2505.html，2015年2月28日登录。

《古巴革命中的客家华人》，海峡之声，2009年3月10日，http://www.vos.com.cn/783/2009-03/10/cms667792article.shtml，2014年12月30日登录。

国家汉办关于南非孔子学院的相关介绍，http://www.hanban.edu.cn/confuciousinstitutes/node_10961.htm，2015年1月26日登录。

海关总署：《2011年我国进出口超3.6万亿美元 贸易顺差比上年收窄14.5%》，海关统计资讯网，http://www.chinacustomsstat.com/aspx/1/Information/Infor_Detail.aspx?t=1&Id=5656，2012年1月10日，2016年10月1日登录。

《韩国移民政策》，新华网，2013年10月31日，http://news.xinhuanet.com/house/sh/2013-10-31/c_117945730.htm，2013年12月7日登录。

《华裔伍冰枝卸任加总督，被赞最出色总督之一》，世界华人网，2005年9月28日，http://www.wuca.net/doc-9337.html，2014年5月6日登录。

《华裔医生获世纪最伟大澳大利亚人殊荣》,《华声报》,1999年11月26日,http://news.sina.com.cn/world/1999-11-26/35388.html,2015年3月7日登录。

黄念航:《印尼梭罗市颁奖五华裔 并以华裔先贤为街道命名》,中国新闻网,2008年2月27日,http://www.chinanews.com/hr/yzhrxw/news/2008/02-27/1175066.shtml,2015年2月8日登录。

《加拿大国家概况》,中华人民共和国外交部网站,2014年9月,http://www.fmprc.gov.cn/mfa_chn/gjhdq_603914/gj_603916/bmz_607664/1206_608136/,2015年6月5日登录。

《加拿大留学生总数近10万 中国留学生人数再居首》,中国新闻网,2012年4月17日,http://www.chinanews.com/lxsh/2012/04-17/3825100.shtml,2014年6月2日登录。

蒋泓峰:《落地生根的非洲华侨华人》,凤凰网,2009年6月27日,http://finance.ifeng.com/news/history/rwpz/20090627/850974.shtml,2014年8月17日登录。

《今年一月中国赴毛岛旅客人数增长近3倍》,中华人民共和国驻毛里求斯共和国大使馆网站,2014年2月14日,http://mu.mofcom.gov.cn/article/jmxw/201402/20140200488612.shtml,2014年12月26日登录。

李佳佳:《南非希望与中国展开多样化贸易合作》,中非合作论坛,2011年11月29日,http://www.fmprc.gov.cn/zflt/chn/zfgx/zfgxjmhz/t882381.htm,2016年10月1日登录。

李新烽:《试论非洲华侨华人数量》,中国社科院西亚非洲研究所网站,2013年2月5日,http://iwaas.cass.cn/dtxw/fzdt/2013-02-05/2513.shtml#_edn1,2014年2月3日登录。

《联邦专员呼吁打击偶然种族主义》,澳洲新快网,2013年10月22日,http://www.xkb.com.au/html/news/aozhoushizheng/2013/1022/114270.html,2015年3月4日登录。

《刘晓明大使在英国侨界欢迎招待会上的讲话》,中华人民共和国驻大不列颠与北爱尔兰联合王国大使馆,2010年3月30日,

http://www.fmprc.gov.cn/ce/ceuk/chn/sgxx/sfhd/t676475.htm，2015年2月7日登录。

《毛里求斯国家概况》，中华人民共和国外交部网站，2014年3月，http://www.fmprc.gov.cn/mfa_chn/gjhdq_603914/gj_603916/fz_605026/1206_605874，2015年1月29日登录。

《毛政府新五年投资规划为我承包工程提供机遇》，中华人民共和国驻毛里求斯共和国大使馆网站，2013年5月7日，http://mu.mofcom.gov.cn/article/ztdy/201305/20130500117256.shtml，2015年1月31日登录。

《美国移民报告：2008年近105万人入籍，猛增58%》，中国新闻网，2009年8月14日，http://www.chinanews.com/hr/hr-ymfb/news/2009/08-14/1819236.shtml，2014年12月5日登录。

《美国移民政策改革高科技人才受益》，凤凰网，2013年3月25日，http://abroad.edu.ifeng.com/mgym/112/56064_1.html，2013年12月20日登录。

孟可心：《秘鲁〈新视野〉评出2007年秘鲁侨界十大新闻》，广东侨网，2008年1月3日，http://www.qb.gd.gov.cn/qw2index/2006xwzx/2006xwzxgl/200801030001.htm，2015年1月4日登录。

《南非第一家华文媒体〈华侨新闻报〉成立20周年》，南非华人网，2014年8月10日，http://www.nanfei8.com/huarenzixun/shetuanhuodong/2014-08-10/10845.html，2015年1月26日登录。

《南非华侨华人概况》，中国侨网，2014年4月21日，http://www.chinaqw.com/hqhr/2014/04-21/1146.shtml，2015年1月28日登录。

《南非华人报定位三华》，新华网浙江频道，2006年7月13日，http://www.zj.xinhuanet.com/magazine/2006-07/13/content_7508098.htm，2015年1月27日登录。

《南非华文媒体〈非洲时报〉庆祝创刊五周年》，中国新闻网，2010年5月2日，http://www.chinanews.com/hr/hr-fzhrxw/news/2010/05-02/2259075.shtml，2015年1月27日登录。

《盘点中国人获取美国绿卡的八种途径》，华商移民，2014年10月14日，http://www.cbiec.com/meiguoyimin/8740.html，2015年1月27日

登录。

《容闳：唯一全程参与近代史的中国人》，中国网，2012年4月24日，http://cul.china.com.cn/lishi/2012-04/24/content_4960758.htm，2014年2月18日登录。

《世界华文传媒网上论坛》，中国侨网，http://www.chinaqw.com/node2/node116/node117/node163/node820/node835/node940/userobject6ai64493.html，2015年1月27日登录。

《斯大林清洗30万远东中国人》，21CN，2012年7月5日，http://news.21cn.com/history/lishijiaodian/2012/07/05/12296798.shtml，2015年2月2日登录。

《苏华杰：中国和南非两国贸易往来的"民间大使"》，中国侨网，2005年12月27日，http://www.chinaqw.com/news/2005/1227/68/10839.shtml，2014年8月16日登录。

孙友政、蔡圣镇：《韩新华侨成精英族》，《人民日报海外版》，2007年11月23日，http://paper.people.com.cn/rmrbhwb/html/2007-11/23/content_33626323.htm，2013年12月22日登录。

《调查显示：半数俄罗斯人不愿与中国人为邻》，新华网，2009年11月19日，http://news.xinhuanet.com/overseas/2009-11/19/content_12488614_1.htm，2015年2月6日登录。

《统计显示：在日华人已约82万 首次突破80万大关》，中国新闻网，2010年7月8日，http://www.chinanews.com/hr/2010/07-08/2389313.shtml，2013年12月6日登录。

《外务部全宗》，中国第一历史档案馆，http://www.lsdag.com/lsdagweb/platformData/infoplat/pub/lsdagweb_2662/docs/201311/d_31280412918.html，2013年9月2日登录。

《伍冰枝：华人女总督的传奇之路》，中国台山政府公众网，2008年3月22日，http://www.cnts.gov.cn/Disp.Aspx?ID=17366&ClassID=388，2014年5月6日登录。

《一些国家曾经一度给中国开放免签但是结局并不美好》，香港经济网，2014年1月19日，http://www.hkfe.hk/news/data/2014-1-19/75644.

html，2014年3月1日登录。

《意大利通过新法案对非法移民穷追猛打》，中国新闻网，2009年7月3日，http://www.chinanews.com/gj/gj-oz/news/2009/07-03/1760613.shtml，2014年3月1日登录。

《印度赴澳大利亚留学生遭种族仇杀 印举国声讨》，中国新闻网，2010年1月5日，http://www.chinanews.com/gj/gj-yt/news/2010/01-05/2053932.shtml，2015年3月4日登录。

《印度尼西亚国家概况》，中华人民共和国外交部网站，2014年9月，http://www.fmprc.gov.cn/mfa_chn/gjhdq_603914/gj_603916/yz_603918/1206_604954/1206x0_604956/，2014年9月26日登录。

《印度尼西亚华侨华人概况》，中国侨网，2014年4月21日，http://www.chinaqw.com/hqhr/2014/04-21/1142.shtml，2014年4月27日登录。

《英国大选与华人参政》，英伦网，2010年4月8日，http://www.bbc.co.uk/ukchina/simp/uk_life/2010/04/100408_ukelection_video1.shtml，2015年2月7日登录。

《英国留学生活：伦敦唐人街不可缺》，华人频道，2014年2月21日，http://www.hrtv.cn/newsite/trenjie/bignews/11311.html，2016年10月1日登录。

《英华裔参选议员李泽文：我不是英国的奥巴马》，中国新闻网，2010年5月6日，http://www.chinanews.com/hr/hr-ozhrxw/news/2010/05-06/2265294.shtml，2015年2月10日登录。

《友城统计—澳大利亚》，中国国际友好城市联合会，http://www.cifca.org.cn/Web/SearchByZhou.aspx?guojia=%b0%c4%b4%f3%c0%fb%d1%c7，2015年3月29日登录。

《友城统计—新西兰》，中国国际友好城市联合会，http://www.cifca.org.cn/Web/SearchByZhou.aspx?guojia=%d0%c2%ce%f7%c0%bc，2015年3月29日登录。

张持坚，《苏联客机遭劫持迫降中国农田中》，《南方都市报》，转引自《现代快报》，2008年11月2日，http://kb.dsqq.cn/old/html/2008-11/02/content_65796279.htm，2015年2月3日登录。

《中国同毛里求斯的关系》，中华人民共和国外交部网站，2014年3月，http://www.fmprc.gov.cn/mfa_chn/gjhdq_603914/gj_603916/fz_605026/1206_605874/xgxw_605880/，2015年1月27日登录。

《中国政府与毛里求斯政府签署互免签证协定》，中华人民共和国驻毛里求斯共和国大使馆网站，2013年9月3日，http://www.ambchine.mu/chn/xwdt/t1072365.htm，2014年7月8日登录。

《中国驻毛里求斯大使出席新华学校成立100周年活动》，新华网，2012年9月11日，http://news.xinhuanet.com/overseas/2012-09/11/c_123700510.htm，2015年1月29日登录。

《驻秘鲁使馆出席中华三民联校校庆活动》，中华人民共和国驻秘鲁共和国大使馆网站，2011年10月8日，http://www.fmprc.gov.cn/ce/cepe/chn/sghd/t867312.htm，2015年1月4日登录。

珠海容闳学校官网，http://www.rhschool.cn/xxb/ShowOne.aspx?colid=53，2014年3月2日登录。

Australian Bureau of Statistics, "3101.0—Australian Demographic Statistics, Jun 2014", December 18, 2014, http://www.abs.gov.au/ausstats/abs@.nsf/mf/3101.0/, 2015-03-07.

Australian Bureau of Statistics, "3105.0.65.001 - Australian Historical Population Statistics, 2014", September 18, 2014, http://www.abs.gov.au/AUSSTATS/abs@.nsf/mf/3105.0.65.001, 2015-03-07.

Australian Bureau of Statistics, "Population Clock", March 7, 2015, http://www.abs.gov.au/AUSSTATS/abs@.nsf/Web+Pages/Population+Clock?opendocument, 2015-03-07.

"Chinese Immigration Act 1855", Museum of Australian Democracy, http://foundingdocs.gov.au/resources/transcripts/vic4_doc_1855.pdf, 2016-05-10.

"Dr. Victor Chang, AC", The Victor Cardiac Research Institute, http://www.victorchang.edu.au/home/about/victor-chang/, 2015-03-07.

"Greater Antilles", *Encyclopaedia Britannica*, May 28, 2015, https://global.britannica.com/place/Greater-Antilles, 2015-9-20.

"Immigration Restriction Act 1901", Museum of Australian Democracy, http://foundingdocs.gov.au/item-sdid-87.html, 2015-03-20.

"Immigration Restriction Act 1901", Museum of Australian Democracy, http://foundingdocs.gov.au/resources/transcripts/cth4ii_doc_1901a.pdf, 2016-9-13.

"Lambing Flat Riot", National Museum of Australia, http://www.nma.gov.au/collections/collection_interactives/endurance_scroll/harvest_of_endurance_html_version/explore_the_scroll/lambing_flat_riots, 2015-03-10.

"Pacific Island Laborers Act 1901", Museum of Australian Democracy, http://foundingdocs.gov.au/item-did-15.html, 2015-03-20.

Statistics Mauritius, "Population and Vital Statistics, Jan—Jun 2016", August 2016, http://statsmauritius.govmu.org/English/Publications/Pages/Pop-and-Vital_Stats_Jan-Jun16.aspx, 2016-10-01.

"Sir Henry Parkes", Dictionary of Australian Biography, http://gutenberg.net.au/dictbiog/0-dict-biogP-Q.html#parkes1, 2015-03-20.

The Victor Cardiac Research Institute, http://www.victorchang.edu.au/home/about/, 2015-03-07.

United Nations, "International Migrant Stock: The 2008 Revision", http://esa.un.org/migration/index.asp?panel=1, 2015-03-28.

United Nations, "International Migration 2013", http://un.org/en/development/desa/population/, 2015-03-28.

Victor Chang Community Service Award, http://www.crc.nsw.gov.au/awards_and_events/chinese_community_service_awards/award_categories/documents/victor_chang, 2015-03-07.

Wells, Kathryn, "The Australian Gold Rush", February 11, 2015, website of Australian government, http://www.australia.gov.au/about-australia/australian-story/austn-gold-rush, 2015-02-22.

图书在版编目（CIP）数据

国际移民历史中的汉民族研究 / 石毅著. —北京：世界知识出版社，2017.1
ISBN 978-7-5012-5360-9

Ⅰ.①国… Ⅱ.①石… Ⅲ.①汉族—移民—历史—研究—世界 Ⅳ.①D523.8

中国版本图书馆CIP数据核字（2016）第289877号

责任编辑	袁路明　余　岚
责任出版	赵　玥
责任校对	陈可望
封面设计	小　月

书　　名	国际移民历史中的汉民族研究 Guoji Yimin Lishi Zhong de Hanminzu Yanjiu
作　　者	石　毅　著
出版发行	世界知识出版社
地址邮编	北京市东城区干面胡同51号（100010）
网　　址	www.ishizhi.cn
电　　话	010-65265923（发行）　010-85119023（邮购）
经　　销	新华书店
印　　刷	北京京科印刷有限公司
开本印张	980×680毫米　1/16　23印张
字　　数	353千字
版次印次	2017年1月第一版　2017年1月第一次印刷
标准书号	ISBN 978-7-5012-5360-9
定　　价	58.00元

版权所有　侵权必究